Armin Kuphal

Abschied von der Kirche

Traditionsabbruch in der Volkskirche.
Zugleich ein Beitrag zur Soziologie
des kollektiven Verhaltens.

Burckhardthaus-Laetare Verlag
Gelnhausen · Berlin · Stein

Die vorliegende Arbeit wurde von der Philosophischen Fakultät der Universität des Saarlandes unter dem Titel "Die Dynamik des Traditionsabbruchs - Eine soziologische Untersuchung über das Ansteigen der Kirchenaustritte in der BRD - Zugleich ein Beitrag zur Soziologie des kollektiven Verhaltens" als Dissertation angenommen.

Die Drucklegung dieses Buches wurde durch einen Zuschuß der Wissenschaftlichen Gesellschaft des Saarlandes e.V. gefördert.

CIP-Kurztitelaufnahme der Deutschen Bibliothek

Kuphal, Armin:
Abschied von der Kirche : Traditionsabbruch in der Volkskirche / Armin Kuphal. - Gelnhausen, Berlin, Stein : Burckhardthaus-Laetare Verlag, 1979.
ISBN 3-7664-0087-8

(c) 1979 by Burckhardthaus-Laetare Verlag GmbH., Gelnhausen/Berlin/Stein.
Als Manuskript gedruckt.

Alle Rechte, auch die des auszugsweisen Nachdrucks, der fotomechanischen Wiedergabe sowie der Übernahme auf Ton- und Bildträger, vorbehalten. Ausgenommen sind fotomechanische Auszüge für den eigenen wissenschaftlichen Bedarf.

Umschlaggestaltung: Reinhart Braun, Berlin
Herstellung: Joachim Emrich, Gelnhausen
Druck und Verarbeitung: A. Bernecker, Melsungen

Für meine Eltern
und für Ruth

Liebe Bärbel,
ich biete einen älteren (aber voll
verifizierten) Kuphal gegen eine
neuere Kuhn!
Was meinst'n?
Mit herzlichem Gruß
Armin

Vorwort

Man wird häufig nach dem Thema seiner Doktorarbeit gefragt - und die Reaktionen auf dieses Thema sind bemerkenswert. Fachkollegen aus der Soziologie stellten in auffällig vielen Fällen die verwunderte Zusatzfrage, "wie ich denn d a z u gekommen sei..." Fachfremde hingegen fanden nichts dabei, daß sich ein Soziologe mit den Kirchenaustritten beschäftigt - im Gegenteil - sie zeigten sich auf Anhieb sehr interessiert.

Der amerikanische Theoretiker des sozialen Wandels, Wilbert E. Moore, scheint demnach recht zu haben, wenn er feststellt: "Der gewöhnliche, intelligente Laie, der Mensch, der keinerlei besondere Ausbildung in den Sozialwissenschaften erfahren hat, scheint ein deutlicheres Bewußtsein für die Wandlungen in den Gegebenheiten des Lebens zu haben, als die 'Fachleute'".
Das soziologische Desinteresse reicht indessen noch weiter. Es bezieht sich überhaupt auf die Gegenstände Religion und Kirche. Waren beide Bereiche einst soziologische Schwerpunkte, so sind sie heute regelrecht außer Mode geraten und zu einem Feld für kirchliche Auftragsarbeiten geworden. Auch journalistisches Interesse besteht noch. Aber die Soziologie, die hat sich "säkularisiert". Für **eine** Beschäftigung mit Religion und Kirche muß man sich fast rechtfertigen.
Oder es besteht von vornherein der Verdacht der Tendenz. In den letzten Jahren ist eben reichlich Literatur zur Kritik, zur Reform und zur Verteidigung der heutigen Kirchen und ihrer Religion erschienen und gerade das Thema Kirchenaustritte wird

gerne verbunden mit wertenden Stellungnahmen für und
wider die Kirchen überhaupt, für dieses oder wider
jenes Kirchenmodell, für oder wider eine bestimmte
Kirchenpolitik...
Auch darauf legt es diese Untersuchung nicht an.
Sie ist eine Analyse in soziologischer Distanz
zum Gegenstand. Aussagen darüber, was in den Kirchen
sein s o l l t e, wird man deshalb vergeblich suchen.

Meinen beiden akademischen Lehrern, die diese Arbeit
begleitet haben, Prof. Dr. Jenö Kurucz und Prof. Dr.
Christian Helfer vom Soziologischen Institut der Universität des Saarlandes, danke ich hier für ihre Anregungen, ihre fördernde Kritik und schließlich auch
für ihre persönlichen Ermutigungen.

Mein Dank geht ferner an all jene kirchlichen und
außerkirchlichen Stellen, die mir mit Daten, Auskünften und Anregungen weiterhalfen. Hier nenne ich
insbesondere Frau Lotte Blauth von der epd-Redaktion
in Saarbrücken, Hermann-Josef Kaßeböhmer von der
Forschungsstelle Sozialteam e.V. in Landstuhl-Süd,
die Mitarbeiter der kath. Zentralstatistik in Köln
und Dr. Rüdiger Schloz von der Planungsgruppe der
EKD in Hannover.

Diese Arbeit wurde gefördert durch ein Graduiertenstipendium. Dafür geht mein Dank an die Förderungskommission an der Universität des Saarlandes.

Saarbrücken
im Juli 1977   Armin Kuphal

Inhaltsverzeichnis

1. Einleitung
   1.1. Soziologische und soziale Bedeutsamkeit der Kirchenaustritte 1
   1.2. Gegenstand und Art der Untersuchung 9
   1.3. Die verwendeten Daten 11
2. Begriffspräzisierung
   2.1. Einzelbegriff und Allgemeinbegriff 15
   2.2. Zur Geschichte der Kirchenaustritte 17
      2.2.1. Der Dissidentenstatus 17
      2.2.2. Das Verhältnis Staat und Kirche 19
      2.2.3. Die Kirchensteuerpflicht 22
   2.3. Zum Kirchenaustritt in der BRD 24

3. Die Statistik der Kirchenaustritte
   3.1. Die Kirchenaustritte seit der Jahrhundertwende 26
      3.1.1. Zur Austrittsstatistik 26
      3.1.2. Austritte und parallele Ereignisse 31
   3.2. Die Kirchenaustritte in der BRD 34
      3.2.1. Systemabhängigkeit der Austritte - BRD - DDR 34
      3.2.2. Parallelität der Austritte in beiden Kirchen 39
   3.3. Austritt und Übertritt 42
      3.3.1. Zur provisorischen Unterscheidung 43
      3.3.2. Ergebnis der Bereinigung 46
      3.3.3. Austrittswelle in die Konfessionslosigkeit 49
      3.3.4. Austritte und Wiedereintritte 51
   3.4. Zur monatlichen Differenzierung 53
   3.5. Ökologische Zusammenhänge 56
      3.5.1. Stadt - Land 56
      3.5.2. Konfessionsanteil 59
   3.6. Kirchenaustritt und Konfession 66
      3.6.1. Der Unterschied 66
      3.6.2. Sozio-ökologische und sozio-strukturelle Unterschiede 68
   3.7. Kirchenaustritt und Geschlecht 71

3.8. Kirchenaustritt und Alter.................................. 77
    3.8.1. Austritte Religionsmündiger..................... 77
    3.8.2. Kirchenaustritt und Taufunterlassung............ 82
3.9. Kirchenaustritt und Beruf................................ 86
    3.9.1. Die groben Daten................................ 86
    3.9.2. Zur Unterrepräsenz der Arbeiter................. 90
3.10. Kirchenaustritt und Bildungsgrad........................ 95
3.11. Kirchenaustritte nach Familienstand und Ehemodus........ 99
3.12. Kirchenaustritt und Kirchlichkeit....................... 103
3.13. Zusammenfassung.. 106

4. **Kritik an den gängigen Erklärungsversuchen**

    4.1. Die Erklärung durch einzelne Begriffe.................. 112
    4.2. Die Suche nach Gründen und Motiven..................... 115
        4.2.1. Der Handlungszweck............................. 116
        4.2.2. Der innere Handlungsgrund...................... 117
        4.2.3. Motivanalyse als Imageanalyse.................. 125
        4.2.4. Die erhobenen Austrittsmotive.................. 128
        4.2.5. Zusammenfassung und Folgerungen................ 140

5. **Der eigene Erklärungsversuch im Ansatz**

    5.1. Zur Erklärbarkeit von sozialem Wandel................... 144
    5.2. Das soziologische Konstrukt: Soziale Bindung............ 149
        5.2.1. Zum Begriff und Vorgehen....................... 149
        5.2.2. Die Bindungskomponente "Zwang"................. 154
        5.2.3. Die Bindungskomponente "Nutzen"................ 157
        5.2.4. Die Komponente der traditionalen Bindung....... 159

6. **Die Analyse der Kirchenmitgliedschaft**

    6.1. Zurück zur Ausgangsfrage................................ 171
    6.2. Die Zwangskomponente in der Kirchenbindung.............. 173
    6.3. Die Nutzenkomponente in der Kirchenbindung.............. 182
    6.4. Die traditionale Komponente in der Kirchenbindung....... 191
        6.4.1. Taufe versus tatsächliche Sozialisation........ 191
        6.4.2. Traditionale Bindung als Sozialisationseffekt.. 194
        6.4.3. Die trad. Kirchenbindung als empirischer Befund 213
    6.5. Die traditionale Bindung als Restbindung bei Kirchenfernen... 218

7. Gesetzmäßigkeiten des Traditionsabbruchs

   7.1. Zustandsbeschreibung versus Verlaufsgesetzmäßigkeit... 225
   7.2. Der "Take-off" oder die Störungsphase.................. 236
   7.3. Die Phase der massenkommunikativen Verstärkung........ 236
      7.3.1. Informationseffekte............................ 236
      7.3.2. Mediale Bewertung und Deutung................. 240
   7.4. Die Eigendynamik des Traditionsabbruchs.............. 243

8. Die konkreten Randbedingungen seit 1967

   8.1. Die Phase des "Take-off": Protestwelle und Neues Bewußtsein.. 248
      8.1.1. Das Kriterium der Zeit: Die Parallelität von Protest und Austrittsprogression............... 249
      8.1.2. Die Studentenunruhen als gesamtgesellschaftliches Störungsereignis....................... 255
      8.1.3. Das "Neue Bewußtsein"......................... 259
      8.1.4. Die Avantgarde................................ 259
      8.1.5. Parallele Entwicklungen....................... 296

   8.2. Die Phase der massenkommunikativen Verstärkung....... 307
      8.2.1. Die Kirchenaustritte werden zum sozialen Ereignis....................................... 308
      8.2.2. Die quantitative Deutung: "Massenaustritte"... 322
      8.2.3. Die Motivdeutung: Der Zusammenhang mit der Kirchensteuer wird dominierend................ 325
      8.2.4. Die Bewertung der Austritte: "Mutiger Schritt mündiger Bürger"............................... 335
      8.2.5. Praktische Hinweise zum Austritt.............. 342
      8.2.6. Der wichtigste Effekt: Die Beseitigung der "pluralistischen Ignoranz"..................... 344
      8.2.7. Ergebnis...................................... 348

   8.3. Der Traditionsabbruch als ein eigendynamischer Prozeß 354
      8.3.1. Dynamik als Diffusion......................... 355
      8.3.2. Dynamik als Trendverbreiterung................ 385
      8.3.3. Religiöse Sozialisation im Wandel............. 406
      8.3.4. Die Reaktionen der Kirchen.................... 424

9. Ergebnis: Eine soziologische Rekonstruktion der Austrittswelle... 469

10. Literatur... 474

Verzeichnis der Tabellen

Tab. 1:	Kirchenaustritte in Deutschland seit 1900	28f
Tab. 2:	Ev. und kath. Austritte in der BRD	37
Tab. 3:	Ev.Kirche - Austritte in die Konfessionslosigkeit	44
Tab. 4:	Kath. Kirche - Austritte in die Konfessionslosigkeit	45
Tab. 5:	Wiederaustritte (Rücktritte) in die beiden Kirchen	51
Tab. 6:	Austritte aus der kath. Kirche 1970 nach Alter und Geschlecht	72
Tab. 7:	Geschlecht der Austreter in einigen Städten	73
Tab. 8:	Kirchenaustritte nach Altersgruppen in einigen Bezirken	78
Tab. 9:	Kath. Austreter BRD 1970 nach Altersgruppen	81
Tab.10:	Kirchenaustreter nach Stellung im Beruf	87f
Tab.11:	Anteil der Akademiker unter den Austretern	95
Tab.12:	Austreter nach Familienstand	99
Tab.13:	Wohnbevölkerung im Bundesgebiet nach der Religionszugehörigkeit	358
Tab.14:	Ansteigen der Konfessionslosigkeit in den Niederlanden	395
Tab.15:	Anteile der Konfessionslosen an der Wohnbevölkerung in Deutschland	396

Verzeichnis der Schaubilder

Schaubild 1:	Kirchenaustritte in Deutschland seit 1900	30
2:	Kirchenaustritte in BRD und DDR	34
3:	Austritte aus beiden Kirchen seit 1949	38
4:	Echte Austritte und Übertritte	47
5:	Austritte in die Konfessionslosigkeit	48
6:	Monatliche Kirchenaustritte Ev.Kirche Hamburg 1962-73	53
7:	Austrittsrate und Katholikenanteil in den 62 Großstädten der BRD (1970)	60
8:	Austrittsrate und Einwohnerzahl der 62 Großstädte der BRD	60
9:	Austritte aus der Ev.Kirche Hamburg 1960-1973 nach Altersgruppen	79

1962 (Schreuder, S. 195, 203)	Interviewfrage an Nichtkirchgänger: „Wenn ein Katholik nie oder kaum zur Kirche geht, was für einen Zweck hat es dann, daß er katholisch bleibt? Könnte man nicht genausogut aus der Kirche austreten?" Antwort: „Ja, das könnte man, aber warum sollte ich austreten...?"
1974/75	Frage an Kirchenaustreter: „Warum sind Sie aus der Kirche ausgetreten?" Häufige Antwort: „Warum sollte ich nicht austreten...?"

1. Einleitung

1.1. Soziologische und soziale Bedeutsamkeit der Kirchenaustritte

Für den Zeitraum von 1962 bis 1968 stellte die katholische Kirchenstatistik einige negative Trends fest: Nachlassen des Kirchgangs, Zunahme der Mischehen, rückläufige Zahlen bei den Priesteramtskandidaten...

Doch es gab auch Grund zu unverhohlener Freude: Denn - so hielt das KIRCHLICHE HANDBUCH fest - es "existiert merkwürdigerweise eine andere Gruppe kirchlicher Zahlen, die in Deutschland relativ sehr konstant bleiben. Sie sind für das Bundesgebiet so günstig wie kaum in anderen Ländern der Erde und könnten kaum besser sein." (KHB 26 (1962-68), S.528).

Ausdrücklich erwähnt wurde in dieser so positiven Bilanz, daß die Kirchenaustritte so relativ niedrig und die Kirchensteuern so relativ hoch liegen - die Deutschen also trotz dieser Kirchensteuer den Austritt aus der Kirche scheuten: "Obwohl ein großer Teil von ihnen am kirchlichen Leben wenig oder gar nicht teilnimmt und die weitere Zugehörigkeit zu ihren Kirchen ihnen die schwerere Last der Kirchensteuer aufbürdet, wollen sie nicht aus diesen Kirchen austreten" (KHB 26 (1962-68), S.580).
Auf der evangelischen Seite lagen die Dinge ähnlich günstig. 1967 hatte zwar hier die Kurve der Austritte einen ganz leichten Hüpfer nach oben gemacht und die Statistiker der Evangelischen Kirche - an unruhigere Zeitreihen gewöhnt - rieten auch, den weiteren Verlauf der Austritte sorgfältig zu beobachten, doch der Gesamteindruck war der der Stabilität.

---

* Die abgekürzten Literaturangaben verweisen auf das ausführliche Literaturverzeichnis S. 473 ff.

Dieser Eindruck bestand auch außerhalb der Kirchen. Mangels Masse waren die Austritte von keinerlei Interesse. Es gab sie einfach nicht. In kirchen- und religionssoziologischen Befragungen kam die Frage nach der Austrittsneigung durchweg nicht vor. Wo nach einem eventuellen Kirchenaustritt gefragt wurde - so etwa in der STERN-Untersuchung von Anfang 1967 - stand am Ende das mit Kopfschütteln betrachtete Ergebnis: "Sie wissen nicht mehr so recht, in welche Richtung sie beten sollen. Aber austreten aus der Kirche - das wäre das letzte, worauf ein deutscher Christ käme" (STERN Nr. 13/1967 S.66 ff).
Freilich, die Journalisten, die die Untersuchung in Auftrag gegeben hatten, waren in ihrem Gespür für kommende Dinge den Sozialwissenschaftlern offenbar wieder einmal voraus: Drei Jahre danach versprachen nämlich die Schlagzeilen im gleichen Magazin eine Antwort auf die Frage zu geben, "warum Katholiken und Protestanten in Massen aus der Kirche austreten" (vgl. STERN Nr. 5/1970).

Binnen zwei bis drei Jahren waren die Kirchenaustritte gleichsam "aus dem Stand" auf eine Höhe geklettert, wie sie nur noch in der Weimarer Republik und im Dritten Reich beobachtet worden war. Für die Bundesrepublik war diese Welle von Austritten eine in der Tat überraschende Neuheit.

Wenn Ereignisse überraschen, so ist dies stets ein <u>Zeichen für fehlende Theorie</u> oder für mangelhafte Meßinstrumente - was freilich mit dem Theorie-Manko einhergeht.

Auf die Mangelhaftigkeit der empirischen Meßinstrumente in Sachen Kirchenaustritte hatten HOLL und FISCHER (1968) bereits hingewiesen. Die beiden österreichischen Soziologen hatten ihre Befragungsergebnisse auf die Formel gebracht, er herrsche bei jungen Leuten in ihrem Lande eine "<u>Meinungslage der freundlichen Distanz zur Kirche als Organisation</u>" vor. Ein äußerst schwacher aber faktisch bestehender Trend zum Kirchenaustritt sei durch die verwendeten Befragungsinstrumente anscheinend aber nicht sichtbar geworden.

Weiter vermuteten die Autoren, daß diese Meinungslage der freundlichen Distanz nur so lange intakt bleibt, als sie nicht mit merklichen Belastungen konfrontiert werde. Die Abhängigkeit der Kircheneinstellung vom sozio-kulturellen Kontext relativiere deshalb die Ergebnisse beträchtlich. Obgleich also die festgestellte Meinungslage auf ein Fortbestehen des Status quo hinweise, empfehle sich in diesem Punkte eine gewisse Vorsicht bei der Interpretation...

Die von den beiden Sozialwissenschaftlern empfohlene und geübte Vorsicht erwies sich als höchst weise: Im Jahr der Veröffentlichung ihrer Untersuchung nahmen die Kirchenaustritte - auch in Österreich - bereits merklich zu.

Als die Austrittssteigerungen dann bekannt wurden, gingen die Meinungen über die Ursachen und die Ausdehnung der "Austrittswelle" wirr und einander widersprechend durcheinander. Die einen meinten, die Kirchensteuer sei die Ursache, die anderen verwarfen diese "Erklärung"; für die einen kamen die Austritte vom "rechten Kirchenrand", für die anderen rekrutierten sich die Austreter aus dem breiten Lager der "Indifferenten". Hier hieß es, die Austritte seien nur ein "Strohfeuer", das bald wieder zusammensinke, dort wurde gewarnt, es komme ein "Erdrutsch, der uns den Atem verschlage". Derart unterschiedliche Vermutungen über die Ursachen und derart unterschiedliche Einschätzungen des weiteren Verlaufs rühren nicht allein aus dem Mangel an exakten und differenzierten Daten; offenbar wird wiederum ein beträchtlicher <u>Mangel an Theorie</u>.

Wen wundert es, daß die Suche nach einer Theorie, einem Erklärungsversuch für jenes plötzliche Ansteigen der Kirchenaustritte, auf Gebiete der Soziologie führt, deren Karte noch sehr weiß aussieht: <u>sozialer Wandel, kollektives Verhalten und soziologische Handlungstheorie</u>. In der Tat enthält das Thema "Kirchenaustritte" eine Reihe von soziologisch höchst bedeutsamen Problemen.

Moderne Gesellschaften sind voller <u>Strömungen, Moden, Tendenzen, Bewegungen, Themen, Ideen</u>... oder wie immer man diesen realen Sachverhalt nennen möchte, daß eine Vielzahl von Menschen ein bestimmtes Verhalten, eine bestimmte Denk- und Betrachtungsweise im Ablauf der Zeit ändert. Das Erscheinungsbild dieser Wandlungen ist überaus bunt. Es gibt Gags, die kaum einen Tag die Gemüter bewegen, und es gibt Anstöße, die ihren Weg bis hin zur allgemeinen Verbindlichkeit machen. Es gibt gesteuerte, geplante Beeinflussung zur Verhaltensänderung, die doch nicht funktioniert, und manchmal "geht alles wie von selbst". Es kommt vor, daß Menschen wegen bestimmter Bemühungen als Sektierer verlacht und verfolgt werden und der erstrebte Zustand an ihnen vorbei, gleichsam über Nacht, zur allgemeinen Selbstverständlichkeit wird.

Wie ist es zu erklären, welche sind die Gesetzmäßigkeiten, daß ein jahrelang geübtes Verhalten sich zugleich bei einer Vielzahl von Menschen ändert? Welche Impulse bewirken jene charakteristischen Handlungshäufungen, die der Statistiker neutral als "Welle" bezeichnet? Wie ändern sich die "Bilder in unseren Köpfen" (LIPPMANN) und welche Auswirkungen hat dies auf unser praktisches Handeln?

Die hier zur Frage stehenden Handlungshäufungen sind keine konstruierten und abstrahierten Verlaufstypen sozialer Entwicklung - wie zum Beispiel "Industriealisierung", "Säkularisierung", "Demokratisierung", worüber sich trefflich spekulieren läßt. Sie sind vielmehr noch so konkret in der Alltagserfahrung enthalten, daß sie prinzipiell mit konkreten Personen oder Personenkreisen verbunden werden können. Nicht über die "Säkularisierung" reden die Leute, sondern über die Kirchenaustritte und Kirchenaustreter, und eben dies ist der Gegenstand der Untersuchung.

Das Wort "<u>Dynamik</u>" im Titel dieser Arbeit ist dabei nicht als Lippenbekenntnis zu einem sozialwissenschaftlichen Imperativ zu verstehen, sondern es wird sich vielfach zeigen, daß ausdrücklich <u>Vorgänge der Veränderung</u> untersucht werden.

Mehrfach wird die Rede darauf kommen, daß man aus der puren Erhebung von Querschnittsdaten weder eine gehabte Veränderung rekonstruieren noch die weitere mögliche Entwicklung abschätzen kann. Dieser Fehlschluß, aus statischen Querschnittsdaten implizit <u>Aussagen über Veränderungen</u> zu ziehen, findet sich bei der Interpretation von Befragungsergebnissen recht häufig.
Querschnittsdaten sagen nur etwas über einen Verlauf, wenn dieser Verlauf selber in seiner Eigenart bekannt ist. Annahmen darüber dürfen aber nicht implizit getroffen werden, sondern müssen als Theorie expliziert werden.

Fragen des kollektiven Verhaltens, des sozialen Wandels und der Handlungstheorie sind zweifelsohne von größtem soziologischen Interesse. Die Kirchenaustritte erscheinen als ein geeignetes konkretes Beispiel, Erklärungsversuche zu erproben.

Soziologische und soziale Bedeutsamkeit entsprechen nicht immer einander, d.h. soziologisches Interesse muß sich nicht auf sozial bedeutsame Sachverhalte richten. Danach sieht es auch im Falle der Kirchenaustritte aus - freilich nur auf den ersten Blick.

Die beiden Kirchen sind die größten Organisationen im Staate und von ihrer Struktur her sind sie dem gesellschaftlichen Gesamtsystem sehr ähnlich - eben <u>Volkskirchen</u>. Aber es gibt da den Umstand, daß man aus diesen Kirchen austre-

ten kann, die Mitgliedschaft kündigen kann.
Änderungen in diesem Mitgliedschaftssystem,
das bisher fast Identität zwischen Kirchvolk
und Staatsvolk möglich machte, sind mitnichten
Nebensächlichkeiten.

Die bereits vorhandenen Austrittszahlen sprechen für sich. Hinweise auf die so geringen Anteilswerte mögen der Selbstberuhigung dienen, aber sie ändern nichts an der Tatsache, daß der Mitgliederschwund sich bereits praktisch bemerkbar macht. Und wie sagt außerdem doch die Volksweisheit: "Auch die weiteste Reise beginnt mit einem kleinen Schritt". Hinter aller Diskussion über die gegenwärtigen Zahlen steht eben die Frage, wie es weitergehen wird. Es könnte ja immerhin sein, daß hier etwas in Bewegung geraten ist, was den Bestand der Volkskirchen nicht mehr so sicher erscheinen läßt. Im Hinblick auf eine mögliche Entwicklung in dieser Richtung enthält das Thema "Kirchenaustritte" nun doch einige Brisanz speziell für die Kirchen natürlich, aber auch für Teile des politischen Systems.

Forderungen nach einer <u>Trennung von Staat und Kirche</u> sind in den letzten Jahren wieder laut geworden, und es ist nicht übertrieben, wenn eine Zeitung feststellte, es sei ein Tabu gebrochen worden. Denn nicht in freigeistigen Zirkeln war davon die Rede, sondern auf höchster politischer Ebene fand die Auseinandersetzung statt über die Kirchenthesen der Freien Demokratischen Partei, welche die Dis-

kussion in Gange gebracht hatten (vgl. DEUTSCHE
JUNGDEMOKRATEN 1973). Auch wenn dieser erste
Vorstoß zu schwach war, um das geltende Staatsbürgerrecht in Bewegung zu bringen, so liegt
doch auf der Hand, daß ein politischer Wille
in dieser Richtung durch zunehmende Kirchenaustritte einige Stärkung erfährt.

Nicht zuletzt haben die Austrittszahlen Auswirkungen auf die innerkirchliche Diskussion, auf
kirchliche Äußerungen und kirchliche Ansprüche.
Die in vielen Organisationen anzutreffende "Apathie der Mitglieder" stellt offenbar keine Gefahr dar für die amtierenden Funktionäre; SCHELLHOSS (1967) hat dies am Beispiel der Gewerkschaften gezeigt. Die Aufkündigung der Mitgliedschaft
indessen rührt an die Legitimation der Herrschaft
innerhalb des Verbandes und sie schwächt die politische Position nach außen hin. Bei Gefahr eines
spürbaren Mitgliederschwundes werden die Kirchen
eine Vielzahl von Maßnahmen auf ihre Popularität
hin prüfen und sich einige Zurückhaltung auferlegen müssen. Eine bemerkenswerte neue Dimension im
Feld des kirchlichen Handelns.

Es scheint schon, daß Verschiebungen im System
der kirchlichen Mitgliedschaft von einigem Interesse sind!

*

1.2. Gegenstand und Art der Untersuchung

Der spezielle Gegenstand dieser Untersuchung ist das <u>Ansteigen der Austritte</u> aus der evangelischen und katholischen Kirche in der Bundesrepublik seit ungefähr dem Jahre 1968 bis zum Untersuchungszeitpunkt.

Sachlich untrennbar damit verbunden sind die <u>Kirchenaustritte allgemein</u> seit Bestehen der BRD, weil eine Veränderung überhaupt nur wahrnehmbar und untersuchbar ist im Vergleich zu einem Kontrastzeitraum.

Die Bewegung der Austritte vor diesem Zeitraum (d.h. im Deutschen Reich, der Weimarer Republik und im Dritten Reich) und <u>außerhalb der BRD</u> (wie in der DDR und anderen europäischen Staaten) gehören strenggenommen nicht mehr zum Gegenstand. In bestimmten Teilfragen erscheint es dennoch sinnvoll, auch in diesem erweiterten Orts- und Zeitraum zu argumentieren.

Jede im Gange befindliche Veränderung provoziert die Frage nach dem zukünftigen Verlauf, und die Beschäftigung mit Wandlungsvorgängen ist ja gerade deshalb reizvoll, weil sie vielleicht Antworten auf diese Frage findet. In diesem Sinne gehören also auch die Austritte der Zukunft zum Gegenstand der Arbeit. Die Untersuchung der fraglichen Veränderung ist mithin <u>Rekonstruktion und Projektion zugleich</u>.

Die <u>Art der Untersuchung</u> ist <u>analytisch-empirisch</u>.
Eine eigene Erhebung von Daten ist nicht erfolgt.
Es wurde vielmehr versucht, vorliegende Daten
und Befunde zu kombinieren - nicht alleine aus
dem Bereich der Religions- und Kirchensoziologie,
sondern - so weit dies eben möglich war - aus
allen Bereichen, die den Gegenstand "Kirchenaustrittssteigerung" berühren.

Eine solche <u>Kombination</u> von verstreuten, jeweils
kritisch auf ihre Herkunft und Methodik zu untersuchender Befunde, ist ein mühsames Verfahren -
weitaus aufwendiger als die interne Interpretation
eigener, formal abgesicherter Daten. Das Ziel aber,
eine soziale Veränderung - und sei sie auch kleineren Ausmaßes - soziologisch zu rekonstruieren, ist
wohl nur durch <u>parallele Anordnung von Befunden</u>
aus dem gesamten sozialen Feld zu erreichen.

Die <u>Untersuchung ist empirisch</u>, indem sie sich
mit einem konkreten, direkt wahrnehmbaren Ausschnitt der Wirklichkeit befaßt und die hier getroffenen Aussagen an dieser Wirklichkeit geprüft
werden können. Die gefundenen Ergebnisse können
grundsätzlich an der Wirklichkeit scheitern - und
dies gilt seit POPPER (z.B. 1969) als schärfstes
Kriterium von Empirie.

1.3. Die verwendeten Daten

Empirisch-materielle Grundlagen der Untersuchung sind:

(1) In erster Linie und notwendig die kirchenamtlichen Daten über Kirchenaustritte und Kirchenaustreter, soweit sie veröffentlicht sind oder auf Anfrage von den Kirchen erhältlich waren. Zu unterscheiden ist zwischen den Daten der laufenden Statistik und speziellen kirchlichen Sondererhebungen zu den Kirchenaustritten.

(2) Die Daten und qualitativen Ergebnisse einiger weniger speziell zu den Kirchenaustritten durchgeführten Befragungen entweder von Ausgetretenen oder von Kirchenmitgliedern. Die wenigen Projekte wurden alle in kirchlichem Auftrag bzw. mit kirchlicher Finanzierung durchgeführt. Zu nennen sind:

a) die Untersuchung von GRATHWOL und THOMA: Analyse der Kirchenaustritte in Mannheim. (Unveröffentlichter Untersuchungsbericht 1972; 250 hektograph. Seiten). Durchgeführt im Auftrag der Ev. Landeskirche in Baden.

Serie von nichtstandardisierten Gesprächsinterviews über 300 im Verlauf des Jahres 1970 ausgetretene Protestanten in Mannheim nach den Austrittsmotiven (Mannheim 1970 insgesamt 1140 ev. Austritte). Die Auswahl der Befragten erfolgte anhand der Pfarrkarteien ohne besonderes Auswahlprinzip.
Erklärtes Ziel war es, die vorhandenen und umlaufenden Meinungen über die Kirchenaustritte kritisch zu hinterfragen, dadurch ein angemessenes Raster zur Interpretation von Ausstritts-

motiven zu liefern und Hinweise zu geben für
eine quantitative Untersuchung. Adressat der
Ergebnisse war der Auftraggeber, was indessen
den soziologischen Wert der Untersuchung nicht
im geringsten mindert. Der Beitrag von GRATHWOL
und THOMA darf - was die Diskussion der Motive
angeht - als die bislang gelungenste Analyse betrachtet werden.

b) Die unter SOZIALTEAM (1973) zitierte Untersuchung wurde (mit meiner Beteiligung, A.K.) durchgeführt von der kirchennahen Forschungsstelle
SOZIALTEAM e.V., Landstuhl-Süd, im Auftrag des
Kath. Bistums Limburg und des Gesamtverbandes
der Kath. Kirchengemeinden in Frankfurt a.M.

Dazu wurde im Sommer 1972 annähernd allen kath.
Austretern des Kalenderjahres 1970 ein Fragebogen
zugesandt. Zurück kamen 436 auswertbare Bögen, was
einem Rücklauf von über 18% entsprach. Trotz
selbstelektierendem Rücklauf spiegelte die erhal-
tene Stichprobe die Sozialstruktur der Frankfurter
Austreterpopulation von 1970 ohne gröbere Abweichungen wieder.
Ähnlich der parallelen Mannheimer Untersuchung
sollten auch hier Ansätze für das praktische
kirchliche Handeln exploriert werden, nachdem
sich die bloße Kenntnis von Austrittsmotiven als
unbefriedigend erwiesen hatte.

c) Die große Untersuchung der Evangelischen Kirche:
"Wie stabil ist die Kirche?", hrsg. von Helmut HILD,
Gelnhausen und Berlin 1974.

Ein repräsentativer Querschnitt von 2000 ev. Kirchenmitgliedern (nicht von Ausgetretenen!) wurde
1972 unter dem leitenden Gesichtspunkt der Austrittsneigung befragt. Neben einer Fülle von allgemeinen aktuellen Kirchlichkeitsdaten erbrachte die Untersuchung Ergebnisse, die mit den Aussagen über die Ausgetretenen vergleichbar sind bzw.
diese ergänzen.

(3) Dazu kommen selbstverständlich allgemeine und thematisch ähnlich gelagerte soziologische und vor allem religionssoziologische Untersuchungen, sofern sie zur Frage der Austritte als brauchbar erschienen (empirische Berichte zum Themenkreis "Kirchenferne", "Entkirchlichung", "Säkularisierung" u.a.).

Gerade passend zum Untersuchungszeitpunkt erschienen die drei großen, von Gerhard SCHMIDTCHEN durchgeführten Untersuchungen: die sogenannte Synodenumfrage unter Katholiken (SCHMIDTCHEN 1972), eine ähnliche Untersuchung im Bereich der Vereinigten Ev.-Luth. Kirche Deutschlands (SCHMIDTCHEN 1973 a) und die Sekundäranalyse "Protestanten und Katholiken" (SCHMIDTCHEN 1973).

(4) Ein besonderer Datenbereich wird gebildet durch die Meldungen und Berichte der Massenmedien über die Kirchenaustritte und den daran anknüpfenden Kommentaren und Bewertungen. Soweit dies eben nach dem Abstand von ein paar Jahren ging, wurden die Artikel der überregionalen Presseorgane gesammelt mit dem Ziel zu rekonstruieren, wie und wann die Kirchenaustritte "zum Thema" wurden.

Der Gang der Untersuchung ist durch die Logik des zugrundeliegenden Erklärungsschemas bestimmt. Danach ist es zunächst einmal notwendig, den zu erklärenden Sachverhalt, das Explanandum, möglichst präzise zu beschreiben. Dies geschieht vornehmlich durch statistische Angaben über Austritte und Austreter (Kapitel 3).

Mit Bedacht wurden die Statistiken in den laufenden Text aufgenommen und nicht etwa in den Anhang verbannt; denn der Sachverhalt wird wesentlich durch sie beschrieben, und es werden aus ihnen wichtige Folgerungen gezogen, wie die zu findende Erklärung inhaltlich auszusehen hat. Eine Zusammenfassung der Ergebnisse findet sich im Abschnitt 3.13.

Hernach werden bereits vorhandene Erklärungsversuche auf ihren Informationsgehalt hin überprüft (Kapitel 4).

Im Anschluß daran wird der eigene Erklärungsversuch ausgearbeitet. Die dabei vorgenommenen Erläuterungen zur Struktur des Erklärungschemas haben sich bei bisherigen Darlegungen als ziemlich hilfreich für das Verständnis erwiesen. Klarheit über den Gang der soziologischen Argumentation erscheint umso mehr angebracht, als gerade Nichtsoziologen, vornehmlich Kirchenleute, dem Thema "Kirchenaustritte" Interesse schenken.

2. Begriffspräzisierung

2.1. Einzelbegriff und Allgemeinbegriff

Der Begriff "Kirchenaustritt" oder "Kirchenaustreter" etc. kann in zwei unterschiedlichen Begriffsformen gebraucht werden. Einmal als _Universal_- oder _Allgemeinbegriff_ und ein andermal als _Individual_- oder _Einzelbegriff_ (zur Unterscheidung vgl. POPPER 1969, S.35ff).

Als _Allgemeinbegriff_ könnte man Kirchenaustritt umschreiben als eine irgendwie gesetzlich geregelte und erlaubte Abkehr von einer Kirche im Unterschied zum einfachen passiven Wegbleiben. In dieser Verwendung kann man die Kirchenaustritte im alten Preußen in einem Atemzuge mit den Kirchenaustritten in der BRD nennen, und genau so stellen die Kirchenstatistiken die Austritte in einer langen Zeitreihe von 1884 bis heute nebeneinander. Vergleiche dieser Art sind möglich aufgrund einer ziemlich weiten Minimaldefinition, nach der Austritt gleich Austritt ist.

Die Verwendung als _Einzelbegriff_ verlangt eine Reihe von Präzisierungen historischer, juristischer, zähltechnischer u.a. Art. Vergleiche über längere Zeiträume hinweg sind dann nur noch bedingt möglich, denn von "dem" Kirchenaustritt schlechthin darf in dem Falle nicht mehr so ohne weiteres geredet werden: Unterschiedliche politische Systeme und unterschiedliche gesellschaftliche Verhältnisse schaffen unterschiedliche Sorten von Kirchenaustritt.

Daß ein Sachverhalt über lange Zeiträume hinweg unter demselben Namen geführt wird, besagt noch nicht, daß er auch qualitativ derselbe geblieben ist. Kontinuität des Begriffs muß keine Kontinuität in der Sache sein. Beispiele dafür gibt es in Hülle und Fülle. Selbst wenn jeder Schritt einer Veränderung geschichtlich erklärbar und rekonstruierbar wäre aus den jeweils zeitlich vorangegangenen Schritten, so bleibt doch als grundsätzliches Problem von zeitlichen Längsschnitten, inwiefern und mit welchem Gültigkeitsanspruch Vergleiche zwischen damals und heute möglich sind. Es ist dies eine praktische Wendung der in der Geschichtswissenschaft bekannten Frage von "allgemein" und "individuell", die bisher allenfalls klar beschrieben (z.B. FABER 1971), nicht aber gelöst werden konnte.

Bei Längsschnitten ist die Geschichte der Dissidenten deshalb als ein erforderlicher differenzierender Bestandteil einer Begriffserklärung zu betrachten und nicht etwa bloß als ein entbehrlicher historischer Exkurs. Wir beschränken uns hier - da wir uns vornehmlich mit den jüngsten Austritten in der Bundesrepublik beschäftigen - auf eine ganz geraffte Darstellung, wie sich die rechtlichen Möglichkeiten des Kirchenaustritts wandelten. Dies kann am Beispiel Preußens geschehen, das in der rechtlichen Behandlung der Kirchenaustrittsfrage so etwas wie wegweisend für die übrigen Staaten war. Auf die zahlenmäßige Veränderung der Kirchenaustritte gehen wir im statistischen Teil ein.

∗

2.2. Zur Geschichte des Kirchenaustritts

2.2.1. Der Dissidentenstatus

Den Dissidentenstatus in der heutigen Form der <u>völligen kirchenungebundenen Bekenntnislosigkeit</u> gab es in Preußen erst durch das Gesetz betreffend den Austritt aus der Kirche vom 14. Mai 1873.

Die politische Funktion dieses Gesetzes wird unterschiedlich gedeutet. PFENDER (1930, S.32) sieht darin ein staatliches Mittel des Kulturkampfes gegen die kath. Kirche, das der Parität halber auch auf die ev. Kirche ausgedehnt worden sei. ERMEL (1971, S.14f) stellt nur einen losen Zusammenhang mit dem Kulturkampf fest und betont wie A.B. SCHMIDT (1893) den Zweck der Vereinheitlichung. Bezüglich der Anzeigepflicht und der Befreiungsfristen trete dieses Gesetz durchaus als advocatus ecclesiae auf. Diese Einschätzung scheint realistisch, wenn man die eher dissidentenfeindliche Tendenz der weiteren Gesetzesauslegung beachtet (vgl. ERMEL 1971). Die Klagen in den Dissidentenzeitschriften sind beredt.

Nach der Austrittserklärung vor dem Richter am Wohnsitz und nach Ablauf einer mindestens einjährigen Frist erfolgte die <u>Befreiung von der Steuerpflicht</u>.

Den <u>Religionsunterricht</u> in den Schulen mußten die Kinder von Dissidenten allerdings weiter besuchen. Das preußische Schulwesen sah keine konfessionslose Erziehung vor, während hingegen die anderen großen deutschen Staaten in diesem Punkte liberaler waren (HILDEBRAND 1922, S.16ff).

Bereits 1847 war per Verordnung eine Möglichkeit geschaffen worden zur Beurkundung des Personenstandes von freikirchlichen Dissidenten, da die Kirchbuchbeurkundung durch den Austritt entfiel (vgl. PFENDER 1930. S.27ff; ERMEL

1971, S.13ff). Zivilehe und Zivilstandsregister wurden 1874 eingeführt durch preußisches Gesetz, das 1875 zum Reichsgesetz wurde. Durch die Pflicht zur zivilen Beurkundung wurde zur Norm, was vorher als besondere Ausnahme geregelt war.

Die nach 1873 erfolgten Regelungen brachten keine wesentlichen Änderungen, sondern nur Erleichterungen in der Form. In Preußen war dies u.a. das Gesetz betr. die Erleichterung des Austritts aus der Kirche und aus den jüdischen Synagogengemeinden vom 13. Dez. 1918 und das Gesetz betr. den Austritt aus einer Religionsgesellschaft des öffentlichen Rechtes vom 30.11.1920.

Während die Regelung über den zivilen Personenstand zum Reichsgesetz wurde, konnte der Kirchenaustritt selber nicht durch Reichsgesetz geregelt werden, da Artikel 4 der Reichsverfassung die Religionsangelegenheiten den Ländern überließ.

Im Kern war in der Vielfalt landesgesetzlicher Regelungen mindestens enthalten, daß der Ausgetretene von finanziellen Verpflichtungen und der religiösen Zwangsunterweisung befreit war. Sehr unterschiedlich geregelt waren die konkreten Begleitumstände und Bedingungen des Austritts, so etwa, wo der Austreter seinen Austritt zu erklären hatte, ob er Gebühren dafür zu entrichten hatte oder nicht, innerhalb welcher Deliberationsfrist die Austrittserklärung wirksam wurde, mit welchem Alter jemand austrittsmündig wird, ob Erziehungsberechtigte auch den Austritt ihrer Kinder erklären können etc. (Im einzelnen vgl. dazu A.B.SCHMIDT 1893).

Da auch in der Folgezeit keine grundlegende Vereinheitlichung stattfand, wurde diese Rechtsvielfalt über die Weimarer Republik und das Dritte Reich in das Rechtssystem der Bundesrepublik weitergeschleppt. (Rechtsgrundlage in den ehemals preußischen Ländern der BRD ist zum Teil immer noch das preußische Austrittsgesetz vom 30.11.1920).

2.2.2. Verhältnis Staat und Kirche

Das Austrittsrecht blieb - so kann man sagen - materiell wie auch im Verfahren im wesentlichen seit dem Deutschen Reich unverändert. Um es herum aber änderten sich die Gesetze und Verfassungen und mit ihnen das umfassende Verhältnis von Kirche und Staat - und dieses entscheidet u.a. darüber, wie die rechtlich-formale Möglichkeit zum Austritt faktisch wahrgenommen wird.

Die sich als christlich verstehenden Regierungen und staatstragenden Kreise im Kaiserreich hatten kein Interesse daran, die Kirchenaustritte zu einer Massenbewegung zu forcieren, zumal die Austrittsbewegung weithin von den ohnehin verdächtigen Sozialdemokraten getragen wurde und kirchliches Dissentertum mit staatlichem Dissentertum einherging. Es verwundert deshalb nicht, wenn die Rechtsprechung und die Behördenpraxis in Sachen Austritt eher eng und streng und keineswegs dissidentenfreundlich erscheint.

Die damaligen Kirchenaustrittsbewegungen, wie die "Monistische Vereinigung", die "Freireligiöse Gemeinde" und die verschiedensten Freidenker-Vereinigungen waren in der Dachorganisation "KOMITEE KONFESSIONSLOS" zusammengefaßt. Dort arbeiteten auch Sozialdemokraten, liberale Intellektuelle und Gegner des Wilhelminischen Systems mit. Sekretär beim Geschäftsführer des Komitees war für kurze Zeit der spätere Berliner Oberbürgermeister ERNST REUTER (vgl.REUTER 1972, S.307ff); vgl.ferner H.REICH 1951; ERMEL 1971; PIECHOWSKI 1927).

Die sozialdemokratische Weimarer Republik brachte eine grundsätzliche, wenn auch keine radikale Trennung von Kirche und Staat. Als Kennzeichen für die neue Entwicklung mag man mit PFENDER (1930, S.33) die Tatsache werten, daß z.B. das erste Gesetz, das nach der Revolution in Preußen bezüglich der Religion erging, den Kirchenaustritt erleichterte, indem es die Deliberationsfrist und die Gebühren beim Austrittsverfahren aufhob (Gesetz vom 13. Dez. 1918).

Durch die Kriegsereignisse war die seit 1904 zu verzeichnende aktive Austrittswerbung gegen die Kirchen zurückgegangen. Nach dem Kriege lebte sie mit einer Heftigkeit wieder auf, daß man das Jahr 1919 das "kirchenfeindliche Jahr" genannt hat (vgl. H.REICH 1951, S.376). Die Austrittszahlen zeigen denn auch während der Weimarer Zeit enorm steigende Tendenz.

Das nationalsozialistische Regime zeigte zunächst den beiden Kirchen gegenüber beträchtliches Entgegenkommen, was denn auch dazu führte, daß diese dem Regime nicht unfreundlich gegenüberstanden. Vor allem die katholische Kirche gewann durch das vielumstrittene Reichskonkordat. Die Hoffnungen der Kirchen erwiesen sich als trügerisch, denn alsbald zeigte der etablierte totalitäre Staat, daß er keine Freiräume duldete. Die kirchlich-christlichen Verbände wurden wie viele andere zuvor aufgelöst, das öffentliche Leben entkonfessionalisiert, die kirchlich-organisatorischen Betätigungsmöglichkeiten in vieler Hinsicht beschnitten (Vgl. CAMPENHAUSEN 1973, S.54ff).

Der <u>Wandel im Verhältnis von Kirche und Staat</u> fand seinen deutlichen Niederschlag in den Austrittszahlen. Waren die Austrittszahlen nach der Machtübernahme beträchtlich gesunken, so stiegen sie alsbald auf einen bis dahin nie gehabten Stand.

Über die <u>Stellung der Kirchen in der Bundesrepublik</u> gehen naturgemäß die Ansichten auseinander. Liberale Betrachter betonen, wie privilegiert und einflußreich die Kirchen in der BRD sind (vgl. z.B. GROSSER 1974, S.328ff), während die Kirchen ähnlich wie andere einflußreiche Organisationen darauf hinweisen, wie doch so gering ihr Einfluß in der pluralistischen Gesellschaft sei.

Feststehen dürfte allerdings - ohne hier auf Einzelheiten einzugehen -, daß die beiden Kirchen in der Bonner Demokratie weitaus bessere Positionen bezogen, als sie durch die Nazis verloren hatten. Nicht geringen Anteil daran dürfte das zu Anfang allgemein eingeführte Verfahren des indirekten staatlichen <u>Kirchensteuereinzuges</u> haben, welches den Kirchen eine bis dahin nicht gehabte finanzielle Ausstattung brachte. Vergessen waren ferner die Ansätze aus der Weimarer Republik zur <u>Gemeinschaftsschule</u>. Durch die Re-Konfessionalisierung der Schulen und die Einführung des Religionsunterrichts als ordentliches Lehrfach erfuhren die Kirchen soziologisch gesehen wohl eine der effektivsten Restaurierungen. Langewährende <u>Mehrheiten christlicher Parteien</u> in den Parlamenten sorgten zudem für die nötige Kontinuität und die institutionelle Verfestigung des staatlich-kirchlichen Einvernehmens, das erst ab Mitte der 6oer Jahre etwas getrübt wurde durch die Vorstöße zur Gemeinschaftsschule.

Die Literatur über die Stellung der Kirchen in der BRD besteht fast ausschließlich aus juristischen Schriften. Es fehlt weitgehend an Untersuchungen darüber, wie die Kirchen "mitten im Leben" stehen, und es fehlt aus einsichtigen Gründen insbesondere an kritischen Untersuchungen. Unübertroffen dürfte hier immer noch die detaillierte und sachlich gut belegte Streitschrift von Thomas ELLWEIN (1955) sein. Sie schildert frühe Zustände in der BRD, die heute gewiß nicht mehr herrschen; aber sie schildert eben doch im Detail, was man sich unter der Verbindung von Staat und Kirche konkret vorzustellen hat.

Zur weiteren Literatur vgl. u.a. CAMPENHAUSEN 1973; FISCHER 1964; HERRMANN 1974; HUBER 1973; MAHRENHOLZ 1972; WEBER/QUARITSCH (Hrsg.) 1967; FRIESENHAHN/SCHEUNER (Hrsg.) 1974; TILING 1968; SCHWEGMANN 1974;

2.2.3. Kirchensteuerpflicht

In direktem Zusammenhang mit dem Austritt steht durchgängig die Frage der Kirchensteuern. Dazu deshalb ein paar Bemerkungen:

Aufgekommen waren die Kirchensteuern auf Initiative der Staaten, welche seit der Säkularisation für die finanzielle Unterhaltung der Kirchen aufzukommen hatten und sich alsbald einem wachsenden Finanzbedarf der Kirchen gegenübersahen. Die Kirchen sollten also durch Besteuerung ihrer Mitglieder selber für ihre Finanzen sorgen (vgl. CAMPENHAUSEN 1973, S.137ff; SCHEFFLER 1973, S.279ff). Die Weimarer Verfassung von 1818 übernahm trotz ihres Akzentes auf "Trennung von Kirche und Staat" die Kirchensteuern und berechtigte die als Körperschaft des öffentlichen Rechtes organisierten Kirchen überdies, ihre Steuern "aufgrund der bürgerlichen Steuerlisten" zu erheben.

Die Nationalsozialisten behielten diese Regelung zumindest im Altreich bei. In den neuen Reichsteilen trat an Stelle der Kirchensteuer ein privatrechtlicher Beitrag, so zum Beispiel in Österreich, wo es nach dem Kriege im wesentlichen dabei blieb.

Nach dem Kriege wurde in allen Bundesländern der BRD
auf Antrag der steuerberechtigten Kirchen das Abzugsverfahren für die Kirchensteuern eingeführt. Vorher
gab es das Abzugsverfahren bereits in einigen Fällen
(vgl. ENGELHARDT 1968, S.197). Bei Arbeitnehmern zieht
seither der Arbeitgeber die Kirchensteuer ebenso wie
die staatliche Lohnsteuer vom steuerpflichtigen Lohn
ab und führt sie ans Finanzamt ab. Kirchensteuern auf
andere steuerpflichtige Einkünfte - so etwa bei Selbständigen - sind analog mit den staatlichen Steuern
abzuführen.

Der Hebesatz beträgt z.Zt. je nach Bistum oder Landeskirche zwischen 8 und 10 % der zu entrichtenden staatlichen Einkommenssteuer. Bei hohen Einkommen haben verschiedene Kirchen die Höchstgrenze der Kirchensteuer
auf 3 % des steuerpflichtigen Einkommens festgelegt.
Diese sogenannte "Kappung der Kirchensteuer" soll vermeiden, daß die Steuerprogression, welche ja ein Instrument der Vermögensverteilung sein soll, auf den
kirchlichen Bereich übertragen und die Kirchensteuer-Moral von Hochverdienern dadurch beeinträchtigt wird.
Die Finanzämter behalten 3 bis 4% der eingenommenen
Kirchensteuern als Entschädigung für ihre Hilfeleistung beim Inkasso.

Zur Lit. vgl. CAMPENHAUSEN 1973, S.137ff;
SCHEFFLER 1973, S.279ff; für die Zeit vor dem I.Weltkrieg vgl. GIESE 1910; das Standardwerk für die Zeit
danach bis heute ist ENGELHARDT 1968;

✻

2.3. Zum Kirchenaustritt in der BRD

Speziell für die Bundesrepublik kann mangels Sachdefinition in den Kirchenstatistiken <u>Kirchenaustritt</u> präzisiert werden als: die Beendigung einer individuellen Kirchengemeinschaft durch ein im einzelnen landesgesetzlich geregeltes Austrittsverfahren. In jedem Falle sieht das Austrittsverfahren vor, daß der Austrittswillige selber oder (bei Austrittsunmündigen die Erziehungsberechtigten) eine entsprechende Willenserklärung bei einer dafür vorgesehenen staatlichen (Amtsgericht, Standesamt) oder (selten) kirchlichen (Behörde (Kirchenkanzlei) abgibt. Für den einzelnen Austreter besteht der Akt des Austritts in einem einfachen Behördengang, der innerhalb weniger Minuten abgewickelt ist.

Die <u>Rechtsfolge</u> des Austritts besteht darin, daß der Austreter keiner Kirchensteuerpflicht mehr unterliegt. Dafür hat er aber auch keine Ansprüche mehr auf kirchliche Amtshandlungen wie z.B. das kirchliche Begräbnis oder die kirchliche Trauung.

Wer die eine Kirche verlassen möchte, um formelles Mitglied einer jeweils anderen körperschaftlichen Kirche zu werden, muß **zuvor** seinen Austritt erklären. <u>Der Übertritt läuft also über den Austritt</u>; der direkte Wechsel zwischen den beiden Kirchen, wie er früher zuweilen praktiziert wurde, ist in der BRD nicht möglich. Man kann allenfalls den "<u>Austritt mit folgendem Übertritt</u>" und den "<u>Austritt mit folgender Konfessionslosigkeit</u>" unterscheiden.

Das Austrittsverfahren ist in seinen Einzelheiten je nach Bundesland und dort oft noch nach Landesteilen höchst unterschiedlich geregelt (vgl.dazu ENGELHARDT 1972).

In einigen Ländern wird für das Austrittsverfahren eine geringe Gebühr erhoben, in den meisten Ländern ist er gebührenfrei. - Nur ein Teil der geltenden Austrittsgesetze enthält überhaupt Bestimmungen über die Austrittsmündigkeit; diese variiert deshalb -juristisch umstritten- zwischen dem 14. Lebensjahr und der Volljährigkeit. - Sehr unterschiedlich ist der Zeitpunkt, zu dem ein Austritt wirksam wird: Ob direkt mit Abgabe der Erklärung oder erst nach Ablauf einer unterschiedlichen "Reuefrist".[1]

Die juristische Problematik des Kirchenaustritts, des Austrittsverfahrens und der Austrittsfolgen ist allerdings für die Statistik der Kirchenaustritte vollkommen unerheblich, da nur tatsächlich erfolgte, das heißt rechtlich wirksam gewordene Austritte gezählt werden.(Zur Rechtsproblematik vgl. CAMPENHAUSEN 1973; ENGELHARDT 1972; FISCHER 1964).

Auch theologische Auseinandersetzungen über den Begriff der Mitgliedschaft in der Kirche sind für die statistische Definition nicht von Frage. Das Ereignis "Kirchenaustritt" ist statistisch eindeutig und durch theologisch-definitorische Operationen am Begriff der Kirchenmitgliedschaft nicht zu verändern.

---

1) Im März 1977 hat das Bundesverfassungsgericht entschieden, daß im Kirchenaustrittsgesetz von 1920 vorgesehene Fristen, wonach jemand nach seinem Austritt bis zum Ende des Steuerjahres die Kirchensteuer weiterzahlen muß, gegen das Grundgesetz verstoßen. Entsprechende Regelungen wurden für nichtig erklärt. (Aktenzeichen: 1 BVR 329/71)

3. Die Statistik der Kirchenaustritte

3.1. Die Kirchenaustritte seit der Jahrhundertwende

3.1.1. Zur Austrittsstatistik

Eine Statistik der Mitgliederbewegung durch Austritte und Übertritte zu den evangelischen deutschen Landeskirchen gibt es seit 1884. Die seither bis 1949 erhobenen Daten sind zusammengestellt im Amtsblatt der Ev.Kirche in Deutschland von 1952, STATISTISCHE BEILAGE Nr. 4. Die Aus- und Übertrittszahlen für den Zeitraum von 1950-56 sind enthalten in der STATISTISCHEN BEILAGE Nr. 19 zum Amtsblatt Heft 6/1958. Die Zahlen der folgenden Jahre sind zu finden in den entsprechend folgenden Nummern der Statistischen Beilagen zum Amtsblatt. Parallel dazu werden die Ergebnisse der ev. kirchenamtlichen Statistik veröffentlicht im KIRCHLICHEN JAHRBUCH und seit 1957 auch im STATISTISCHEN JAHRBUCH der BRD.

Nach anfänglichen Erhebungslücken (einige Landeskirchen begannen erst später mit den Zählungen) darf die ev. Statistik seit 1900 als vollständig betrachtet werden.

Anzumerken ist, daß die ev. Statistik öfter unterscheidet zwischen Erwachsenen (häufig auch: Religionsmündigen -) und religionsunmündigen Kindern. Bei den Austritten änderte die ev. Statistik einige Male den Modus der Mitteilung. Findet man zuweilen unterschiedliche Austrittszahlen, so rührt der Unterschied meist daher, daß einmal nur die Erwachsenen (Religionsmündigen), ein andermal die Austritte insgesamt ausgewiesen wurden. Der Anteil der religionsunmündigen Kinder an den Gesamtaustritten ist in den letzten Jahren auf unter 2% gesunken, lag bis zur Austrittswelle aber um ein Mehrfaches höher.

Eine "Amtliche Zentralstelle für die kirchliche Statistik des Katholischen Deutschlands" gibt es seit 1915. Deren Ergebnisse werden unverändert veröffentlicht im "Kirchlichen Handbuch für das katholische Deutschland" (1907ff). Außerdem übernimmt die staatliche Statistik deren Daten und meldet sie - wie die der ev. Kirche - im Statistischen Jahrbuch der BRD.

Datenerhebende Instanzen sind bei der ev. wie bei der kath. Kirche die Ortspfarreien. Nach der formalen Organisation übergeordnete Verwaltungsinstanzen wie Dekanate, Bistümer und Landeskirchen sammeln und aggregieren lediglich die Daten, um sie zu den zentralen statistischen Ämtern weiterzuleiten. Das ist heute für die ev. Kirche die Kirchenkanzlei der EKD in Hannover, für die kath. Kirche die erwähnte Amtliche Zentralstelle in Köln.

Tab. 1: Kirchenaustritte in Deutschland[1] seit 1900

Jahr	Austritte aus der ev. Kirche [2]		Austritte aus der kath. Kirche[3]	
	absolut	pro 1000 d.Kirchenvolkes	absolut	pro 1000 d.Kirchenvolkes
1900	3.793	0,1		
1901	3.749	0,1		
1902	4.749	0,1		
1903	4.869	0,1		
1904	5.589	0,1		
1905	6.049	0,1		
1906	17.492	0,4		
1907	14.350	0,3		
1908	27.150	0,7		
1909	23.998	0,6		
1910	17.788	0,4		
1911	17.809	0,4		
1912	21.805	0,5		
1913	29.255	0,7		
1914	25.672	0,6		
1915	3.658	0,0		
1916	5.506	0,1		
1917	5.685	0,1	3.897	0,16
1918	8.724	0,2	4.697	0,23
1919	237.687	6,0	33.842	1,59
1920	313.995	8,0	44.702	2,10
1921	256.936	6,6	40.452	1,96
1922	157.605	4,0	24.496	.
1923	120.504	3,2	18.075	0,86

Jahr	Austritte aus der ev. Kirche		Austritte aus der kath. Kirche	
	absolut	pro 1000 d.Kirchenvolkes	absolut	pro 1000 d.Kirchenvolkes
1924	84.169	2,2	22.430	1,07
1925	146.341	3,7	34.752	1,66
1926	201.500	5,1	43.316	2,06
1927	176.593	4,5	41.865	1,96
1928	171.543	4,3	40.545	1,86
1929	168.739	4,3	42.855	1,97
1930	226.262	5,7	52.594	2,41
1931	243.514	6,3	57.781	2,65
1932	217.488	5,4	54.480	2,50
1933	57.459	1,4	31.987	1,43
1934	29.331	0,7	26.376	1,18
1935	51.805	1,3	34.347	1,54
1936	94.031	2,3	46.687	2,05
1937	319.708	7,9	108.054	4,75
1938	326.513	8,1	88.715	3,90
1939	377.721	9,0	.	.
1940	152.591	3,6	52.076	2,23
1941	182.310	4,3	52.560	2,26
1942	97.148	2,3	38.368	1,65
1943	46.125	1,1	.	.
1944	22.459	0,5	.	.
1945	9.439	0,2	.	.
1946	22.856	0,2	9.204	0,37
1947	29.482	0,3	13.254	0,53
1948	45.374	0,7	19.988	0,80

[1] 1900-1945 Deutsches Reich mit dem jeweiligen Gebietsstand; 1946-1948 Gebietsstand von BRD + DDR; 1949ff BRD;

[2] Ev.Kirche: kriegsbedingte Erhebungslücken von 1940 bis 1948; Austritte von 1949 bis einschließlich 1962 ohne West-Berlin.

[3] Kath.Kirche: kriegsbedingte Erhebungslücken von 1939 bis 1945; Austritte von 1949 bis einschließlich 1953 ohne West-Berlin

Schaubild 1: Kirchenaustritte 1900 - 1975

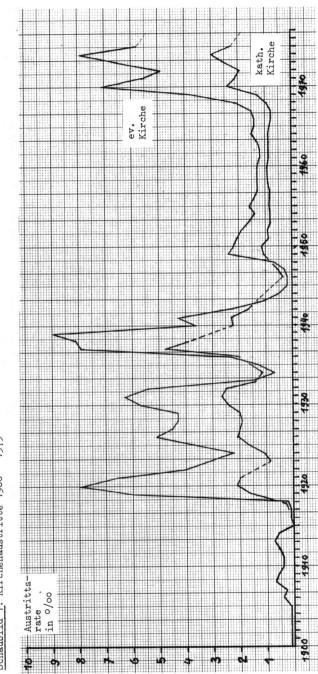

3.1.2. Austritte und parallele Ereignisse

Bisherige Analysen der Kirchenaustrittsreihe haben versucht, das Auf und Ab der jährlichen Kirchenaustrittszahlen in Zusammenhang mit parallelen politischen und kirchlichen Ereignissen plausibel zu machen (vgl. H. REICH 1951; GREINACHER 1957/61; BÜHLER 1970; KEHRER 1970; STROHM 1974).
Folgen wir einmal der Austrittskurve in ihrem Verlauf seit der Jahrhundertwende und achten wir auf diese Zusammenhänge.

Bis zum Ende des 1. Weltkrieges haben wir es zunächst einmal nur mit den Austritten aus der ev. Kirche zu tun, weil die Statistik der katholischen Austritte bis zu diesem Zeitpunkt nicht geführt wurde. Für den groben Verlauf der katholischen Austritte in diesem Zeitraum darf indessen das gleiche angenommen werden wie für die evangelischen Austritte: Die Austrittskurven beider Kirchen zeigen in ihrem Auf und Ab nämlich eine auffällige Parallelität.

Zum statistisch bemerkenswerten Ereignis werden die Austritte erst seit 1906. Ungefähr seither wird auch berichtet von zunehmender Austrittswerbung und einer regelrechten Austrittsbewegung durch organisierte Freidenker und Freireligiöse.(vgl. dazu H.REICH 1951; ERMEL 1971)

Der "steile Absturz der Austrittskurve" nach Ausbruch des 1. Weltkrieges wird zum einen auf die einfache Tatsache zurückgeführt, daß die Kriegsereignisse Fragen der Kirchenzugehörigkeit in den Hintergrund drängten; zum anderen wird von einer gewissen religiösen Belebung, einem

vaterländisch-religiösen Aufschwung berichtet (vgl.
REICH 1951, S.373 ; BÜHLER 1970, S.161).

Die vorschnell totgesagte Austrittsbewegung begann
sich während des Krieges schon wieder zu regen und
erlebte nach dessen Ende in der neuen Republik einen
ungeahnten Aufschwung. Dabei verband sich die Austrittswerbung mit dem Kampf gegen die Konfessionsschule. "Der Schulkampf ist ein bevorzugtes Kampfmittel der Kirchenaustrittsagitation jener Jahre"
(REICH 1951, S.377). BÜHLER (1970, S.161) weist darauf hin, daß diese Welle von Kirchenaustritten
nach dem Krieg vor allem vom liberalen Bildungsbürgertum angeführt worden sei, während die indirekt
von der Sozialdemokratie geförderte Austrittswerbung
vor dem Kriege vor allem die politisch bewußten Arbeiter aus der Kirche geführt habe.
Der Rückgang der Austritte nach dem Rekordjahr 1920
findet keine Erklärung; wohl aber der erneute Anstieg
1925 und 1926; BÜHLER (1970, S.161) führt ihn zurück
auf eine Stellungnahme der ev. Kirche gegen die Fürstenenteignung.

Der im Jahre 1931 erreichte dritte Austrittsgipfel
wird in Zusammenhang mit dem während der Massenarbeitslosigkeit aufgekommenen linken und rechten Radikalismus gesehen.

Das abrupte Absinken der Austritte zwischen 1933 und
1934 findet seinen Grund darin, daß die an die Macht
gekommenen Nationalsozialisten sich anfänglich für ein
"positives Christentum" erwärmten und eine gewisse

Zurückhaltung gegenüber den Kirchen zeigten. Außerdem muß man daran denken, daß die zuvor sehr aktiven sozialistischen Freidenkervereinigungen zwangsaufgelöst wurden. Den kommunistischen "Proletarischen Freidenkerverband" hatte bereits BRÜNING 1932 durch Notverordnung aufgelöst. (vgl. HUTTEN 1949, S.404; RGBl Nr. 26/1932)

Der rasante Wiederanstieg der Austritte seit 1935 zu bis dahin nicht gekannten Ausmaßen läßt sich kaum anders deuten, als mit dem kirchenfeindlichen Kurs, den das etablierte Regime seit dieser Zeit steuerte. Der Rückgang der Austritte nach Ausbruch des 2. Weltkrieges kann wieder plausibel mit der "Kriegsfrömmigkeit" (REICH) erklärt werden.

Der Wiederanstieg nach Kriegsende ist hingegen wieder als ein Zeichen der Normalisierung zu werten, wobei die Anmerkung der Kirchenstatistiker zu beachten ist, daß die Zahlen für 1949 überhöht sind. Als nämlich 1949, bei Einführung des Lohnabzugsverfahrens für die Einziehung der Kirchensteuer zahlreiche Personen, um nicht steuerpflichtig zu werden, den Nachweis erbrachten, daß sie der Kirche nicht angehörten, wurde vermutlich ein erheblicher Teil dieser Personen nochmals als Austreter gezählt, obwohl sie schon ausgetreten waren. Die ev. Statistik schätzt, daß ihre Zahlen für 1949 ein Drittel zu hoch sind. (vgl. STATISTISCHE BEILAGE Nr.4, S.3)

3.2. Die Kirchenaustritte in der BRD

3.2.1. Systemabhängigkeit der Austritte - BRD u. DDR

Offensichtlich hängt es von dem politischen und insbesondere von dem kirchenpolitischen Großklima ab, ob die Austrittskurve auf dem Berg oder im Tal verläuft. So ist es nicht verwunderlich, daß sich nach der Teilung Deutschlands in den beiden unterschiedlichen politischen Systemen von Anfang an auch unterschiedliche Austrittsraten ergaben.

Schaubild 2: Kirchenaustritte in BRD und DDR

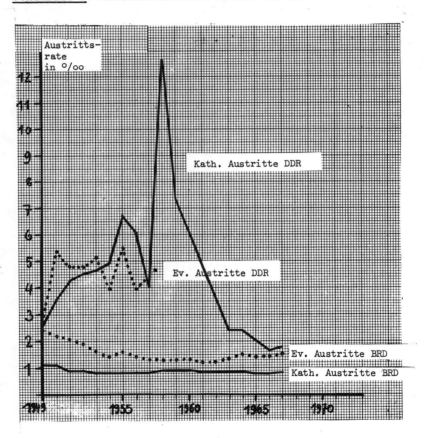

Die politische Führung der DDR steuerte gegenüber den Kirchen einen Kurs, der diese fast ausschließlich auf den kultischen Bereich zurückdrängte, ihnen ihre Privilegien nahm und sie zu einem kontrollierten Verein entmachtete (vgl. JACOBI 1959; KOCH 1975). Die Lage der Kirchen in der DDR ist deshalb nicht mit der in der BRD zu vergleichen. Die hohen Austrittsraten (ungeachtet der faktisch erloschenen Mitgliedschaften ohne jede Verbindung zur Kirche) sind in der DDR deshalb als durchaus "normal" anzusehen.

Kennzeichnend für die Bundesrepublik mit ihren vom Wohlwollen der Besatzungsmächte getragenen Kirchen, mit ihrer grundgesetzlich verbürgten engen Verbindung zwischen dem Staat und diesen Kirchen und schließlich mit Regierungsmehrheiten christlicher Parteien, wurden niedrige, fast stagnierende Austrittsraten. Umso überraschender war die Austrittswelle Ende der 60er Jahre.

Während die hohen Austrittszahlen in der Vergangenheit auf mehr oder weniger massive Austrittspropaganda zurückgeführt werden konnte, fehlt eine solche in der BRD; damit werden wir uns noch etwas näher beschäftigen.

Ein anderer Zusammenhang wurde und wird weiterhin sehr häufig behauptet: Die am 15. Okt. 1965 veröffentlichte EKD-Denkschrift zur "Lage der Vertriebenen" (vgl. HENKYS (Hrsg) 1966) habe in weiten Kreisen der ev. Kirche Empörung ausgelöst, zu verstärkten Austritten geführt und überhaupt die Austritte in Bewegung gebracht. Ganz abgesehen davon, daß die Austrittssteigerung zugleich auch in der kath. Kirche stattfand, widerlegt allein die ev. Austrittsstatistik derlei Zweck-Legenden, die freilich stets ohne Zahlenbelege verbreitet werden. Denn von Mitte Oktober bis Ende Dez. 1965 hätten die "empörten" Protestanten Zeit gehabt, die Austrittszahl von 1965 in die Höhe zu treiben. Stattdessen ist - wie man auch dreht und wendet - 1965 sogar ein Rückgang der Austritte zu verzeichnen gewesen. Und die frühesten Signale für die Austrittswelle kamen erst zwei, - die ersten deutlichen Zunahmen erst drei Jahre später.

Tab.2: Ev. u. kath. Austritte in der BRD

Jahr	Austritte aus der Ev.Kirche		Austritte aus der Kath.Kirche	
	abs.	‰	abs.	‰
1949	54.243	2,4	24.700	1,09
1950	53.058	2,2	25.445	1,11
1951	49.287	2,1	20.678	0,89
1952	45.743	1,9	21.440	0,91
1953	37.903	1,6	19.442	0,81
1954	36.553	1,4	19.941	0,82
1955	39.461	1,6	21.292	0,86
1956	35.265	1,4	21.007	0,84
1957	31.845	1,3	20.879	0,83
1958	35.112	1,3	23.155	0,91
1959	34.991	1,3	24.014	0,90
1960	34.595	1,3	23.889	0,93
1961	32.746	1,2	23.285	0,89
1962	33.657	1,2	23.089	0,87
1963	37.843	1,3	23.332	0,87
1964	42.665	1,5	23.604	0,87
1965	39.611	1,4	22.791	0,83
1966	40.272	1,4	22.043	0,79
1967	44.456	1,5	22.499	0,80
1968	60.807	2,1	27.995	0,98
1969	111.576	3,8	38.712	1,34
1970	202.823	7,1	69.455	2,40
1971	159.980	5,6	58.361	2,13
1972	139.818	4,9	53.829	1,95
1973	182.389	6,5	69.448	2,50
1974	216.217	7,9	83.172	3,00
1975	160.000	5,8	62.218	2,25 [1]

Ev.Kirche bis einschl. 1962 ohne West-Berlin
Kath. Kirche, BRD einschließlich West-Berlin und Saarland
[1] Zahlen für 1975 nach vorläufigen Angaben.

Schaubild 3: Austritte aus beiden Kirchen seit 1949

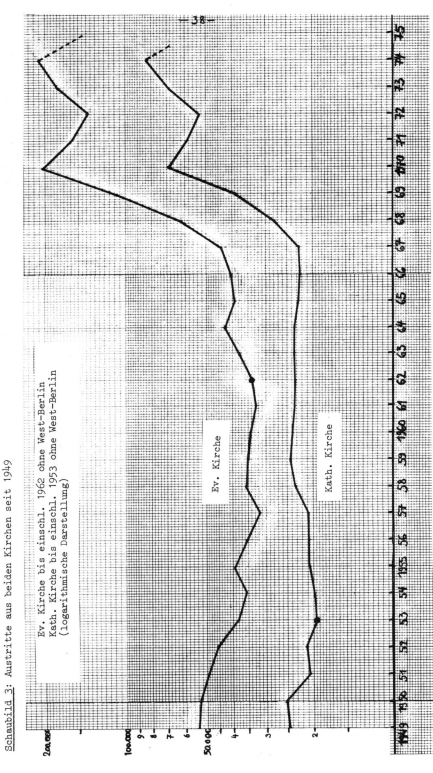

Bei der graphischen Darstellung absoluter Austrittszahlen empfiehlt sich die Verwendung eines logarithmischen Maßstabes, bzw. eines logarithmischen Zeichen-
papieres. Das hat zweifachen Vorteil: Bei Vergleichen
zwischen unterschiedlich großen Mitgliedereinheiten
berücksichtigt die logarithmische Darstellung die
Größenverhältnisse, weil weil äquivalente Veränderungen nicht durch absolute Differenzen, sondern durch
gleiche Quotienten charakterisiert sind. Gleiche Kur-
vensteigungen drücken also gleiche relative Veränderungen aus - unabhängig von der zugrundeliegenden Basis. Zum anderen erlaubt dieser Maßstab, da er die
oberen Dezimalbereiche zusammendrückt, eine klare Darstellung von großen Werte-Spannen in einer Graphik.
Nachteilig ist, daß der optische Eindruck Veränderungen verharmlost. In unserer Darstellung hätte man bei
metrischer Darstellung der Austrittsreihe eigentlich
drei Blätter aneinander legen müssen, um bei einigermaßen klarer Wiedergabe der geringen Austrittsschwan-
kungen auch die jüngsten Spitzenzahlen darstellen zu
können.

3.2.2. Parallelität der Austritte in beiden Kirchen

Auf den ersten Blick zeigen die Austrittsreihen beider
Kirchen einen auffälligen Gleichlauf, der mit dem Anstieg zur fast perfekten Parallelität wird (vgl.Schau-
bild 3).

Das gleiche Bild bleibt auch erhalten, wenn man nach
Landeskirchen bzw. Bistümern differenziert und die
Stadt-Kirchen Berlin, Hamburg und Bremen sowie die
sehr kleinen Landeskirchen der EKD (Eutin, Lippe,
Schaumburg-Lippe, Lübeck, Nordwestdeutschland) heraus-
nimmt. In den kleinen Kirchen sind die absoluten Austrittszahlen so klein (vor Anstieg meist noch keine
loo Fälle pro Jahr), daß der Zufall zu stark herein-
spielt.

Auch zeigen die niedrigen Austrittsreihen der eher
ländlichen Kircheneinheiten in der katholischen Kirche (z.B. die Bistümer Passau und Würzburg) einige
Eigenwilligkeiten. Die Austritte in den großstädtischen Gliedkirchen (Berlin, Hamburg, Bremen) zeigen
das selbe Auf und Ab, nur sehr viel ausgeprägter, so
daß deren Austrittskurven mehr Zacken aufweisen.
Seit dem Anstieg 1968 verläuft die Bewegung der Austritte in allen Gliedkirchen (ev. Landeskirchen bzw.
kath. Bistümer) derartig synchron, daß die Kurven,
die diese Bewegung darstellen, wie an einem einzigen
Seil geführt erscheinen.

Wenn also die Reihen der Kirchenaustritte unabhängig
von der Konfessions-Kirche und unabhängig von innerkirchlichen Gliederungen die selbe Dynamik aufweisen,
so könnte man hier bereits vermuten, daß die relative Höhe der Kirchenaustritte eine Größe ist, die irgendwelchen Impulsen gehorcht, die gesamtgesellschaftlicher Natur sind. Dieser Verdacht wird sich anhand
noch vieler Einzelbefunde erhärten.

Von 1949 bis einschließlich 1967 waren in der BRD
durchschnittlich rund 40000 Protestanten pro Jahr ausgetreten; das Mittel der kath. Austritte lag bei
22500. Das arithmetische Mittel ist in diesem Falle
schon aussagekräftig, weil es nur eine geringe Streuung über die Jahre hinweg gab. Nachweislich der Kirchenstatistiken wurde dieses mittlere Niveau erstmals
1968 spürbar überschritten.

1969 hatten die Austritte aus beiden Kirchen sowohl
absolut als auch bezogen auf die Kirchenmitglieder
die relativ hohen Werte zu Anfang der Bundesrepublik

weit übertroffen. Der weitere Anstieg brachte Zahlen
in der Größenordnung, wie man sie aus der Weimarer Republik und dem Dritten Reich nur kannte. Auch die
Plötzlichkeit des Anstiegs erinnert an die damalige
Austrittsstatistik.

197o lagen die ev. Austritte rund 5 mal und die katholischen rund 3 mal höher als das langjährige Mittel.
1974 wurden diese Werte noch übertroffen; die kath. Austritte holten dabei gegenüber den evangelischen auf, indem sie sich auf das 3,7-fache des besagten Mittels erhoben (ev: 5,25). Die ev. Kirche zählte innerhalb von
5 Jahren seit 1969 mehr Austritte als zuvor in den 2o
Jahren seit Bestehen der Bundesrepublik!

Die isolierte Betrachtung des imposanten Wachstums läßt
indessen leicht übersehen, daß es sich bei den Austritten, bezogen auf die jeweilige Gesamtheit der Mitglieder,
um relativ kleine Zahlen handelt. Vor dem Anstieg lag
die mittlere Austrittsrate in der ev. Kirche bei 1,5‰,
in der kath. Kirche bei o,9‰; auf 1ooo Protestanten kamen 1,5 Austritte, auf 1ooo Katholiken gerade 1 Austritt.
197o erklärten von 1ooo Protestanten immerhin rund 7
ihren Austritt; auf 1ooo Katholiken errechnet sich für
dieses Jahr eine Austrittsrate von 2,4 (1974: ev. 7,5‰;
kath.: 3,o‰).

Allerdings addieren sich auch kleinere Schwundraten zu
einem spürbaren Verlust. In den 7 Jahren von 1968 bis
einschließlich 1974 verlor die kath. Kirche über 400.000
Mitglieder per Austritt; das ist gemessen am Mitgliederbestand (197o: 27 Mio) ein Schwund von 1,5%! Für die ev.
Kirche summierten sich die Austritte in diesem Zeitraum

auf über 1 Million Austritte, was gegenüber der gesamten Mitgliederschaft (28,5 Mio) ein Minus von 3,7% ausmacht.

Vor Einsetzen der Austrittswelle konnten die Austritte aus der einen Kirche weitgehend durch Eintritte aus der jeweils anderen Kirche ausgeglichen werden. Das ist bei den ebenfalls seit 1968 stark gesunkenen Eintritten nicht mehr möglich, so daß die steigenden Austritte für beide Kirchen weithin einen echten Mitgliederschwund darstellen. 1970 kamen auf einen Eintritt in die ev. Kirche 11 Austritte und auf einen Eintritt in kath. Kirche 12 Austritte.

3.3. Austritt und Übertritt

Die bisherige Betrachtung bezog sich auf die Reihe der Kirchenaustritte, so wie die Kirchenstatistik sie zählt, und diese erfaßt die formal-rechtliche Akte der Austrittserklärung. Diese Austrittszahlen beinhalten aber die Austritte, die zum Zweck des <u>Übertritts</u> in eine andere Kirche erklärt werden, und sie enthalten die Austritte in die <u>Konfessionslosigkeit</u>.

Uns interessieren vornehmlich die letzteren, "echten" Austritte mit nachfolgender Konfessionslosigkeit. Betrachtet man diese Kategorie von Austritten für sich, so führt dies womöglich dazu, daß sich Abweichungen ergeben gegenüber den Befunden, die über die Austritte insgesamt getroffen werden.

3.3.1. Zur provisorischen Unterscheidung

Die Schwierigkeit ist nun, daß die <u>Richtung</u> des Austrittes statistisch nicht erfaßt wird, denn der Austreter braucht bei seiner Austrittserklärung nicht anzugeben, ob er zu einer anderen Kirche übertreten oder ob er in der Konfessionslosigkeit verbleiben will.

Man kann sich aber damit behelfen, daß man den <u>Austritten</u> aus der einen Kirche mit den <u>Eintritten</u> in die jeweils anderen Kirchen vergleicht. Denn bei den <u>Eintritten</u> (Übertritten) erfaßt die Kirchenstatistik, woher das neue Mitglied kommt.

Zum Beispiel: 1966 traten 22.043 Katholiken aus der Kirche aus. Im selben Jahr zählte die ev. Statistik 15.103 Übertritte Erwachsener von der katholischen Kirche zur EKD. Das heißt, daß (ungeachtet der religionsmündigen Kinder) über 2/3 der katholischen Austreter dieses Jahres zur ev. Kirche übergetreten sind. Von den restlichen 6.940 Austretern wird noch ein gewisser Teil zu anderen kleineren Kirchen übergetreten sein. Mangels Information darüber betrachten wir den ganzen Rest als "echte" Austritte in die Konfessionslosigkeit; der dabei in Kauf genommene Fehler ändert an den Größenordnungen nicht viel.

Diese Rechnung, für beide Kirchen unternommen, ergibt folgende Reihen (vgl. Tab. 3 u. 4):

Tabelle 3: Ev. Kirche - Austritte in die Konfessionslosigkeit

Jahr	Austritte aus d.EKD (ab 1963 einschl. West-Berlin)	abzügl. der Übertritte v.d.EKD zur kath.Kirche Quelle: KHB		"echte" Austritte aus der ev. Kirche	in % der Austritte insgesamt
1954	36.553	- 11.834	=	24.719	68
1955	39.461	- 11.3o3	=	28.158	71
1956	35.265	- 11.482	=	23.783	67
1957	31.845	- 12.o1o	=	19.835	62
1958	35.112	- 12.53o	=	22.582	64
1959	34.991	- 12.381	=	22.61o	65
196o	34.595	- 12.386	=	22.2o9	64
1961	32.746	- 12.436	=	2o.31o	62
1962	33.657	- 12.o35	=	21.622	64
1963	37.843	- 1o.722	=	27.121	72
1964	42.665	- 1o.o6o	=	32.6o5	76
1965	39.611	- 8.668	=	3o.943	78
1966	4o.272	- 8.o78	=	32.194	8o
1967	44.456	- 7.o45	=	37.411	84
1968	6o.8o7	- 5.721	=	55.o86	91
1969	111.576	- 4.363	=	1o7.213	96
197o	2o2.823	- 3.5oo	=	199.323	98
1971	159.98o	- 3.294	=	156.686	98
1972	139.818	- 2.899	=	136.919	98
1973	182.389	- .	=	.	. 1)
1974	21o.ooo	- .	=	.	

---

1) Die jüngsten Zahlen lagen noch nicht vor

Tabelle 4: Kath.Kirche: Austritte in die Konfessionslosigkeit

Jahr	Austritte aus der kath.Kirche		abzügl.der Übertritte v. d.kath.Kirche zur EKD Quelle: EKD-Statistiken		"echte" Austritte aus der ev. Kirche	in % der Austritte insgesamt
1955	21.292	-	(15.3oo)	=	5.992	28
1956	21.oo7	-	(15.15o)	=	5.857	28
1957	2o.879	-	(15.916)	=	4.963	24
1958	23.155	-	(17.65o)	=	5.5o5	24
1959	24.o14	-	(18.28o)	=	5.734	24
196o	23.889	-	(18.49o)	=	5.4oo	23
1961	23.285	-	(18.735)	=	4.55o	2o
1962	23.o89	-	(18.927)	=	4.162	18
1963	23.332	-	(17.6oo)	=	5.732	25
1964	23.6o4	-	17.373	=	6.231	26
1965	22.791	-	16.758	=	6.o33	26
1966	22.o43	-	15.1o3	=	6.94o	31
1967	22.499	-	14.oo9	=	8.49o	38
1968	27.995	-	12.624	=	15.371	55
1969	38.712	-	1o.o39	=	28.673	74
197o	69.455	-	8.667	=	6o.788	86
1971	58.361	-	7.o92	=	51.269	88
1972	53.829	-	6.584	=	47.245	88
1973	69.448	-	5.535	=	63.913	92
1974	83.277	-	.		.	.

Die Übertrittszahlen von 1955 - 1963 sind nicht exakt, da der Anteil von West-Berlin geschätzt wurde. Die jüngsten Zahlen lagen noch nicht vor.

3.3.2. Ergebnis der Bereinigung

Für die ev. Kirche ergibt sich nach dieser differenzierten Betrachtung keine wesentliche Änderung, außer daß die neue Kurve der echten Austritte etwas tiefer, sonst aber weitgehend parallel mit der Kurve der gesamten Austritte verläuft. Das kommt daher, weil der Anteil der Austritte in die Konfessionslosigkeit schon von Anfang an sehr hoch lag; (vgl. Tabelle 3).

Für die kath. Austritte zeigt sich indessen eine interessante und wichtige Verschiebung (vgl. Tabelle 4 und Schaubild 4). Die bis kurz vor 1968 noch stagnierenden, ja zum Teil sogar noch fallenden Austrittszahlen kamen durch zwei zahlenmäßig(nicht sachlich!) gegenläufige Trends zustande, die sich gegenseitig aufhoben. Eine Zunahme der Austritte in die Konfessionslosigkeit machte sich zahlenmäßig nicht bemerkbar, weil in gleichem Umfange die Austritte zum Zweck des Übertritts zurückgingen. Die Schere zwischen den beiden Trends öffnet sich erst nach 1968, nachdem die echten Austritte derart zugenommen hatten, daß sie den Rückgang der Übertritte mehr als wettmachten.

Schaubild 4: Echte Austritte und Übertritte

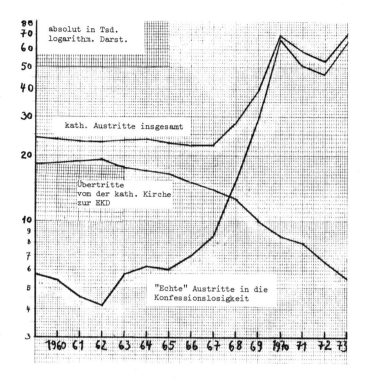

Die Übertritte zu bzw. zwischen den beiden großen Kirchen gehen seit Anfang der 60er Jahre deutlich zurück. Dieser Trend wird vornehmlich dadurch verursacht, daß konfessionsverschiedene Ehegatten es bei der Konfessionsverschiedenheit (d.h. einer Mischehe) belassen, und es immer weniger üblich wird, daß einer der beiden Ehegatten die Konfession wechselt, nur damit keine Mischehe zustande kommt.

Indem aber die Übertritte zurückgehen, gehen auch die Austritte zurück: denn der Übertritt verläuft nur über den Austritt. Wir haben also den seltenen Fall, daß eine Erscheinungsform der Entkirchlichung, nämlich die sinkenden Übertritte, sich manifestiert in einem Rückgang der Kirchenaustritte, also einem für die Kirchen hochgradig positiv zu deutenden Vorgang. Das ist die Folge davon, daß zwei materiell gänzlich unterschiedliche Handlungen an dieselbe rechtliche Form des Austritts gebunden sind.

In der neuen Austrittsreihe (vgl. Tab. 3 u. 4) sehen
wir, daß die schon vorher festgestellte Parallelität
des Anstieges noch glatter wird. Während die ev. Austritte ja bereits 1966 und 1967 einen Aufwärtstrend
signalisierten, waren die katholischen Austritte noch
unverändert geblieben, 1966 gegenüber 1965 sogar rätselhafterweise noch zurückgegangen. Das Rätsel hat sich
damit aufgelöst. (Vgl. Schaubild 5)

Ein zeitliches Nachhinken der kath. Austrittssteigerung gegenüber der evangelischen hätte sich - wäre
es real gewesen - zur Not erklären lassen. Es ist
aus anderen Fällen bekannt, daß die Protestanten in
der BRD deutlich schneller auf Wandlungen reagieren
als die Katholiken (vgl. SCHMIDTCHEN 1974, S.63ff.).
Dennoch hätte der zeitliche Unterschied von ca. 2 Jahren einige theoretische Schwierigkeiten verursacht.

Schaubild 5: Austritte in die Konfessionslosigkeit

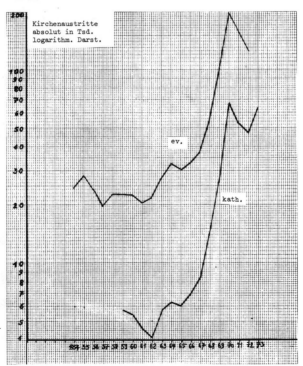

Auch die behelfsmäßig ermittelten Austritte in die Konfessionslosigkeit machen gegen Ende der 6oer Jahre den hohen Sprung nach oben. Obgleich dieser Anstieg der "echten Austritte" weniger abrupt erscheint, weil die Kurve nun bereits 1966 und 1967 in der Schräge ist, erweist er sich sogar beträchtlich stärker als bei den Austritten insgesamt. Dort betrug 1968 der Zuwachs gegenüber dem Vorjahr 24%; hier, bei den echten Austritten betrug er 81%! Von 1968 auf 1969 beträgt der Zuwachs wiederum 87% bei den Kirchenunwilligen, bei den Austritten einschließlich der Übertritte nur 38%. Auch bei den ev. Austritten errechnet sich bei den Austritten in die Konfessionslosigkeit natürgemäß ein stärkeres Wachstum (z.B. 1968: + 47%; Austr. insgesamt: + 37%).

3.3.3. Austrittswelle in die Konfessionslosigkeit

Aus der Gegenüberstellung der beiden Austrittsarten geht klar hervor, daß die Austrittswelle der letzten Jahre zum allergrößten Teil in die Konfessionslosigkeit ausrollte.

Will man den provisorischen Zahlen trauen (vgl.Tabelle 3 und 4), dann sind die eine Million ev. Austreter bis auf ein paar Prozent alle konfessionslos geworden. Der für 197off. als rechnerischer Rest ermittelte Anteil von 98% solcher Austreter liegt, wie vergleichbare Zahlen zeigen, sicher etwas zu hoch.

Die EKD-Sondererhebung zählte unter den Austritten in
den Jahren 1970 und 1971 einen Anteil von 7,8% Übertritten (3,0% zur kath.K.; 1,9% zu ev.Freikirchen und
5,9 zu sonstigen Religions- und Glaubensgemeinschaften.

Aus der Ev.K. im Rheinland wird aus einer Sondererhebung
im ehemals preuß. Teil gemeldet, daß von den Austretern
1970 7,5% zur kath.Kirche, 2,0% zu ev. Freikirchen und
4,7% zu sonstigen Gemeinschaften, insgesamt also 14,2%
übertraten.

Die Ev.K.von Westfalen berichtet von einem Übertreteranteil von etwa 20%

Die Ev.K.in Württemberg berichtet in ihren Amtsblättern
sehr detailliert über die Austrittsrichtung. Für 1972
weist sie unter den Austritten 7% Übertritte aus.

Zu diesen Zahlen, die nun doch um einiges höher liegen
als die rechnerisch ermittelten, ist indessen anzumerken: Sie gelten nur für etwas mehr als 10% der jeweiligen Austritte insgesamt, im Falle Freiburg für immerhin
fast 42%. Für den Rest waren keine Angaben vorhanden. Die
vorliegenden Angaben über die Richtung des Austritts stammen von den Ortspfarrern. Diesen aber sind aus einsichtigen
Gründen die Fälle der religiös motivierten Übertritte oder
der Heiratskonversionen eher bekannt als die übrigen Fälle,
so daß hier eine Verzerrungsmöglichkeit vorliegen könnte.

Unter den kath.Austretern sind offensichtlich noch mehr
Übertreter, wenngleich auch hier die Masse der Austritte
in die Konfessionslosigkeit erfolgt. Immerhin wurde für
1970ff noch ein Anteil von Übertretern zur ev. Kirche von
ca. 12-14% ermittelt (Vgl. Tab.4).

Das überrascht nicht, weil seit jeher die Zahl der Übertritte von der kath. zur ev. Seite stärker war als umgekehrt. Einer der wichtigsten "natürlichen" Gründe dafür
ist, daß es mehr katholische Minderheiten ("Diaspora") in
protestantischen Stammlanden gibt als umgekehrt ev. Minderheiten in kath. Konfessionsgebiet. Die heiratsbedingte
Zahl der kath. Übertritte zur ev. Seite ist daher naturgemäß höher (vgl. dazu etwa KHB 1924/25, S.462ff; NEUNDÖRFER
1954).

Das kath. Bistum Freiburg (INFORMATIONEN FREIBURG 1o/1972 u. 6/1973) gab für 1971 einen Übertreteranteil von 1o,4 und für 1972 von 11% bekannt (5% zur Ev.Kirche); zur Erhebung gilt ähnliches wie bereits gesagt. In diesem Falle liegen aber die kirchenamtlichen Übertrittswerte sogar noch unter den provisorisch errechneten.

3.3.4. Austritte und Wiedereintritte

In diesem Zusammenhang müssen wir uns auch den Wiedereintritten (zuweilen auch als Rücktritte bezeichnet) zuwenden. Es handelt sich, wie der Name sagt, um solche Fälle, wo jemand nach erfolgtem Austritt in die von ihm verlassene Kirche wieder eintritt. Die Statistiken verbuchen diese Fälle unter den Aufnahmen, weisen sie aber meist als besondere Teilmenge aus (vgl. Tab. 5).

Tabelle 5: Wiedereintritte (Rücktritte) in die beiden Kirchen

Jahr	EKD	Kath. Kirche
1953	.	6.595
1956	.	5.853
1959	.	5.794
1962	11.076	5.132
1965	9.876	3.967
1966	9.465	3.4o7
1967	8.469	2.944
1968	6.882	2.437
1969	5.671	2.025
197o	4.981	1.725
1971	4.68o	1.749
1972	4.2o6	1.736
1973	4.611	1.734

EKD: ab 1963 einschl. West-Berlin;
Quelle: KJB 1963ff.
Kath.Kirche: bis 1955 ohne Saarland und ohne West-Berlin; 1956: ohne West-Berlin; Quelle: KHB; STATIST.JB.

Während man aber bei den Übertritten davon ausgehen kann, daß sie innerhalb eines Jahres nach dem Austritt erfolgen, ist das bei der Mehrzahl der Wiedereintritte eher nicht der Fall. Sie erfolgen längere Zeit nach dem Austritt. Nach Angaben der Kirchenstatistiker handelt es sich bei den früheren Wiedereintretern in der BRD um Personen, die in früheren Zeiten, vor allem während der Nazi-Zeit, ausgetreten waren und unter den neuen Verhältnissen und mit fortschreitendem Alter wieder zur Kirche zurückkehren.(Vgl. KHB, Bd.23 (1944-51), S.3o1). Direkt nach Kriegsende, als die Kirchen als integre Institutionen dastanden, gab es einen Schwall von ("Persilschein"-) Rücktritten. Seither nahm von Jahr zu Jahr die Zahl der Rücktritte deutlich ab und ist nun zu einer fast vernachlässigenswerten Größe geworden.

Die heute noch verzeichneten Wiedereintreter sind mit höchster Wahrscheinlichkeit auch schon vor längerer Zeit ausgetreten. Und selbst wenn man annähme, daß es sich um solche Personen handelte, die erst vor kurzem ausgetreten sind, so betrüge ihr Anteil an der Gesamtheit der jeweiligen jährlichen Austritte lediglich um 2,5%. Das heißt: Für's erste werden die Kirchen die vielen Ausgetretenen nicht wieder als Wiedereintreter begrüßen können.

Nach Angaben des Saarbrücker Amtsgerichtes kam es in den letzten Jahren in einer handvoll Fälle vor, daß ein Austritt während der (mancherorts gesetzlich vorgeschriebenen) Deliberationsfrist zwischen Erklärung des Austritts und dem Wirksamwerden zurückgezogen wird. Ob und wann die heute Ausgetretenen im Alter irgendwann einmal wieder zur Kirche zurückkehren werden, ist anhand der Zahlen nicht zu sagen.

✳

3.4. Zur monatlichen Differenzierung

Eine Differenzierung der Austritte nach den Jahresmonaten weisen die Statistiken der Glied-Kirchen in der Regel nicht aus. Am ehesten gibt es solche Zahlen von einzelnen Städten bzw. städtischen Kirchen und dort meist auch erst seit 1970. Uns liegen sie vor für Hamburg, Berlin, München, Mannheim, Darmstadt, Nürnberg und Saarbrücken.

Bei Gleichverteilung der Austritte über die Monate müßten auf jeden der 12 Monate 8,33% der Austritte eines Jahres kommen. Regelmäßig über diesem Schnitt liegen die letzten 5 Monate des Jahres; darunter liegen die mittleren Monate April, Mai, Juni und Juli; die Monate des ersten Quartals halten sich gerade so um diesen Wert.

Aus der ev.Kirche Hamburg liegen monatliche Austrittszahlen sogar seit 1962 vor.

Schaubild 6: Monatl. Kirchenaustritte Ev. K. Hamburg 1962-1973
(absolut; logarithm. Maßstab)

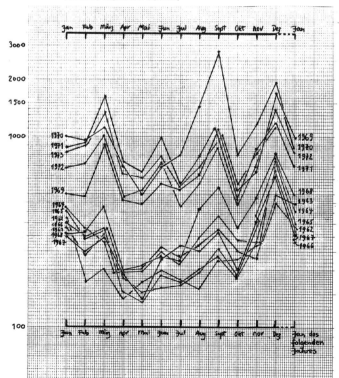

Die Verteilung der Austritte in den Anstiegsjahren und
speziell im Jahre 1968 unterscheidet sich so gut wie
nicht von der der Vorjahre. Sie zeigt jenes typische
Auf und Ab, wie es auch aus anderen Städten bekannt ist:
Hohe Austrittszahlen im ersten Quartal, ein Tal im zweiten Quartal, mit Tiefpunkt im Mai, dann wiederum Bergfahrt ins dritte Quartal mit Gipfel im September; im
Oktober dann ein plötzlicher Abknick zum zweiten Jahrestiefpunkt und danach steiler Anstieg zu den überall bekannten hohen Austrittszahlen im Dezember. "Adventszeit
- Austrittszeit", bemerkte der SPIEGEL (51/1975) ganz recht.

Wie kommt diese Periodik zustande? - Daß die Aus- bzw.
Übertritte aus Anlaß der Heirat die Verteilung beeinflussen, ist nicht anzunehmen; die monatliche Verteilung
der Eheschließungen sieht fast umgekehrt aus (vgl.
STATIST.JAHRB.).
Wahrscheinlicher ist schon ein Zusammenhang mit Steuerterminen, wenngleich auch hier die Dinge gar nicht so
liegen, daß man dies frank und frei behaupten kann.

Termin für die Abgabe der Einkommensteuererklärung ist
normalerweise Ende Mai. Allgemein aber (so die Auskunft
der Saarbrücker Finanzdirektion) sei diese Frist faktisch verlängert worden, so daß bis Ende September die
Erklärung ohne Säumniszuschlag abgegeben werden kann.
So ist schon eine Verteilung über das ganze Jahr gegeben.
Erst recht zieht sich die Versendung der Steuerbescheide
durch das Finanzamt zeitlich auseinander.

Für reine Lohnsteuerzahler ergibt sich allenfalls durch
den Lohnsteuerjahresausgleich im ersten Jahresdrittel
eine besondere Aufmerksamkeit für die Kirchensteuer.
Das Austrittshoch liegt aber nicht zu Anfang, sondern zu
Ende des Jahres.

Auch etwas für sich hat die Erklärung, daß zur Sommerzeit
zugleich die Haupturlaubszeit liegt und etwas mehr freie
Zeit vorhanden ist, den Behördengang vorzunehmen. Für das
Austrittshoch zum Jahresende können unter Umständen auch
gewisse Überlegungen der Jahres- und der Lebensbilanz
(Rückschau und "gute Vorsätze") verantwortlich sein. Möglich ist dies alles, aber befriedigend ist der Zusammenhang
nicht. Die Frage der Periodik muß deshalb offen bleiben.

Wie verhält es sich nun mit dem Anstieg? Die Hamburger Austrittszahlen zeigen (vgl. Schaubild 6), daß der dortige Anstieg der Austritte im Jahre 1968 (+ 32% gegenüber dem Vorjahr) über das ganze Jahr hinweg zustande kam. Die Saisonfigur blieb dabei erhalten - mit der kleinen Unregelmäßigkeit, daß die Austritte im Februar nach oben gingen, statt wie in den Jahren zuvor nach unten; d.h. der Abschwung von den regelmäßig hohen Dezemberzahlen des Vorjahres 1967 geschah in geringerem Maße als sonst. Das war, wenn auch alleine für die ev. Kirche Hamburg, das erste Zeichen des Aufschwunges. Durch die relativ hohen Austrittszahlen im März 1968 (Zuwachs gegenüber dem Vorjahresmärz: 45%) wurde es noch deutlicher.

Es fehlen leider weitere Zahlen aus anderen Städten. Da die monatliche Periodik der Austritte aber ziemlich fest zu sein scheint, ist dennoch der Schluß berechtigt, daß die entscheidende Veränderung in der Austrittsneigung etwa seit Anfang 1968 stattfand: Eine jede Veränderung ist Veränderung in der Zeit, und nur durch eine differenzierte Datierung der ersten Veränderungen lassen sich überhaupt mögliche Impulse in einen bündigen Zusammenhang mit der Austrittswelle bringen.

3.5. Ökologische Zusammenhänge

Austritte sind räumlich gesehen nicht gleich verteilt. Sie konzentrieren sich auf die Städte und insbesondere auf die Großstädte. Dieses Stadt-Land-Gefälle wird überlagert von unterschiedlichen Anteilen der beiden Konfessionen. Und schließlich scheint auch noch ein Nord-Süd-Gefälle der Kirchenaustritte in der BRD zu bestehen.

3.5.1. Stadt - Land

Zunächst einmal zum Stadt-Land-Gefälle der Kirchenaustritte. Die Flucht aus der Kirche war und ist vor allem ein städtisches Phänomen, insofern damit der Schritt in die Konfessionslosigkeit gemeint ist. Mit dem Anstieg seit 1968ff verstärkte sich die Konzentration der Austritte auf die Großstädte augenfällig.

Wenn im folgenden für den Zeitraum 1968ff zuweilen mit Zahlen auf der Dekanatsebene des kath. Bereichs gearbeitet wird, und diese Zahlen nicht in der letzten Ausgabe des KIRCHLICHEN HANDBUCHS enthalten sind, so stammen sie aus dem Zählungsmaterial des Kölner Zentralamtes, das dieses dankenswerterweise zur Verfügung stellte.

Dazu ein <u>Beispiel</u> aus dem kath. Bereich, dessen Statistik nach ökologischen Merkmalen besser gegliedert ist als die der ev. Seite: Im <u>Bistum Speyer</u> betrug die Austrittsrate im Jahre 1967 0,90‰; 11% der Katholiken des Bistums, nämlich die kath. Einwohner von Ludwigshafen, stellten dabei 17% der in diesem Jahre Ausgetretenen. Ein Jahr später - die Austrittsrate im Bistum war auf nahe 1‰ angestiegen - betrug der Ludwigshafener Anteil 19% der Austreter. 1969 stellte das Kirchvolk von Ludwigshafen 27% der Austreter im Bistum, wo mittlerweile auf 1000 Kirchenmitglieder 1,1 Austritte kamen. 1970 schließlich, als die Austrittsrate des Bistums auf 1,66‰ angewachsen war, stellten die Katholiken der Chemie-Stadt 29% der Austreter. Als 1971 und 72 die Austritte wieder etwas zurückgingen, nahm auch die städtische Überbeteiligung wieder etwas ab.

Die Austrittsrate der gesamten <u>kath. Kirche</u> betrug 1970 2,40‰, die <u>Austrittsrate der 62 deutschen Großstädte</u> zusammen, 4,13‰. (Errechnet aus dem Rohmaterial der kath. Kirchenstatistik 1970; dabei wurde Stadt = Stadtdekanat(e) gesetzt. Die großstädtische Austrittsrate wird in Wirklichkeit noch etwas höher liegen, da die erfahrungsgemäß überhöhten Katholikenzahlen als Bezugsgrößen zugrundegelegt sind).

Oder in einem anderen Vergleich: Die 8,66 Mio. Katholiken, die (lt. kath. Statistik) in den 62 Großstädten der BRD wohnen, stellten 1970 rund 30% der kath. Bevölkerung in der BRD, aber über 50% der kath. Kirchenaustreter (abs.: 35.757).

Die ev. Kirche in <u>Hessen und Nassau (EKHN)</u> errechnete für die ev. Konfessionsbevölkerung der auf ihrem Gebiet liegenden <u>fünf Großstädte</u> Frankfurt, Wiesbaden, Darmstadt, Mainz und Offenbach für 1969 eine Austrittsrate von 5,9 ‰; für die Orte zwischen 10.000 und 100.000 Einwohnern ergab sich eine Rate von 3,0 ‰; in den kleineren Gemeinden unter 10.000 Einwohnern kamen auf 1000 Evangelische nur noch 1 Austreter. Die Austrittshäufigkeit in den <u>Großstädten</u> war damit doppelt so groß wie in den <u>Mittelstädten</u> und sogar sechsmal so groß wie in den <u>kleineren Orten.</u>

Sehr interessant ist eine weitere Austrittsrate, die für die sog. <u>Wachstumsgemeinden</u> (zu denen zählte man kleinere und größere Orte, deren Bevölkerung in den letzten 10 Jahren um 100% oder mehr zugenommen hat). In diesen Gemeinden also war die Austrittsrate <u>fast genauso hoch wie in den Großstädten</u>! (Vgl. zu diesen Angaben Materialbericht der EKHN 1970, S.10ff.).

Daß in den Städten mehr Personen ihre Kirchenmitgliedschaft aufkündigen, ist nun kein überraschender Befund. Einmal ist aus der Vergangenheit bekannt, daß die Zentren der Austrittsbewegung in den Städten lagen. Zum anderen wurde noch in jeder Untersuchung über die Kirchlichkeit ein <u>Stadt-Land-Gefälle</u> festgestellt. Für Kirchenleute ist die Rede von der "<u>Stadt ohne Gott</u>" seit Anfang der Verstädterung im vergangenen Jahrhundert ein Gemeinplatz, und in der Tat gehört die Entkirchlichung der Städte zu den Alltagserfahrungen, die jedermann machen kann.

Bemerkenswert ist dennoch, daß sich der Abstand zwischen Stadt und Land noch vergrößerte, obgleich auch das flache Land von der Austrittswelle nicht unberührt blieb.

Zwischen der <u>Ortsgröße</u> und der <u>Höhe der Austrittsrate</u> besteht ein <u>positiver Zusammenhang</u>: Je größer ein Ort, desto höher die Austrittsrate. Für den groben Stadt-Land-Vergleich stimmt dies; Städte haben höhere Austrittsraten als Dörfer auf dem flachen Land. Differenziert man aber, so gibt es vielfache Ausnahmen von der Regel. Das geschieht durch den Einfluß einer weiteren Variablen, die in der Religionssoziologie von größter Wichtigkeit ist, und zwar des <u>Konfessionsanteils</u>. Die statistischen Effekte dieser Variablen sind bekannt, nicht aber die mikrosoziologischen Mechanismen, die ihnen zugrundliegen.

3.5.2. <u>Konfessionsanteil</u>

Zunächst zum kath. Bereich. Betrachten wir da das <u>Beispiel München</u>. Obwohl München hinter Berlin und Hamburg die drittgrößte Stadt ist (1,3 Mio Einw.), betrug die kath. Austrittsrate im Jahre 1970 nur 5‰. (Berlin:13‰; Hamburg: 16‰, Frankfurt: 9,6‰, Kiel 14‰) Austrittsraten von 5‰ wiesen eine Vielzahl von Städten auf, die weitaus kleiner als München sind. Die intervenierende Variable ist der <u>Katholikenanteil</u>. Dieser beträgt in München 68%, in Berlin, Hamburg, Kiel etc. um die 10% bzw. noch darunter. Ähnliche Vergleiche zwischen überwiegend kath. Großstädten und kleineren Orten mit überwiegend ev. Bevölkerung lassen sich in Hülle und Fülle anstellen.

Bei den 62 von uns gesondert betrachteten Großstädten ist der Zusammenhang zwischen dem Katholikenanteil und der Austrittsrate ausgeprägter als der Zusammenhang zwischen Einwohnerzahl und Austrittsrate. Der Zusammenhang zwischen der Ortsgröße (Einwohnerzahl) und der Höhe der Austrittsrate von 1970 nach der Produkt-Moment-Korrelation betrug r = +0,56. Für den Zusammenhang zwischen Katholikenanteil und Austrittsrate errechnete sich ein Korrelationskoeffizient von r = -0,68.

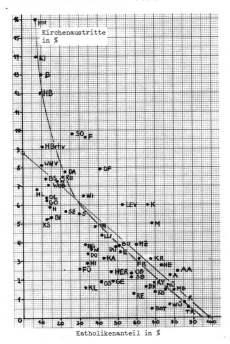

Schaubild 7: Austrittsrate und Katholikenanteil in den 62 Großstädten der BRD (1970)

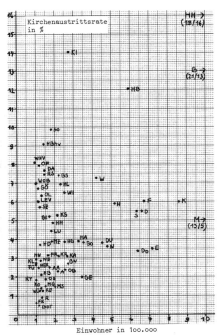

Schaubild 8: Austrittsrate und Einwohnerzahl der 62 Großstädte der BRD (1970)

Die Regressionslinie für den Zusammenhang zwischen
Kirchenaustrittsrate und Katholikenanteil dürfte eine
Hyperbel sein. Das geht einmal aus Schaubildern hervor; man sieht mit bloßem Auge, daß eine Hyperbel den
Punkteschwarm zwischen den zwei Achsen Kirchenaustrittsrate und Konfessionsanteil varianzmindernder durchzieht als eine Gerade.

Zum anderen führt eine einfache Überlegung ebenfalls
zu dem Ergebnis: Liegen größere Städte in konfessionell
homogenen Regionen, so ist in diesen Städten die Konfession der Umgebung stets geringer vertreten, da die
städtische Mobilität für einen Ausgleich sorgt. So rutschen die Städte in jedem beliebigen Skalenbereich der
Konfessionsdichte automatisch mehr an den linken Rand,
wo die jeweils geringeren Werte der Konfessionsdichte
liegen. Da aber der Faktor Stadt zugleich austrittsfördernd wirkt, kommt an linken Ende eines jeden beliebigen Bereiches von Konfessionsdichte zur normalen Steigung noch ein zusätzlicher städtischer Steigungszuschlag. Das aber ergibt das Bild einer Hyperbel.

Noch eine technische Anmerkung:

Wenn die Regressionslinie zweier Variablen gekrümmt ist,
dürfte an sich gar nicht die Produktmomentkorrelation
für die Rohwerte verwendet werden. Diese wären zuvor
noch so zu transformieren, daß die Regressionslinie eine
Gerade wird. In unserem Falle würde dies z.B. dadurch erreicht, daß man die Y-Werte überführt in Werte von log Y.
Etwas neues käme dadurch nicht heraus; der Zahlenwert des
Korrelationskoeffizienten würde sich nur erhöhen. Da
sich auch das Regressionsproblem nicht stellt, ersparen
wir uns die Transformation.

Rangiert man die <u>kath. Bistümer</u> steigend nach ihren Austrittsraten und fallend nach dem Katholikenanteil im Bistumsgebiet, so ergeben sich hohe Übereinstimmungen der jeweils beiden Rangreihen nach der Rangkorrelation (für 1960: Rho = 0,90; 1970: Rho = 0,83).

<u>Bis zum Anstieg der Austritte</u> war die <u>Kirchenaustrittsrate</u> fast ausschließlich eine <u>Funktion des Katholikenanteils</u>. Dekanate auf dem flachen Land brachten es auf gleiche Austrittsraten wie große Städte, wenn der Katholikenanteil dementsprechend niedrig war. Bei einer Menge von Austrittsraten unterschiedlicher Dekanate konnte man - wenn man nichts als die Austrittsrate wußte nicht darauf schließen, ob es sich um ein städtisches oder ländliches Dekanat handelte. Der Grund dafür dürfte darin liegen, daß - wie wir gesehen haben (vgl. 3.3.) - unter den kath. Austritten ein verhältnismäßig großer Anteil von Übertritten aus Anlaß der Heirat war und diese Sorte von Austritten gab es auch (oder gerade?) auf dem Land.

Mit der Austrittswelle änderte sich das Bild. <u>Die (groß-)städtischen Dekanate melden nun die eindeutig höheren Verlustraten</u>, so daß man nunmehr alleine anhand einer Austrittsrate erkennen kann, ob es sich um ein Stadt-Dekanat handelt oder nicht.

Die Probe aufs Exempel ist leicht zu machen, indem man die Dekanatszahlen von 1967 (KHB 1962-68, S.592ff.) mit denen von 1972 (KHB 1969-74, S.78ff.) vergleicht.

Der mit Anstieg der Austritte zugenommene Einfluß des Faktors "Ortsgröße" schlägt sich auch darin nieder, daß der Zusammenhang zwischen Konfessionsanteil und Austrittsrate gesunken ist.

Im Beispiel des Bistums Speyer, das ein Gebiet mit konfessionell gemischter Bevölkerung umfaßt: 1967 betrug dort die Korrelation zwischen Katholikenanteil und Austrittsrate r =-0,82; die Varianz der Austrittsraten in den 23 Dekanaten des Bistums ließ sich also zu 67% durch die Konfessionsdichte erklären. 1970 war die besagte Korrelation auf r = -0,56 zurückgegangen; Anteil der erklärten Varianz also nur noch 31%. (Ein Zusammenhang zwischen Ortsgröße und Austrittsrate läßt sich nicht sinnvoll errechnen, weil die ökologischen Einheiten Dekanate sind, also überörtliche kirchliche Verwaltungseinheiten mit ungefähr nivellierten Größen.)

Für die ev. Kirche ist dieser negative Zusammenhang zwischen örtlichem Konfessionsanteil und der Höhe der Austritte offensichtlich nicht vorhanden. Die im Beispiel München genannten Städte Hamburg, Berlin u.a. haben hohe Anteile protestantischer Bevölkerung (Stadtstaat Hamburg z.B. 74% Protestanten) und dennoch höchste Austrittsraten.

Betrachten wir umgekehrt die protestantischen Minderheiten in kath. Umgebung, etwa die Protestanten in München, so sind diese zwar austrittsgeneigter als ihre kath. Umgebung (1970: ev. = 13,3%o; kath: 5%o) aber doch weniger austrittsfreudig als ihre Glaubensbrüder in protestantischen Gegenden. Auch die gesamte bayrische ev. Landeskirche lag stets mit ihren Austritten unter dem EKD-Durchschnitt.

Überhaupt ist auffallend, daß Landeskirchen in konfessionell gemischten oder gar in überwiegend kath. Gebieten relativ niedrige Austrittsziffern verzeichnen - so etwa neben der bereits erwähnten Landeskirche, Bayern, die ev.K.Baden, die ev. K.Pfalz, die ev. Kirche Westfalen.

Demgegenüber weisen die ev. Kirchen in überwiegend protestantischen Teilen der BRD relativ hohe Austrittsraten auf; oder sagen wir vorsichtiger: Die Landeskirchen mit der höchsten Kirchenflucht liegen in überwiegend protestantischen Landesteilen (das sind außer den Stadtkirchen Berlin, Hamburg, Bremen auch Württemberg, Schleswig-Holstein und Oldenburg.

Die vorsichtige Formulierung ist angebracht, denn es gibt Ausnahmen, die allerdings leicht erklärlich sind. Es sind einmal die klitzekleinen Kirchen in Norddeutschland: Lippe, Schaumburg-Lippe, Eutin, Nordwestdtl.-ref, die generell durch stabile kirchliche Verhältnisse auffallen. Daß die ev. K. Rheinland in überwiegend kath. Landen überdurchschnittliche Austrittsraten verzeichnet, hängt wohl damit zusammen, daß das Städteagglomerat an Nordrhein und unterer Ruhr zu ihrem Gebiet gehört. Die niedrigen Austritte aus der ev. K. Kurhessen-Waldeck haben sicher damit zu tun, daß es sich um überwiegend ländliche Bereiche handelt. Unerklärlich ist nach dieser Schätzung der relativ niedrige Austreteranteil der ev. K. Hannover.

Halten wir fest: während die Katholiken in der Diaspora deutlich höhere Austrittsbereitschaft zeigen als in katholischen Stammlanden, scheint sich für die Protestanten der Zusammenhang eher umzukehren.

Daß ev. Minderheiten in kath. Umgebung kirchlicher sind als in ihren eigenen Konfessionsgebieten, hatte bereits der "Moralstatistiker" von OETTINGEN (1868) festgestellt (vgl. in: FÜRSTENBERG (Hrsg.) 197o, S. 193). Heute bestätigt ein Blick in die ev. Statistiken des kirchlichen Lebens diesen Zusammenhang. F.X.KAUFMANN (1969; in: MATTHES (Hrsg.) 1969, Bd.2) stieß bei Kirchlichkeitsmessungen mit der von ihm entwickelten K-Skala ebenfalls auf diesen Befund.

Ob es sich um echte strukturelle Kontexteffekte des Konfessionsanteiles handelt oder um historisch übernommene regionale Kirchlichkeitsmuster, ist schwer zu beantworten. KAUFMANN (1969, S.233) vermutet letzteres und spricht von einem ausgesprochenen Nord-Süd-Gefälle der ev. Kirchlichkeit.

RENDTORFF (1958, S.55ff.) stellt z.B. in seiner Gemeindestudie fest, daß es bei der ev. Bevölkerung in Schleswig-Holstein soziale Norm sei, nicht zur Kirche zu gehen, und daß insbesondere die in der politischen Gemeinde exponierten Personen in der kirchlichen Gemeinde nicht hervortreten. MEINHOLD (1954) zeichnet ein ähnliches Bild für die kath. Bevölkerung in Schleswig Holstein.

Das "Kirchlichkeitsdefizit des Nordens", wie es einmal ausgedrückt wurde, und der südwestdeutsche und hessische Pietismus erklären jedoch nicht alles. KAUFMANN (1969) räumt denn auch ein, daß es so aussieht, als ob die Kirchlichkeit der Evangelischen in einer kath. Umwelt profitiere. (S.237).

Zur Entflechtung dieser Faktoren bedürfte es auch im Falle der Kirchenaustritte aufwendiger Untersuchungen anhand differenzierter örtlicher Einheiten. Das ist hier nicht zu leisten. Wir kommen zu dem Ergebnis, daß die räumliche Verteilung der unterschiedlichen Kirchenaustrittsfrequenzen durchaus im Einklang steht mit den schon bekannten Befunden über die allgemeine Kirch-

lichkeit. Der örtliche Konfessionsanteil spielt eine
entscheidende Rolle für das Niveau,sowohl der Kirchlichkeit allgemein,als auch für das relative Niveau
der Kirchenaustritte. Zumindest für den katholischen
Bereich steht fest, daß dem Faktor Ortsgröße seit der
Austrittswelle ein stärkerer Einfluß auf die Höhe der
Austritte zukommt als vorher. Wir stoßen also auch
bei den ökologischen Determinanten der Austritte auf
die Tatsache, daß den vielen Austritten der letzten
Jahre andere Strukturen zugrundeliegen als den wenigen
Austritten der Jahre zuvor. Letzter Grund dafür ist,
daß es sich bei der Austrittswelle überwiegend und in
weitaus höherem Maße als früher um echte Austritte
in die Konfessionslosigkeit handelt.

3.6. Kirchenaustritt und Konfession

3.6.1. Der Unterschied

Die Austritte aus der ev. Kirche überwogen von Anfang
an die Austritte aus der kath. Kirche, sowohl absolut als auch bezogen auf das Kirchvolk, d.h. auch unabhängig vom Größenunterschied der beiden Kirchen (vgl.
Tab. 2; Schaubild 3).

Anfangs der 5oer Jahre traten doppelt so viele Protestanten wie Katholiken aus. Dieses Verhältnis sank
dann, und 1957 kommen auf einen Austritt aus der kath.
Kirche 1,5 Austritte aus der ev. Kirche. Das Verhältnis blieb etwa so bis 1963. Seither drängte es die Protestanten wieder stärker aus der Kirche; 1967 betrug
das Verhältnis ev. : kath. wieder 2 : 1; 1969/197o
2,9 : 1; In den folgenden Jahren glich sich das Verhältnis wieder mehr an, auf 2,6 : 1 ungefähr.

Auch in unserer bereinigten Reihe der echten Austritte liegt ein Übergewicht der protestantischen Austritte vor (vgl. Tab. 3 u. 4; Schaubild 5); es ist sogar noch stärker. Auf einen kath. Austritt in die Konfessionslosigkeit kamen bis zur Austrittswelle stets 4-5 ev. Austritte. Dieser Abstand verringerte sich seither aber und lag 1971/72 bei rund 1 : 3. Die kath. Austritte sind also relativ stärker angestiegen als die ev. und haben diesen gegenüber aufgeholt. (Durch die logarithmische Darstellung (vgl. Schaubild 5) wird dies schön deutlich, während eine normale metrische Wiedergabe fälschlicherweise gerade den gegenteiligen Eindruck vermitteln würde).

Wir stellen also in beiden Reihen einen ganz eigentümlichen Verlauf der konfessionellen Austrittsproportion fest: Als seit Anfang der 60er Jahre in beiden Kirchen die Austritte langsam anstiegen, stieg auch der Austrittsvorsprung der Protestanten. Selbst der kleine Hüpfer der Austrittskurve im Jahre 1964 demonstriert diesen Zusammenhang. Als dann die Austritte den großen Sprung machten, vergrößerte sich auch der Abstand zwischen den beiden Kirchen und erreichte 1970, als die Austritte ihren ersten Gipfel erreicht hatten, den größten Wert. Seither verringerte sich der Abstand aber wieder, obgleich 1973 und 74 die Austritte nach dem Einknick von 1971 und 72 wieder hochzogen und 1974 die überhaupt höchsten Werte erreicht wurden.

Daraus schließen könnte man folgendes: Die Protestanten haben - wie in vielen Fällen (vgl. SCHMIDTCHEN 1974) auch bei den Austritten schneller reagiert als die Katholiken; daher ihr mit zunehmenden Austritten zunehmender Vorsprung. Nachdem die Austritte aber aus ihrer ersten Phase der Neuerung heraus sind, holen die Katholiken auf.

3.6.2. Sozio-ökologische und sozio-strukturelle Unterschiede

Nun ist die Tatsache, daß mehr Protestanten die Kirche verlassen als Katholiken, nicht weiter überraschend. Einmal sind <u>sozialökologische Zusammenhänge</u> dafür verantwortlich zu machen. Es wohnen deutlich mehr Protestanten als Katholiken in Großstädten.

1961 sah die Verteilung der beiden Konfessionen in den Ortsgrößenklassen folgendermaßen aus:

Gemeinden mit... bis unter... Einw.	Wohnbev. insges.	Evangelische (=EKD+ev. Freikirchen)	Katholiken
unter 20.000	50,4	46,6	57,6
20.000 - 50.000	9,8	9,6	10,2
50.000 - 100.000	6,4	6,8	5,8
über 100.000	33,4	37,0	26,4
	100,0	100,0	100,0

Quelle: WIRTSCHAFT u. STATISTIK 1964, Heft 1, S.18; STATIST. JB 1964, S.48; vgl. auch SCHMIDTCHEN 1973, S.33;

Außerdem haben wir gesehen, daß die kath. Kirche durch
Effekte der Konfessionsstruktur relativ besser dasteht
als die ev. Kirche. Und nicht ausgeschlossen ist, daß
die ev. Kirche, die überwiegend im Norden der BRD ihr
Kirchvolk hat, durch ein historisches Nord-Süd-Gefälle
der Kirchlichkeit benachteiligt ist.
Alleine die auffallenden statistischen Determinanten
der Austrittshäufigkeit machen mithin plausibel, daß
die ev. Austritte höher als die kath. sind.

Nun sind diese aber nicht nur höher, sondern 2,5 bis
3 mal so groß. Eine solche Relation ist durch ökologische Determinanten nicht alleine zu erklären, ebensowenig wie man den niedrigen Gottesdienstbesuch der Protestanten darauf zurückführen könnte. Hier zeigt sich,
daß man es mit zwei unterschiedlichen konfessionellen
Kulturen mit spezifischen sozialen Strukturen zu tun
hat, die das Handeln, Denken und Fühlen der Menschen
prägen. Das betrifft zunächst und unmittelbar das Verhältnis gegenüber den Kirchen bzw. das kirchlich-religiöse Handeln. Darüber hinaus gibt es vielfältige Auswirkungen auf den säkularen Bereich.

Max WEBER hat diese Perspektive eröffnet, indem er den
Zusammenhang zwischen der "Protestantischen Ethik" und
dem Entstehen des Kapitalismus analysiert hat (zuerst
1920); SCHMIDTCHEN (1973) hat in einer breiten Sekundäranalyse von Umfrage-Material aus der BRD gezeigt,
daß es reichlich Handlungsunterschiede gibt, die auf
einen konfessionellen Faktor zurückzuführen sind.

Die vorhandenen Zahlen beschreiben lediglich die unterschiedlichen Austrittsfrequenzen aus beiden Kirchen. Welche spezifischen Elemente und Strukturen konfessioneller Kultur etwa in Heilslehre, Ritus, Anthropologie, Kirchenorganisation, Erziehung, Geschichte usw. diese Unterschiede bedingen, ist den Zahlen nicht zu entnehmen. Eine soziologische Erklärung der Austrittssteigerungen müßte u.a. Strukturelemente dieser Art herausfinden. Wegweisend dabei können die Befunde über die überhaupt unterschiedliche Kirchlichkeit der beiden Konfessionen sein.

3.7. Kirchenaustritt und Geschlecht

Rund zwei Drittel der Kirchenaustreter der letzten Jahre sind Männer, ein Drittel Frauen; es treten also doppelt so viele Männer als Frauen aus. Dieses Verhältnis ist für beide Kirchen gleich, scheint aber durch das Vorhandensein mehrerer Trends ziemlich beweglich zu sein.

Bei regionaler Differenzierung nach Landeskirchen bzw. Bistümern ergeben sich für beide Kirchen beträchtliche Schwankungen in der Geschlechtsproportion der Austreter, ohne daß dabei ein Zusammenhang mit anderen Variablen auffällt. Das gleiche gilt für die Einheiten auf der Ebene der Dekanate. Bei den Austritten aus den Ev. Landeskirchen läßt sich die Veränderung der Geschlechtsproportion in der Zeit beobachten (vgl. KJB 1954ff.; die STATIST.BEILAGEN differenzieren nicht nach Geschlecht).

Vor 1966 war - soweit dies feststellbar ist - das Verhältnis Männer : Frauen unter den Austretern ziemlich ausgeglichen (Anteil der Männer 1961: 49,3%; 1962: 49,0%; 1963: 50,4%; 1964: 50,7%; 1965: 50,8%)
Seit 1966 stieg der Anteil der Männer um jährlich 2 bis 3 Punkte und hatte 1970 die oben genannte Höhe von 66% erreicht. Die Austrittswelle wurde also relativ stärker durch Austritte von Männern getragen.

Die kath. Statistik erhebt nicht das Geschlecht der Kirchenaustreter; sie verzichtet überhaupt auf die regelmäßige Erhebung individueller Merkmale bei den Austretern. Lediglich die Sondererhebung für 1970 gab einigen Aufschluß. Für die Geschlechtverteilung in den einzelnen Altersgruppen ergibt sich folgendes Bild:

Tab. 6: Austritte aus der kath. Kirche 1970 nach Altersgruppen und Geschlecht
Quelle: KHB 1969 - 74, S.66

Alter der Austreter	Anteil der Austritte pro Altersgruppe in %	Anteil d. Männer pro Altersgruppe in %
unter 10	3,9	54
10 - 15	1,3	55
15 - 20	5,1	54
20 - 30	34,5	65
30 - 40	25,9	71
40 - 50	16,9	66
50 - 60	8,5	70
60 - 70	3,0	65
70 u. mehr	0,9	53
	100,0	66
Austritte abs.	66.908	
ohne Angabe	2.547	
Austritte 1970 insgesamt	69.455	

Es fällt auf, daß der Anteil der Männer in der Gruppe der jungen religionsmündigen Austreter (15-2oJ.) geringer ist, als in den Gruppen der Älteren, zu welchen die Masse der Austreter zählt. Darin kann sich ein neuer Trend andeuten, der auf der ev. Seite, wo mehr Zahlen zur Verfügung stehen, schon etwas deutlicher geworden ist, nämlich daß sich das Geschlechtsverhältnis ausgleicht, d.h. der Anteil der Frauen zunimmt.

Bei einer Vielzahl von Teilnahmen am öffentlichen Leben sind die Frauen unterrepräsentiert vertreten. Im Laufe des Prozesses, den man pauschal Emanzipation nennt, wächst der Anteil der Frauen in diesen Bereichen. Ähnliches konnte sich auch bei den Kirchenaustritten abspielen. Ebenfalls in dieser Richtung liegt der Befund, daß in den Städten der Anteil der Frauen relativ größer bzw. derjenige der Männer relativ geringer ist als insgesamt (vgl. Tab.7).

Tab.7: Geschlecht der Austreter in einigen Städten

Kirchenbezirk		Männer : Frauen
Berlin, ev.:	1968 :	62:38
	1970 :	62:38
	1973 :	56:44
Berlin, kath.:	1970 :	64:36
München, ev.:	1972 :	58:42
	1973 :	55:45
Hamburg, ev.:	1968 :	62:38
	1970 :	61:38
	1973 :	58:42
Frankfurt, kath:	1970 :	62:38
	1974 :	55:45
Darmstadt, ev.:	1969 :	65:35
	1970 :	65:35
	1973 :	58:42
Mannheim, ev.:	1970 :	64:36
Kiel, ev.:	1972 :	64:36
Kassel, ev.:	1972 :	59:41
Hanau, ev.:	1972 :	59:41

Die Kirchenferne der Männer gegenüber den "frömmeren Frauen" ist eine altbekannte und kirchlicherseits vielbeklagte Tatsache. Der Unterschied wird gerne auf die unterschiedliche "Natur" oder das verschiedene "Wesen" der beiden Geschlechter zurückgeführt. Derlei Annahmen lassen sich im Vergleich mit anderen Kulturen nicht aufrecht erhalten.

LE BRAS (1955/56) hat gezeigt, wie im Frankreich des späten 19. Jahrhunderts sich das <u>Leitbild</u> entwickelte, daß <u>Religion und Kirche etwas für Frauen und Kinder</u> sei und dem Ideal des freien und unabhängigen Mannes widerspreche.
Ganz in diesem Bewußtsein konnte deshalb MOERING (1917) sagen: "Aufs Prinzipielle gesehen sind Kirchentum und Mann doch Gegensätze, und das umso mehr, je reiner sie ihre Wesensart herausgearbeitet haben, d.h. je fester das Kirchentum ist und je beweglicher Mann."

Einmal gekoppelt mit der sozial deklassierten Rolle der Frau verfestigte sich dann <u>Kirchlichkeit mehr und mehr</u> zur "Weibersache". So kommt es nicht von ungefähr, daß in der sozialen <u>Unterschicht</u> mit ihrer Betonung der rauhen Männlichkeit und der ausgeprägten Rollentrennung nach Geschlecht die Distanz zur praktizierenden Gemeinde am größten ist. Nicht allein, weil dort die gepflegten Bürger das Sagen haben, sondern weil man sich als braver Kirchgänger schlichtweg "unwohl in seiner Haut" fühlt. Eine berufsständische Ausnahme bilden z.T. die Bergleute.

Es war also zu erwarten, daß der Anteil der Männer unter den Austretern größer ist als der der Frauen.

Dennoch lohnt sich ein Vergleich mit der allgemeinen Kirchlichkeit, wie sie sich im Gottesdienstbesuch ausdrückt.

Kirchbesuch von Männern und Frauen; BRD 1967 - 1969.

Es gehen zur Kirche (in %)

	regelmäßig	unregelmäßig	selten	nie	zusammen
Protestanten insgesamt	10	29	44	17	100
Männer	8	25	46	21	100
Frauen	13	32	42	13	100
Katholiken insgesamt	48	25	18	9	100
Männer	42	26	21	11	100
Frauen	53	24	16	7	100

Quelle: SCHMIDTCHEN (1973, S.268ff)

In der Gruppe derer, die nie zur Kirche gehen, beträgt das Verhältnis Männer zu Frauen 21% : 13% = 1,6 : 1 bei den Protestanten und ist mit 11% : 7% = 1,6 : 1 bei den Katholiken gleich groß. Die zeitlich entsprechende Proportion der Austreter aus dem Bereich der EKD von 1968 beträgt 61,5% : 38,5% = 1,6 : 1.
Dieses schöne Zusammentreffen gleicher Zahlen scheint aber eher Zufall zu sein, denn so rasch wie bei den Austretern verschiebt sich die Geschlechtsproportion bei den Nichtkirchgängern wohl nicht.

Aber selbst wenn sich keine auf den Prozentwert genaue Entsprechungen ergeben: <u>Gemessen an der tatsächlichen Teilnahme ist die Austrittshäufigkeit der Männer im Vergleich zu der der Frauen als "normal" zu interpretieren.</u> Gemessen an ihrem Kirchvolkanteil sind die Männer ziemlich überrepräsentiert.
Auch in der Bestandsmasse der Gemeinschaftslosen (einschließlich "Ohne Angabe") in der BRD überwiegen die Männer, ihr Anteil daran betrug nach der Volkszählung von 1970 57,4%.

Das Kirchvolk beider Kirchen zusammen ist bezüglich seiner demographischen Parameter strukturgleich mit der normalen Wohnbevölkerung, und dort betrug 1970 die Geschlechtsproportion 47,6% Männer : 52,4% Frauen, also gleich 1:1,1.

3.8. Kirchenaustritt und Alter

3.8.1. Austritte Religionsmündiger

Die Untergliederung der Austreter nach dem Alter ergibt eindeutig, daß bei den Austritten der letzten Jahre vornehmlich die jüngere Generation zwischen 18 und 4o Jahren beteiligt war (Vgl. Tab.8).

Die Sondererhebung der EKD erbrachte, daß die Altersgruppe zwischen <u>18 und 3o Jahren</u> fast 4o% (37,6%) der Austreter von 1971/72 stellte, wo sie nur mit 2o% an der entsprechenden Wohnbevölkerung über 14 Jahren in der BRD vertreten ist. Nicht ganz so stark überrepräsentiert sind die <u>3o bis 4ojährigen</u>. Ihr Anteil unter den Austretern beträgt 28,2%, unter der entsprechenden Wohnbevölkerung nur 19,2%. Die Gruppe zwischen <u>4o und 5o Jahren</u> ist, soweit dies aus den vorhandenen Zahlen hervorgeht, ganz leicht überrepräsentiert bis ihrem Wohnbevölkerungsanteil entsprechend vertreten. Deutlich unterrepräsentiert sind die Austreter <u>unter 18</u> und <u>über 5o Jahren</u>. Die selbe Rangfolge und Repräsenz zeigt sich in den Einzelerhebungen der Landeskirchen und der Sondererhebung der kath. Kirche (Vgl. Tabelle 8).

Für die Analyse besonders herauszuheben sind die Altersgruppen zwischen 3o und 4o und zwischen 4o und 5o Jahren. Daß die Jüngeren bis 3o Jahre den Hauptteil der Austreter ausmachen, war zu erwarten. Der immerhin hohe Anteil der älteren Jahrgänge ist bemerkenswert und läßt nicht zu, die Austrittswelle <u>nur</u> als Produkt der jungen Generation hinzustellen.

Zeitlich zurückreichende Altersverteilungen liegen nur für die ev. Gliedkirche Hamburg vor.
Wesentliche Veränderungen sind dort nicht festzustellen, außer, daß der Anteil der Altersgruppe 14-29 J. seit 1966 von 33 auf über 4o% gestiegen, der Anteil der Gruppe 5o - 64 J. von 23 auf 12% gesunken ist.

Tabelle 8: Kirchenaustritte nach Altersgruppen in einigen Bezirken;
Altersgruppen der BRD-Wohnbevölkerung zum Vergleich (in %)

Erhebungseinheit und Jahr	14 - 17 J.	18 - 29 J.	30 - 39 J.	40 - 49 J.	50 - 64 J.	65 u. älter	Zus.
Wohnbevölkerung der BRD im Alter von 14 u. mehr Jahren	6,9	20,0	19,2	16,1	20,7	17,1	100
	_26,9_/				_37,8_/		
Kirchenaustreter lt. EKD Sondererhebung für 1970 und 71.	1,3	37,6	28,2	18,4	12,7	1,8	100
	_38,9_/				14,5		
		15-29J.			50 und älter		
Kath.Kirche 1970		41,7	27,3	17,9	13,1		100
Ev.K.Rheinld. 1971		40,1	29,3	17,1	11,6	1,5	100
Ev.K.Kurh.-W. 1972	2	48	26	12	9	2	99
Ev.K.Westf. 1972	3,0	37,9	28,2	19,2	9,6	2,1	100
Ev.K.Hamburg 1966		33,5	44,1		23,2	1,9	100
1968		36,6	44,2		17,5	1,7	100
1970		39,3	43,1		16,2	1,4	100
1973		41,4	44,6		12,3	1,7	100
	11-20	21-30	31-40	41-50	51-60	ü.60	
Kath.B.Berlin 1970	4,9	43,5	22,6	15,8	9,8	3,3	100
		18-45		46-65			
Ev.Dek.Bez. München 1972	2,5	83		13		1,5	100

Anhand der <u>Statistik der ev.K. Hamburg</u>, die für analytische Zwecke gut gegliedert ist, läßt sich eine weitere Frage andeuten; nämlich die, wie die einzelnen Altersgruppen im Laufe des Anstieges an den Austritten beteiligt waren. Dabei zeigt sich in Hamburg (vgl. Schaubild 9), daß die Gruppen von 14-5o Jahren bereits 1968 stärker austraten, die über 5ojährigen erst 1969 nachzogen. Abgesehen von diesem unterschiedlich frühen Einsatz sind dann die Veränderungen der Austrittshäufigkeiten seit 1968 auffällig homogen; selbst die Gruppe der über 65jährigen, die doch absolut nur zwischen 6o und 18o Austretern stellte,reagierte in relativ gleichen Veränderungen wie die Gesamtheit, was aus der logarithm. Darstellung wieder schön hervorgeht(vgl.Schaubild 9).

<u>Schaubild 9</u>: Austritte aus der Ev.K. Hamburg 1966 - 1973 nach Altersgruppen

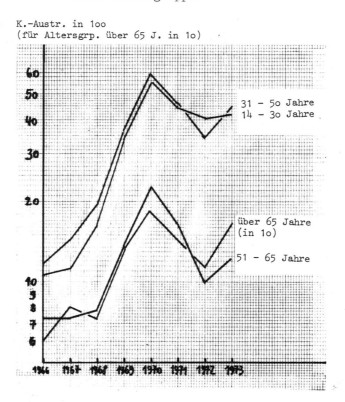

Dies gilt wohlgemerkt nur für die Protestanten der Hamburger Kirche. Da aber gerade bei den Altersgruppierungen die Dinge so gleichmäßig liegen, ist nicht ohne Grund zu vermuten, daß es sich insgesamt ähnlich verhält - zumindest in den großen Städten.

Zum Vergleich mit den vorhandenen ökologischen, d.h. auf eine jeweils <u>örtliche Konfessionsbevölkerung bezogenen Austrittsraten</u>, müßten die Altersgruppen der Austreter auf die Altersgruppen des Kirchvolkes bezogen werden. Mit Hilfe der Daten der kath. Sondererhebung (vgl. KHB 1969-74, S.66) und des Statist. Jahrbuches ist es möglich, diese Raten zu berechnen für den <u>Austreterjahrgang 1970</u>.

Aus der Tab. 9 ist z.B. ersichtlich, daß 1970 von 1000 Katholiken im Alter von 20 bis 30 Jahren 6 (genau 6,47‰) die Kirche verließen; das ist die Austrittsrate dieser Altersgruppe, die 2,7 mal größer ist als die Austrittsrate der Katholiken insgesamt, welche 1970 rund 2,4‰ betrug. Die alterspezifischen Austrittsraten sind informativer als die relative Verteilung der Austritte in den Altersgruppen, weil sie die unterschiedliche Stärke der Altersgruppen berücksichtigen. Außerdem stellen sie ein posthoc gewonnenes <u>Maß für die Austrittsneigung der Altersgruppen</u> dar.

Schlüsse von dieser Austrittsrate auf die der nachfolgenden Jahrgänge sind so ohne weiteres, nur anhand der Zahlen, nicht möglich.

Tab.9: Wohnbevölkerung der BRD 1971 nach Altersgruppen;
kath.Austreter BRD 1970 nach Altersgruppen
Austreter aus der kath.Kirche 1970 bezogen auf die Altersgruppen (Austrittsrate der Altersgruppen)

	unter 1o Jahre	1o - 15 J.	15 - 2o J.	2o - 3o J.	3o - 4o J.	4o - 5o J.	5o - 6o J.	6o - 7o J.	über 7o J.	zusammen
1. Wohnbevölkerung BRD 1971 nach Altersgruppen (errechnet nach Stat.JB)	15,6%	7,4%	6,6%	13,1%	15,0%	12,6%	1o,2%	11,2%	8,2%	1oo% 61,3 Mio
2. Austreter 197o nach Altersgruppen (KHB 1969-74 S.66)	3,9%	1,3%	5,1%	34,5%	25,0%	16,9%	8,5%	3,0%	0,9%	1oo% = 66.9o8
3. Austreter 197o nach Altersgruppen absolut	2.6o6	84o	3.391	23.187	17.327	11.335	5.7o7	2.o14	6o1	66.9o8
4. Katholiken BRD 197o nach Altersgruppen absolut in 1ooo	4263,9	2o28,1	1814,9	3566,9	41o8,1	3443,9	2796,2	3o72,2	223o,4	27.332,5
5. Austreter 197o nach Altersgruppen bezogen auf die K-Mitglieder nach Altersgruppen in ‰	0,6	0,4	1,9	6,5	4,2	3,3	2,0	0,7	0,3	kath.Austrittsrate BRD 197o = 2,4‰

3.8.2. Kirchenaustritt und Taufunterlassung

Besonderer Beachtung bedürfen die Austritte in den unteren Altersgruppierungen und die Austritte von Religionsunmündigen.

Wenn man ganz korrekt ist, müßte man noch unterscheiden zwischen der Religionsmündigkeit und der Austrittsmündigkeit. Nur ein Teil der Austrittsgesetze der Länder enthält ausdrückliche Bestimmungen über die Austrittsmündigkeit: Mit 14 wird man austrittsmündig in Baden-Württemberg, in Bremen, in Hamburg, dem althessischen und dem braunschweigischen Rechtsgebiet. In dem früher bayerischen Teil von Rheinland-Pfalz werden die Kinder mit vollendetem 16. Lebensjahr austrittsmündig. In den übrigen Teilen, für die keine besonderen Bestimmungen getroffen sind, gilt in der Rechtspraxis die Religionsmündigkeit nach dem Reichsgesetz über die religiöse Kindererziehung von 1921 analog als Austrittsmündigkeit; das ist in dem Falle also das vollendete 14. Lebensjahr. Soweit die Informationen nach ENGELHARDT (1972, S.58ff.).

Anzumerken ist, daß die Verfassungen von Bayern, Rheinland-Pfalz und dem Saarland in den das Schulwesen betreffenden Artikeln vorschreiben, daß die Teilnahme am Religionsunterricht (in Bayern sogar die Teilnahme an kirchlichen Handlungen(!)) erst ab dem 18. Lebensjahr der Willenserklärung des Schülers überlassen bleibt. So haben wir denn die kuriose Rechtslage, daß man in diesen Ländern mit 14 Jahren zwar mündig ist, aus der Kirche auszutreten, aber erst mit 18 Jahren mündig wird, über die Teilnahme am Religionsunterricht (und womöglich noch der Schulmesse) zu entscheiden. Rechtssystematische Konsequenz hat das Verhältnis von Kirche und Staat noch nie ausgezeichnet.

Da die kirchlichen und die staatlichen Bezirke
sich außerdem nicht decken, ist die Unsicherheit bezüglich der Austritte Religionsunmündiger, wie sie die
EKD ausweist, vollends komplett.

Über die Austritte in den unteren Altersgruppierungen
bis 18 Jahre ist wegen der rechtlichen und statistischen Wirrnis deshalb schwerlich etwas zu sagen; sie
sind, gemessen an den gestiegenen Austritten insgesamt,
zahlenmäßig nicht sehr bedeutsam, was angesichts der
rechtlichen Unmündigkeit und der faktischen Abhängigkeit
von Elternhaus und Schule nicht schwer zu begreifen ist.

Die kath. Kirche zählte 1970 rund 3.500 Austreter unter
15 Jahren; das waren etwas über 5% der Austritte dieses Jahres. Austritte von Religionsmündigen zählte die
EKD seit den 50er Jahren zwischen zwei und dreitausend
ohne größere Veränderungen. Wenn nun aber in den letzten
Jahren die Austritte stark angestiegen sind und die
Austritte von Religionsunmündigen absolut unverändert
blieben, dann ist - da man nicht annehmen kann, daß die
Ausgetretenen alle kinderlos waren - zweierlei daraus zu
schließen: Entweder die Austreter lassen ihre Kinder
überwiegend in der Kirche, oder aber - und das wird für
die jüngeren Ehepaare eher zutreffen - sie lassen ihre
Kinder erst gar nicht taufen.

Dieser stille Schwund ist zum Teil durch die Statistik
der Taufen bzw. der Taufausfälle festzustellen (zum folgenden vgl. D. ROHDE in: KJB 1972, S.438ff.).

Die Kinder von ev. Eltern (d.h. beide Elternteile ev.)
werden nach wie vor fast alle ev. getauft. Die Taufziffer lag zwischen 1963 und 1970 zwischen 96 und 98 %;

1971 belief sie sich auf 97 %. Auch die Taufziffer von Kindern ev.-kath. Eltern blieb nahezu konstant.

Bei den Taufen von Kindern evangelisch-sonstiger Eltern, (wobei "Sonstige" meist Gemeinschaftslose sind), liegen die Dinge anders; dort zeigt sich zwischen 1967 und 1968 ebenfalls der Bruch: Die Taufziffer für diese Kinder fiel von 71 % im Jahre 1966 auf 66,7 % im Jahr darauf; 1969 erfolgte ein weiterer Rückgang auf 56,6 % und 1971 schließlich wurden von loo Kindern aus diesen Ehen nur mehr 54 evangelisch getauft. Absolut gesehen gingen diese Taufen von 9.628 im Jahre 1966 auf 6.956 im Jahre 1971 zurück.

Betrachtet man die Differenz zwischen Geburten und Taufen, so stellt man fest, daß die EKD hier bei den Taufen in den letzten Jahren ca. 6000 Mitglieder pro Jahr verlor, ohne daß dies sich in den Austrittsstatistiken niederschlug. (Man kann diese Verluste nur kalkulieren unter der Voraussetzung, daß die Taufen nicht nachgeholt werden; das scheint aber nicht der Fall zu sein).

In den Großstädten haben die Taufausfälle zusätzlich zu den Kirchenaustritten bereits für die Kirchen besorgniserregende Ausmaße angenommen.

Der ev. Bischof WÖLBER berichtete unlängst vor der EKD-Synode, daß in Hamburg die Taufrate bei Neugeborenen um ein Viertel zurückgegangen sei. Die Bereitschaft der Eltern, ihre Kinder taufen zu lassen, sei bereits so gering, daß in sechs bis sieben Jahren getaufte Kinder in ihrer Schulklasse eine Minderheit darstellen würden (vgl. DIE WELT vom 4. Nov. 1975).

Auch aus dem kath. München wird ein deutlicher Rückgang der Taufziffer gemeldet. 1970 wurden von den Münchener Neugeborenen mit wenigstens einem kath. Elternteil noch 79% katholisch getauft, 1974 waren es nur mehr 27% (Vgl. KATHL. HEIMATMISSION 1974).

Aus dem kath. Nürnberg wird berichtet, daß die Zahl
der Taufen innerhalb des Jahres 1971 um 33%, die der
Geburten hingegen nur um 1o% zurückgegangen sei.
(vgl. LIPPERT 1972, Anm.26)

Wenn beide Elternteile aus der Kirche ausgetreten
sind und ihre Kinder nicht getauft werden - was die
Regel sein wird -,dann werden diese Taufausfälle nicht
einmal mehr durch die kirchliche Taufbilanz erfaßt
(die dadurch sogar weniger belastet wird; vgl. KJB 1971,
S.397). Dieser Teil des stillen Schwundes erhöht direkt
den Anteil der Konfessionslosen in der allgemeinen Wohnbevölkerung.

3.9. Kirchenaustritt und Beruf

3.9.1. Die groben Daten

Zunächst der grobe Zusammenhang zwischen <u>Erwerbstätigkeit und Kirchenaustritt</u>: Der Anteil der Erwerbspersonen unter den ev. Austretern betrug 1970/71 rund 82 %, der Anteil der Nichterwerbspersonen demnach 18 %. Die entsprechenden Vergleichszahlen aus der allgemeinen Wohnbevölkerung im Alter von <u>14 und mehr Jahren</u> beliefen sich (lt. EKD-Angaben) auf ca. 55 % für die Erwerbspersonen. (In der Wohnbevölkerung insgesamt im April 1971: 44 % Erwerbspersonen und 56 % Nichterwerbspersonen; vgl. Statist. Jahrbuch 1973, S.134).

Unter den ev. Austretern von 1970/71 betrug also das Verhältnis der Erwerbspersonen zu den Nichterwerbspersonen 82 % : 18 % = 4,6 : 1, während es in der entsprechenden Wohnbevölkerung auf 1,2 : 1 kam. Der Überhang der Erwerbspersonen gegenüber den Nichterwerbspersonen ist aber zu erwarten, wenn feststeht, daß unter den Austretern die Männer mit 2 : 1 überrepräsentiert sind gegenüber den Frauen und wenn zugleich feststeht, daß die Erwerbsquote der Männer doppelt so hoch ist wie die der Frauen (vgl. Statist.JB. 1973, S.134). Von daher mußte der Anteil der Erwerbspersonen als theoretischer Erwartungswert alleine schon 4 mal größer sein als der der Nichterwerbspersonen. Das tatsächliche Verhältnis 4,6 : 1 zeigt an, daß die Erwerbspersonen immer noch etwas überrepräsentiert sind.

Man könnte natürlich genausogut bei der Erwerbstätigkeit beginnen und von daher auf den Männeranteil schließen. Der Vergleich zeigt nur, daß das innere Gefüge der Sozialdaten "natürlich" ist.

Weniger klar ist der wichtige Zusammenhang zwischen den verschiedenen Erwerbskategorien (Berufen) und den Austritten.

Abgesehen davon, daß wieder wenige Daten vorliegen, stimmen die gewählten Kategorien vielfach nicht überein, so daß nur grobe Vergleiche nach der Stellung im Beruf möglich sind. Ferner zeigt sich bei der Erwerbstatistik der BRD, daß sich die Zahlen von einem Jahr auf andere nicht unwesentlich ändern können.
Bei den Selbständigen ist der Stadt-Land-Unterschied zu beachten: In der Großstadt sind unter den Selbständigen kaum Landwirte enthalten, während diese in ländlichen Regionen einen großen Anteil haben.
Zu allem kommt dann noch die alte Problematik vom beruflichen Statusvorsprung der Protestanten gegenüber den Katholiken (vgl. SCHMIDTCHEN 1973, S.94ff.; BURGER 1964, ERLINGHAGEN 1965; NELLESSEN-SCHUMACHER 1969). Bezogen auf die gesamte Bundesrepublik und nach groben Erwerbsgruppen ist der Unterschied zwischen Protestanten und Katholiken nicht mehr nennenswert. Innerhalb der Gruppen und in einigen Landstrichen Deutschlands gibt es - so SCHMIDTCHEN (1973, S.94ff) - gleichwohl noch drastische Unterschiede.
Vergleichende Aussagen über die Berufe der Austreter müssen dementsprechend vorsichtig ausfallen.

Tabelle 1o: Kirchenaustreter nach Stellung im Beruf; entspr. Erwerbsbev. zum Vergleich; jeweils ohne mithelfende Familienangehörige.

	1970	Selbst.	Beamte	Angest.	Arb.	Zus.
Erwerbst.Bev.BRD		1o,9	3,2	33,0	47,9	1oo%
Erwerbst.Austreter 71 (EKD-Sondererhebung)		5,7	9,8	5o,2	34,3	1oo% (229.389)
Erwerbst.der Austreter ev.K. Hessen u.Nassau		8,5	1o,4	58,3	22,8	1oo% (5.374)
Erwerbst.im Bereich der EKHN (vgl.Mat.Bericht der EKHN)		12,1	5,8	3o,7	51,4	1oo%
Erwerbst.Wohnbev. Land Hamburg vgl.Statist.JB 1973		8,7	7,6	46,4	37,3	1oo%
Erwerbst.Austreter Ev. K.Hamburg	1970	7,0	7,4	4o,8	34,8	1oo% (11.925)
	1971	5,8	7,9	48,7	37,6	1oo% (9.4o4)
	1972	7,9	6,9	49,5	35,7	1oo% (7.396)
	1973	6,7	6,7	52,2	34,3	1oo% (8.851)

noch Tabelle 1o:

		Selbst.	Beamte	Angest.	Arb.	Zus.	
Ev.K.Kurh.-W.	1969	6,7	14,6	47,3	31,4	100%	(2.133)
	1970	7,1	14,0	51,9	27,0	100%	(3.026)
	1971	5,8	14,0	56,5	23,7	100%	(1.629)
	1972	7,7	11,1	64,1	17,1	100%	(1.414)
Ev.K.Schleswig-Holst.	1972	5,9	8,9	58,9	26,2	100%	(13.107)
Ev.K.Westfalen		6,0	6,7	48,0	39,3	100%	(7.972)
EV. München	1972	15	3	69	13	100%	(3.134)
etwa vglb.Wohnbev. (lt.ev.Statistik)		1o	8	45	37	100%	
Kath.München	1970	8,1	5,8	62,3	23,8	100%	(5.735)
Quelle: Kath.	1971	10,0	6,6	60,0	23,5	100%	(3.721)
Heimatmission	1972	10,5	7,1	61,7	20,7	100%	(3.643)
	1973	9,8	7,5	56,6	26,1	100%	(4.186)
	1974	9,4	7,5	56,7	26,5	100%	(5.024)
Kath.Berlin (Quelle: Kath.K.Steuerverwaltung West-Berlin	1967	10,1	50,0		39,9	100%	(731)
	1968	6,4	52,0		41,6	100%	(1.126)
	1969	7,9	48,4		43,7	100%	(1.875)
	1970	5,3	56,2		38,5	100%	(2.965)
Zum Vergleich: Erwerbstätige (insgesamt!) in West-Berlin (vgl.Stat. JB 1973)	1970	7,6	7,2 / 46,6	39,4	45,8	100%	

Die für die einzelnen Kirchenbezirke vorhandenen Verteilungen der Austreter nach der Stellung im Beruf sind nicht untereinander vergleichbar, da sie u.a. die unterschiedliche Erwerbsstruktur in den Regionen widerspiegeln. Möglich sind nur Vergleiche zwischen den Erwerbstätigen unter den Austretern und denen unter der vergleichbaren Wohnbevölkerung.

Betrachtet man die großen Zahlen der EKD-Erhebung (vgl. Tab.) dann sind die Angestellten erheblich stärker unter den Austretern vertreten, als es ihrem Anteil an der Erwerbsbevölkerung entspricht. Schwach überrepräsentiert sind die Beamten, deutlich unterrepräsentiert die Selbständigen. Ebenfalls deutlich unter ihrem Anteil bleiben die Arbeiter.

Es ist allerdings zu beachten, daß an der EKD-Sondererhebung 4 (nicht näher bezeichnete) Landeskirchen nicht beteiligt waren; da bei Fragen der Erwerbstätigkeit die Region eine große Rolle spielt, könnte sich bei einer Totalerhebung schon eine kleine Änderung ergeben.

In den beiden städtischen Kirchen Hamburg und Berlin, für die Zahlen vorliegen, sind die selben Über- bzw. Unterrepräsenzen der Erwerbsgruppen vorhanden, aber sie sind weniger ausgeprägt. Für die ev. Austreter in München wiederum umso stärker.

Solange nicht eine größere Menge von Daten zur Erwerbstätigkeit der Austreter vorliegt, kann man deshalb nur bei dem generellen Befund verbleiben, daß die Beamten, noch mehr die Angestellten unter den Kirchenaustretern überrepräsentiert sind, während die Selbständigen und noch deutlicher die Arbeiter unter ihrem Anteil an der Erwerbsbevölkerung bleiben.

3.9.2. Zur Unterrepräsenz der Arbeiter

Einigermaßen überraschend an diesem Ergebnis ist die Unterrepräsenz der Arbeiter, wo diesen doch bisher bei Untersuchungen zur Kirchlichkeit durchweg geringe Bindungen bescheinigt wurden.

Vgl. GOLOMB 1962, S.208f.; FREYTAG 1960, S.3; KEHRER 1967; TENBRUCK 1960, S.127; KÖSTER 1959, S.97ff.; BOOS-NÜNNING 1974; ZULEHNER 1969; NEULOH/KURUCZ 1967, S.206ff.;

Die Arbeiter sind kirchenfern, legt man die traditionellen Kriterien kirchlicher Teilnahme wie Kirchbesuch und damit zusammenhängende Kasualien als Maßstab zugrunde. An dieser - im übrigen von jedem Pfarrer zu bestätigenden - Tatsache ändern auch gegenteilige Behauptungen von HÖFFNER (1961, S.33ff.) und unerklärlicherweise auch von SCHMIDTCHEN (1973, S.280ff.) nichts, solange keine handfesten Belege dafür vorzubringen sind. Daß die Arbeiter in der Bundesrepublik insgesamt noch kirchlicher sind, als ihre Kollegen in anderen europäischen Ländern, ist ein ganz anderer Sachverhalt.

Weiterhin überraschend ist die geringe Austrittsneigung der Arbeiter, wenn man daran denkt, daß die Austrittsbewegung im ersten Drittel des Jahrhunderts überwiegend von der Arbeiterschaft getragen wurde.
Bisher untersuchte Zusammenhänge zwischen Austritt und Sozialdaten erschienen stets plausibel, da sie im Einklang standen mit den bekannten Verteilungen der Kirchlichkeit. Die geringe Austrittsneigung der Arbeiter widerspricht nun diesen Erfahrungen und ist gerade deshalb interessant. Auf sie wird ein besonderes Augenmerk zu richten sein, und jeder Erklärungsversuch hat diesen besonderen Umstand zu berücksichtigen. Hier schon läßt sich folgendes ableiten:

Die Kirchenaustritte sind <u>offenbar kein generelles Rundumabbröckeln</u> des "Kirchenrandes", wie er aus der Sicht der kirchlichen Funktionäre und Aktivisten definiert und durch herkömmliche Kirchlichkeitsuntersuchungen objektiviert wird.

Wohlgemerkt: Diese Aussage bezieht sich auf die <u>Arbeiterschaft als soziale Kategorie</u>, nicht auf den einzelnen Arbeiter, der die Kirche verläßt. Es handelt sich um eine kategoriale Aussage, nicht um eine Aussage auf der Ebene der Individuen. Also: Durchweg treten Leute aus, die als kirchenfern gelten, aber es müßten erwartungsgemäß mehr Arbeiter darunter sein, als es in Wirklichkeit sind. Daraus sind zwei Folgerungen möglich:

Je nachdem wie man "Kirchlichkeit" definiert, operationalisiert und schließlich praktisch mißt, können unterschiedliche K-Werte herauskommen. Vorgängige Annahmen über die Gültigkeit eines Verfahrens sind ja der lockere Sand, auf dem der Empiriker stets unsicher, aber dafür mit großen Freiheiten bauen kann; sehr treffende Bemerkungen bezüglich der Kirchlichkeitsmessungen macht KAUFMANN (1969, S.208ff.).

Es kann also sein, daß die Kirchen in den Arbeitern treuere Mitglieder haben, als sie aufgrund <u>ihrer</u> Meßweise von Kirchlichkeit vermuteten. Oder: Die Kirchlichkeit der Arbeiter kann <u>andere Faktoren</u> enthalten, welche durch diese Messungen gar nicht erfaßt wurden. Das vermeintliche Fehlen von Kirchlichkeit aufseiten der Arbeiterschaft ist womöglich nur aus der Perspektive der Kirchenkanzel festzustellen, während aus anderer Sicht die Arbeiter durchaus Bindungen an die Kirche aufweisen mögen - eben nur andere.

Es erheben sich also praktisch begründete Zweifel an der Gültigkeit der üblichen Messungen der Kirchlichkeit durch Indikatoren wie Kirchbesuch und damit verbunden Teilnahmen am kirchlichen Leben. Zweifel insofern, als sie beanspruchen, neben der manifesten Teilnahmehäufigkeit auch noch die latente Kirchenbindung erfassen zu wollen. Für den positiven Ast des Kirchlichkeits-Kontinuums stimmt das Verfahren, nicht aber für den negativen Teil: Wer häufig zur Kirche geht, tritt mit größter Wahrscheinlichkeit nicht aus; wer sich nie oder nur sehr selten dort sehen läßt, muß deshalb nicht schon an Austritt denken.

Frühe Kritik an der Einseitigkeit des Indikators "Kirchbesuch" äußerte bereits LENSKI, wenn er zum geringen Kirchbesuch der Arbeiterklasse in den USA bemerkte:

"Doch es gibt einige Anhaltspunkte für die Vermutung, daß die Messungen der Häufigkeit des Kirchenbesuches den Unterschied zwischen den sozialen Klassen im Blick auf ihre religiöse Bindung übertreiben. Wenn man andere Kriterien der religiösen Bindung heranzieht, schrumpft dieser Unterschied, kehrt sich in einigen Fällen sogar um. Dies trifft vor allem zu, wenn der herangezogene Index für religiöses Verhalten auch die mehr persönlichen und die mehr traditionalen Aspekte des religiösen Lebens umfaßt." (LENSKI 1967, S.128)

Die jüngste Entwicklung der Kirchenaustritte scheint LENSKI recht zu geben. Ebenfalls bestätigt wird der Befund von KURUCZ, der in einer Untersuchung zur Wertordnung von industriellen Arbeitnehmern (überwiegend Arbeiter) feststellte:

"Nun ist es längst bekannt, daß die industriellen Arbeitnehmer hinsichtlich der Kirchlichkeit an unterster Stelle rangieren. Weniger bekannt ist aber die Tatsache, daß sie im allgemeinen den Bruch mit der Kirche bewußt zu vermeiden versuchen.(...) Nichts deutet darauf hin, daß die vorherrschende Verhaltensweise, nämlich die Minimalerfüllung, eine Vorstufe zur völligen Religions- und Kirchenfeindlichkeit sei. Die Minimalerfüllung ist der modus vivendi der befragten Arbeitnehmer mit der Kirche unter den gegebenen politischen und gesellschaftlichen Verhältnissen."(NEULOH/KURUCZ 1967, S.215)

Wurde eben gesagt, daß die Arbeiter bei Kirchlichkeitsuntersuchungen durchweg niedrige K-Werte aufwiesen, so stimmt dies z.B. nicht für eine Repräsentativerhebung, welche 1963 anhand eines von F.X.KAUFMANN entwickelten Meßverfahrens, einer GUTTMAN-Skala, durchgeführt wurde (vgl. KAUFMANN 1969). Danach wurden <u>für die Arbeiter beider Konfessionen signifikant höhere K-Werte erhoben als für die Angestellten;</u> bei den Evangelischen ergab sich zudem ein signifikanter Unterschied zwischen qualifizierten und unqualifizierten Arbeitern (Vgl. KAUFMANN 1969, S.238). KAUFMANN resümierte (S.242): "Nicht so sehr die Arbeiter, als vielmehr die Angestellten, oder genauer: die mittleren Bildungsschichten dürften am stärksten den Trend der Entkirchlichung bestimmen."

Im Unterschied zu anderen Kirchlichkeitsmessungen hatte KAUFMANN aber auch versucht, kirchenbezogene Einstellungen kirchenunabhängig zu definieren. Auf die Problematik dieses Versuches können wir hier nicht näher eingehen, können aber feststellen, daß die geringe Beteiligung der Arbeiter und die hohe Beteiligung der Angestellten an den Kirchenaustritten eine nachträgliche und meßunabhängige Bestätigung für die mit Hilfe der KAUFMANN-Skala gewonnenen Befunde darstellt.
Oder anders gesagt: Die mit Hilfe der KAUFMANN-Skala ermittelte hohe Kirchlichkeit der Arbeiter ist konform damit, daß die Arbeiter <u>nicht</u> an der Spitze der Austreter stehen. Ungelöst bleibt indessen die Frage, wie es um die Arbeiter vor und während der Weimarer Republik bestellt war, als diese sich nämlich keineswegs als kirchentreue Mitglieder erwiesen (vgl. oben 2.2. u. 3.1.)

Unabhängig von der Frage der Kirchlichkeit der Arbeiter ist noch eine Überlegung wichtig, welche direkt bei den beobachteten Austrittszunahmen ansetzt und danach fragt, was sich da verändert hat, daß mit einem Mal deutlich mehr Menschen ihre Mitgliedschaft in der Kirche kündigen. Zwei Möglichkeiten sind denkbar:

(1) Arbeiter sind diesem unterstellbaren Änderungsimpuls von vornherein <u>weniger ausgesetzt</u> als andere soziale Gruppen und/oder
(2) Alle sind diesem Impuls gleich ausgesetzt gewesen, aber die Arbeiter sind von sich aus <u>weniger empfänglich</u> dafür.
Ähnlich wie der Ansatz von KAUFMANN zielt diese Frage also auf <u>allgemeine Verhaltensbereitschaften</u> unterschiedlicher sozialer Kategorien, - nur daß diesesmal nicht die Kircheninstitution als Einstellungsgegenstand im Zentrum steht, sondern konkrete Veränderungen.

3.10. Kirchenaustritt und Bildungsgrad

Eng verwandt mit der Berufsstruktur ist stets die Verteilung nach dem formalen Bildungsgrad. Obgleich feststeht, daß der Ausbildungsgrad erheblich das Verhältnis zur Kirche beeinflußt, sind die von den Kirchen erworbenen Daten mager. So geht es denn letztlich um die grobe Unterscheidung Akademiker - Nichtakademiker. Angesichts der Tatsache, daß sich der formale Bildungsgrad heute immer weniger in einer eindimensionalen Variablen von der Hilfsschule bis zur Universität begreifen läßt, ist die grobe Unterscheidung gar nicht mal so schlecht und der momentanen Datenlage angemessen.

Tabelle 11: Anteil der Akademiker (einschl.Studenten) unter den Austretern

Kirchenbezirk		Akademiker-Anteil in % u.absolut
Ev.K.Kurhessen-Waldeck (einschließlich Schüler)		
	1969	18 (524)
	1970	16 (784)
	1971	21 (705)
	1972	18 (434)
Ev.K.Rheinland	1970	10 (2.869)
Ev.K.Hamburg	1973	12 (1.242)
Ev.Dek.Bez.München	1972	(ohne Studenten)
		15 (480)
		männl. 16
		weibl. 6
Ev.Dek.Mannheim (Vgl.GRATHWOL/THOMA)	1970	15 (167)
Kath.Frankfurt/M. (vgl.SOZIALTEAM)	1970	Höhere Berufe (Akademiker einschl. Stud.)
		14 (309)
		männl. 17
		weibl. 6
Kath.Berlin	1967	11 (110)
	1968	13 (183)
	1969	12 (266)
	1970	11 (421)
		männl. 14
		weibl. 7

Die wenigen Angaben weisen hin auf einen Akademikeranteil zwischen 10 und 15 %, wobei die studierten Männer doppelt so stark vertreten zu sein scheinen als die studierten Frauen. Aufschlußreich ist aber erst der <u>Vergleich mit der entsprechenden Wohnbevölkerung</u>:

Für den Vergleich wurden <u>als Akademiker gezählt</u>: Personen mit Hochschul- und Ingenieurschulabschluß, deutsche Studenten an wissenschaftl. Hochschulen und Studenten an Fachhochschulen. Bezogen auf die Wohnbevölkerung der BRD stellt diese Gruppe nur einen Anteil von 4,8 % (im Bundesland Hamburg sind es 5,8 %, in West-Berlin 6,2 %, in Hessen 5,4 %, im Saarland 4,6 %; errechnet aus dem Statist. JB 1973, S.45f.; 83; 88; 95).

Selbst gegenüber diesem doch sehr weit definierten Kreis von Akademikern sind die Studierten unter den Austretern mehr als doppelt so stark vertreten. Nimmt man den Kreis der Akademiker in der Wohnbevölkerung geringer an und berücksichtigt außerdem noch, daß die kirchl. Austrittsstatistik eher zu wenig statt zuviel Akademiker ausweist, so ist durchaus möglich, daß unter den Kirchenaustretern die Studierten dreimal stärker vertreten sind als nach ihrem Wohnbevölkerungsanteil zu vermuten ist.

Stets sind bei Vergleichen dieser Art die <u>örtlichen Verhältnisse</u> zu beachten. Je kleiner die Gebietseinheit, desto größere Streuungen sind möglich. Der Akademiker-Anteil in einer Universitätsstadt ist notwendig höher als etwa in einer Stadt im ländlichen Gebiet.
Bei einer größeren Datenmenge wäre ferner noch der Bildungsvorsprung der Protestanten gegenüber den Katholiken zu berücksichtigen, der sich ja am deutlichsten im Akademiker-Anteil niederschlägt. Vgl. ERLINGHAGEN 1965; BURGER 1964, S.193ff.; SCHMIDTCHEN 1973, S.37ff.)

Jüngste, sehr harte Zahlen zu dieser Frage liefert ferner die 1974 im Auftrage des Bundesministeriums für Bildung und Wissenschaft von INFRATEST durchgeführte repräsentative <u>Befragung von deutschen Hochschullehrern</u>, soweit die Ergebnisse in einem Report im Nachrichtenmagazin DER SPIEGEL (Nr. 1/2, 1975, S.48) bereits bekannt geworden sind. Danach beträgt der <u>Anteil der Konfessionslosen</u> unter den <u>Hochschullehrern</u> 21 % und liegt dreimal höher als in der Gesamtbevölkerung. Unter den <u>Assistenten</u> sind bereits mehr Konfessionslose als Katholiken zu finden. Der SPIEGEL bemerkt dazu, daß diese Veränderung stattgefunden hat, ohne daß es bislang irgend jemand wahrgenommen hat. Auf diese Bemerkung wird in anderem Zusammenhang wieder zurückzukommen sein.

Die EKD-SONDERERHEBUNG von 1970 ging der besonderen Frage nach, ob überdurchschnittlich viele <u>Lehrer und Lehrerinnen</u> die Kirche verlassen haben. Heraus kam, daß die Lehrer (gemessen an ihrem Wohnbevölkerungsanteil) leicht überrepräsentiert sind. Selbst wenn die Lehrer gerade so ihrem Bevölkerungsanteil entsprechend unter den Dissidenten vertreten wären, wäre das schon ein sehr bemerkenswertes Ergebnis - sowohl im Vergleich mit anderen Berufsgruppen, als auch durch die Tatsache, daß ausgerechnet derart wichtige Sozialisationsagenten die Kirchen meiden.

Wie ist es nun mit der <u>Kirchlichkeit der Bildungsgruppen</u> bestellt, wenn wir der Einfachheit halber bei dem Indikator "Kirchbesuch" bleiben? - Abgesehen von einigen Verschiebungen in der Mitte kann man generell sagen, daß der Kirchbesuch mit wachsendem Bildungsgrad sinkt. Personen nur mit Volksschulabschluß (Hausfrauen und Jugendliche!) sind durchweg die kirchlichste, Akademiker hingegen die unkirchlichste Bildungsgruppe.

Das ist sehr deutlich bei den Protestanten, weniger deutlich bei den Katholiken.

Nach SCHMIDTCHEN (1973, S.268ff.; 292) sind Protestanten mit Abitur die unkirchlichste, Katholiken mit Abitur hingegen die kirchlichste Gruppe. Schlüsselt man, wie SCHMIDTCHEN es tut (S.276), weiter nach Abitur und anschließendem Studium auf, dann verändert sich bei den Protestanten nichts, wohl aber bei den Katholiken. Dort tut sich zwischen den beiden Bildungsgruppen ein beträchlicher Unterschied auf (12 Prozent-Punkte!), so daß auch hier die Studierten ziemlich ans Ende der Skala rutschen.

Wie immer ändert sich das Bild, wenn man nach Stadt-Land unterscheidet. Bei kath. Gottesdienstzählungen in der ländlichen Pfalz zum Beispiel ergaben sich für die akademischen Ortshonoratioren Teilnahmen von über 7o %, während die Pfarrgemeinde insgesamt nur noch zu 3o % der Sonntagspflicht genügte (nach Angaben des kath. B.Speyer).

Die geringe Kirchbesuchsneigung der Akademiker steht - das können wir also festhalten - im Einklang mit ihrer Überrepräsenz bei den Austretern.

3.11. Kirchenaustritte nach Familienstand und Ehemodus

Die Daten über den <u>Familienstand</u> der Austreter sind spärlich.

<u>Tabelle 12</u> : Austreter nach Familienstand; Wohnbev. nach Familienstand zum Vergleich

	ledig	verheiratet	verwitwet	geschieden	insges.
Wohnbev.BRD über 15 J., 1970 (errechnet aus STAT. JB 1973)	22,1	64,9	10,8	2,3	100%
Ev.K.Hamburg					
1970	28,2	62,7	2,5	6,6	100% = 13.798 Austr.
1971	29,9	59,9	2,5	7,7	100% = 10.850 Austr.
1972	32,6	56,4	2,6	8,4	100% = 8.631 Austr.
1973	32,7	55,4	2,5	9,4	100% = 10.035 Austr.
Ev.K.Rheinld. (nur preuß. Rheinprovinz) 1970	28,5	66,6	1,7	3,2	100% = 26.531 Austr.
Ev.Stadtdekanat München 1972	36,0	54,5	1,5	8,5	100% = 3.134 Austr.
Vergleichbare Wohnbev. in München/Stadt	24,5	59,0	10,5	6,0	
Frankfurt, kath., 1970	.	57 %	.	.	100% = 2.379 Austr.

Da die jüngeren Jahrgänge unter den Austretern überrepräsentiert sind, ist nicht verwunderlich, daß es auch die <u>Ledigen</u> sind. Ebenso natürlich ist umgekehrt der geringe Anteil der <u>Verwitweten</u>, da sie ja besonders aus den älteren Gruppen stammen. Die Überrepräsenz der <u>Geschiedenen</u> ist möglicherweise ein einfaches demographisches Korrelat zu der Erscheinung, daß die Austritte überwiegend in den Städten vorkommen; dort liegt der Anteil der Geschiedenen höher als auf dem Land.

Bekannt ist die Behauptung, der verdienende <u>Ehemann</u> trete häufig <u>alleine</u> aus, <u>um die Kirchensteuer zu sparen</u>, während die nichterwerbstätigen Kinder und die Ehefrau "zur Sicherheit" noch in der Kirche verblieben. So plausibel solche Vermutungen sind - die vorhandenen Zahlen stützen noch widerlegen sie.

In <u>Hamburg</u> beispielsweise hatten 1970 in 1670 Fällen <u>beide Ehepartner gemeinsam</u> ihre Mitgliedschaft in der ev. Kirche aufgekündigt; das waren immerhin 39 % der verheirateten Austreter. In <u>München</u> stellten die Ehepaare ein Viertel aller Austreter.

Dabei handelt es sich ausdrücklich nur um die Fälle, in denen beide Ehepartner auch wirklich <u>gemeinsam</u> ihren Austritt <u>erklären</u>. Liegt zwischen der Erklärung des einen und des anderen Ehepartners nur eine kurze Frist, so zählt die Statistik sie als Einzelaustritte. Außerdem muß berücksichtigt werden, daß bei <u>Mischehen</u> der Austritt des andersgläubigen Partners gegebenenfalls auch bei einer anderen Kirche gezählt wird!

Die <u>Bestands</u>masse der Fälle, daß beide Ehepartner nicht mehr der Kirche angehören, wird also sicher größer sein, als die kirchlichen <u>Bewegungs</u>zahlen andeuten.

Bei aller Plausibilität für die Annahme, daß überwiegend nur der Geldverdiener der Familie austritt, bleibt es also bei dem Ergebnis, daß aus den vorhandenen Zahlen keine ausgesprochene Neigung in dieser Richtung entnommen werden kann.

Die Frage nach dem <u>Ehemodus</u> meint, inwiefern eine Ehe mit den kirchlichen Normen übereinstimmt. Dazu gehört mindestens, daß die Ehe nicht nur zivil geschlossen, sondern auch kirchlich getraut wird. (Unterscheide: zivile <u>Eheschließung</u> - kirchliche <u>Trauung</u>!) Alsdann ist zu unterscheiden zwischen konfessionsgleichen Trauungen ("Normehen") und konfessionsverschiedenen Trauungen ("Mischehen")

Die <u>Herkunft aus einer Mischehe</u> wie auch das <u>Leben</u> in <u>einer Mischehe</u> gehören zu den stärksten Faktoren der individuellen Entfernung von der Kirche. (Vgl. SCHREUDER 1962, S.354; 440ff; zur Statistik der M. vgl.P.ZIEGER in:KJB, 1953, S.436ff.).

Dementsprechend häufig müßten die Mischehenkinder bzw. Mischehenpartner unter den Austretern zu finden sein. Leider ist dieses wichtige Merkmal bei den kirchlichen Austrittserhebungen so gut wie vergessen worden. Für den Vergleich fehlen zudem Daten über den <u>Bestand</u> der Ehen nach dem Ehemodus.

Die ev.K.Rheinland hat für ihre Austreter des Jahres 1970 (nur Rheinprovinz) die Konfessionszugehörigkeit des Ehegatten festgestellt. Danach waren (in %)

ev.- landeskirchlich	44	
ev.- freikirchlich	1	
röm.-kath.	24	56 % aus
Sonstige	3	Mischehen
Gemeinschaftslos	28	
insgesamt (17.018)	100%	

Der Anteil derer mit konfessionslosem Ehepartner ist mit 28 % unübersehbar hoch. Er liegt über dem Anteil der ev.-kath. Ehen und ist mehr als 7 mal so groß wie der Anteil der Konfessionslosen in der Wohnbevölkerung der BRD.

Eine Auszählung nach dem Ehemodus anhand der Pfarrei-Unterlagen ergab für die verheirateten kath. Austreter des Jahres 1970 in Frankfurt a.M. (57% oder 1360 der Austreter insgesamt) folgendes Bild:

26% der verh. Austreter kamen aus einer Normehe (= beide Partner katholisch und auch kath. getraut); davon Männer: 35%, Frauen: 9%; 60% der Austreter lebten in einer katholisch abgesegneten Mischehe (Männer:54%; Frauen: 70%); 14% der verheirateten Austreter waren nicht kirchlich getraut (Männer: 99%, Frauen 21%); entsprechende Vergleichszahlen über das Kirchvolk fehlen leider (SOZIALTEAM 1973, S.8).

3.12. Kirchenaustritt und Kirchlichkeit

Sehr wichtig zu wissen ist, welche kirchlichen Aktivitäten außer dem Zahlen der Kirchensteuer der Austreter vor seinem Austritt gezeigt hatte (und unter Umständen vielleicht auch noch nach seinem Austritt zeigt.) Die Austrittstatistik gibt auf diese Frage naturgemäß keine Antwort. Es liegen dazu aber einige Umfrageergebnisse vor, die es ziemlich sicher erscheinen lassen, daß die Austritte der letzten Jahre in ihrer Masse von Kirchenfernen, also Personen ohne oder nur noch geringer kirchlicher Teilnahme, erklärt wurden.

In einer annähernd repräsentativen Stichprobe von ausgetretenen Frankfurter Katholiken des Jahres 1970 ergab sich, daß 83 % der Befragten zuletzt vor mehr als einem Jahr einen Gottesdienst besucht hatten, wobei auch ein gelegentlicher Besuch dazu gezählt werden konnte. Bei 76 % der Befragten war es schon mehr als 2 Jahre her, daß sie zum letzten Male einen Gottesdienst besucht hatten, bei 56 % schon vor mehr als 5 Jahren.
Zur Kommunion waren die Befragten praktisch zu 100 % nicht mehr gegangen, allein 37 % seit der Kindheit nicht mehr (SOZIALTEAM 1973).

Weitere Belege stammen aus den jüngsten Befragungen von <u>Kirchenmitgliedern</u> nach ihrer Austrittsneigung.

Von den 1970/71 im Rahmen der SYNODEN-Umfragen befragten Katholiken, welche angaben, nie bzw. selten zur Kirche zu gehen, äußerten 51 bzw. 23 %, in den letzten Jahren schon einmal den Austritt aus der Kirche erwogen zu haben. Die Katholiken, die ab und zu die Kirche besuchten, gaben hingegen nur mehr zu 6 % an, ernsthaft an einen Austritt gedacht zu haben. Und von den eifrigen Kirchgängern, die jeden Sonntag oder fast jeden Sonntag zur Kirche gingen, hatten lediglich 1 bzw. 2 % einmal an einen Austritt gedacht. (Vgl. SCHMIDTCHEN 1972, S.124, Tab. 70)

Aus dem protestantischen Raum liegen repräsentative Zahlen für den Bereich der VELKD vor - und sie stimmen mit den kath. Zahlen erstaunlich überein. Von den Protestanten, die nie zur Kirche gehen, hat ebenfalls jeder zweite schon einmal den Austritt ins Auge gefaßt. Seltene Kirchengäste taten dies zu mehr als einem Viertel (27 %). Aber den norddeutschen Protestanten, die jeden, fast jeden Sonntag oder ab und zu zur Kirche gingen, war erst zu 6% ein solcher Schritt in den Sinn gekommen. (Vgl. SCHMIDTCHEN 1973a, S.209. Tab. A 51).

Da die in den großen Untersuchungen erhobenen Merkmale der Austrittsgeneigten mit den Merkmalen der tatsächlichen Austreter insgesamt ziemlich gut übereinstimmen, scheint die erfragte Austrittsneigung eine zuverlässige Verhaltensdisposition zu sein. Deshalb ist es umso eher zulässig, von der geringen Kirchlichkeit der Austrittsgeneigten auch auf die geringe Kirchlichkeit der tatsächlichen Austreter zu schließen.

Vielfach ist die Behauptung zu finden, daß gerade hochverbundene Mitglieder aus Ärger über einen zu <u>progressiven Kirchenkurs</u> und eine zu moderne Theologie die Kirchen verlassen würden; besonders bei den Streitigkeiten in der ev. Kirche wird so argumentiert.

Die Verfasser der EKD-Untersuchung sagen aufgrund ihrer eindeutigen Ergebnisse unmißverständlich:
"Bei einer repräsentativen Stichprobe tauchen sie jedenfalls nicht auf. Es könnte albern wirken, darauf überhaupt hinzuweisen, wenn das Argument nicht innerkirchlich ein solches Gewicht gewonnen hätte."
(HILD (Hrsg.) 1974, S.123).

Allerdings gab es in den letzten beiden Jahren Anzeichen dafür, daß <u>auch konservative Mitglieder</u>, die man zu den Kirchennahen zu zählen hat, ihre Mitgliedschaft kündigen. Insbesondere im Verlaufe des sg. Berliner Kirchenstreites scheint da einiges in Bewegung geraten zu sein. Das ist, wie wir noch näher sehen werden, durchaus anzunehmen. Die großen Austrittszahlen werden nichtsdestoweniger von kirchenfernen Austretern geschrieben.

3.13. Zusammenfassung

Nach der begrifflichen Erläuterung sollte die Statistik der Kirchenaustritte und der Kirchenaustreter weitere Klarheit über den zu erklärenden Sachverhalt, die Austrittssteigerungen seit Ende der 60er Jahre, schaffen.

Zahlen werden erst aussagekräftig durch den Vergleich. Hier wurden verglichen:

(1) <u>Merkmale der Kirchenaustreter mit Merkmalen des Kirchvolkes bzw. der Wohnbevölkerung</u>.
Überrepräsentiert unter den Austretern erwiesen sich die Städter und besonders die Großstädter, die Männer; die jüngeren Altersgruppen zwischen 20 und 40; die Erwerbstätigen, darunter die Angestellten und Beamten; die höheren Bildungsschichten.

Zu beachten ist dabei, daß die Sozialdaten der Kirchenaustreter nur in einfachen eindimensionalen Häufigkeitswerten vorliegen, nicht in individuellen Merkmalskombinationen. Die großen Umfragen der beiden Kirchen (HILD (Hrsg.) 1974; SCHMIDTCHEN 1972; SCHMIDTCHEN 1973a) geben jedoch genügend Hinweise, daß diese Merkmale sich auch auf der Ebene der Individuen kombinieren. Der kategoriale Fehlschluß ist damit zwar vermieden; die Kunstgriffe des Kreuz- und Quertabulierens sind bei dieser Datenlage freilich nicht möglich. D.h., die Statistik der Kirchenaustritte ist allenfalls in der Lage, das Explanandum, (= die Austrittszunahmen) zu beschreiben, für analytische Zwecke ist sie durchweg nicht geeignet.

(2) Zweitens wurden die Austrittsdaten der <u>ev. Kirche</u> mit denen der <u>kath. Kirche</u> verglichen. Des weiteren standen die Austrittsdaten der einzelnen Gliedkirchen und Kirchenbezirke einander gegenüber.

Die <u>Sozialdaten der Austreter</u> sind für beide Kirchen und für ihre Unterteilungen weitgehend strukturgleich. Für die unterschiedliche <u>Höhe der Austrittsraten</u> in den einzelnen Gliedkirchen sind sozialökologische Konstellationen, wie etwa die Stadt-Land-Verteilung und das Nord-Süd-Gefälle der beiden Konfessionen und auch der Kirchlichkeit **verantwortlich.**

Dafür, daß die ev. Austrittsraten um ein mehrfaches höher liegen als die katholischen, sind sozialökologische Zusammenhänge keine hinreichende Erklärung. Ebenso wie bei der konfessionell sehr unterschiedlichen Kirchlichkeit muß hierbei auf die unterschiedlichen sozialen Strukturen der beiden Kirchen zurückgegangen werden.

(3) Dritter Gesichtspunkt in der Diskussion der Austrittsdaten war jeweils der Vergleich mit den Befunden über die allgemeine <u>Kirchlichkeit</u>, d.h. dem Grad der Teilnahme am kirchlichen Leben. Dabei ergab sich, daß die kollektiven Daten über Austritte und Austreter übereinstimmen mit denen über die Kirchenfernen; mit einer wichtigen Ausnahme allerdings: Die <u>Arbeiter</u> sind weniger unter den Austretern vertreten, als nach ihrer geringen kirchlichen Teilnahme (und außerdem nach ihrem Bevölkerungsanteil) zu vermuten wäre, und die <u>Angestellten</u> sind überrepräsentiert.

Auch wenn die einzelnen Austreter kirchenferne Personen mit geringer oder gänzlich fehlender Teilnahme sind, so ist die Austrittswelle dennoch nicht zu verstehen als ein gleichmäßiges Abbrechen des "Kirchenrandes". Eine Erklärung der Austrittszunahmen muß hierzu eine Aussage machen können.

Andererseits stützt die geringe Austrittsneigung der Arbeiter ältere Zweifel an <u>Begriff und Meßverfahren der Kirchlichkeit</u>. Wenn sich nämlich auf Dauer distanzierte Teilnahme mit treuer Mitgliedschaft verbinden, muß in der Tat eine kritische Revision erfolgen.

Aber selbst wenn sich eine vollständige Übereinstimmung ergeben hätte zwischen dem bekannten Bild der Kirchenferne und der neuen Erscheinung der Kirchenaustritte, so ist daraus keine Antwort abzuleiten auf die Frage, warum ab einem bestimmten <u>Zeitpunkt</u> die Austritte zu steigen begannen. Denn die <u>Struktur der Kirchenferne</u> ist ein <u>statischer Sachverhalt</u>: sie war hier wie nach dem Anstieg vorhanden und hat sich nicht mit einem Schlage verändert. Auf die Frage nach der speziellen Zunahme der Austritte gibt sie keine Antwort. Konkret: Aus der Tatsache allein, daß bestimmte soziale Kategorien mehr, andere weniger stark am kirchlichen Leben teilnehmen, ist nicht zu entnehmen, warum kirchenferne Personen plötzlich zum Austritt neigen, während sie dies vorher nicht taten.

(4) Diese Vergleiche werden dann noch einmal überlagert durch die <u>Betrachtung in der Zeit:</u> Wann kamen die Austritte in Bewegung; wie läßt sich die Stärke des Anstiegs beschreiben? - Wie ändert sich das Bild mit dem Anstieg und welche Veränderungen ergaben sich seither?

Als <u>Anfang der Austrittswelle</u> ist die Wende zwischen
1967 und 1968 anzunehmen. Mit dem Anstieg einhergehend
ist die Zunahme der Austritte in die <u>Konfessionslosigkeit</u> - und zwar in dem Maße, daß die Austrittswelle
fast gänzlich in die Konfessionslosigkeit führt. Diese
Verschiebung von den <u>Übertritten</u> zu "<u>echten Austritten</u>"
erklärt auch einige Veränderungen bei den anderen Daten,
etwa daß der Frauenanteil zurückging oder daß der Autrittsfaktor "Konfessionsanteil" an Gewicht verlor gegenüber dem Faktor "Ortsgröße".

Die mit dem Aufschwung eingetretenen Veränderungen im
Gefüge der Sozialdaten sind kein festes Charakteristikum. Leichte <u>Veränderungstendenzen auch seit dem Anstieg</u>
signalisieren, daß es sich nicht um einen neuen Zustand,
sondern immer noch um einen Prozeß handelt. So nimmt
der Anteil der Frauen unter den Austretern wieder zu.

Praktische Erfahrungen und theoretische Überlegungen haben bei der <u>Analyse von Zeitreihen</u> zu der Vorstellung geführt, daß eine Zeitreihe in der Regel durch das Zusammenreihen mehrerer Komponenten entsteht. (vgl. KELLERER
1960, S.96ff.) Vereinfacht unterscheidet man:

a) <u>Eine evolutionäre Einflußgruppe</u>. Das sind langfristige Entwicklungen oder Trends, z.B. Bevölkerungszunahmen,
wissenschaftlicher Fortschritt, Entkirchlichung.

b) <u>Eine oszillatorische oder zyklische Einflußgruppe</u>,
welche sich in typisch wellenförmigem Verlauf zeigt
(z.B. Konjunkturwellen; saisonale Schwankungen der Arbeitslosigkeit, der Eheschließungen).

c) <u>Eine einmalige und zufällige Einflußgruppe</u>, wie z.B.
Kriege, technische Neuerungen, Entdeckungen, Wechsel der
Staatsform u.a.. Als "Strukturbrüche" können Einflüsse
dieser Art selber eine Trendverlagerung auslösen.

Das soziologische Augenmerk wird sich auf die letzte
Einflußgruppe richten müssen. Aus einem seit Anfang
der 60er Jahre ganz leichten Trend zur Zunahme kam
die Austrittswelle am Ende der 60er Jahre dennoch
sprunghaft. Zyklische Häufungen gibt es nur nach
Monaten, nicht nach Jahren.

Abschließend ist auch eine Antwort möglich auf eine
Art Null-Hypothese, die zu Anfang angeschnitten worden war. Es geht um die Frage, ob der Erhöhung der
Austrittszahlen überhaupt eine <u>soziologische Signifikanz</u> zukommt. Das Mißtrauen, daß es sich bei dem Wachstum der Austritte lediglich um eine statistische Schimäre handelt, könnte sich auf folgende Überlegungen
stützen, die auf Zeitreihenveränderungen grundsätzlich
anwendbar sind:

Konstante Zahlenverhältnisse sind, soweit es sich um
menschlich beeinflußbare Erscheinungen handelt, so gut
wie ausgeschlossen. Kleine Veränderungen sind die Regel;
sie sind sehr wahrscheinlich.

Die Wahrscheinlichkeit für die Größe einer Veränderung,
speziell: für einen bestimmten Zuwachs, hängt aber in
hohem Maße davon ab, wie der vorgegebene Ereignisraum
je nach Art des Ereignisses bereits ausgeschöpft bzw.
aufgefüllt ist. Z.B.: Eine Splitterpartei, die sehr geringe Stimmengewinne erzielte, kann ihren Stimmanteil
relativ leicht verdoppeln, während die Verdoppelung
eines hohen Stimmenanteils fast unmöglich ist.

Im Falle der Kirchenaustritte verhält es sich wohl ähnlich. Der anfängliche exponentielle Zuwachs verliert dadurch viel von seiner Dramatik. Aber der Sprung seit 1968 mit einer Verdrei- und Verfünffachung bleibt nichtsdestoweniger erheblich. Außerdem ist die überraschende Häufung ja auch mit bemerkenswerten <u>qualitativen Veränderungen</u> in der sozialen Zusammensetzung verbunden.
Die außerordentliche <u>Parallelität der Veränderungen</u> in beiden Kirchen im gesamten Bundesgebiet weist schließlich darauf hin, daß wir es mit einer relativ kirchenunabhängigen gesamtgesellschaftlichen Veränderung zu tun haben.

Diese <u>Veränderung</u>, nicht der eingetretene, posthoc festgestellte <u>Zustand</u>, wird uns weiter beschäftigen.

4. Kritik an den gängigen Erklärungsversuchen für die Kirchenaustritte

4.1. Die Erklärung durch einzelne Begriffe

In der Religionssoziologie - aber nicht nur dort - gibt es ein Arsenal von Wörtern, die gern und oft als Erklärungsbegriffe angeboten werden.

Eine Sorte bezeichnet langfristige gesamtgesellschaftliche Entwicklungen. Beispiele dafür sind: Säkularisierung, Entchristlichung, Urbanisierung, Verstädterung, Technisierung, Aufklärung, Verwissenschaftlichung, Vermassung, und als eine Art Sammelbehälter für alles - Industrialisierung. Begriffe wie Atheismus, Materialismus, Liberalismus, Indifferentismus, Utilitarismus, Zeitgeist u.a. bezeichnen die irgendwie dazugehörenden Geisteshaltungen bzw. abstrahierbare Weltanschauungslehren.

Die genannten Wörter tauchen bei der Frage nach den Ursachen der Kirchenaustrittswelle immer wieder auf. Wie ist ihr Erklärungswert einzuschätzen? Im schlimmsten Falle stellen solche "Erklärungen" schlichte Tautologien dar, d.h. sind ohne jeden Erklärungswert. Das zu erklärende Phänomen erhält nur ein Begriffsetikett aufgeklebt, das außer einer Bewertung desselben nichts darüber aussagt.
Auf den tautologischen Charakter der <u>Säkularisierungsthese</u> hat MATTHES (1967, Bd.1, S.8o) hingewiesen: "So werden im Interpretament der Säkularisierung fortwährend Daten und Belege akkumuliert, die doch nur

bestätigen, was dieses Interpretament schon immer besagt."
In unserem Falle klassifizieren die einen die Kirchenaustritte als ein deutliches Zeichen der Säkularisierung, und die anderen "erklären" sie wiederum durch eben diese Säkularisierung.

Bei kirchlichen Stellungnahmen zu allen möglichen Entwicklungen - so auch der steigenden Austritte - ist der Rückgriff auf zumeist negativ bewertete Geisteshaltungen beliebt. Als Ursache vieler Übel erscheinen so der Atheismus, die Gottlosigkeit, der Utilitarismus, der Indifferentismus etc., und als negativer Inbegriff für all das steht der "Zeitgeist".

Solche Benennungen erfüllen sehr wohl ihren Zweck als "elastische Interpretamente" wie MATTHES (1967, Bd.1, S.74ff) am Beispiel der "Säkularisierung" gezeigt hat. Sie rechtfertigen in vielfältiger Weise Urteile und Handlungen in der sozialen Praxis. Gehaltvolle Erklärungen sind sie kaum.

Etwas, aber auch nur etwas besser steht es mit den Begriffen, die nicht schon per Definitionem auf Vorgänge der Entkirchlichung hinweisen, z.B. Industrialisierung, Verstädterung, Verwissenschaftlichung. Allenfalls sind sie, wie HOMANS sagt, "ganze Bündel von undefinierten Variablen" oder "orientierende Feststellungen", die angeben, wo weiterzusuchen ist (HOMANS 1969, S.26ff).

Indessen: Gibt es in der "modernen Industriegesellschaft" überhaupt einen Vorgang, der nicht irgendwie mit der "Industrialisierung" zusammenhängt? Was taugen solche Hinweise, die in der Lage sein sollen, reinweg alles erklären zu können? - und der Begriff der "Industrialisierung" ist, wie H.P.BAHRDT (1958, S.23) zu Recht spöttelt, ein "Wunderkoffer, aus dem man die ganze Welt herauszaubern kann"; (vgl. dazu auch die Kritik von MATTHES 1964, S.34ff).

Für alle Aussagen gilt, daß je größer ihr logischer Spielraum, desto geringer der empirische Gehalt wird. Der logische Spielraum von Aussagen, die als wichtiges Element "Industrialisierung" oder ähnliche säkulare Trends enthalten, ist ziemlich weit; dementsprechend gering ist ihr empirischer Gehalt, zumal gegenüber kurzfristigen Veränderungen. Denn es geht ja - und darauf ist zu achten - nicht generell um "die" Kirchenaustritte oder darum, weshalb die Leute überhaupt die Kirche verlassen; erklärungsbedürftig ist vielmehr, warum ausgerechnet 1967/68 die Austritte in Bewegung kamen.

Als zusammenfassende Kritik nur ein Satz, der bei HOMANS (1969, S.25) zu finden ist: "'Erklärung durch einen Begriff' ist keine Erklärung."

4.2. Die Suche nach Gründen und Motiven

In den bisher zu den Kirchenaustritten vorliegenden Berichten, Kommentaren und Analysen fehlt so gut wie nie der Hinweis, man müsse die "Motive", die "Gründe" der Austreter untersuchen um zu erfahren, warum die Zahl der Austritte so zugenommen habe.

Das hört sich plausibel an, zumal es so oft gesagt wird. Aber dennoch die Gegenbehauptung: Die Suche nach individuellen "Motiven', "Gründen", Anlässen", "eigentlichen Motiven", "eigentlichen Gründen" etc. wird bei der Frage der Kirchenaustritte und anderen auffälligen Handlungshäufungen nicht befriedigen. Es wird zu zeigen sein, daß dieser individualpsychologische Griff nicht sitzt und auch nicht sitzen kann.

Zunächst wenden wir uns allgemein dem Konzept der Motiverklärung zu und beschäftigen uns dann speziell mit den Austrittmotiven. Dazu ist etwas mehr Aufwand nötig als im vorigen Kapitel, wobei selbstredend klar sein dürfte, daß die ganze Frage der Motivation, welche doch zu den schwierigsten, wenn nicht sogar <u>der</u> schwierigsten der Psychologie gehört, hier bestenfalls angetippt werden kann.

Eine kurze Bemerkung noch zum Gebrauch der Begriffe "<u>Handeln</u>" und "<u>Verhalten</u>'. Grundsätzlich sind beide synonym. "Verhalten" ist allgemeiner und beinhaltet alle sichtbaren menschlichen Aktivitäten. "Handeln" und noch deutlicher "Handlung" betonen, daß es sich um einzelne, isolierbare Verhaltenssequenzen oder Verhaltenseinheiten handelt.

Die Begriffe <u>Grund</u>, <u>Motiv</u>, <u>Sinn</u> und <u>Verstehbarkeit</u> hängen so nah zusammen, daß ein Begriff mit den jeweils anderen umschrieben werden kann. Man vergleiche etwa die Motiv-Definition von Max Weber (1964, S.8): "'Motiv' heißt ein Sinnzusammenhang, welcher dem Handelnden selbst oder dem Beobachtenden als sinnhafter 'Grund' eines Verhaltens erscheint."

4.2.1. Der Handlungszweck

Wenn man nun nach dem Motiv, Grund oder Sinn eines Handelns fragt, so stelle man die Frage nach dem "Warum".
Es gibt zwei Arten von "Darum"-Antworten auf diese Frage.

Die erste bezieht sich auf den sachlichen Zweck (Ziel) der Handlung. Mit Zweck bezeichnet man einen zukünftigen Soll-Sachverhalt außerhalb des Handelnden, den dieser durch seine Handlung zu erreichen trachtet. Dabei ist es zunächst unerheblich, ob dieser Sachverhalt empirisch wahrnehmbar ist (z.B. "Autokauf" als Zweck des Sparens) oder nur im Bewußtsein des Handelnden existiert, wie z.B. im Falle der Kulthandlung, welche die Zuneigung eines Gottes erwirken soll.

Kennt man den nach dem Willen des Handelnden zu verwirklichenden Sachverhalt, so versteht man die Handlung. Man weiß dann mehr darüber, denn:

a) ein und dasselbe Handeln kann stets auf mehrere, meist sehr viele Zwecke gerichtet sein (man kann z.B. für alles mögliche sein Geld sparen). Kennt man den einen bestimmten Zweck, sind alle anderen ausgeschlossen.

b) Vielfach ist dem Beobachter ein Handeln mangels Sachkenntnis unverständlich, z.B. dem Ethnologen in einer fremden Kultur oder dem Werksbesucher angesichts einer Tätigkeit, von der er nicht weiß, wozu sie gut sein soll.

c) Kennt man den Zweck eines Handelns, so ist es am Maßstab der Zweckrationalität zu beurteilen. Das ist die bekannte Zweck-Mittel-Relation. (vgl. dazu MAX WEBER (1968, S. 126ff) und LUHMANN 1968).

Die Warum-Frage erscheint befriedigend gelöst, wenn das fragliche Handeln als rationales Mittel zu einem verständlichen und normalen Zweck erkannt ist. Weicht aber der zu erreichende Zweck selber von dem ab, was der Frager in irgendeinem (auch im statistischen) Sinne für normal hält, dann zielt die Warum-Frage nicht mehr auf das Handeln als solches, sondern auf das handelnde Individuum.

Das ist auch bei unseren Kirchenaustritten der Fall. Angenommen, der objektive Zweck des Austrittes sei, das Geld für die Kirchensteuer zu sparen. Dann bleibt aber doch weiter die Frage, warum das Kirchenmitglied <u>nicht schon vorher</u> diese Einsparung vorgenommen hat. Unabhängig davon, zu welchem Zweck jemand ausgetreten ist, geht es also um die Frage, warum plötzlich bundesweit so viele Menschen ein jahrelang geübtes Verhalten ändern.

4.2.2. <u>Der innere Handlungsgrund</u>

1. Eine zweite Sorte von Warum-Fragen zielt also auf das <u>Motiv</u> bzw. die <u>Motivation</u> einer Handlung.
Im Gegensatz zu dem streng außerhalb des Handelnden vorstellbaren Sachverhaltes, den man Zweck nennt, spricht man in diesem Falle gewöhnlich davon, daß etwas "in den Menschen" vorgeht, sich etwas "bewegt", was dann die äußere, sichtbare Bewegung - die Handlung - zur Folge hat. (Motiv: Bewegung und Bewegendes!)

Der handlungsverursachende "innere" psychische Zustand ist vorstellbar als kurzfristig auftretend (z.B. Hunger, Zorn) oder als langfristige Persönlichkeitsvariable (z.B. Leistungsmotivation).

2. Systematische Überlegungen darüber, wie man sich jene postulierte "innere Bewegung" vorstellen kann, was eine

Motivation material _ist_, (z.B. "Energie", "Kraft", "Antrieb", "Störreiz", "Mangellage", "Gerichtetheit", "Beweggrund", "Gefälle zwischen Ist- und Soll-Lage", etc.) bezeichnet man als Motivationstheorien. Die Probleme, die dabei auftauchen, scheinen fast unüberwindbar und es gibt kaum etwas, was mehr verwirrt, als das Nebeneinander der verschiedensten Motivationstheorien (vgl. die sehr klare Übersicht von THOMAE 1965, S.19ff und den von ihm herausgegebenen Sammelband "Die Motivation menschlichen Handelns"; 2. Aufl. 1972).

Von den Motivationstheorien ist deutlich die Motivanalyse zu unterscheiden. Sie soll eine direkte Antwort geben auf die Warum-Frage zu einen konkret beobachteten, unerklärlichen Verhalten.

Zur Unterscheidung von Zweck und Motiv vgl. GEHLEN 1952; ders. 1956, S.31ff; LUHMANN 1968, S.87ff; über die Unterscheidung bei Max WEBER vgl. GIRNDT 1962, S. 25ff).

Unter dem Oberbegriff der Motivation werden nun viele verschiedene psychische Zustände vereinigt, die sprachlich gesehen allesamt als Antwort auf die Warum-Frage passen würden.

"So stellt der Begriff 'Motivation' in der Gegenwart mehr und mehr einen Oberbegriff dar für alle jene Vorgänge bzw. Zustände, die in der Umgangssprache mit den Begriffen 'Streben', 'Wollen', 'Begehren', 'Wünschen', 'Hoffen', 'Sehnsucht', 'Affekt', 'Trieb', 'Sucht', 'Drang', 'Wille', 'Interesse', 'Gefühl' usf. umschrieben werden, darüber hinaus für alle jene bewußten und unbewußten psychischen Vorgänge, welche in irgendeiner Hinsicht zur Erklärung oder zum Verständnis des Verhaltens werden könnten, wenn sie sprachlich fixierbar wären. Man kann fast sagen, es sei unmöglich anzugeben, welche Vorgänge innerhalb des Organismus bzw. der Persönlichkeit nicht zur Motivation gehören." (THOMAE 1965, S.17)

Jener innere Zustand bzw. jene inneren Vorgänge müssen
- darauf weist das Zitat hin - sprachlich fixierbar
sein. Daneben gibt es eine zweite Bedingung, damit der
Warum-Frager eine Motivdeutung als plausibel akzeptiert. Es muß bekannt sein, daß jener bezeichnete Zustand das beobachtete Verhalten in irgend einem Sinne
bewirkt. Nicht jeder beliebig konstruierbare innere Zustand gilt als Erklärung, sondern nur solche, die von
vornherein als sinnvoll verstanden werden. (Vgl. THOMAE
1965, S.18f)

Es existiert in unseren Köpfen ein regelrechter <u>Katalog von Motiven</u>, und zwar durchweg bezogen auf typische
Handlungssituationen: Wenn eine <u>Situation</u> vom Typ A
vorliegt, dann liegt aufseiten der Handelnden ein <u>psychischer Zustand</u> vom Typ B vor, der ein <u>Verhalten</u> von
der Sorte C bewirkt. (In einer Wettkampfsituation wird
beim Individuum das Leistungsmotiv aktiviert, welches
bewirkt, daß das Individuum sich anstrengt).

Daneben werden Motive angenommen, die <u>immer und bei jedem Verhalten mitspielen</u>, wie z.B. die von FREUD so bezeichnete Libido, oder das Motiv des <u>Eigeninteresses</u>,
das hinter allen Handlungen stecke. Zunächst aber zu den
situationsspezifischen Motiven. Allein aus dem fraglichen
Verhalten ist das Motiv nicht zu entnehmen; stets muß man
dazu die umfassendere Handlungssituation kennen. Die
Handlung gilt als "erklärt", und "verstehbar", wenn herausgefunden ist, daß das handelnde Individuum sich in einer
Situation befand, in welcher aller Erfahrung nach die
fragliche Handlung zumindest als möglich, in der Regel aber
als höchst wahrscheinlich erwartet werden kann.

Herr X kommt von seiner Arbeit nicht nach Hause und
es stellt sich heraus, daß er Selbstmord begangen hat.
Die Tat bleibt unerklärlich, bis sich weiter herausstellt, daß er an jenem Tag seinen Arbeitsplatz verloren hat. Die Motivdeutung: Der Arbeitsplatzverlust
ist ein schwerer Schlag. In einer solchen Situation ist
es möglich, daß jemand "den Kopf verliert" und sich
umbringt.

Herr Y reagiert unerwartet heftig und aggressiv. Man
weiß auch warum: er hatte zuvor Ärger gehabt.
Seine Reaktion ist verständlich, denn viele Menschen
verhalten sich so.

2. Hier bereits stellt sich die Frage nach dem Er-
kenntniswert der intervenierenden Motive. Obwohl es so
aussieht, als würde die Warum-Frage durch Hinweis auf
einen individuellen psychischen Zustand gelöst, wird
zunächst einmal Bezug genommen auf eine typische Handlungssituation, die der verstehende Beobachter immer
schon kennen muß. Von eben dieser Situation wird außerdem angenommen, daß sie bei den beteiligten Individuen
bestimmte psychische Zustände erzeugt, die dann das beobachtete Verhalten bewirken. Sind aber diese intervenierenden Motive oder psychischen Zustände ebenfalls
nur aus der Handlungssituation zu "erschließen", dann
wird durch sie nichts mitgeteilt, was man nicht schon
wüßte. Dazu BERELSON und STEINER:

"Da Motive einmal aus vorliegendem Verhalten geschlossen werden, und zum anderen für zukünftiges Verhalten
verantwortlich gemacht werden, besteht stets die Gefahr
von Zirkelschlüssen - ein Motiv als Erklärung für dasselbe Verhalten zu verwenden, aufgrund dessen es erschlossen worden war. (...) Es ist verführerisch, aber
falsch zu sagen, er arbeitet hart, weil er ehrgeizig ist;
wir wissen nicht mehr über die Ursache des beobachteten
Verhaltens, als wir vorher wußten, bevor wir den Begriff
verwendeten." (BERELSON/STEINER 1972, Bd.2, S.150).

Der Zirkel kann nur verlassen werden, insofern es gelingt, individuelle Zustände unabhängig von dem zu erklärenden Verhalten festzustellen. Das ist aber nur selten der Fall; das Hungermotiv z.B. muß nicht aus dem Verhalten erschlossen werden, sondern ist auch unabhängig durch physiologische Indikatoren nachweisbar; das Leistungsmotiv z.B. wird mit einigem Erfolg durch projektive Tests erschlossen (vgl. HECKHAUSEN 1965). Auch die zuvor erwähnten situationsunabhängigen generellen Motive (z.B. Eigeninteresse) leiden unter dieser Zirkularität, wenn sie nur aus dem zu erklärenden Verhalten erschlossen werden. Dazu kommt dann noch, daß ein psychischer Zustand, der angeblich jedes Verhalten steuert, bei Verhaltensänderungen nichts erklärt; denn sowohl das alte wie auch das neue Verhalten sind je mit ihm vereinbar.

Ganz zweifelsohne steckt in den Motivdeutungen empirisches, praktisch <u>verwertbares Wissen über situationsspezifische Verhaltensregelmäßigkeiten</u>. Diese Informationen müssen indessen schon vor der Kennzeichnung der jeweils zutreffenden Motive vorhanden sein, denn ohne sie wäre die Situation nicht definierbar.

Am <u>Beispiel</u> des Leistungsmotivs: Man kann eine Handlungssituation nur als "Wettkampf" typisieren, wenn man schon weiß, daß die Beteiligten durch eine bestimmte persönliche Leistung gegeneinander konkurrieren. Der Hinweis auf das Leistungsmotiv reformuliert diesen Sachverhalt nur.

Wenn man bereit ist, von der Wissenschaftslehre her den Unterschied zu machen zwischen einer informativen <u>Erklärung</u>, welche <u>neues</u> Wissen über einen Sachverhalt bringt und einer <u>Klassifikation</u>, welche <u>schon vorhandenes</u>

Wissen nur strukturiert, benennt und ordnet, dann erweist sich die Motivdeutung als ein mehr oder weniger bewußtes Arbeiten mit einem Klassifikationssystem von Handlungssituationen, denen bestimmte psychische Zustände zugeordnet sind.

Aus diesem Grunde ist auch verständlich, warum die Einteilungs-, Benennungs- und Ordnungsversuche in den verschiedensten Motivkatalogen ohne empirische Verbindlichkeit bleiben. Der Bestand an situationsspezifischem Handlungswissen verändert sich dadurch nicht. Der Inhalt eines Schrankes bleibt derselbe, gleichgültig, wie man ihn auf die verschiedenen Schubladen verteilt. KUNZ (1972) bemerkt ganz treffend: "(...) daß Menge und Vielfalt inhaltlich definierter Motive häufiger Ausfluß sprachlichen Erfindungsreichtums und seltener Ausdruck wissenschaftlicher Vorgehensweise sind." Noch prägnanter HABERMAS (1971, S.293): "Neue Terminologien schaffen neue Motivationen."

3. Der intuitiv-verstehende Schluß von der Handlungssituation auf spezielle Motive gelingt so gut, wie die Handlungssituation für die Beobachter nach erlernten Mustern typisierbar, klassifizierbar und definierbar ist. Dabei gibt es Unterschiede.

(1) <u>Kennt der Motivdeuter die Situation nicht</u>, weil er sich etwa in einem fremden Kulturkreis befindet, dann sind Motivdeutungen höchst unsicher bis falsch.

Zur Schwierigkeit der Motivdeutung in fremden Kulturen vgl. z.B. allgemein die aufschlußreiche Kritik von LINDESMITH/STRAUSS (1971) an den Motivdeutungsversuchen der Ethnologen; ferner NAGEL (1972, S.78ff).

(2) <u>Ist der Beobachter mit der Situation vertraut</u>, so kann seine Interpretation gegen die des Handelnden selber stehen: Entgegen dessen subjektiver Handlungsbegründung ("ich tue das, weil...") hält der Motivdeuter <u>ande-</u>

re Gründe für die "wahren", "richtigen" und "eigentlichen" Gründe, weil man in dieser Situation einfach nicht diese, sondern andere Motive hat. Der Fuchs in der Fabel antwortet auf die Frage, warum er die Trauben nicht wolle, sie seien ihm zu sauer. In Wirklichkeit - so weiß man eben - hingen sie ihm zu hoch.

(3) Wird das zu deutende Handeln im Zusammenhang gebracht mit einer Situation, in welcher dieses als nicht typisch erscheint, dann kommt stets die Unterscheidung zwischen den "eigentlichen", "tieferen" Gründen und dem "Anlaß", wobei gerne betont wird, daß es sich nur um diesen handelt.

Das ist das alte Denkmuster von "kleiner Ursache und großer Wirkung". Es wird auch gerne umschrieben mit den Bildern von "Pulverfaß und Funke" und dem "Tropfen, der das Faß zum Überlaufen bringt". Man unterstellt eine starke Bereitschaft, in der beobachteten Weise zu handeln. Der Funke zu diesem Pulverfaß kann dann irgendeine Banalität sein, die der situativ-verstehende Beobachter nicht als "Grund", aber als "Anlaß" akzeptiert.

Genau besehen erweist sich die Kategorie des "Anlasses" als eine negative Ausweichkategorie, wenn der verstehende Beobachter mit seinem Situationskatalog nicht weiter weiß. Die Verwendung des Wortes "Anlaß" besagt nur, daß die Situation zur Motivdeutung nicht ausreicht - mehr nicht.

Nicht übersehbar ist, daß in der sozialen Praxis dieses Deutungsmuster gerne als Entschuldigung benutzt wird: Herr X war eben lebensmüde und hätte sich früher oder später ohnehin das Leben genommen. Die Kündigung ist nur der zufällige Anlaß gewesen.

Herr Y war eben kirchenfern und wäre früher oder später doch ausgetreten. Er brauchte nur einen Anlaß.

(4) Wenn der situelle Kontext dem Motivsucher zu einfach, zu "banal" erscheint, greift er also auf die Unterscheidung von "tieferem Grund" und "äußerem Anlaß" zurück. Derselbe Rückgriff ist üblich, wenn die Handlungssituation als zu komplex bzw. so langzeitig angesehen wird, daß man keine speziellen Motive mehr zuordnen kann.

In der Tat erscheinen Fragen wie etwa:"Warum haben Sie diesen Beruf ergriffen?", oder: "Warum sind Sie in der Kirche?", oder: "Warum sind Sie auf die schiefe Bahn geraten?" als naiv, wenn feststeht, daß das Ergebnis nie durch eine punktuelle Entscheidung bewirkt wurde, und die Situation, in welche der Handelnde agierte, dessen ganzes bisheriges Leben umfaßt.

TENBRUCK bemerkt in seiner Interpretation der "Reutlingen-Studie", in welcher er ziemliches Fingerspitzengefühl bewiesen hatte, zur Erklärung der Kirchenferne durch die verschiedensten Motive, "(...) daß die typische Lösung von der Kirche gar nicht als selbständige und motivierte Handlung zu verstehen ist, sondern daß die Unkirchlichkeit aus einer Beziehungslosigkeit resultiert, für die es keiner besonderen Gründe bedarf, um nicht am kirchlichen Leben teilzunehmen. Die Bedeutung der jugendlichen Jahre für die Lösung von der Kirche und somit für Unkirchlichkeit wie Kirchlichkeit deutet an, wie wenig es sich hier um im Individuum ortbare und verstehbare Prozesse handeln kann." (TENBRUCK 1960, S.126f).

(5) Der Befragte indessen sucht und findet auf die ihm gestellte Warum-Frage allemal einen Grund, denn für seine Handlungen muß man als denkender Mensch eben eine Begründung haben. Das ist die bekannte Tatsache, für die

HOFSTÄTTER (1949 , S.3, 11, 72ff) den schönen Namen "Horror-Vacui-Prinzip" gefunden hat.

Der Motivsucher, der an diesen Handlungsbegründungen zweifelt, pflegt sie als "bloße Anlässe" oder "vorgeschobene Gründe" zu entwerten, ohne freilich angeben zu können, wie man die eigentlichen Gründe findet und ohne in Betracht zu ziehen, ob nicht vielleicht dieses Motivkonzept selber gewisse Schwächen hat.

Die bisherigen kirchlichen Versuche, die Gründe zu ermitteln, warum die Austritte zunehmen, orientieren sich offensichtlich am Konzept der verstehenden Motivlehre, wie wir es hier kritisiert haben. Bevor wir uns einigen Beispielen von Motivsammlungen zuwenden und zeigen, wie wenig damit ausgesagt ist, wollen wir uns noch einem dritten Weg der Motivanalyse zuwenden.

4.2.3. Motivanalyse als Imageanalyse

1. Eine gute Erklärung muß stets auch zur praktischen Anwendung taugen. Ein Testbereich im Falle der Motiverklärungen ist das Käuferverhalten und gerade hier wurde die verstehende Motivanalyse abgelöst durch einen Ansatz, der engstens mit dem Namen von Ernst DICHTER verbunden ist, und für den sich der Begriff der Motivanalyse schlechthin durchgesetzt hat. (Vgl. z.B. DICHTER 1964; NEWMAN 1957; KROPPF 1960; BERTH 1959).

Die theoretische Grundlage dieses Ansatzes ist die FREUDsche Tiefenpsychologie mit ihren unterschiedlichen Schichten des Bewußtseins (vgl. zur Übersicht ELHARDT 1971). Antworten auf Warum-Fragen erfassen nur die beiden oberen Schichten des Bewußten und des Vorbewußten. Der Tiefenbereich des Unbewußten, in welchem das Lustprinzip unzensiert und mächtig herrsche, könne indessen durch die Warum-Frage nicht erschlossen werden.

Die praktische Wendung der modernen Motivanalyse bestand nun in der Annahme, daß Elemente des Unterbewußten zu finden sind in den Vorstellungen, Bildern, Images, die wir von allen vorstellbaren Sachverhalten haben und welche unser Verhalten diesen gegenüber bestimmen; die zur Verbraucheranalyse reduzierte Motivanalyse interessiert dabei nur, ob es sich um ein aufsuchendes oder meidendes Verhalten (z.B. Kaufen oder Nichtkaufen) handelt.

Die Kunst der Motivanalyse besteht darin, durch raffinierte Fragetechniken (z.B. Projektionstests) möglichst genaue Kenntnis darüber zu erlangen, welches Image ein Objekt bei einem angebbaren Personenkreis hat.

Kennt man die Komposition eines Image über einen Sachverhalt, so kann der Versuch der Handlungsbeeinflussung gegenüber diesem Sachverhalt gezielter und effektiver erfolgen. Die Imageforschung liefert die Ideen und Vermutungen über werbewirksame Stimuli, die danach unabhängig von ihr auf spezielle verhaltensbeeinflussende Qualitäten hin getestet werden.

Die moderne Motivanalyse hat in der Tat verblüffende praktische Erfolge aufzuweisen. (Vgl. DICHTER 1964; PACKARD 1967).

2. Auch über den Sachverhalt "Kirche" existieren handlungsbestimmende Images und ganz gewiß kann man dieses Verfahren auch auf die Kirchen anwenden - sofern man beabsichtigt, das Verhalten ihrer Kunden und potentiellen Kunden zu verändern. Das aber ist nicht unser Ziel.

Unser Problem besteht nämlich umgekehrt darin, bereits stattgefundene Verhaltensänderungen mit einer eigenen Verteilung im sozialen Raum und in der Zeit erklären zu müssen, und für diese umgekehrte Fragestellung ist die Motivanalyse kaum geeignet. Denn die Motivanalyse ist - wie gezeigt - eine Kunstlehre, um bestehendes Verhalten gezielt zu verändern: Man erforscht das "Tiefenbild" (Image), das Menschen gegenüber einem Objekt haben, um deren Verhalten diesem gegenüber (meist: positiv) zu verändern.

Das Verfahren läßt sich auch nicht umkehren. Man kann nicht nach einer stattgefundenen Verhaltensänderung auf ein früheres Tiefenbewußtsein schließen, denn im Nachhinein wird der Motivanalytiker nur das heutige Image feststellen.

Ganz zweifelsohne spielen Imageveränderungen bei kollektiven Verhaltensänderungen eine entscheidende Rolle und es wäre deshalb höchst zweckmäßig, den Wandel der Vorstellungen über einen Sachverhalt zu verfolgen (wie dies z.B. bei dem Image von Politikern geschieht), um daraus auf manifestes Verhalten (etwa: Wahlverhalten) zu schliessen. Dadurch wird aber lediglich ein bereits ablaufender Wandlungsprozeß beschrieben, nicht aber der Versuch unternommen, die Ursachen für die Veränderung selber zu erfassen.

4.2.4. Die erhobenen Austrittsmotive

1. Nachdem zumindest angedeutet worden ist, daß das, was man als Motive oder Gründe bezeichnet, eine Handlung nicht so ohne weiteres erklärt, betrachten wir uns einmal die Kirchenaustrittsmotive, wie sie bisher erhoben wurden und wie sie in der Öffentlichkeit diskutiert werden. Sie sind Antworten auf die schlichte Warum-Frage, die auf das <u>Verstehen einer individuellen Handlung</u> zielt. Praktisch sieht da so aus, daß man entweder die Austreter selber fragte, warum sie ausgetreten seien - oder beispielsweise Pfarrer befragte, welche Gründe sie bei ihren verlorenen Gemeindemitgliedern vermuteten.

Da von einigen Ausnahmeregelungen abgesehen der Austritt <u>nicht</u> bei kirchlichen Stellen erklärt wird, hat die kirchliche Statistik auch keine Möglichkeit, direkt bei der Austrittserklärung die Frage nach den Gründen etc. zu stellen. Von kirchlichen Stellen mitgeteilte Gründe stammen daher stets aus Sondererhebungen (Stichproben) oder aber geben nur die Bemerkungen wieder, die der Pfarrer als <u>vermuteten Austrittsgrund</u> auf seiner Pfarrkartei vermerkt hat. Nähere Angaben hierzu sind in den kirchlichen Mitteilungen selten zu finden.
Angaben über erhobene Motive und Gründe finden sich in: EKD-SONDERERHEBUNG 1970; HILD (Hrsg.) 1974; GRATHWOL/THOMA 1971; SOZIALTEAM 1973; daneben in den Statistischen Mitteilungen verschiedener Landeskirchen bzw. Bistümer, wobei vor allem das kath. Bistum Freiburg zu nennen ist, welches seit Beginn der Austrittswelle regelmäßig mehrere Kategorien von Gründen ausweist (vgl. INFORMATIONEN FREIBURG).
Außerdem gibt es eine Reihe kleiner Befragungen auf der Ebene von Pfarrgemeinden und Dekanaten, deren Ergebnisse z.T. über die regionale Kirchenpresse verbreitet wurden.

Die kath. Erzdiözese Freiburg gibt beispielsweise für die von ihr 1971 verzeichneten Austritte folgende Verteilung von Gründen an:

Grund		(in % übertragen)
Mischehe	462	(14)
Ehescheidung	89	(3)
Zivilehe	42	(1)
Sekten	225	(7)
Relig. Indifferenz	1080	(32)
"Linke Intelligenz"	234	(7)
Kirchensteuer	587	(18)
Keine Angabe	624	(19)
Austritte 1971 insgesamt:	3343	(100%)

(Quelle: Informationen Erzbistum Freiburg 10/1972,S.290).

Die EKD-SONDERERHEBUNG 1970 stellte für rund 39 000 Ausgetretene die "Autrittsgründe" fest. (Wie das geschehen ist, wird nicht angegeben)

	in %
Ärger über Kirchensteuer	40,1
Kirche zu konservativ	7,9
Desinteresse	7,7
Eheschließung mit Andersgläubigen	5,4
Ärger über Kirchgeld	5,1
Ablehnung der Kirche als Institution	3,0
Ablehnung des Christentums	2,0
Ärger über Einmischung der Kirche in Politik	1,8
Ärger über den Einzug der Kirchensteuer	1,7
Ärger über einzelne Vorfälle	0,9
Ärger über kirchliche Entwicklungshilfe	0,8
Unsicherheit und Theologie oder der Predigt	0,4
Kirche zu modern	0,3
Vorbehalte gegenüber einzelnen Amtsträgern der Kirche	0,2
Sonstige Gründe	22,7
	100,0

In der EKD-Sondererhebung wird ausdrücklich darauf hingewiesen, daß diese Gründe nur einen beschränkten Aussagewert haben, da sie nur vielfach die Anlässe darstellten, die den letzten Anstoß zum Austritt gegeben hätten. Sie seien zu ergänzen durch demoskopische Befragungen über die Beweggründe.

Die kath. Statistik (vgl. KHB 1969-74, S.66) weist für die Austreter des Jahres 1970 folgende Gründe aus, welche nach Ansicht der Pfarrer maßgebend waren; nähere Angaben zum Erhebungsmodus sind nicht vorhanden:

Kirchensteuer	26,2 %
aus politischen Gründen	6,8 %
ohne Angaben	67,0 %
insgesamt	100,0 %
	(69.455)

Im Rahmen der kath. Synodenumfragen wurde den Befragten, die angaben, schon einmal einen Austritt erwoben zu haben (das waren 11% der für die Katholiken ab 16 Jahre repräsentativen Stichprobe), auch die Frage nach den Gründen gestellt (vgl. SCHMIDTCHEN 1972, S.123f). Die Verteilung der Antworten auf die nachträglich gebildeten Kategorien sieht so aus:

	Katholiken, die den Kirchenaustritt erwogen hatten
Kirchensteuer, Finanzieller Reichtum der Kirche	35 %
darunter: Kirchensteuer	30 %
Struktur der Kirchen	28 %
Konservativismus, Rückständigkeit Autorität u. Weltfremdheit der Kirche ...	
Distanz zur Kirche, Glaubensschwierigkeiten	24 %
darunter: Kein überzeugter Christ- kann nicht mehr glauben	7 %
Kirche spricht mich nicht an	7 %
Keine Bindung zur Kirche	6 %
Andere persönl. Gründe	6 %
Andere z. keine Angaben	11 %
	104 %

Quelle: SCHMIDTCHEN 1972, S.123, Tabelle 30A

Die einzige Aussage, die im begleitenden Text auf diese Motiverkenntnisse gebaut wird, ist die, daß die Kirchensteuer relativ oft erwähnt wird. Die Überschrift zu dieser Tabelle ist bezeichnenderweise: "Begründungen für den Kirchenaustritt: Rationalisierungen" - ohne daß freilich eine nähere Erläuterung dazu gegeben wird, inwiefern diese Antworten als Rationalisierungen entkräftet werden können und worin ihre analytische Aussagekraft liegt.

Soweit nur einige Beispiele für Motivkataloge. Die
"Motive" sind grob in zwei Sorten zu unterteilen:
In solche, die Eigenschaften des Austreters selber
bezeichnen (Desinteresse, keine Bindung, kein Glaube etc.) und in Eigenschaften der Kirche, die dem
Austreter mißfallen, ihm ein Ärgernis sind. Allgemein könnte jeder dieser Austreter sagen: "Ich ärgere mich über die Kirche, und zwar besonders über ...,
und deshalb trete ich aus!"

Ein einheitliches Bild ergeben insgesamt diese Ärgernisse
nicht, denn ärgern kann man sich über vieles. Je nach
Vorgaben oder je nach nachträglichen Kategorisierungen
kommen zudem andere Verteilungen heraus. Grob läßt
sich sagen, daß Antworten, die sich auf die Kirchensteuer beziehen und Aussagen in der Richtung, daß die
Kirche nicht mehr zeitgemäß sei, die beliebtesten Gründe sind.

Ein ähnlicher Katalog von Austrittsgründen läßt sich
zusammenstellen aus den öffentlichen Verlautbarungen
kirchlicher Repräsentanten zum Austrittsproblem. Wenn
K.W. BÜHLER (Deutsches Allg. Sonntagsblatt v. 14. Dez.
1969, S.2) dazu feststellt, es handele sich um eine
laienhafte Motivforschung kirchlicher Repräsentanten,
so trifft das Urteil in der Sache sicher zu, wenngleich
dort auch Bemerkungen zu finden sind, die - wie wir sehen werden- durchaus in die richtige Analyserichtung
gehen. Wichtiger sind solche offiziellen Stellungnahmen, die auch gar nicht die Funktion der Analyse haben,
in einem anderen Zusammenhang, und zwar in der Kommunikation über die Kirchenaustritte - und da werden wir sehen, daß diese exponierten Motivdeutungen wahrscheinlich

einen Effekt hatten, den ihre Urheber keineswegs im Sinne hatten.

So wie die Motive oder Gründe da stehen - seien sie nun mit Prozentangaben versehen oder nicht - sagen sie in der Tat nichts Neues, wie der "verstehende Betrachter" sich eingestehen muß.

In der epd-Dokumentation Nr. 5o/72, S.69 wird z.B. mit berechtigter Enttäuschung festgestellt, daß eine Statistik der Austrittsgründe trotz aller Verfeinerung "keine besonders aufschlußreichen Erkenntnisse" liefere, und man empfiehlt Zurückhaltung bei der Beurteilung der Gründe, - allerdings wieder verbunden mit der Sackgassen-Vermutung, daß die erhobenen Gründe vielleicht gar nicht die "richtigen Gründe" wären.

Wir wollen den Informationsgehalt solcher Motivaussagen näher betrachten.

(1) Man könnte vielleicht einwenden, daß auf ein paar Fragebogenzeilen nur ein paar Schlagworte unterzubringen sind, und daß beim ausführlichen "Tiefeninterview" mehr zutage käme. Das stimmt aber nicht.

Eine Serie von ausführlichen Interview-Gesprächen (GRATHWOL/THOMA 1972) ergab dieselben Gründe, wie sie in Frankfurt/M durch Briefbefragung erhoben worden waren (SOZIALTEAM 1973). Es sind die bekannten, vielfach in stereotypen Formeln gefaßten Vorwürfe gegen die Kirchen, Hinweise auf den fehlenden Glauben und selbstverständlich wieder die Kirchensteuer.

Pfarrer, die sich die Mühe machen, ihre verlorenen Schafe auf ihre Gründe hin anzusprechen, sind - wie sich häufig zeigt - überrascht von der "Banalität der Gründe". Mehr als die üblichen Vorwürfe gegen die Kirchen bekommen sie in der Regel nicht zu hören.

Dieselben Gründe begegnen einem wiederum, wenn man nachliest, was <u>prominente Zeitgenossen</u> geantwortet haben auf die Frage "Warum ich aus der Kirche ausgetreten bin".(Vgl.DESCHNER (Hrsg.) 1970). Dank der besseren Geschichtskenntnisse der Austrittsbekenner wird die Liste der Anklage bloß etwas länger und begründeter, und vermöge der besseren Formulierungskunst fällt das Plädoyer geschliffener und überzeugender aus.

Seltsamerweise orientiert sich die Kritik überwiegend und bei einigen fast ausschließlich an den kirchlichen Missetaten der Vergangenheit. Die Kritik bedient sich des Stereotyps der Identität: Kirche ist gleich Kirche - ob man nun über die ketzerverbrennende Kirche des Mittelalters oder über die Kirche in der BRD redet.

(2) Wenn ein Austreter seinen Schritt mit <u>Kritik und Vorwürfen gegen die Kirchen</u> begründet, so war eigentlich nichts anderes zu erwarten. Höchste Lobesworte für die verlassene Institution wären schlechthin unverständlich.

Austritt aus Ärger ist ein plausibler Grund. Was einen ärgert, meidet man, wenn es geht. Verstehbar in diesem Sinne sind all die genannten Gründe und Motive.

(3) <u>Viele allerdings teilen die Kritik an den Kirchen.</u> Die von den Austretern erhobenen Vorwürfe sind – wie auch anderswo bemerkt wurde – "immer schon in der Volkskirche diskutierte Motive." (epd-DOKUMENTATION 50/72, S.69). <u>Viele schimpfen also, aber wenige treten aus.</u> Viele sagen, sie seien ohne Glauben und zahlen dennoch Kirchensteuer. Warum unter den gleichen Bedingungen die einen gehen, die anderen bleiben, können <u>diese Motive</u> nicht erklären.

Das Argument, der Ärger oder der Unglaube mancher Leute
sei eben so groß, daß ihnen nur der Austritt übrigblei-
be, ist zirkelhaft, da die Größe des Ärgers wieder nur
durch den Austritt ersichtlich ist.

Heraus aus dem Zirkel führt das Argument, die Vorwürfe
gegen die Kirchen seien "an sich" und "objektiv" lange
vorher diskutiert worden, sie seien aber erst ab 1968
"für sich" als Beweggründe ins subjektive Bewußtsein
getreten und insofern erst handlungswirksam geworden.
Damit wird aber eine ganz andere Richtung eingeschlagen.
Sie geht weg von den Motiv-Inhalten ("was hat diesen,
was hat jenen bewogen?") und führt zu der neuen Frage,
was sich geändert haben mag, daß solche Allerweltsgrün-
de nun plötzlich zu Handlungsimpulsen geworden sind.

(4) Die Mehrzahl der Austreter hatte - so wissen wir -
schon lange vor der offiziellen Abmeldung ein sehr di-
stanziertes Verhältnis zur Kirche. Die für den Austritt
angeführten Gründe wie "kein Glaube", "Desinteresse",
"Rückständigkeit der Kirche" etc. werden nun aber auch
zur Begründung der Kirchenferne genannt und sind dafür
genauso plausibel wie für den Austritt. Es ist verblüffend, wie sich die Aussagen von Kirchenfernen Mitte
der fünfziger Jahre den Aussagen von heutigen Kirchenaustretern ähneln. (Vgl. z.B.: SCHREUDER 1962, Kap. 4.4.)

(5) Bei inhaltlich gleichen Motiven muß der Unterschied
zwischen vorher und nachher dann auf die graduelle Ausprägung zurückgeführt werden. Etwa: Seit 1968 ärgern sich
die Leute mehr über die Kirchen als vorher, ist ihr Glaube noch mehr geschwunden, das Desinteresse noch mehr gewachsen...;
Wir kommen wiederum zu der eigentlichen Frage, was sich
verändert hat, daß es dieses entscheidende "Mehr" gibt.

(6) "Ärger über...", "Glauben an...", "Desinteresse für..." sind <u>Beziehungsvariablen</u>. Sie beschreiben ein Verhältnis zwischen einem Individuum und einem Sachverhalt außerhalb desselben; hier: zwischen Individuum und Kirche. Eine Änderung der individuellen Ausprägung dieser Variablen kann durch jede der beiden Seiten und durch beide zusammen bewirkt werden:

a) die "Reizschwelle" der Mitglieder ist gleich geblieben; die <u>Kirche</u> hat <u>neue Steine des Anstoßes</u> in den Weg gelegt (z.B. "Pille";"§ 218"; betrifft aber überwiegend die kath. Seite), an denen viele nicht mehr vorbeikommen und eben einen anderen Weg einschlagen.

b) die Kirche, d.h. die Amtskirche, ist "an sich" die alte geblieben, aber die <u>Mitglieder</u> sind <u>empfindlicher geworden</u>. ("Demokratisierung"; "mündiger Bürger"; "Emanzipation"; antiautoritäre Bewegung" etc.) Aus der Sicht werden die "Gründe" und "Motive" zu "<u>Anlässen</u>": Man wäre sowieso ausgetreten, wenn nicht aus diesem, dann aus jenem Grund.

c) <u>beides zusammen</u>; Beispiel: In einer Zeit des antiautoritären Aufbruches brüskiert die Kirche mit unpopulären und dazu demokratisch nicht legitimierten Entscheidungen. (Etwa: Im Sommer 1968, auf dem Höhepunkt der Studentenunruhen und manifester innerkirchlicher Opposition brüskiert die (kath.!) Kirche mit ihrer Enzyklika zur Geburtenregelung.)

(7) Eine befriedigende Erklärung muß aber neben der Tatsache, <u>daß</u> etwas geschieht, <u>auch die konkreten Umstände</u> des Geschehens beinhalten. Sie muß viele empirische Befunde widerspruchsfrei integrieren können. Aber eini-

ge der empirischen Befunde über die Austritte können noch nicht einmal in einen logischen Zusammenhang zu den "Gründen" gebracht werden, so z.B. die Kontextzusammenhänge zwischen Stadtgröße und Austritt und zwischen Konfessionsverteilung und Austritt.

Wo es einen logischen Zusammenhang <u>gibt</u>, können die Tatsachen den plausiblen Gründen auch widersprechen. Mehrfach war z.B. die Rede von dem Austrittsgrund "Ärger über die Kirche". Wenn man annimmt, daß die kath. Kirche ihren distanzierten Mitgliedern mehr Ärgernis verursacht ("Pille"; "§ 218") als die ev. Kirche dies auf der anderen Seite tut, dann hätten demnach mehr Katholiken als Protestanten "guten Grund", ihren Ärger per Austritt loszuwerden. Dementgegen verzeichnet aber die ev. Kirche die höheren Austrittsraten - aber nicht erst seit den letzten Jahren, sondern seit je her.

(8) Die <u>öffentliche Diskussion</u> wie auch die innerkirchlichen Auseinandersetzungen über die Austritte werden größtenteils mit Aussagen und Vermutungen über "Gründe" und "Motive" geführt. <u>Innerhalb</u> dieses Sprachspiels haben die Zahlen über die verschiedensten Motivarten empirische Beweiskraft.
Eindeutig widerlegt wird durch sie z.B. die zähe Legende, die Austrittswelle der letzten Jahre werde getragen von treu-konservativen Mitgliedern, die sich mit ihrem Austritt gegen den "linken", "progressistischen" Kurs der Kirchen wehrten.

(9) <u>Das Austrittsmotiv "Kirchensteuer"</u>. Daß die Leute "wegen der Kirchensteuer" austreten, ist selbstverständlich. Die Kirchensteuer ist die einzige rechtlich-formelle Verpflichtung, die das Mitglied heute noch

hat. Gäbe es sie nicht oder an ihrer Stelle nur ein
lockeres Beitragssystem, brauchte niemand formell auszutreten. Wenn der Einzelne von seiner Kirche nichts
mehr wissen möchte, genügte es, wenn er einfach weg-
bliebe, so wie es bei vielen Vereinen zu beobachten ist.
Es läge dann im Ermessen kirchlicher Instanzen, ob sie
den Fernbleiber noch als Mitglied betrachten möchten
oder nicht.

Ein ev. Austreter (20 Jahre, Chemielaborant) in Mannheim: "Wenn diese Kirchensteuer nicht wäre, wäre ich
wahrscheinlich drin geblieben.. wär mir das wahrscheinlich egal gewesen. (...) Ich bin gegen die Form von Kirche, wie sie zur Zeit existiert, bin ich gegen - aber,
wie gesagt, es täte mich nicht stören, ob ich jetzt da
drin wäre oder nicht, eben, wenns keine Kirchensteuer
gäbe." (zitiert bei GRATHWOL/THOMA 1972, S.233).

Es ist aus diesem Grund auch ziemlich müßig, die Kirchenaustritte in Ländern mit strenger Steuerpflicht mit
den Austritten in Ländern ohne eine sdche Verpflichtung
zu vergleichen. Man denke da an den Vergleich BRD-DDR
oder auch BRD-Frankreich.

In der DDR haben die Kirchen zwar das Recht, "Steuern"
zu erheben - nur fehlt ihnen spätestens seit 1956 überhaupt eine rechtliche Möglichkeit der Beitreibung
(vgl. ENGELHARDT 1968, S.12f; JACOBI 1959). Und die Kirchen versuchen auch gar nicht mehr, Beiträge von den
nur-formellen Mitgliedern zu erheben. Warum sollte unter diesen Umständen jemand die Kirche formell verlassen?
Man hat doch ohnehin nichts mehr mit ihr zu tun. Wer
nicht unbedingt durch seinen Austritt Loyalität gegenüber
anderen Instanzen beweisen will oder muß, hat keine Ursache, diesen Schritt zu tun.
Austritte aus den Kirchen der DDR sind deshalb in keinem Falle mit den hiesigen Austrittszahlen vergleichbar -
auch wenn die kirchliche Statistik dies gerne tut.(Zur
tatsächlichen kirchlichen Teilnahme vgl. W.LEO:"Keiner fragt mehr nach den Christen"; in: Die ZEIT Nr.25/1972,
S.49; G.JACOB 1967).

Außerdem: mit derselben Berechtigung, wie man die Kirchensteuer als Austrittsgrund akzeptiert, müßte man beispielsweise "das in der Bank vorhandene Geld" als Grund für den Banküberfall annehmen. Jeder Banküberfall hat selbstredend mit dem Geld zu tun - und jeder Austritt mit der Kirchensteuer. Fragt man einen Austreter, weshalb er ausgetreten sei, so fragt man ihn zugleich und hauptsächlich, weshalb er keine Kirchensteuer mehr zahlen will. Die Antwort "Wegen der Kirchensteuer" ist daraufhin nicht sehr sinnig.

Auch wenn eine Reihe von Befragten die Kirchensteuer nicht ausdrücklich als Grund benennen, sondern - sagen wir einmal - "autoritäres System" angeben, dann wird wohl niemand unterstellen, diese Austreter würden sich nur an dem autoritären System stoßen, ansonsten aber gerne ihre Steuer zahlen. Umgekehrt wird ein Schuh daraus: Sie treten aus, weil sie ein "autoritäres System" nicht unterstützen wollen mit ihrer Steuergabe.

Auch KEHRER (1970) weist die Kirchensteuer als unmittelbare Ursache für die Austrittszunahmen zurück, obwohl sich - wie er bemerkt - diese als mögliche Ursache geradezu aufdränge. KEHRER sieht stattdessen die Diskussion um die Kirchensteuer als Symptom eines "tieferliegenden Syndroms", das er "versuchsweise mit dem Begriff 'Identitätskrise der gesellschaftlichen Institutionen' umschreiben möchte" (S.54).
Zu dieser annehmbaren, aber etwas zu undifferenzierten These an anderer Stelle mehr.

(10) Die Austrittsmotive als soziale Stereotypen. Die Frage nach den Austrittsgründen provoziert offenbar alte und gängige Vorwürfe gegen "die Kirche". Nicht selten haben sie sich zu Redensarten verfestigt:
"Für das, was ich an Kirchensteuer zu zahlen habe, könnte ich mir fast einen eigenen Pfarrer halten..."; "Die Kirche segnete die Waffen"; "Glauben hat mit Geld nichts zu tun!"; der von GOETHE attestierte "gute Magen der Kirche" braucht hier fast nicht erwähnt zu werden.

Die erfragten Gründe sind ein Faktum. Die Leute haben das gesagt, und der Interviewer hat's getreulich notiert... Ob der Sozialforscher die mitgeteilten Begründungen auch als Grund (Ursache) für das Sozialphänomen "Kirchenaustrittswelle" weiterreichen kann, haben wir bezweifelt.

Damit ist nicht gesagt, daß der Soziologe mit diesen Aussagen absolut _nichts_ anfangen kann. Er scheut sich nur, sie als Erklärung anzubieten, weil sie gewissen kognitiven Standards nicht genügen. Statt diese Aussagen als empirisch gehaltvolle Aussagen _über_ die Kirchenaustrittswelle zu bewerten, kann er sie - als Wissenssoziologe - _selber wieder_ zum _Gegenstand_ seiner Betrachtung machen bzw. sie in den Forschungsgegenstand mit einschließen. Die Austrittsbegründungen werden damit zu objektsprachlichen Äußerungen.

Die erwähnten Untersuchungen von GRATHWOL/THOMA (1972) und SOZIALTEAM (1973) haben beide diesen Weg beschritten, indem sie (unabhängig voneinander) die erfragten Begründungen als _soziale Stereotypen_ über die Kirchen bzw. als Bestandteile des Kirchen-Image untersucht haben. Die EKD-Untersuchung (1974) ging ansatzweise ebenso vor. Ergebnisse und praktische Verwendbarkeit dieser Betrachtensweise werden uns später am Ende in Zusammenhang mit der kirchlichen Imagepflege beschäftigen.

4.2.5. Zusammenfassung und Folgerungen

Was der Soziologe als sozialen Wandel oder soziale Veränderung bezeichnet, ist auf der Ebene der Individuen stets als eine Häufung von individuellen Verhaltensänderungen wahrnehmbar.

Wenn es nun möglich wäre, die individuellen Verhaltensänderungen zu erklären, dann wäre zugleich die Handlungshäufung erklärt.

Die Mediziner z.B. haben interindividuell differenzierende Erklärungen für bestimmte Körper- und Verhaltensabnormitäten. Kranke und Gesunde sind fein säuberlich trennbar, wenn es gelingt, bestimmte Erreger zu identifizieren. So ist es auch möglich, kollektive Häufungen einer Krankheit (Epidemien) durch die einfache rechnerische Addition der einzelnen Krankheitsfälle zu beschreiben und zu erklären. Was für _einen_ Krankheitsfall gilt, gilt für alle.

Um soziale Vorgänge erklären zu können, muß eine beim individuellen Verhalten ansetzende Theorie interindividuelle Verhaltensdifferenzierungen ermöglichen; sie muß mithin erklären können, warum der eine ein bestimmtes Verhalten _ändert_ und _der andere nicht_, ohne dabei zirkelhaft zu sein. Eine solchermaßen diffenrenzierende Theorie gibt es trotz des Optimismus der Verhaltenstheoretiker bislang noch nicht.

Auch die _Lerntheorien_, wie sie exponiert von OPP und HUMMELL für die Soziologie vorgeschlagen werden (vgl. OPP 1972; OPP/HUMMEL 1973 und 1973 a) können nicht als Lösung für das Programm des methodologischen Individualismus gelten. Unbestritten ist jedoch, daß dieses bereits heute ein fruchtbares Korrektiv für "allzu soziologische" Theorien ist, in denen man das handelnde Individuum nicht mehr wiederfindet oder nur versteckte Annahmen über individuelles Verhalten enthalten sind.

Mit dem Aufzählen von Handlungsmotiven wird zumindest nicht schlechtweg erklärt, warum ab einem bestimmten Zeitpunkt bedeutend mehr Leute als vorher ein bestimmtes Verhalten zeigen. Die Information über bestimmte Motive, Gründe oder den Sinn einer Handlung ermöglichen vielleicht das Verstehen dieser Handlung als solcher. Das aber ist zuwenig, wenn uns eine konkrete Verteilung einer Handlungshäufung im sozialen Raum und in der Zeit interessiert.

Genau dieses Problem führte DURKHEIM dazu, sich bei seiner Untersuchung über das Ansteigen der Selbstmordrate (zuerst 1897) von den individuellen Motiven abzuwenden und stattdessen nach den sozio-strukturellen Bedingungen für das zu erklärende Phänomen zu fragen. (vgl. DURKHEIM 1973, bes. 2. Buch, Abschn.II; zum Problem "psychischer Zustand" versus "sozialer Zustand" am Beispiel des abweichenden Verhaltens vgl. die bisher nicht übertroffene Analyse von DREITZEL 1972, Kap. II)

Die von DURKHEIM aufgezeigte Perspektive, die Ursachen für soziale Veränderungen in der Sozialstruktur und nicht in der individuellen Psyche zu suchen, ist zur typischen Fragestellung der Soziologie geworden, und es ist trotz der erkannten Dialektik von Kultur und Persönlichkeit im Grunde geblieben.

Die Frage beispielsweise: "Warum studieren so wenig Frauen?", wird man von vornherein nicht über individuelle Studien- bzw.Nichtstudienmotive zu lösen trachten, sondern über die Analyse sozial-struktureller Bedingungen, - auch wenn eine Befragung von Frauen subjektiv ehrliche Begründungen ergibt.

Und die Motive und Gründe der einzelnen Kirchenaustreter erklären die Austrittswelle ebensowenig, wie hochnotpeinlich erfragte Tatmotive die Steigerung der Kriminalitätsrate erklären können!

Unabhängig von den Motiven, die der Handelnde entweder selber angibt oder aus dessen Handeln ergründet werden, stellt der Soziologe also strukturell verfestigte Handlungs- und Denksysteme fest, welche das individuelle Handeln (selbstverständlich über psychische Prozesse!)

formen und insofern "überindividuelle", "objektivierte Motive","<u>soziale Motive</u>" darstellen.

Eine <u>gute</u> Theorie auf der <u>Ebene der Individuen</u> wäre sicherlich den herkömmlichen soziologischen Theorien überlegen, und gemessen am <u>Programm des methodologischen Individualismus</u> ist das "typisch soziologische" Vorgehen ziemlich bescheiden, weil ja nie Aussagen über Individuen sondern gewöhnlich nur Wahrscheinlichkeitsaussagen über Individuenkategorien herauskommen. Solange es indessen auch keine besseren, verhaltensdifferenzierende Theorien auf der Individual-Ebene gibt, bleibt diese soziologische Bescheidenheit eine Zier.

Was wir brauchen, ist eine Erklärung dafür, daß die Austrittszahlen plötzlich in einer bestimmten Verteilung zu steigen anfingen. Das ist von Anfang an unser Erklärungsziel. In Verfolgung dieses Zieles wollen wir die als unausgebaut erkannte Wegstrecke der Erklärung per Motive etc. umgehen. Mit anderen Worten: Am Ende steht <u>keine</u> Aussage von dem Typus: "Individuum X ist aus dem und dem Motiv ausgetreten" bzw. in der additiven Form: "Die Leute treten aus diesen oder jenen Gründen aus."

Eine als befriedigend erachtete Lösung mußte so beschaffen sein, daß sie auf <u>gesamtgesellschaftlichen Wirkungszusammenhängen</u> beruht und <u>zugleich</u> das <u>individuelle Verhalten</u> berücksichtigt. Eine solche Erklärung wollen wir nun zu entwickeln versuchen.

*

5. Der eigene Erklärungsversuch

5.1. Zur Erklärbarkeit von sozialem Wandel

Versuche, den sozialen Wandel schlechthin, die Eigenart also, daß sich Gesellschaften <u>überhaupt</u> verändern, erklären zu wollen, sind höchstwahrscheinlich zum Scheitern verurteilt. Hier ist, wie DAHRENDORF betont, in der allgemeinen Erkenntnisperspektive eine Wendung des Denkens angezeigt. Menschliche Gesellschaften sind prinzipiell historisch und der Wandel, die Veränderung, ist eine immer und überall auftretende Erscheinung (DAHRENDORF 1972; ders. 1968, S.291f).

Eine ganz andere Frage ist die, ob bestimmte konkrete abgrenzbare Veränderungen (Wandlungen, Wandlungsvorgänge) erklärbar sind. Betrachtet man sich die soziologischen Versuche zu den verschiedensten Themen auf diesem Gebiet, dann scheint bei allen eingestandenen Schwierigkeiten daran kein grundsätzlicher Zweifel zu bestehen. (CASETTI 1970; S.172ff; MacIVER 1942, S.1ff; TENBRUCK 1967).

Das plötzliche Ansteigen der Kirchenaustritte seit dem Jahre 1968 ist ein zeitlich und sachlich klar lokalisierbarer Fall von sozialer Veränderung. Gesucht ist eine Erklärung dafür. Zumindest <u>auch</u> anwendbar dazu ist - so sagten wir - das Erklärungsschema der analytischen Erklärung.

Gesucht sind also: Allgemeine soziale <u>Gesetzmäßigkeiten</u> ("Quasikonstanten", "Invarianzen" u.ä.) die zusammen mit speziellen historisch-konkreten <u>Randbedingungen</u> so beschaffen sind, daß von ihnen auf das Explanandum (das beobachtete Ansteigen der Austritte) geschlossen werden kann. Die Antwort auf diese Such-Frage ist die "Erfindung" des Untersuchenden. Sie bringt ein Mehr an Informationen gegenüber vorher. Aus der Beschreibung des zu erklärenden Sachverhaltes (Explanandum) ist sie nicht "logisch" ableitbar. Umgekehrt, wie gesagt: das Explanandum muß aus dem Explanans abzuleiten sein.

Die "Ursachen" von beobachteten Veränderungen sind zeitlich vorausgehende andere Veränderungen. Diese werden dann formal als Stimulus, Impuls, Anstoß, "Herausforderung", "historischer Umschlag" und ähnlich bezeichnet. Materiell gesehen kann sich alles mögliche dahinter verbergen: technische und soziale Erfindungen, Kriege, Konflikte (DAHRENDORF: "Konflikt ist der Motor des sozialen Wandels"), Revolutionen, Invasionen, Naturkatastrophen, Epidemien und andere Ereignisse (vgl.dazu BARNETT 1953).

Auch wenn es in der Soziologie manchmal so dargestellt wird, als könnten soziale Veränderungen irgendwie aus statisch-strukturellen Eigenschaften eines sozialen Systems folgen: Wandel folgt aus Wandel..., und diese Kette hat kein Ende. Oder doch, wenn man unbedingt will: bei Adam und Eva. Soweit pflegt man - das ist schon sprichwörtlich - nicht zurückzugehen. Bei Veränderungen kleineren Formats kann man schon mit einem Schritt zu befriedigenden Ergebnissen kommen.

Wir halten fest: Die speziellen Randbedingungen müssen historisch-konkrete, beschreibbare Ereignisse sein, die als Veränderung aufgefallen sind. Die allgemeinen Gesetzmäßigkeiten müssen Gesetzmäßigkeiten der Veränderung sein; (= Ablauf-, Verlaufs-, Prozeßgesetzmäßigkeiten).

Die zu erklärende Veränderung (hier: das Ansteigen der Austritte) kann auch als abhängige Veränderung, die postulierte zeitlich vorausgehende andere Veränderung, als unabhängige Veränderung betrachtet werden. Der soziologische Zusammenhang zwischen den beiden beobachteten Klassen von Ereignissen wird hergestellt durch die allgemeinen Gesetzmäßigkeiten. Diese sind überhaupt erst oder zumindest für den konkreten Problemfall als passend zu entdecken ("Cowering-Law-Modell").

Im Schema sieht das so aus:

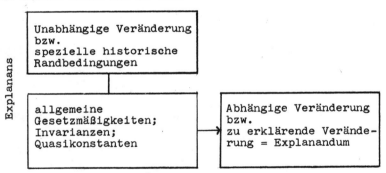

Nun ist es praktisch unmöglich, Veränderungsgesetzmäßigkeiten für "die Situation","die Gesellschaft",
"die Wirklichkeit" als ganze zu finden. Immer muß
der Soziologe die "Komplexität der Wirklichkeit" so
reduzieren, daß sie faßbare und beschreibbare Züge
und Dimensionen aufweist. Diese Reduktion geschieht
in dem, was man soziologisches Konstrukt nennt.
Genauso gut könnte man auch Redukt (von "Reduktion")
dazu sagen; (zu "Reduktion von Komplexität" vgl.
LUHMANN 1970).

Bewährte und häufig verwendete Konstrukte dieser Art
heißen soziologische Begriffe. Das folgende Schema
veranschaulicht, was gemeint ist:

unendliche Vielfalt von ungeordneten
Beobachtungen

Reduktion dieser Komplexität
unter einem bestimmten Gesichtspunkt

soziologisches Kon-
strukt, soziologischer
Begriff

Der Begriff der sozialen Rolle ist z.B. allgemein verwendetes Konstrukt, das eine Vielzahl unterschiedlichster Einzelbeobachtungen unter einem bestimmten Gesichtspunkt ordnet, sie zusammenfügt und insofern für den Untersuchenden die Komplexität des Problemfeldes reduziert. Er beschäftigt sich nicht mehr pauschal mit "dem Wandel" "der Gesellschaft", sondern beispielsweise mit dem Wandel bestimmter Rollen oder z.B. dem Wandel der Rollenzuweisung. Er hat einen "rollentheoretischen Ansatz", wie man dann gerne sagt,

Der untersuchende Soziologe entscheidet jeweils problemorientiert, ob und wie er die bereits vorhandenen Konstrukte übernimmt, oder ob er die Vielfalt seines Feldes unter einem anderen, neuen Gesichtspunkt reduziert.

Gegeben ist hier das Problem "Ansteigen der Austritte", und wir suchen nach passenden Veränderungs-Gesetzmäßigkeiten. Wenn wir also nicht pauschal annehmen wollen, daß sich "die Situation", "die Gesellschaft" oder "die Lage" um das Jahr 1968 geändert hat, - was soll sich dann verändert haben? Wie können wir die soziale Wirklichkeit, wie sie sich im Zusammenhang mit den Kirchenaustritten darbietet, so reduzieren, daß sie soziologisch greifbar wird?

Die Frage wurde für unser Problem gelöst durch das Konstrukt "soziale Bindung", das im folgenden Abschnitt beschrieben und hernach zur Analyse des Sachverhaltes Kirchenmitgliedschaft angewandt wird.

5.2. Das soziologische Konstrukt: Soziale Bindung

5.2.1. Zum Begriff und Vorgehen

Der Begriff der "Bindung" wird in der Soziologie sehr häufig gebraucht. Geläufig sind Wortverbindungen, die darauf hinweisen, woran gebunden ist: Familienbindung, Gruppenbindung, Betriebsbindung, Parteibindung... und auffallend häufig: __Kirchenbindung__. Die Vorliebe der Religionssoziologie für den Begriff liegt auf der Hand: Hieß doch "Religion" und "religio" ursprünglich nichts anderes; gemeint war die individuelle Bindung an einen Gott. Der Begriff ist sehr __plastisch__, und das erklärt vielleicht seine Beliebtheit. In den soziologischen Lehr- und Wörterbüchern sucht man ihn indessen vergeblich. Das heißt: Wenn er in der Soziologie benutzt wird, dann eher als ein Wort der __Alltagssprache__ und nicht speziell als präzisierter soziologischer Begriff.

In der __Beziehungslehre__ der Vorkriegssoziologie sprach man von den beiden Grundprozessen des __Bindens__ und __Lösens__, deren Ergebnisse jeweils als eine __soziale Distanz__ ("Abstand im sozialen Raum") betrachtet wurde (vgl. WIESE 1959; EISENDRATH 1956). - Ein eigener Begriff der sozialen Bindung ist aber auf der systematischen "Tafel der menschlichen Beziehungen" nicht zu finden, obwohl man es vermuten sollte.

In der __Religionssoziologie__ wird "Bindung" als ein __variabler Oberbegriff__ für alle möglichen Formen kirchlicher Teilnahme gebraucht; geht z.B. jemand öfter zur Kirche als jemand anderes, dann hat er eine höhere Kirchenbindung. Bindung ist also in diesem Gebrauch ein beliebig anwendbarer Name für Kirchlichkeitsskalen aller Art. Darin steckt auch die Vorstellung von der sozialen Distanz aus der erwähnten Beziehungslehre. - Unter den Kirchlichkeitsuntersuchungen kommt der Begriffsgebrauch von PFLAUM: Die Bindung der Bevölkerung an die Kirche (1961), der hier folgenden Explikation am nächsten. (Vgl. auch einige Beiträge in MENGES/GREINACHER (Hrsg.) 1964; bes. CARRIER, S.42ff ; TERSTENJAK 1968).

In der englischsprachigen Sozialwissenschaft sind mehrere Begriffe im Gebrauch, die allesamt mit "Bindung" übersetzt werden: "commitment", "involvement", "bond" und "tie". Die beiden ersten Begriffe kommen häufig vor, "bond" und "tie" hingegen seltener. "Commitment" und "involvement" meinen eher die subjektiv empfundene Verpflichtung im Sinne bestimmter Normen, Werte, Standards, Ziele etc. zu handeln, wie englische soziologische Lexika Auskunft geben. Diese beiden Begriffe sind als wissenschaftliche Begriffe etabliert; vgl. etwa H.S. BECKER 1960; LEXIKON ZUR SOZIOLOGIE, Artikel "Bindung/Commitment". "Bond" und "Tie" sind reine Umgangssprache und enthalten eher die im deutschen "Bindung" vorhandene konkrete Vorstellung des Festbindens, des Anbindens, des Nichtwegkönnens.

Diese letztgenannte Vorstellung erscheint für Fragen der Mitgliedschaft oder Zugehörigkeit zur Organisation ganz brauchbar. Der Organisationssoziologe stellt zunächst ohne verstehende Deutungsversuche bloß einmal fest, daß eine Reihe von Menschen für eine bestimmte Zeit ihres Lebens Mitglieder einer Organisation ist.

Die **Zahl der Mitglieder** und die Individuelle Mitgliedschaftsdauer bzw. die Mitgliederfluktuation einer Organisation sind in hohem Maße **organisationsspezifisch**: Mitglied in einer Kirche ist man z.B. in der Regel von der Wiege bis zur Bahre, Mitglied in einem Taubenzüchterverband vielleicht nur einige Jahre. Beide Male handelt es sich um sogenannte **freiwillige** Organisationen; die einen Organisationen umfassen Millionen von Mitgliedern, die anderen hingegen freuen sich, wenn sie ein paar Tausend zusammengeworben haben.

Eine angemessene Vorstellung für das Mitgliedschaftsverhältnis ist die des bindenden Bandes, das aus vielen Fäden geknüpft sein kann. Es bleibt dabei grundsätzlich offen, wer wen bindet: das Mitglied sich selber an die Organisation oder die Organisation das Mitglied.

Normal lösen wir die Prioritätsfrage, was **bindet** und was **gebunden** ist, unter dem Gesichtspunkt der faktischen Überlegenheit: ein Pferd wird mittels einer Leine an einen Baum angebunden, der Gefangene an seinen Wärter, das sich Bewegende an das Feststehende... Bei ungefährer Gleichrangigkeit verliert die Frage ihren Sinn, so wie man nicht entscheiden kann, wer wem begegnet ist: der A dem B oder der B dem A ?
In der Organisationsanalyse neigt man dazu, die Frage von der Organisation und nicht von einzelnen Mitgliedern her zu betrachten. "Solange eine Organisation besteht und funktioniert, muß sie die dreifache Aufgabe erfüllen, Mitglieder zu gewinnen, sie zum Bleiben zu veranlassen und dafür zu sorgen, daß sie ihre Rolle spielen" (MAYNTZ 1967, S.112).

Wir unterstellen also tendenziell, daß "die Organisation" ihre Mitglieder hält und fragen nun: welche **Bindungsmittel** gibt es grundsätzlich, welche "Arme" hat eine Organisation, Mitglieder an sich heranzuziehen und festzuhalten?

Umgekehrt ist aber stets zu bedenken, daß auch die
gebundenen Mitglieder "Arme" ausstrecken müssen, an
denen sie zu halten sind. Auf der Ebene der Individuen handelt es sich dabei um <u>Verhaltensgesetzmäßigkeiten</u>, welche so beschaffen sind, daß sie
eine Mitgliedschaft in dieser oder jener Organisation sehr wahrscheinlich werden lassen. Genau an
dieser Stelle kommt also das individuelle Verhalten
und seine Gesetzmäßigkeiten ins Spiel, dessen Verleugnung in soziologischen Erklärungen von den Vertretern des methodologischen Individualismus zu
Recht beanstandet wird (vgl. OPP/HUMMELL 1973 u.
1973a). Die Art und Weise der Mitgliederbindung
müßte nebenbei noch ein Klassifizierungsprinzip
für die unterschiedlichsten Organisationen abgeben,
wenn diese, wie wir festgestellt haben, sich typischerweise in ihrer Mitgliederrekrutierung etc. unterscheiden.

In der Sache wollen wir uns vorerst auf ETZIONI
(1961; 1968; 1971) stützen. Brauchbar für unsere
Zwecke ist eine von ihm vorgenommene Einteilung
der sozialen Beziehungen. Unterschieden werden drei
grundlegende soziale Bindungen (basic social bonds)
oder Beziehungsmuster, die als <u>erzwungen</u>, <u>utilitarisch</u> und <u>normativ</u> bezeichnet werden und als analytisch vollständig gelten. (ETZIONI 1968, S.96f;
ETZIONI 1971, S.153f).

Unter ähnlichen Gesichtspunkten hat ETZIONI (1961)
die <u>Organisationen</u> klassifiziert, indem er fragte,
durch welche Art von Macht die Mitglieder einer Organisation dazu gebracht werden, ihre Rolle zu spie-

len, Gehorsam zu üben und die Organisationsziele zu akzeptieren ("Compliance"). Er unterscheidet:
(1) Macht aufgrund von Zwang (coercive power),
(2) Macht aufgrund von Belohnungen (remunerative power), (3) Macht aufgrund von Normen, Werten, Symbolen u.a. (normative power).

Ähnliche Einteilungen finden sich in der allgemeinen Soziologie, speziell der Organisation häufig. Bei unterschiedlichen Wörtern ist die Sache ziemlich eindeutig. In der allgemeinen Sozialisationslehre findet man den Sachverhalt unter dem Stichwort "Konformität" behandelt (vgl. z.B. FEND 1969, S.158ff). Das Beziehungsmuster von ETZIONI wurde ebenfalls auf die Kirche angewandt von DHOOGHE (1968).

Wir unterscheiden drei folgende Komponenten oder Dimensionen der sozialen Bindung von Mitgliedern an ihre Organisation:

  (1) Bindung durch Zwang (Zwangsbindung)
  (2) Bindung durch Nutzen (Nutzenbindung, Interessenbindung, Bindung durch Bedürfnisbefriedigung)
  (3) Traditionale Bindung

Anstelle der normativen Bindung betonen wir die traditionale Bindung und setzen uns darin in analytischer Freiheit von ETZIONI etwas ab. Sachlich ist der Unterschied nicht so groß. Die normative Bindung i.S. von ETZIONI läuft bei uns z.T. unter der Zwangsbindung, z.T. unter der Nutzenbindung.

Die definitorische Umschreibung des Bindungsbegriffs könnte nun etwa lauten: Bindung ist die auf allgemeine individuelle Verhaltensgesetzmäßigkeiten (Bindungskomponenten) und entsprechende Strukturbedingungen rückführbare, relativ stabile Zugehörigkeit eines Menschen zu einem sozialen Gebilde, - hier: einer Organisation.

Ganz sicher ist das Verhältnis eines Menschen zu einer Organisation komplexer, als sich durch diese sehr grobe Aufteilung in Bindungskomponenten andeuten läßt. Eine <u>jede Analyse muß indessen abstrahieren, reduzieren und vereinfachen,</u> damit Regelmäßigkeiten zum Vorschein kommen. Das Analyseziel und der gewonnene Informationsgehalt entscheiden über die Angemessenheit dieser Reduktion. Mit dem ständigen Hinweis auf die so große Komplexität der Gesellschaft ist nicht viel gedient. Das ausgefeilteste Begriffssystem nützt nicht viel, wenn die empirische Verwendbarkeit nicht auch dementsprechend ist.

5.2.2. Die Bindungskomponente "Zwang"

Direkter, von konkreten Personen ausgeübter Zwang ist das stärkste Bindungsmittel überhaupt. Der Gefängnisinsasse, der Patient in der Geistesanstalt, der "gezogene" Soldat, - sie alle sind "zwangsläufig" an "ihre" Organisation gebunden.

Eine feinere, nichtsdestowenig wirksame Form von Zwang ist der <u>soziale Zwang</u>, wie er vor allem von DURKHEIM (vgl. 1970, S.105ff) als ein elementarer verhaltensorientierender Faktor herausgestellt worden ist und auch bei MAX WEBER (vgl. 1964) im Mittelpunkt stand.

Sozialen Zwang bekommt man nur zu spüren bei Verletzungen der Regeln, so daß der jeweils konform Handelnde von sich sagen kann, er sei nicht gezwungen. Durch sozialen Zwang gebunden ist das Mitglied, das <u>gerne seine Organisation verlassen möchte, es aber wegen der damit verbundenen Sanktionen nicht wagt.</u>

Zwang liegt also vor, wenn eine intensive Form von sozialer Sanktion droht, die Menschen in der Regel fürchten. Auf die Geltungskraft der zu befolgenden Norm bezogen reden wir deshalb nicht umsonst von "zwingenden" Normen. Diese Bindungsform ist einmal da anzutreffen, wo die betreffende Organisation und das umfassendere Sozialsystem hinsichtlich der Mitglieder und zentraler Werte fast deckungsgleich sind. Wer sich außerhalb der Organisation stellt, stellt sich zugleich außerhalb des sie umfassenden Sozialsystems. Beispiele dafür sind die alten Staatskirchen. Kirchvolk und Staatsvolk waren fast identisch, und ebenso verhält es sich mit zentralen Normen.

Ein anderes Beispiel gibt R.MICHELS (1970, S.236f) in seiner Parteiensoziologie: In den Arbeitervierteln von Berlin war es fast unmöglich, **nicht** einer sozialistischen Partei anzugehören. Eine häufige Möglichkeit der Zwangsausübung besteht bei wirtschaftlicher Abhängigkeit; für Individuen also hinsichtlich des Lebensunterhaltes und damit verbundener Konsumchancen. (Moderne Beispiele: ENGELMANN/ WALLRAFF 1973).

Eine weitere Spielart sozialen Zwanges enthält das <u>Gesetz der Konformität</u>: Wenn die "erdrückende Mehrheit" in einer sozialen Umwelt ein bestimmtes Verhalten zeigt, dann ist es ziemlich müßig, auf die menschliche Willensfreiheit hinzuweisen. Auch wenn objektiv nur sehr milde Sanktionen zu erwarten sind, so ist subjektiv für viele Menschen allein der Zustand unerträglich, anders zu sein als die eigene Bezugsgruppe. "Was werden denn die Leute dazu sagen?!" - ist die Redensart, in welcher sich jene diffuse Furcht vor dem Anderssein niederschlägt.

Ein sehr schönes Beispiel dafür ist die männliche
Bartmode. Sich einmal einen Bart wachsen zu lassen,
- mit dem Gedanken spielten ganz sicher sehr viele
schon lange vor der allgemeinen Bartmode. Aber man
tat es selbstverständlich nicht, weil es "unmöglich" war. GRIMM (1966, S.141f) hat die Furcht vor
dem an sich schwach sanktionierten Anderssein als
eine Determinante der Bildungsabstinenz bei Arbeitern herausgestellt.

Für das Verhalten des einzelnen Menschen ist es dabei unerheblich, ob die befürchteten Sanktionen bei
Übernahme eines bestimmten Verhaltens objektiv eintreffen werden, oder ob es sich hier um grundlose
oder übetriebene Befürchtungen handelt: Wenn ein
Mensch eine Situation als real definiert, dann ist
sie real in ihren Konsequenzen - so lautet das bekannte THOMAS-Theorem (vgl. THOMAS 1965, S.114).

Ob es sich bei den befürchteten Sanktionen um einen
richtigen Tiger oder nur einen Papiertiger handelt,
wird indessen entscheidende Konsequenzen haben in
dem Fall, daß es aus irgendeinem Grund zu deutlichen
Verletzungen des angesonnenen Verhaltens gekommen ist:
Werden die Abweichungen sanktioniert, wird der Bestand der Norm und ihrer Sanktierbarkeit erneut ins
Gedächtnis gerufen. Erfolgen die Abweichungen sanktionsfrei, dann wird weiteren Abweichlern Mut gemacht.

5.2.3. Die Bindungskomponente "Nutzen"

Bindung durch Nutzen meint all die Fälle, in denen jemand glaubt, daß seine Mitgliedschaft und die damit verbundenen Aufwendungen gleich welcher Art direkt für ihn selber, indirekt für andere, für die Gesellschaft als ganze oder gar für die Menschheit insgesamt von Nutzen, Vorteil und Interesse sind und deshalb freiwillig Mitglied wird bzw. bleibt. Man "hat etwas" von der Mitgliedschaft; es ist ein Verhältnis von Leistung und Gegenleistung. Geläufig ist die Unterscheidung von "ideellem" und "materiellem" Nutzen. Die vielfältigen Möglichkeiten individuellen Nutzgewinns sind so alltäglich und gut bekannt, daß sich Beispiele erübrigen.

An dieser Stelle ist es vor allem üblich, von Motiven bzw. Motivationen und von Bedürfnisbefriedigung zu sprechen. Nutzen scheint da klarer zu sein. Auch der Begriff der "positiven Funktion" ist schlicht mit Nutzen oder "daß man etwas davon hat" übersetzbar. Man vergibt sich nichts, wenn man bei dem etwas hausbackenen, dafür ohne weiteres verständlichen Nutzen, Vorteil oder Interesse bleibt; (zum Nutzenbegriff WEBER/STREISSLER 1964).

Um von einer Nutzenbindung reden zu können, ist nicht notwendig, daß das Mitglied selber von Leistung und Gegenleistung oder von Nutzen etc. spricht. Vielfach sind derartige Interpretationen in der betreffenden Organisation (z.B. Kirche!) verpönt und dafür andere Deutungsmuster angesonnen. Aber der verstehende Beobachter ("Motivanalytiker") unterstellt in bestimmten Handlungssituationen ganz einfach, daß der persönliche Vorteil, das Eigeninteresse) leitend ist. Vielfach

ist der Begriff des Nutzens oder des persönlichen
Vorteils einfach ein zwangloser Oberbegriff für individuelles Tun. Sagt z.B. ein Verbandsmitglied,
seine Mitgliedschaft vermittele ihm ein Gefühl der
Sicherheit, dann ist es ohne weiteres erlaubt, für
diesen Fall von Nutzen zu reden. Mit der Bezeichnung "Bedürfnis" ("Sicherheitsbedürfnis") würde es
nicht anders geschehen.

Motivanalysen der Mitgliedschaft in Organisationen
übersetzen ganz klar in verstehender Weise die Aussagen der Befragten in plausible Bedürfnis-, Inter-
essen- oder Nutzenkategorien; vgl. z.B. VALL (1965):
Ein Befragter äußert sich, er sei Mitglied im Verband, weil er da viele Menschen kenne; der Untersuchende interpretiert und übersetzt: "Bedürfnis nach
affektiver Bindung" oder "Geselligkeitsbedürfnis";
vgl. ferner WILSON 1970.
LUHMANN (1968, bes.S.76ff) handelt den Sachverhalt
der Nutzenbindung unter dem Begriff "Zweckmotivation"
ab; er verweist dort detailliert auf die amerikan.
Organisationssoziologie. Sachlich ähnlich LUHMANN
(1964,S.89ff).
Zur Annahme der "Eigeninteressen" vgl. PARSONS
1964,S.136ff).

Die Grenze zwischen Zwangsbindung und Nutzenbindung
ist selbstverständlich fließend, zumal für die Mitglieder der gesamtgesellschaftlichen Institution
"Kirche". Wer dadurch, daß er sich dem sozialen Druck
beugt, negative Sanktionen vermeidet, handelt im eigenen Interesse - das ist klar. Nutzenbindung wäre deshalb auf die Fälle zu begrenzen, in der der Einzelne
außer dem Vermeiden von negativen Sanktionen noch positive Gegenleistungen für seine Mitgliedschaft erwartet.
Also "Zuckerbrot" statt nur Verschonung vor der "Peit-
sche". Daß selbst diese Abgrenzung nicht trennscharf ist,
läßt sich bei der hinreichend bekannten Dialektik von
Persönlichkeitssystem und Gesellschaftssystem nicht umgehen. Auf die Unterscheidung gegenüber der traditionalen Bindung kommen wir zu sprechen, nachdem wir auch
diese Bindungsform betrachtet haben.

5.2.4. Die Komponente der traditionalen Bindung

Die Mitgliedschaft in einer Organisation kann traditional sein. Wir kommen damit zu einer außerordentlich wichtigen Bindungsform. Soziologen reden oft von der Tradition. Fragt man nach, kommt außer ein paar Synonymen wie "Überlieferung", "Herkommen","Sitte" nicht viel heraus; die Hinweise in den Wörterbüchern sind gleich spärlich.

Die folgenden Überlegungen zur traditionalen Bindung mögen deshalb als vorläufige Analyse betrachtet werden. So interessant und notwendig es wäre, sich weiter damit zu beschäftigen - hier wurde sie als ein Teil der Gesamtuntersuchung nur soweit vorangetrieben, daß der Fortgang der Untersuchung darauf aufbauen kann.

Zum Traditionsbegriff

Tradition ist das Überlieferte als Bestand. Was überliefert ist bzw. überliefert wird, ist ein "Bestand an Wissen, Vorstellungen, Vorurteilen, Werten, Verfahrensweisen, also die nichtmaterielle Kultur im weitesten Sinn, jedoch auch oft symbolisiert oder gebunden an bestimmte Dinge der materiellen Kultur" (SCHOECK 1970, Artikel "Tradition"; andere ähnlich; vgl. vor allem RAMMENZWEIG 1971).

Auch der geschichtswissenschaftliche Traditionsbegriff folgt dieser Bedeutung, mit der Besonderheit, daß unter Tradition der Bestand dessen verstanden wird, was der Absicht entsprungen ist, der Mit- oder Nachwelt Kunde vom Geschehen zu übermitteln (vgl.KIRN 1968, S.30).

Die Theologen wiederum haben eine weitere Einengung vorgenommen, indem sie als Tradition nur das anerkennen, was "aufgrund der Bürgschaftsleistung der Kirche auf uns gekommen ist", wobei vielfach noch einmal eingeengt wird auf die nicht schriftliche Weitergabe (vgl. PIEPER 1958, bes.S.12ff).

Was den gemeinten <u>Bestand</u> anbetrifft, so erweist sich
"Tradition" nur als ein <u>soziologischer Sammelbegriff</u>
für im einzelnen präziser benennbare Sachverhalte. Der
besondere Gesichtspunkt, mit dem diese Sachverhalte betrachtet werden, ist alleine der, daß sie, so wie sie
sind, auch schon früher vorhanden waren.

Nicht selten dient der Traditionsbegriff auch dazu,
den inhaltlich <u>gemeinten Bestand als sehr positiv</u>
und damit <u>als bewahrenswert herauszustellen</u> oder - je
nach Kontext - den Inhalt als "leere Tradition" abzuqualifizieren.

Der Traditionsbegriff zeigt sich in dieser Bedeutung
von "Bestand" mithin als recht mager. Die damit verbundene Bewertung ist analytisch ohnehin unbrauchbar.

Uns interessiert hier die Eigenschaft "<u>traditional</u>"
als die "Eigenschaft eines sozialen Handelns bzw.
eines sozialen Verhältnisses, das auf dem unbefragten Glauben der Akteure an die Gültigkeit oder Heiligkeit von Überlieferungen beruht" (LEXIKON ZUR SOZIOLOGIE,
Art. "traditional"). Diese Verwendung von "traditional"
geht zurück auf die bekannte Handlungs- und Herrschaftstypologie von MAX WEBER (vgl.1964, Kap."Grundbegriffe").
Eine bestehende Ordnung kann von den Akteuren als legitim empfunden werden, einfach weil es für die Beteiligten immer so gewesen ist. Die Tradition ist, wie MAX
WEBER sagt, einer der "Geltungsgründe der legitimen
Ordnung."

MAX WEBER (vgl.1964, Grundbegriffe) hatte bekanntlich
einige Mühe, das traditionale Handeln begrifflich in
das soziale Handeln einzupassen, das er als subjektiv
sinnhaft am Handeln anderer orientiert definiert hat:
Traditionales, "durch eingelebte Gewohnheit" bestimmtes Handeln steht aber, wie er erkannt hat, "(...) ganz
und gar an der Grenze und oft jenseits dessen, was man
ein 'sinnhaft' orientiertes Handeln überhaupt nennen
kann. Denn es ist oft nur ein dumpfes, in der Richtung
der einmal eingelebten Einstellung ablaufendes Reagieren auf gewohnte Reize." (S.17)

Steht in diesem Zusammenhang also Tradition als Hauptwort, dann ist nicht einfach ein überlieferter Bestand
an sozialen Sachverhalten gemeint, sondern ein Zustand,
den die beteiligten Akteure von sich aus als richtig
und angemessen empfinden, weil sie ihn immer nur so
erfahren (soziologisch präziser: perzipiert) haben.
Das ist der Bedeutungskern im Unterschied zur bloßen
Überlieferung.

Grundsätzlich vermeiden sollte man, von "der Tradition"
zu reden, und besser angeben, welcher konkrete Personenkreis bezüglich welchen Sachverhaltes ein traditionales Verhältnis hat. Sehr irreführend ist der Gebrauch
von "Tradition" als substantivierte Wirkkraft, welche
dieses und jenes macht.

Traditionales Verhalten bzw. traditionale Verhaltensdisposition

Die Bezeichnung "traditional" ist verbunden mit einer
Gesetzmäßigkeit menschlichen Handelns und Denkens, die
uns sehr gut vertraut ist: So wie man etwas gewohnt ist,
so behält man es bei, ohne sich große Gedanken über mögliche Alternativen zu machen. Es handelt sich mithin um

einen <u>genotypischen Begriff</u>, der auf die Entstehungsbedingungen einer Verhaltensstabilität abstellt, und nicht um einen <u>phänotypischen Begriff</u>, welcher eine bestimmte Verhaltensklasse bezeichnet. (Vgl. zu dieser Unterscheidung den berühmten Aufsatz von LEWIN 1931).

Alle möglichen Verhaltensweisen können traditional stabilisiert sein. In unserem Falle handelt es sich um die Mitgliedschaft in einer Organisation - der Kirche. Das Ergebnis ist eine besondere "Anhänglichkeit" des Mitgliedes an seine Organisation, die wir als <u>traditionale Bindung</u> umschrieben haben. Dem nicht so gebundenen Mitglied oder dem Außenstehenden, der dieses besondere Mitgliedschaftsverhältnis und seine individuellen Erscheinungsformen nicht berücksichtigt, erscheint die individuelle Mitgliedstreue leicht als irrational und unverständlich.

Da wir es mit einem genotypischen Begriff zu tun haben, hat die Unterscheidung zwischen <u>manifestem Verhalten</u> und <u>latenter Verhaltensdisposition</u> (Haltung, Einstellung, Attitüde) wenig Sinn: Hat ein Individuum ein traditionales Verhältnis zu einem Sachverhalt, dann ist damit zugleich Verhalten wie auch Verhaltensdisposition gemeint.

Gewohnheit und Selbstverständlichkeit

Die subjektive Erfahrungskategorie des traditionalen Verhaltens ist die <u>Gewohnheit</u> und die <u>Selbstverständlichkeit</u>. Deren handlungsstabilisierende Kraft stellt man regelmäßig erst dann fest, wenn sie aus irgend einem Grund überwunden oder gestört wurde.

Es besteht indessen überhaupt kein Grund, gewohnheitsstabile Verhaltensweisen aus einem bekannten rationalistischen Vorurteil als "bloße Gewohnheiten", oder als "rein mechanisch" oder als sonstwie minderwertig abzuwerten. Analytisch ist damit absolut nichts gewonnen. (Zur Kritik an PARSONS in diesem Punkt vgl. H.BECKER 1950, S.56).

Jeder macht zuweilen die Entdeckung, daß **man eine bestimmte** Tätigkeit stets für zweifelsfrei richtig und gut gehalten hat, weil man es immer so gemacht hatte. Auf eine an sich naheliegende Handlungsalternative war man überraschenderweise nicht gekommen. Der Blick war "verstellt", die "Macht der Gewohnheit" war stärker gewesen.

Viele Erfindungen sind ja deshalb so verblüffend, weil sie demonstrieren, wie alternativlos wir unsere Handlungs- und auch Denkmuster beibehalten. Eine Reihe von Erfindungen ist in dem Moment gemacht, wo eine Alternative überhaupt denkbar geworden ist. Die bekannte Betriebsblindheit ist nichts anderes als eine durch Gewöhnung und Anpassung erworbene Alternativlosigkeit der Wahrnehmung. (Faszinierend dazu: BONO (1970); vgl. LUHMANN (1972) zur Suche nach funktionalen Äquivalenzen als soziologisch-heuristisches Prinzip.

Zum alternativlosen (= "eindimensionalen") Denken bezüglich der Veränderbarkeit von fortgeschrittenen Industriegesellschaften vgl. die mittlerweile schon klassische Analyse von Herbert MARCUSE: Der eindimensionale Mensch (dt.1967). Die kritische Theorie von MARCUSE zeigt wiederum, daß eine subjektiv erkannte Alternativlosigkeit zugleich im Ansatz schon deren Überwindung darstellt und wenn es auch - wie im konkreten Fall - nur eine negative Alternative (die "Große Weigerung") ist. Vgl. auch den Essay "Versuch über die Befreiung" (1969).

Für die soziologische Analyse empfiehlt es sich, zwischen <u>individueller Gewohnheit</u> und dem <u>traditionalen Verhalten</u> zu unterscheiden und zwar aus dem Grund, daß Gewohnheiten wirklich rein individuelle Verhaltensstabilitäten sein können, während ein traditionales Verhalten ein paralleles Verhalten vieler anderer Individuen voraussetzt. Traditionalität ist eben - wie gesagt - auch eine Eigenschaft des umfassenden sozialen Systems und nicht nur des handelnden Individuums. Die Unterscheidung zwischen bloß individueller und allgemein sozialer Gewohnheit (Tradition) ist zudem wichtig für die Fälle des <u>Abweichens</u>. Der Bruch mit individuellen Gewohnheiten ist in der Regel Privatsache; nicht so der Bruch mit traditionalem Verhalten.

Traditionalität als Systemeigenschaft

Die meisten soziologischen Begriffe meinen mehrere Seiten ein und derselben Sache. Sie bezeichnen sowohl Sachverhalte auf der <u>Ebene der Individuen</u> als auch auf der <u>Ebene des Kollektivs</u>. So ist es auch mit dem Begriff des traditionalen Verhaltens bzw. der traditionalen Bindung.

Der Begriff der Traditionalität bezeichnet auch die <u>Eigenschaft eines sozialen Systems</u>, bzw. die <u>Eigenschaften von sozialen Prozessen</u> und Wirkungszusammenhängen, die auf Seiten der beteiligten Individuen bezüglich eines bestimmten Sachverhaltes ein traditionales Verhältnis erzeugen und so dessen unveränderten

Fortbestand garantieren. Man spricht z.B. häufig von
traditionalen Gesellschaften und meint damit weitgehend statische Gesellschaften, deren Strukturen keine größeren Veränderungen erlauben.

Die bekannte Gesellschaftstypologie von RIESMANN u.a.
(1958) beschreibt (allerdings sehr karg) einen Gesellschaftstypus, der einen "traditions-geleiteten"
Menschentyp hervorgebracht habe. Dieser Gesellschaftstyp habe zu Zeiten des hohen Bevölkerungsumsatzes
existiert.

Moderne Industriegesellschaften sind nach den Beschreibungen der Soziologen alles andere als traditional. Nichtsdestoweniger gibt es darin "traditionale Nischen" für einzelne traditionale Verhaltensweisen. Es ist vor allem GEHLEN (1956), der die soziologische Verbindung zwischen Institutionalisierung
und Gewohnheitsbildung herausgestellt hat.

Die traditionale Eigenschaft eines Handlungssystems
zu untersuchen, heißt also, solche strukturellen Zusammenhänge herauszufinden, welche die Wirkung haben,
daß die beteiligten Individuen einen bestimmten Sachverhalt als selbstverständlich und alternativfrei
richtig erfahren, ihn im wahrsten Sinne des Wortes
er-leben und ihn dadurch legitimieren und stabilisieren.

Die Aufmerksamkeit wird sich dabei konzentrieren müssen auf die Bedingungen der Sozialisation und der
Kommunikation und auf die Effekte des faktischen individuellen Abweichens. Bei der folgenden Analyse der
Kirchenmitgliedschaft wird vor allem das Wirkungsfeld
der kirchlich-religiösen Sozialisation herauszustellen
sein. Kommunikations- und Abweichungseffekte werden
uns vor allem beschäftigen bei der Störung der traditionalen Bindung.

Zu Gewohnheit vgl. TÖNNIES (1909 S.1ff); vgl. auch die immer noch erhellende Abhandlung ZEUGNER (1929). Dieser unterscheidet ebenfalls zwischen individueller und kollektiver Gewohnheit; außerdem zwischen der anpassenden Gewöhnung, durch die einzelne Funktionen besser ausgeführt werden (Habit), und der stabilisierenden Gewöhnung, welche beim Zögling eine bestimmte Haltung oder Einstellung bewirkt. (S.28f).

LEWIN (dt.1963, S.50f) unterscheidet Bedürfnisgewohnheiten (z.B. Alkoholismus) und Ausführungsgewohnheiten (z.B. eine bestimmte Hebelbewegung).
Gewohnheiten sind für LEWIN wichtige Bestandteile des sozialen Feldes. Er weist (1963, S.208f) auch getreu seinem Ansatz ausdrücklich darauf hin, daß Gewohnheiten keine starren Assoziationen sind, sondern in einem quasi-stationären Prozeß Tag für Tag neu determiniert werden. Er gebraucht dafür den bekannten Vergleich mit dem Fluß, der - obgleich ständig in Bewegung - dennoch seine Form behält.

Der lerntheoretische Gewohnheitsbegriff (habit) beruht auf einem hier nicht weiterzutragenden zu engen Reiz-Reaktions-Schema. Sieht man sich außerhalb der Lerntheorien um, so ist die neuere Literatur zum Effekt "Macht der Gewohnheit" mehr als spärlich (- was nach dem Gesagten nicht verwunderlich ist: Wir sind es gewohnt, Gewohnheiten zu haben; weil sie selbstverständlich sind, sind sie problemlos).

In der deutschen Soziologie führen viele Wege zu GEHLEN (z.B. 1956, S.19ff), in dessen Institutionslehre der Begriff der stabilisierenden Gewohnheit im Mittelpunkt steht; in dieser Richtung vgl. auch WISWEDE (1965, S.203ff).

Eine andere Bezeichnung für die Gesetzmäßigkeit des traditionalen Handelns stammt von HELLPACH (1956, S.316ff), der von einem "Motivschwund" in Institutionen spricht: "werden dann immer neue Generationen bereits in die vorhandenen, 'übernommenen' Institute hineingeboren, hineingeweiht (z.B. hineingetauft, hineinbeschnitten, hineinerzogen) von Kindes Beinen an, so beginnt der Motivschwund die gesamte Institution immer mehr zu veräußerlichen. Man gibt sich keine Rechenschaft mehr darüber, warum man dieser Gemeinschaft angehört, ob man wirklich ihre Grundsätze teilt - man gehört eben dazu, weil man es nicht anders kennt (...)".

Interessant ist nebenbei HERZENSTIEL (1968).

Traditionalität und Rigidität

Traditionalität ist ferner vorstellbar als allgemeine __Persönlichkeitsvariable__. In der Psychologie ist der Begriff der __Rigidität__ etabliert. Man findet ihn umschrieben als:

"Allgemeine und umfassende Bezeichnung für die Unfähigkeit oder nur eingeschränkte Fähigkeit eines Menschen, sich angesichts der Veränderungen der objektiven Bedingungen in __Handlung__ (motorische R.) oder __Einstellung__ (affektive, kognitive usw. R.) von einmal eingeschlagenen Handlungs- oder Denkwegen zu lösen und angemessenere (angepaßtere) zu wählen. Manche Forscher beschreiben die R. entweder in bezug auf einzelne Verhaltens- oder Reaktionsklassen, andere sehen in der R. eine allgemeine Eigenschaft, die Denk- oder Verhaltensstile weitgehend beeinflußt. Es wird angenommen, daß sich die R. mit zunehmendem Alter verstärkt." (DREVER/FRÖHLICH 1972, Artikel "Rigidität"; vgl. auch CHOWN 1959).

Unterschiede bezüglich der Variablen "Rigidität" sind soziologisch bedeutsam, wenn __ganze Personenkategorien damit unterschieden werden können__. Wenig rigide Personenkategorien werden bei kollektiven Verhaltensänderungen den Anfang machen, während stark rigide Personen sich zurückhalten oder Widerstand zeigen werden.

Soziologische Belege für die unterschiedliche Innovationsfreudigkeit sozialer Kategorien gibt es. Sie lassen sich auch auf den Sachverhalt der traditionalen Bindung und dessen Störbarkeit anwenden.

Traditionale Bindung und andere Bindungsformen

Eine **traditionale Bindung** an eine Organisation (Kirche) **schließt eine Nutzenbindung nicht aus**; beide Bindungsarten bedingen, stützen und ergänzen eher einander. Es ist eher die Regel, daß eine Mitgliedschaft nicht allein als selbstverständlich, sondern dazu als nützlich, vorteilhaft, bedürfnisstillend etc. dargestellt wird. Hier ist nur analytisch getrennt, was im Sozialisationsprozeß untrennbar miteinander verbunden wird.

Grundsätzlich **unvereinbar mit der traditionalen Bindung** ist die **Bindung durch Zwang**. Das Mitglied, das seine Zugehörigkeit zur Organisation selber als ein Zwangsverhältnis definiert, ist wohl kein selbstverständliches Mitglied; es wird diese Organisation sobald als möglich verlassen wollen. Das aber ist eine Frage der damit verbundenen Sanktionen.

Das traditional gebundene Mitglied einer Organisation stellt sich überhaupt nicht ernsthaft die Frage, ob man auch die Mitgliedschaft aufkündigen könne. Der Konflikt zwischen "soll ich - soll ich nicht?","darf ich - darf ich nicht?" findet nicht oder nur auf einem sehr handlungsfernen Reflexionsniveau statt. **Die Mitgliedschaft ist nicht problematisiert.** Es macht einen sehr großen Unterschied, ob ein Verhalten im Hinblick auf befürchtete Sanktionen unterlassen wird, oder ob es "überhaupt noch nicht ernsthaft in den Sinn gekommen ist".

Das schließt wohlgemerkt nicht aus, daß man sich über
die Organisation, über bestimmte Mitgliedschaftspflichten, über einzelne Beschlüsse, einzelne Mitglieder etc.
ärgert. Nur ist dieser Ärger "systemimmanent". Eine traditionale Bindung ist so eine Art Faraday-Käfig der
Wahrnehmung: Wer drinnen sitzt, wird von keinem Blitz
getroffen. Negative Informationen über die Organisation
(Kirche) be-treffen nicht die Wurzel der Mitgliedschaft.
Kognitive Dissonanzen bezüglich der Mitgliedschaft entstehen erst gar nicht, wenn die negativen Informationen
über die Organisation überhaupt nicht mit der Mitgliedschaft in Zusammenhang gebracht werden. So kann denn
"allerhand" vorfallen, ohne daß dies Einfluß auf den
Mitgliederstand hätte.

Einschränkend ist zu der Gegenüberstellung von Zwangsbindung und traditionaler Bindung anzumerken, daß es
die total selbstverständliche, vollkommen fraglose Mitgliedschaft nicht gibt. Auch Gewohnheiten bedürfen -
wie GEHLEN (1956, S.19ff) sagt - der "Außenstützung"
oder des "Außenhaltes". Eine dieser Stützen ist etwa,
daß es niemand in der sozialen Umwelt anders macht,
daß die einmal gewonnene Gewohnheit eingebettet bleibt
in eine rundum herrschende Konformität in diesem Punkte.
Traditionalität ist wie gesagt ein System-Effekt, nicht
bloß eine Eigenart individueller Orientierung. Sie
rührt her aus der kollektiven Konformität und wird auch
weiterhin durch sie gestützt - und sei es auch nur in
der Form, daß denkbare Abweichungen mit Blick auf die
konformen anderen von vornherein als unmöglich verworfen werden. "Selbstverständlich" hieße dann also einschränkend soviel wie: "könnte schon, aber das ist
doch unmöglich"; "das zu tun wäre total unüblich, wozu
sollte man überhaupt....?"; "... das macht aber niemand...".

Andererseits ist zu bedenken, daß auch die <u>Befolgung</u> von durchaus unbequemen Normen auf die Ebene der Selbstverständlichkeit entrückbar ist. Die entsprechende Haltung begegnet uns in <u>starren Identitätsformeln</u> wie "Befehl ist Befehl", "Vertrag ist Vertrag", "Vorschrift ist Vorschrift": Man macht etwas, "weil man es so macht...". Das ist eine ganz spezielle Sorte von Legitimitätsglaube, mit dem die Mitglieder einer Organisation drohende Sanktionen selber als gerechtfertigt anerkennen und sich insofern gar nicht gezwungen fühlen.

Traditionale und internalisierte Bindung

Eine letzte <u>Unterscheidung</u> ist noch vorzunehmen zwischen <u>traditionalem</u> und <u>verinnerlichtem</u> Verhalten (bzw. Einstellungen). Ein verinnerlichtes oder internalisiertes Verhalten ist tiefer <u>im Persönlichkeitssystem verankert</u> als ein traditionales Verhalten und ist deshalb auch bestandsfester. Es gehört zur Person und wird von dieser auch als ein Zug ihrer Identität aufgefaßt. Das Individuum erlebt die gegebene Ordnung nicht bloß als selbstverständlich, sondern ist zugleich ihr Anwalt, weil sie ein Teil seines Selbst geworden ist - beispielsweise seine geschlechtsspezifische Rolle. Internalisierte Kulturelemente werden selber zu individuellen Bedürfnissen und Werten - zu letzten, soziologisch nicht weiter zurückführbaren Einheiten individuellen Strebens also; (Zu Internalisierung vgl. bes. BERGER/LUCKMANN 1972). Ein <u>traditionales Verhältnis</u> zu einem Sachverhalt ist hingegen weniger tief in das Persönlichkeitssystem integriert und ist durch die Erfahrung von Alternativen bestandsgefährdet.

Die Übergänge sind fließend. Traditionale Bindungen sind - wie DAHRENDORF einmal bemerkte - stets auch <u>liebgewordene Bindungen</u>, mit denen zu brechen weh tut. Oder, wie LEWIN (1963, S.259ff) es ausdrückt: Historische Konstanz schafft ein "zusätzliches Kraftfeld", welches die Tendenz hat, das gegenwärtige Niveau, den Status quo, aufrechtzuerhalten. Auf einem bestimmten sozialen Niveau organisierter Institutionen verfestigen sich soziale Gewohnheiten zu "wohlbegründeten Interessen".

6. <u>Die Analyse der Kirchenmitgliedschaft</u>

6.1. <u>Zurück zur Ausgangsfrage</u>

Die leitende Frage heißt: Wie kommt es, daß in den letzten Jahren bedeutend mehr Leute aus den Kirchen austreten als zuvor. Die Vertreter des Motivkonzeptes glauben, mit der Frage nach den subjektiven Austrittsgründen das Problem lösen zu können. Diesen Ansatz haben wir kritisiert.

Hier drehen wir nun genau den Fragespieß um und fragen: Wie kommt es, daß überhaupt so viele (fast alle!) Mitglieder dieser Gesellschaft zugleich auch Mitglied in der Kirche sind. Der Alltagsbeobachter richtet seine fragende Aufmerksamkeit typischerweise auf die <u>auffälligen Abweichungen</u> von seinen Erwartungen. Der Soziologe unterscheidet sich dadurch, daß er auch das <u>unauffällig konforme</u> Verhalten problematisiert.

Die Frage lautet mit Bedacht: "<u>Wie kommt es</u>, daß...?" -
und nicht: "<u>Weshalb</u> sind so viele Mitglied?" Damit
soll jede Einschränkung auf einen subjektiv-teleologischen Motivbegriff vermieden werden. Die herausgearbeiteten Bindungskomponenten betonen dementsprechend neben dem subjektiv gesuchten <u>Nutzen</u> (Bedürfnisbefriedigung, Interesse) die Elemente der <u>erzwungenen</u> und der per Sozialisation erworbenen <u>freiwillig-unbewußten Konformität</u>.

<u>Nach</u> der folgenden Analyse der Kirchenmitgliedschaft in der BRD anhand der drei Bindungskomponenten wird dann die Frage noch einmal zu stellen sein, weshalb so viele austreten. Denn erst muß ich wissen, was jemanden lange Zeit bei der Stange gehalten hat, und dann erst kann ich sinnvollerweise die Frage stellen, was sich verändert haben mag, daß man ihr mehr und mehr den Rücken kehrt.

Die Analyse der Kirchenmitgliedschaft wird - wie ersichtlich - die Komponente der traditionalen Bindung besonders herausstellen. Das hat seinen Grund. Sie wird nämlich zu den Gesetzmäßigkeiten der Veränderung führen, die dann direkt auf die Kirchenaustritte anwendbar sind.

Wir unterstellen bei den Aussagen über die kirchliche Mitgliedschaft allgemein die Lage der Kirchen in der BRD. Ein großer Teil der heutigen Mitglieder war aber schon lange vor Gründung der BRD, und das heißt, unter anderen kirchlichen Bedingungen Mitglied gewesen. Der Unterschied wird bei der Komponente traditionaler Bindung zu berücksichtigen sein; für die Zwangsbindung und die Nutzenbindung fällt er nicht so sehr ins Gewicht.

6.2. Die Zwangskomponente in der Kirchenbindung

Die Kirchenorganisationen von heute haben alle Mittel des <u>unmittelbaren Zwanges</u> verloren. Kirchenbann und Exkommunikation erscheinen dem aufgeklärten Zeitgenossen als kraftlose Drohgebärden. Der Staat hat das "Monopol der legitimen Gewaltsamkeit" (MAX WEBER). Mildere Formen des sozialen Zwanges sind zugunsten der Kirchen gleichwohl noch vorhanden.

Untersuchungen zur kirchlichen Teilnahme schweigen sich in der Regel über diese Bindungsform des mehr oder minder ausgeprägten Zwangs aus. Beachtliche Ausnahmen sind WÖLBER (1960, bes. I,1: "Religion als Zwang") und SCHREUDER 1962).

Man muß dabei zumindest zwei Instanzen unterscheiden - <u>Kirche als Amtskirche</u>, d.h. als Organisation und <u>Kirche als gesellschaftliche Institution</u>. Im ersten Falle ist das Verhältnis zwischen Kirchenleuten im engeren Sinne (Pfarrer u.a.) und dem Kirchvolk, im zweiten Falle eher das Verhältnis der Kirchenmitglieder untereinander gemeint.

"Die Kirche" - gemeint sind die beiden Volkskirchen - ist eine gesamtgesellschaftliche Institution, deren Mitgliederschaft fast deckungsgleich ist mit der Gesamtbevölkerung. Die europäischen Gesellschaften sind kirchlich-christlich überformt. Spezifisch kirchliche und allgemeine soziale Soll-Vorstellungen sind deshalb unentwirrbar verquickt, und die Verfassungsrechtsprechung der BRD geht zudem wohlwollend von diesem Zustand aus (vgl. FISCHER 1964; OTT 1968).

Das heißt, daß amtskirchliche Erwartungen zum Teil wenigstens durch allgemeine soziale Normen und Sanktionen geschützt sind - ohne daß die Amtskirche als Sanktionsinstanz dafür sorgen müßte, daß "die Kirche im Dorf bleibt". Eine solche "Identität von Kirche und Gesellschaft" ist in kleinen ländlichen Gemeinden in konfessionell einheitlichen Regionen noch vorhanden, während sie in den Städten so gut wie nicht mehr existiert. In Großstädten <u>ist in diesem Sinne</u> die Kirche augenscheinlich "aus der Gesellschaft emigriert" (MATTHES 1964).

Der gebotenen Teilnahme am <u>Kirchenkult</u> können sich die Kirchenmitglieder nach der Schulentlassung praktisch sanktionsfrei entziehen. Wer nicht will, bleibt halt weg. Dementsprechend niedrig sind die Kirchenbesuchsziffern und die damit zusammenhängenen Aktivitäten.

Für die <u>Mitgliedschaft als solche</u> sind wohl noch <u>Reste von sozialem Zwang</u> anzunehmen. Zwar ist der Austritt auch heute noch eine Entscheidung gegen die Konformität der Vielen, aber gegen die <u>passive Konformität</u>. Mit anderen Worten: Es sind faktisch nur unbedeutende Sanktionen zu erwarten, da die Masse der Mitglieder nicht mehr daran denkt, die Entscheidung negativ zu sanktionieren.

Fehlgeschlagen ist der Sanktionsversuch zum Beispiel in einer süddeutschen Gemeinde, wo der ev. Kirchengemeinderat beschlossen hatte, die Namen der Austreter einmal vierteljährlich öffentlich von der Kanzel abzukündigen. Der Versuch hatte laut epd bundesweites Aufsehen erregt und wurde deshalb abgeblasen (Vgl. SAARBRÜCKER ZEITUNG vom 15.2.1972 nach epd vom 14.2.).

Hierbei sind ganz sicher erhebliche Unterschiede zwischen Stadt und Land anzunehmen. "Wie sich in den ländlichen Gemeinden die soziale Kontrolle noch auf die Einhaltung gewisser religiöser Verhaltensmuster erstreckt, so erscheint auch der Austritt aus der Kirche, zu der man aufgrund der lokalen Tradition gehört, als ein nicht toleriertes Devianzverhalten, das Prestigeminderung, Kontaktverlust und andere negative Sanktionen nach sich ziehen kann" (MENGES 1964, S.25).

Wenn man für Sanktionen gegen kirchliche Abweichler "die Gemeinde" braucht, dann ist soziologisch klar, daß in der <u>städtischen Gemeinde die Sanktionsbasis fehlt</u>. Die Stadtgemeinde ist keine Sanktionseinheit, wie die überschaubare Traditionspfarrei in der Landgemeinde, wo jeder jeden kennt. Die kleine Gemeinde ist für den Ortsansässigen zugleich die Bezugsgruppe; ihre regulative Kraft wird noch dadurch verstärkt, daß in vielen Fällen auch die Verwandtschaft des einzelnen um den Kirchturm herum siedelt.

Der <u>Städter</u> wählt sich seinen ihm genehmen engeren <u>Bekanntenkreis</u>, der selten identisch ist mit der Wohnnachbarschaft. In dieser lebt er in "gutnachbarschaftlicher", formal-freundlicher, aber bewußter <u>Distanz</u>. Nachbarschaftliche Kontakte beschränken sich in der Regel auf das Grüßen und Hilfeleistungen in ausgesprochenen Notfällen. Für <u>soziale Kontrolle</u> im Sinne informeller negativer Sanktionen bietet die großstädtische Lebensform wenig Ansatzpunkte (vgl. KLAGES 1968; PFEIL 1957; SCHREUDER 1962, 6.Kap.).

Das ist übrigens einer der Hauptgründe dafür, daß
der katholisch-kirchenplanerische Aufruf zur "Wohn-
viertelgemeinde" oder gar zur "Nachbarschaftskirche"
ein ziemlicher Mißerfolg wurde. Dieser Versuch, un-
terhalb der Pfarrgemeinde eine "Substruktur" aufzu-
bauen, näher an die Leute heranzugehen, wenn diese
schon nicht selber kommen wollen, ging entweder von
wackeligen Analysen oder - was noch eher zutreffen
mag - vom missionarischen Wunschdenken aus.

Die Sprache jener "Wohnviertelaposteln" gleicht
mitunter einem forschen Einsatzleiterjargon (z.B.
BRAMERDORFER/GEBETSBERGER 1968). Daß die als pri-
vat-distanziert erkannten Großstädter auf dieses
Kontrollsystem keinen großen Wert legen, dürfte klar
sein. LOHSE (1967) hat vor allem herausgestellt,
wie sehr die Städter dazu neigen, in kirchlicher
Anonymität zu verbleiben und eine "Kirche ohne Kontakte" vorziehen.

Hier kommt die unterschiedliche Siedlungsweise der
beiden Konfessionen zum Tragen. Wir wissen, daß in
den Großstädten deutlich mehr Protestanten als Katholiken wohnen: Von 1oo Protestanten wohnen 37 in
Großstädten, aber von 1oo Katholiken nur 26. In den
Gemeinden unter 20.000 Einwohnern kehrt sich das
Verhältnis um: Nur 47% der Protestanten wohnen dort,
hingegen 58% der Katholiken (vgl.oben 3.5.).

Es wurden ferner bereits Hinweise notiert (vgl.
oben 3.5.2.), daß im Norden der BRD die Strukturen
politisch-gemeindlicher Teilnahme weniger deckungsgleich sind mit den Strukturen der kirchlichen Teilnahme als anderswo. Gemeindeprominenz muß nicht unbedingt auch Kirchentreue demonstrieren.

Als stärkste Stütze für die Kirche scheint die Verwandtschaft des einzelnen zu wirken. Darauf weist
bereits die Monographie von SCHREUDER (1962).

In der <u>Sozialteam-Befragung (1973)</u> wurde die Frage
gestellt: "Können Sie sagen, daß Sie nach Ihrem Austritt irgendwelche Nachteile hatten?" Die Antworten
verteilten sich auf die mehrfach ankreuzbaren Vorgaben wie folgt: berufliche Nachteile 3%; Kinder in
der Schule 1%; üble Bemerkungen der Nachbarn 1%;
Druck von Seiten der Kirche 1%; von Seiten der Verwandtschaft 13%;

Als direkten Beleg für die These, daß es <u>keinen</u> sozialen Druck zur Mitgliedschaft gäbe, dürfen diese
Zahlen nicht genommen werden. Denn diejenigen, die
ausgetreten <u>sind</u>, könnten ja gerade insofern begünstigt gewesen sein, daß sie keine oder nur sehr
unbedeutende Sanktionen von ihrer sozialen Umwelt
zu erwarten hatten, und diejenigen, die in der Kirche verbleiben, könnten gerade aus Furcht vor Sanktionen den Austritt scheuen.

Die <u>geringe Sanktionsfurcht</u> bestätigt aber auch die
<u>STERN-Untersuchung von 1967</u>: "Nachteile durch den
Kirchenaustritt fürchtet kaum jemand: 84 Prozent
der Evangelischen und 80% der Katholiken verneinen
konsequent, daß dadurch ihre Kinder schief angesehen, Aufstiegschancen vermindert oder die soziale
Achtung verringert werden könnte" (STERN 13/1967;
vgl. auch KEHRER 1967, S.153).

In der <u>EKD-Untersuchung</u> (HILD (Hrsg.) 1974, S.125ff)
wurde die hypothetische Frage gestellt, welche Nachteile (Antwortvorgaben) persönlich von Bedeutung
wären, wenn man aus der Kirche austreten würde. Die
Vorgabe "Ich würde meine nächsten Angehörigen und
Verwandten vor den Kopf stoßen" wurde von 28% der

Befragten bejaht; "Meine Kinder hätten Schwierigkeiten" wurde zu 15% bejaht; "Ich würde im Ort oder in der Nachbarschaft schief angesehen": 15%; "Ich hätte Schwierigkeiten im Beruf": 3% Zustimmung.

Für <u>Erwachsene</u> darf also der soziale Zwang zur Kirchenmitgliedschaft heute und in den letzten Jahren für gering betrachtet werden. Für die <u>schulpflichtigen, religionsunmündigen Kinder</u> gilt dies <u>nicht</u>. Sie unterliegen der Erziehungsgewalt der <u>Eltern</u> und der <u>Schule</u>. Es ist bekannt, daß selbst kirchenferne Eltern ihre Kinder zur kirchlichen Teilnahme anhalten, auch wenn sie selber nicht teilnehmen. "Solange Du die Füße unter meinen Tisch stellst, gehst Du in die Kirche!" - ist die bekannte Wendung elterlichen Zwanges. <u>Nach der Schulentlassung</u> bleibt es den Kindern dann meist freigestellt, ob sie gehen wollen oder nicht. Zum guten Teil spricht daraus die Sorge, daß das Kind in der Schule nicht unangenehm auffällt. (Vgl. SCHREUDER 1962, S.334f und ferner KEHRER 1967, S.152ff).

Zum elterlichen Nachdruck gegenüber den nicht sehr begeisterten Konfirmanden vgl. einen sehr farbigen Bericht in der ZEIT/ZEITMAGAZIN Nr. 21/1974 vom 17.5.74; Zitat (S.12): "Da wäre was los zu Hause, wenn ich nicht zur Konfirmation ginge."
Die EKD-Untersuchung (1974, S.149ff) spricht hingegen von der Konfirmation als der "bedeutendsten kirchlichen Sozialisationsmaßnahme", womit sie wohl eher das theologische Soll als das soziologische Ist meinen kann.

Die Mittel und Wege der <u>Amtskirchen</u>, aufgrund ihrer öffentlich-rechtlichen oder privatrechtlichen Position Druck zur Aufrechterhaltung der Mitgliedschaft auszuüben, sind schwer zu verfolgen.

Abgesehen davon, daß Macht "soziologisch amorph" (MAX WEBER) ist, hatte auch die moderne Religionssoziologie mit ihrer Schlagseite zur bestätigenden Kirchensoziologie diesen Aspekt weitgehend ausgespart und ihn neuerdings im Zuge der allgemeinen Herrschaftskritik erst wieder aufgenommen. Moderne Großorganisationen protzen auch nicht mit ihrer Macht. Höchst selten, daß im Chor des allgemeinen Untertreibens Kirchenleute darauf hinweisen (vgl. z.B. ASMUSSEN 1955).

Die Kirchen fungieren als organisatorische Träger einer Vielzahl von <u>Sozial- und Bildungseinrichtungen</u>. Auch wenn der Staat in hohem Maße diese Einrichtungen finanziert, so sind die Kirchen dennoch in der <u>Position des Arbeitgebers</u>, der schon bei der Einstellung von Kräften konfessionslose Bewerber ohne Mühe abweisen kann.
Auch die Lösung bereits bestehender Arbeitsverhältnisse in kirchlichen Einrichtungen ist wegen Kirchenaustritt möglich. Solche Fälle werden - wenn überhaupt so direkt begründet - nur dann bekannt, wenn die Betroffenen einen Weg an die Öffentlichkeit finden (vgl. z.B. STERN Nr.12/1976, S.218f: "Narkose und Gebetbuch").

In der <u>Konfessionsschule</u> alten Stils war ein konfessionsloser Lehrer schon per Gesetz nicht zugelassen; und es ist anzunehmen, daß er auch nach Abschaffung der formellen Konfessionsschule nicht gerade erwünscht ist.

Bis Mitte der sechziger Jahre noch war in den Bundesländern im Süden und Westen der BRD de jure oder de facto das System der Bekenntnisschule und dementsprechend auch die konfessionelle Lehrerbildung vorherrschend (so in Bayern; Rheinland-Pfalz; Nordrhein-Westfalen, dem Saarland und in Süd-Württemberg; im übrigen Baden-Württemberg, in Hessen und den nördlichen Bundesländern war durch Gemeinschaftsschulen an die liberal-sozialistische Kulturpolitik der Weimarer Zeit angeknüpft worden. Erst durch die Diskussion über die "Bildungskatastrophe" (vgl.PICHT 1964) kam das Schulrecht stockend in Bewegung, und erst seit 1970 waren die Volksschulen und die Anstalten der Lehrerbildung von der formellen Bindung an eine Konfession befreit.

Diese Entwicklung geschah gegen den nach und nach schwächer werdenden Widerstand vor allem der kath. Kirche. Die EKD hatte sich bereits Ende der fünfziger Jahre offiziell von dem konfessionellen Schulwesen distanziert. Soweit ein kurzer Abriß nach MAHRENHOLZ (1972, S.124ff); zum vormaligen Schulsystem in den einzelnen Bundesländern vgl. auch KHB 1957-61, S.242-324;

Bemerkenswert ist wiederum, daß das schon mehrfach festgestellte Kirchlichkeitsdefizit des Nordens sich auch strukturell in konfessionsfreieren Schulen verfestigte.

Unabhängig vom konfessionellen Status der Schule ist der sogar grundgesetzlich vorgeschriebene und amtskirchlich kontrollierte Religionsunterricht ordentliches Lehrfach, dem man sich nur durch formelle Abmeldung entziehen kann. Religionsunmündige (bis 14, in Bayern, Rheinland-Pfalz und dem Saarland bis 18 Jahre) bedürfen dazu der elterlichen Zustimmung.

Interessant ist in diesem Zusammenhang ein Vorstoß, den der "Verband der kath. Religionslehrer an berufsbildenden Schulen" unternommen hatte: Um der Abmeldung vom Religionsunterricht entgegenzuwirken, forderten sie auf einer Tagung, das Religionsmündigkeitsalter von 14 auf 18 Jahre heraufzusetzen (vgl.KNA/WD - Nr.120 v. 11. Juni 1974, S.2). Soziologisch gesehen bedeutet dies: Bindung durch Zwang.

Im Ergebnis einer Untersuchung über die Teilnahme von Münchener Gymnasiasten am Religionsunterricht vermerkt HAVERS (1972, S.220): "Unter den Motiven, die von den Schülern für das Bleiben im Religionsunterricht genannt wurden, überwiegen solche, in denen ein Zwang oder Einfluß von Seiten der Eltern, der Schule oder der Gesellschaft zum Ausdruck kommt (73% der Erstnennungen bei den Teilnehmern am Religionsunterricht, 83% bei den Abgemeldeten). Weltanschauliche Gründe oder Interesse am Lehrstoff haben demgegenüber kaum eine Bedeutung (7,1% bzw. 4,2%)."

Daß sich parallel zu den Austritten vermehrt Schüler vom Religionsunterricht abmelden, ist ein Zeichen dafür, daß auch in den Schulen (zumindest an den Gymnasien - in den Grund- und Hauptschulen sind die Schüler in der Regel noch nicht religionsmündig) die informellen Zwangsmöglichkeiten gegenüber abweichenden Schülern zurückgehen oder die Lehrer kein Interesse an Sanktionen haben. Das war gewiß einmal anders. (Zum allgemeinen Normenzerfall in der Kirche vgl.F.-X. KAUFMANN 1973, S.63ff;)

6.3. Die Nutzenkomponente in der Kirchenbindung

Aussagen über die individuelle wie auch gesellschaftliche Nützlichkeit von Kirche und Religion gibt es in Hülle und Fülle, zumal wenn die funktionale Betrachtensweise zum Frageprinzip erhoben wurde. Wir geben hier nur einige **konkrete Beispiele**, die demonstrieren sollen, was alles unter die Nutzenbindung fallen kann.

Hinweise auf einzelne Untersuchungen erübrigen sich, da faktisch überall mit der Nutzenkomponente gearbeitet wird. Klare Übersichten geben: THUNG 1965, DAHM 1971, S.99ff und S.3o3ff; vgl. auch HILD (Hrsg.) 1974, Kap.6.2: "Der Nutzen der Mitgliedschaft".

Zur Frage der individuellen Mitgliederbindung an die Kirchenorganisation sind viele der Funktionsannahmen unerheblich. Dies trifft vor allem auf solche Aussagen zu, die funktionalistisch am "Bestand des Systems" ansetzen. Auch sind gewollte Einteilungen in Haupt- und Nebenfunktionen und die Auszeichnung von "eigentümlichen Funktionen" der Kirche unbrauchbar. Entscheidend ist, wie das einzelne Mitglied die Nützlichkeit dieser Organisation und seiner Mitgliedschaft in ihr beurteilt und nicht die soziologisch unterstellbare Nützlichkeit ("Funktionalität") "der" Kirche für "die" Gesellschaft.

Sprachen wir bei der Zwangsbindung davon, daß es für das Individuum höchst unklug sein kann, aus der Kirche auszutreten und es deshalb zwangsläufig und notgedrungenermaßen Mitglied bleibt, so kann es umgekehrt sehr nützlich sein, per Mitgliedschaft die wohlwollende Förderung der Kirche zu genießen.

Dabei muß man unterscheiden zwischen dem intendierten Nutzen, mit dem die Kirchen selber werben, und den Vorteilen, die eine Mitgliedschaft außerdem noch mit sich bringt:

Die beiden großen Amtskirchen gehören zu den einflußreichsten und finanzstärksten Organisationen in der BRD. Bei vielerlei Dingen hat der Bürger direkt oder indirekt mit ihnen zu tun und seine Mitgliedschaft kann ihm dabei zum Vorteil sein, so wie die Mitgliedschaft in einer Partei oder einer Gewerkschaft vorteilhaft und nützlich sein mag. Man muß dabei nicht einmal an einen Mißbrauch von Macht denken, sondern an eine legitime Förderung, die das Mitglied bei Besorgung seiner Geschäfte gegenüber dem Nichtmitglied erfährt.

Solche Nutzenerwägungen passen ebensowenig in das <u>Selbstverständnis der Amtskirchen</u> wie vieler anderer Organisationen, die sich einem höheren Zweck gewidmet haben, als lediglich den Vorteil der Mitglieder zu mehren. Nichtsdestoweniger spielen derartige Überlegungen bei den Mitgliedern eine Rolle. Aber damit ist nur ein Aspekt der Nutzenbindung berührt. Es gibt andere Vorteile, die auch die Organisation herausstellt und als zu ihrem "Wesen" gehörig deutet. Die Kirchen sprechen in ihrer Sprache vom <u>individuellen "Heil"</u>, das sowohl irdische wie auch überirdische Vorteile beeinhaltet. Nach dieser Unterscheidung zu einzelnen Beispielen für die Nützlichkeit der Kirchenzugehörigkeit.

Sozialeinrichtungen

Wenn man von austrittsgeneigten Mitgliedern z.B. hört, sie wären schon längst ausgetreten, aber sie hätten ein Kind im kirchlichen Kindergarten und es gäbe in der Nähe keinen anderen, beruht die mitgliedschaftliche Bindung in diesem Fall nur auf Nützlichkeitserwägungen. Zur Zwangsbindung hin tendierend erscheint der Fall, wenn Eltern ihr Kind taufen lassen, damit es später in der konfessionsgeprägten Schule keine Schwierigkeiten haben soll.

Kirche als Arbeitgeber

Die Kindergärtnerin wiederum weist darauf hin, daß sie es sich nicht leisten könne, aus der Kirche auszutreten, weil dadurch ihr Arbeitsmarkt um die kirchlichen Stellenangebote vermindert werde. Die Mitgliedschaft in der Arbeitgeber-Kirche ist einfach nützlich und ein Austritt brächte klar abschätzbare Nachteile, die einzuhandeln töricht wäre. - Arbeitsrechtlich gesehen gehört die Kirche zu den Tendenzbetrieben, und die formale Mitgliedschaft ist der Minimal-Tribut an Loyalität, den ein Arbeitnehmer ihr gegenüber zu erbringen hat. Für andere Organisationen, etwa politische Parteien oder Gewerkschaften, gilt ähnliches (vgl. BISCHOFF 1956).

Kirche als wohltätige Institution

Die Kirchen unterhalten eine ganze Reihe von sozialen Einrichtungen und Hilfsorganisationen (z.B. CARITAS; DIAKONISCHES WERK; ADVENIAT; BROT FÜR DIE WELT). Man kann auch aus diesem Grund der tätigen Nächstenliebe

die Kirchen für nützliche Institutionen halten und
deshalb den Mitgliedsbeitrag zahlen, weil er "für
eine gute Sache ist". Die Kirchen betonen auch gerne die diakonisch-caritative Seite ihres Wirkens.

Allerdings ist hier Kritik laut geworden an dem
"frommen Märchen von den ungeheuren kirchlichen
Sozialaufwendungen", wobei darauf hingewiesen wird,
daß die Kirchen zwar die organisatorischen Träger
der Einrichtungen seien, die Finanzierung aber überwiegend aus staatlichen Aufwendungen erfolge; (so:
DEUTSCHE JUNGDEMOKRATEN 1973, S.13).

Kompensation in der Kirchengemeinde

Die starke kirchliche Bindung der sogenannten Kerngemeinde - der Mitglieder also, die sich durch besonders rege Teilnahme und häufige Pfarrerkontakte
auszeichnen - wird häufig darauf zurückgeführt, daß
ihnen die Pfarreiaktivitäten das böten, was ihnen
sonst verwehrt sei: Geselligkeit, Mitsprache, eine
Aufgabe zu haben u.a.
So erkläre sich auch die Überproportion von sozial
inaktiven Personen wie Rentnern, Witwen, Alten und
Frauen in den Kerngemeinden. Dieser, gemeinhin als
Kompensationsthese (FÜRSTENBERG 1961) bezeichnete
Zusammenhang, würde hier zur Nutzenbindung zählen.

Kirchliches Begräbnis

Eine andere Sorte von Interessenbindung liegt vor,
wenn spezielle Dienstleistungen der Kirche nachgefragt werden. Immer noch hoch geschätzt beim Kirchvolk sind die "Kasualhandlungen" an den "Knotenpunkten des Lebens": Taufe, Trauung und Bestattung. Die
mit Abstand höchst geschätzte Dienstleistung ist in
dieser Hinsicht die kirchliche Begräbniszeremonie.

Die Kirchenmitglieder nehmen sie so selbstverständlich in Anspruch, daß in den Kirchlichkeitsuntersuchungen meist gar nicht danach gefragt wird. Selbst die Ausgetretenen geben in stattlicher Zahl (SOZIALTEAM 1973: 26%) an, daß sie diesen Dienst in Anspruch nehmen würden.

Der letzte diesseitige Dienst, den die Kirche ihren Steuermitgliedern zukommen läßt, ist von diesen her gesehen der zugleich wichtigste. Man will - so hört man es immer wieder - "nicht begraben werden wie ein Hund". In der modernen Religionssoziologie sind speziell zu diesem Ritualbedürfnis wenig Worte verloren worden (vgl.z.B. KEHRER 1967). In der Amtskirche weiß man sehr wohl um die Anhänglichkeit der Steuerzahler von Todes wegen und fragt sich, wie hart man gegenüber dem Ausgetretenen und seinen Angehörigen sein soll bei der Versagung des kirchlichen Begräbnisses (vgl. epd-Dokumentation 5o/72, S.81ff).

Mutmaßungen darüber, ob dieser Nachfrage nach Kulturhandlungen am Grabesrand spezifisch religiöse Bedürfnisse zugrundeliegen oder "nur" eine allgemeine soziale Verpflichtung, sind ziemlich müßig - ganz abgesehen davon, daß der Begriff der Religiosität ziemlich variabel definiert werden kann.

Die Beliebtheit des Etikettes "religiös" für alle Lebensäußerungen, die nur irgendwie mit der Kirche zu tun haben, hat übrigens auch ihren rechtspolitischen Zweck; denn: die Religionsäußerungen sind besonders zu schützen. Aus der Tatsache, daß so viele Menschen kirchliche Kindergärten, Schulen, Krankenhäuser und Altersheime benutzen, wird kurzerhand auf ein "religiöses Faktum" und einen "wirklich vorhandenen und nicht nur vorausgesetzten Bedarf" geschlossen, dem im öffentlichen Leben aus Gründen der Religionsfreiheit so weit wie möglich Geltung zu verschaffen sei. So der ev.Kirchenrechtler von CAMPENHAUSEN (1973,S.199).

Hier geht es ganz einfach darum, daß die Menschen in unserer Gesellschaft in einigen bestimmten Situationen kirchlichen Dienst in Anspruch nehmen, und daß sie dafür ihre Mitgliedschaft beibehalten. Ganz neutral betrachtet ist das ein Sachverhalt von Dienstleistungsangebot und Nachfrage. Der Sachverhalt bleibt bestehen, auch wenn man mit letzten Endes unverbindlichen Nominal-Definitionen von "Religiosität" operiert. "Das Fehlen 'weltlicher Instanzen', die die Funktion des Pfarrers bei dieser Gelegenheit ausfüllen könnten, bedingt eine starke Inanspruchnahme der kirchlichen Vertreter für eine Handlung, mit der die Kirchenmitglieder eine andere Vorstellung verbinden, als die Kirche es wahrhaben möchte" (KEHRER 1967, S.158).

Die Pfarrer zumindest, skeptisch geworden, ob ihr "Dienst am Menschen" sich überwiegend in der Routine des Rituals erschöpfen soll, geben zum Teil offen zu, daß das steuerzahlende Volk von "Kasualienchristen" sie als "Zeremonienmeister" benutzt (vgl. LOHSE 1967, S.143; DIE ZEIT 22/68, S.54; Y.SPIEGEL 1971).

Wenn die Kirchen bei der einmal vorhandenen unelastischen Nachfrage nach Kulthandlungen ein Dienstleistungsmonopol besitzen, dann kann man in diesem Fall statt Interessenbindung unter Umständen auch von Zwangsbindung sprechen. In den größeren Städten gibt es zur Bestattung von Konfessionslosen je nach Wunsch die Möglichkeit einer zivilen Begräbniszeremonie (Orgelmusik, Ansprache an die Trauergemeinde, Laudatio auf den Toten). Das Element der Zwangsbindung an die Kirche tritt in diesem Falle zurück. In ländlich-kirchlichen Traditionsgebieten ohne eine sozial gebilligte Ausweichmöglichkeit würde man sie hingegen bejahen.

Dieselben Überlegungen für die Schweiz bei MINELLI (1974). Dieser vermutet, wie andere auch, daß bei würdigem Ersatz des kirchlichen Begräbnisses durch eine staatliche Stelle die Kirche massenhaft Mitglieder verlieren würde. Die politische Führung der DDR war natürlich so geschickt und hat für diese Monopoldienstleistung des Pfarrers eine Alternative geschaffen, indem sie staatliche Beerdiger (Volksmund: "VEB-Pfarrer") einsetzte.

Kirche als Moralinstitut

Viele bescheinigen der Kirche ihre Nützlichkeit als Moralinstitut: "Religion muß sein wegen der Kinder" (vgl. die ZEIT Nr.22/1968, S.54) - und in der passiven Duldung der kirchlichen Erziehung: "Schaden kann es bestimmt nichts!" Die Kirche soll also dafür sorgen, daß "anständige Menschen aus den Kindern werden".

Man glaubt, daß mit der Kirche die Kinder besser zu erziehen seien (vgl. SCHREUDER 1962, S.197f). Diese Haltung ist, wie KÖSTER (1959, S.76ff; ders. 1960, S.144ff) festgestellt hat, nicht nur unter den Kirchentreuen verbreitet; für die Arbeiter vgl. KEHRER (1967, S.114).

Irdisches und überirdisches Heil

Auch die Mitgliedschaft derer, die man als religiös bezeichnet, enthält die Nutzen-Komponente. Schließlich ist die kirchliche Heilslehre in den wesentlichen Punkten ein Appell an das wohlverstandene Eigeninteresse der Menschen: Ewiges Leben im Himmel statt höllischer Qualen im Reich des Teufels. Derartige Nutzenerwägungen dürften allerdings - alleine schon von der Zahl der Überzeugten her gesehen - ein schwaches Band an die Kirche sein. Die SPIEGEL-Umfrage aus dem Jahre 1967 ergab z.B., daß die Hälfte der Befragten kein Leben nach dem Tode erwarteten und zwei Drittel nicht an eine Höllenstrafe glaubten (vgl. HARENBERG (Hrsg.) 1969, S.81; 83).

Damit ist nicht bestritten, daß tiefreligiöse Menschen mystische Erlebnisse oder ähnliche Empfindungen der Gottesnähe haben können, die eine eigene Bindung an die Kirche darstellen. Aber allein von der Zahl her wird sie nicht ins Gewicht fallen. Die Gruppe der Priester und anderer besonders geweihter Personen, für die man diese Bindungsform am ehesten annehmen mag, ist sowieso aus der Betrachtung ausgeschlossen.

Daneben zielt kirchlich-religiöses Handeln ausdrücklich auf <u>diesseitigen Nutzen</u>: "Auf daß es dir wohlergehe und du lange lebest auf Erden" ist die prägnanteste Formel für viele diesseitige Versprechungen (vgl.dazu: MAX WEBER 1964, S.317ff "Religionssoziologie"; SKINNER 1973, Kap.13). Mit dem Aufstieg der Naturwissenschaften sank der Glaube an die diesseitige reale Nützlichkeit des kirchlichen Segens und der Gebete. Je geschickter die Menschen wurden bei der Daseinsbewältigung, desto mehr verlor die Kirche ihre Funktion als "Angstlinderungsinstitut" (PFISTER 1944).

Durch die Einführung des Blitzableiters und Versicherungen aller Art - so klagte man um die Jahrhundertwende - sei zum Schaden der Religion (= der Kirche) das Abhängigkeitsgefühl geschwunden (vgl. ERMEL 1971, S.29). Heute macht selbst der biederste Kleriker sein Witzlein über jenen geizigen Bauern, der den teuren Dünger durch doppelte Segenszuteilung ersetzen wollte.

Einstmals behauptete <u>Kausalbeziehungen</u> zwischen göttlich-kirchlichem Wirken und realen Ereignissen sind durch die Wissenschaft hinwegerklärt worden. Mit der positivistisch-wissenschaftlichen Weltsicht unvereinbare Ereignisbehauptungen sanken auf den Rang von Mythen. Die vielberedete <u>Entmythologisierung</u> ehemals

als Tatsachenbehauptungen geltender Quellentexte ist ja nur ein exegetisches Ausrufezeichen in dem großen Kapitel, das MAX WEBER bekanntlich mit "Entzauberung der Welt" überschrieben hatte.

Weithin geblieben ist ein diffuses Empfinden, daß "die Religion" notwendig und nützlich ist; "einem etwas gibt"; "daß an der ganzen Sache doch vielleicht etwas dran ist"; daß es ein "höheres Wesen geben muß" etc.; solche Aussagen werden gemeinhin benutzt als Indikatoren zum empirischen Nachweis der Dimension "Religiosität" (vgl. BOOS-NÜNNING 1972, S.28ff; 134ff; 163ff), so daß man sagen kann: Die im kulturspezifischen und damit stets kirchlichen Sinne ausgesprochen religiösen Menschen finden ihre Mitgliedschaft in der Kirche auch nützlich. Oder: Im landläufig-empirischen Sinne hohe Religiosität ist ein Beleg dafür, daß die kirchliche Mitgliedschaftsbindung die Nutzenkomponente enthält.

6.4. Die traditionale Komponente in der Kirchenbindung

6.4.1. Taufe versus tatsächliche Sozialisation

Formelles Mitglied in den beiden Volkskirchen wird man durch die Taufe als Säugling. Aufnahmen in späterem Lebensalter sind die Ausnahme. Aus theologischer Sicht wird durch den Taufakt eine nicht mehr lösbare Bindung an die Gemeinschaft der Gläubigen geschaffen. Für den Nicht-Theologen, zumal den Soziologen, bewirkt die Taufe als solche überhaupt nichts, außer der viel später wirksam werdenden öffentlich-körperschaftlichen Verpflichtung zur Kirchensteuer.

Entscheidend dafür, daß der Täufling Mitglied bleibt und dazu seine Mitgliedsrolle spielt, ist die nach der Taufe folgende tatsächliche Sozialisation. Das heißt mit anderen Worten: Wir gehen davon aus, daß das beobachtbare kirchlich-religiöse Verhalten eines Individuums ein Produkt bewußter und unbewußter Erziehung durch "die anderen" ist. Das sind auf der einen Seite unterscheidbare Personen, die man als Sozialisationsagenten kennt, in diesem Fall neben den Eltern und den Lehrern auch noch der Pfarrer und sein Helferkreis. Zum anderen kann man das Wort von den anderen eben wortwörtlich nehmen, insofern keine bestimmten Personen gemeint sind, sondern das einfache Mitmachen, die bezüglich eines bestimmten Verhaltens einfach vorhandene, vorgelebte und erlebte Konformität in der sozialen Umwelt des Individuums. Neben dem ausdrücklichen Soll, Kann und Muß besitzt das faktisch Vorhandene ebenfalls eine normative Kraft - oder besser noch: die verhaltensstabilisierende Kraft der Selbstverständlichkeit.

Die kirchlich geprägte Religionssoziologie beschäftigte sich bis zum Überdruß mit den Bindungen bereits sozialisierter, erwachsener Mitglieder und berücksichtigte relevante Sozialisationsbedingungen allenfalls als statistische Determinanten der Unkirchlichkeit, wie z.B. die Herkunft aus einer Mischehe oder einer Arbeiterfamilie. Unterschiede in der Kirchlichkeit bzw. der Unkirchlichkeit der Mitglieder sind bestens erforscht. Die Frage, wie sie überhaupt zuvor erst einmal kirchlich geworden sind, wurde und wird kaum gestellt.

L.VASKOVICS, der sich als einer von wenigen diesem Thema gewidmet hat, wies (1967, S.115) darauf hin, daß im Vokabular der Religionssoziologen das Wort "Sozialisation" fast gänzlich fehlt! - STOODT (1972, S.189f) bestätigt dasselbe auch noch fünf Jahre später.

Es ist vor allem das Verdienst einer österreichischen Gruppe von Soziologen in Zusammenarbeit mit dem INSTITUT FÜR KIRCHLICHE SOZIALFORSCHUNG (IKS; LEITUNG: H. BOGENSBERGER), das Thema Sozialisation in der Religionssoziologie angeschnitten zu haben.
Außer dem erwähnten VASKOVICS (1965; 1967; 1970; 1972) ist vor allem der Name WÖSSNER (1968) zu nennen. -
Außerdem vgl. SCHREUDER (1962, S.321ff); HUNGER (1960) und die jüngsten Untersuchungen von SCHMIDTCHEN.

Eine Fülle von Material müßte eigentlich dort zu finden sein, wo Religiosität und Kirchlichkeit "gemacht" werden - in der Religionspädagogik nämlich. Das ist nun aber keineswegs der Fall. Die Beschäftigung mit Sozialisationsfragen erhob sich allenfalls auf das Niveau einer reflektierten Praxis. Anstelle zielorientiert-operationaler Aussagen oder zumindest empirischer Ist-Beschreibungen findet man eher ein undurchdringliches Rankwerk von Theologismen und Idealisierungen über den Wert der christlich-konfessionellen Bildung. KITTEL (1970, S.428): "Eine pädagogisch orientierte kritische Darstellung unseres evangelischen Kirchenwesens gibt es m.W.nicht."

Sehr klar und informativ zum Thema Religionspädagogik und Sozialisation ist die kleine Schrift von Werner LOCH (1964) mit dem provokant-passenden Titel "Die Verleugnung des Kindes in der Evangelischen Pädagogik".
Das Defizit in der katholischen Pädagogik ist kleiner, weil die katholische Seite seit jeher mehr Wert auf die kindliche Sozialisation gelegt hat; (zu Glauben und Gewohnheit vgl. z.B. BARTH 1965).

Erst die Religionspädagogik der letzten Jahre beginnt, sich zu den Humanwissenschaften hin zu orientieren. Einer der Frühen in dieser Richtung war HUNGER (1960) mit einer ausführlichen empirischen Materialsammlung. Eine neuere Schrift (P.MÜLLER 1971) verspricht zwar im Untertitel, die Kirche als Sozialisationsfaktor zu behandeln, ist aber eher eine Streitschrift über Aufgaben und Stellung der (ev.) Kirche. Zu dem Wandel in der ev. Relig.-Pädagogik vgl. GROSCH (1974).

6.4.2. Traditionale Bindung als Sozialisationseffekt

Als das Minimalziel kirchlich-organisatorischer Sozialisation darf die **Beibehaltung der Mitgliedschaft** nach Erreichen der Religionsmüdigkeit angenommen werden. Speziell für dieses Ziel bot die kirchlich-religiöse Sozialisation bislang die besten Voraussetzungen für die Sorte von Bindung, die wir als traditional bezeichnet haben.

Obgleich jeder Soziologe irgendwann einmal mit den Handlungstypen von MAX WEBER zu tun hat, gibt es keine sozialisationstheoretische Arbeit darüber, welches die Bedingungen speziell für traditionales Verhalten sind. Wir können hier deshalb nur grobe Bedingungen aufzählen, die allerdings auf den ersten Blick einleuchtend sind.

Familiäre Sozialisation

Die kirchlich-religiöse Sozialisation geschieht <u>in der Familie</u> und durch die Familie. Diese übt, das ist sicher, die stärksten Einflüsse auf das Kind aus. Das Kind übernimmt die von den Eltern geübte Kirchlichkeitspraxis (vgl. HUNGER 1960, S.75ff; SCHMIDTCHEN 1973a, S.66ff; SINGER 1972; VASKOVICS 1965 etc.; WÖSSNER 1968). Man überinterpretiert diese wenigen Ergebnisse der kirchlichen Sozialisationsforschung nicht, wenn man weiter daraus schließt, daß auch die formale geldpflichtige Mitgliedschaft in der Familienpraxis legitimiert wird. Und daraus folgt weiterhin: Das Kind übernimmt <u>auch die Kombination aus sehr geringer bis total fehlender Teilnahme am kirchlichen Leben und dennoch beibehaltener Mitgliedschaft</u>. Es wird groß mit der Normal-Erfahrung, daß man all das, was die Kirche verlangt, nicht unbedingt zu tun braucht und dennoch zahlendes Mitglied ist - wohlgemerkt: Mitglied <u>ist</u> und nicht nur: Mitglied sein <u>kann</u>!

Mitgliedschaft in der Kirche ist kein Tun, das die
Eltern dem Kind anerziehen müssen; sie brauchen sie
nicht zu kontrollieren und nicht zu sanktionieren.
Mitgliedschaft ist ein ständiges Unterlassen (des
Austritts), das unabhängig von der Kirchlichkeits-
praxis geübt wird.

LENNÉ (1967, S.5of) nennt (in einer thematisch anders gelagerten Untersuchung) diesen Prozeß der in-
nerfamiliären selbstverständlichen Weitergabe von
Einstellungen und Verhaltensweisen "autonome Tradierung". Zu diesem Idealtypus bemerkt er ganz treffend:

"Das entscheidende methodische Moment des Begriffs
der autonomen Tradierung liegt nicht darin, daß die
Aufrechterhaltung gewisser sozial bedeutsamer Größen gegen Änderungstendenzen gekennzeichnet wird.
Das leistet bereits der Begriff der Tradition selbst.
Vielmehr meint autonome Tradierung eine Form der
Tradierung, die die Aufrechterhaltung gewisser Größen gar nicht erst gegen soziale Wandlungen durchsetzen muß, weil der Tradierungsmechanismus selbst
von vornherein vom Bereich der sozialen Wandlungen
mehr oder weniger funktionell separiert, also diesem gegenüber relativ autonom ist. Gegenüber der
Tradition im konventionellen Sinne erscheinen in
der autonomen Tradierung nicht bloß Inhalte vom sozialen Wandel isoliert, sondern die Tradierungsvor-
gänge selbst."

Frühe Sozialisation; Kirche ohne Entscheidung

Die kirchlich-religiöse Sozialisation beginnt frü-
hestens, nämlich im Rahmen allgemeiner Sozialisation schon an der Wiege. Gewisse Freiheitsgrade, wie
sie etwa der Jugendliche in der später einsetzenden
beruflichen oder schulischen Sozialisation hat, gibt

es für die Zugehörigkeit zur Kirche nicht. Die Mitgliedschaft ist gänzlich zugeschrieben. Daß es "katholisch" oder "evangelisch" _ist_, erfährt das Kind mit der gleichen Selbstverständlichkeit, wie daß es deutsch, männlich oder weiblich ist.

Dennoch besteht zwischen den beiden Kirchen in diesem Punkt des Einsetzens bzw. des Schwerpunktes der Sozialisationsbemühungen ein gewichtiger Unterschied, worauf SCHMIDTCHEN (1972, S.278f) hinweist:

"Die säkularisierte protestantische Familie erfüllt längst nicht mehr die religiöse Erziehungsfunktion, die ihr einst nach der Reformation zugedacht war und die sie vielleicht einmal eine gewisse Zeitlang erfüllt hat. Somit wird der Schwerpunkt der religiösen Erziehung in die Zeit des Konfirmationsalters, das heißt in die Pubertät gelegt. Und dies scheint genau das Mittel zu sein, Religion für den Rest des Lebens zu einer unbehaglichen Sache zu machen. Hier entsteht keine geistliche Heimat. Die ungezwungene Anhänglichkeit, die Katholiken ihrer Kirche bewahren, geht zweifellos zu einem großen Teil auf die religiöse Erziehung in der Kindheit zurück, die in der Kommunion mit dem 9. Lebensjahr ihren Höhepunkt findet."

WÖLBER (1960) nannte die ev. Kirche eine "Kirche ohne Entscheidung". Für sich betrachtet faßt dieser Titel die soziologische Befunde über die tatsächliche Form der Mitgliederrekrutierung und der kirchlich-religiösen Sozialisation mit kaum zu überbietender Prägnanz. Betrachtet man aber daneben die kath. Kirche, dann ist _diese_ - gemessen an der protestantischen Betonung der personalen Entscheidung - mit weitaus mehr Berechtigung eine Kirche ohne Entscheidung zu nennen. Wo der Protestant "Kann-Bestimmungen" vorfindet, die eine Entscheidung so oder so verlangen, sieht sich der Katholik einem starren "Muß" gegenüber - besonders in Fragen der kirchlichen Teilnahme.

Wenngleich sich in der Volkskirche viele Unterschiede verflüchtigen, die in der Lehre der "religiösen Virtuosen" so sehr betont werden, scheint dieser <u>Unterschied zwischen beiden Kirchen sehr bedeutsam zu sein</u>. Nicht daß bei den Protestanten die Mitgliedschaft Gegenstand einer institutionell nicht auffangbaren Dauerreflexion wäre, - das gewiß nicht. Auch hier lag das soziale System der Mitgliedrekrutierung im "<u>sozialen Schlaf</u>" (WÖLBER). Aber die protestantische Betonung der individuellen Freiheit und der personalen Entscheidung, die relativ offene Grenze zu den ev. Freikirchen... mögen dafür gesorgt haben, daß dieser "Schlaf" weniger tief war, als bei den Katholiken.

<u>Außerfamiliäre Sozialisation; Schule und Religionsunterricht</u>

Die kirchlich-religiöse Sozialisation durch die Familie wird angeleitet, ergänzt, ersetzt und kontrolliert durch <u>andere wichtige Sozialisationsträger</u> (vgl. ZULEHNER 1973, S.194ff).

Da ist zunächst die <u>Amtskirche</u> selber, die in eigener Regie unterrichtet und Erziehungsstätten unterhält: Für Kleinkinder eine Vielzahl von kirchlichen <u>Kindergärten</u>. Für Kinder und Heranwachsende spezielle <u>kirchliche Unterweisungen</u>, von denen u.a. zu nennen sind:

Kindergottesdienst, Schulgottesdienst, Kinderlehre,
Christenlehre; Kommunion-, Konfirmation- und Firm-
unterricht; Rüst- und Einkehrtage; Andachten und ähnliches.

Ein zweiter Sozialisationsfaktor sind neben ausdrücklich kirchlichen Schulen die öffentlichen Schulen,
welche den Kirchen große Einflußmöglichkeiten ein-
räumen, allein in der Form, daß der Religionsunterricht als ordentliches Lehrfach unterrichtet wird;
die feinere staatskirchenrechtliche Unterscheidung,
ob "der Staat" oder "die Kirche" Träger ist, ist
hierbei belanglos (zum Schulprivileg der Kirchen vgl.
KEIM 1967).

Unsere per Grundgesetz und per Landesverfassungen
kirchlich-religiös geprägten Schulen sind auch kaum
der Ort, wo Kirchenmitgliedschaft durch Wort und Tat
in Frage gestellt wird und werden darf.

Vgl. die einschlägigen Bestimmungen des Grundgesetzes
und der Landes-Verfassungen in RATH (Hrsg.) 1974, S.218ff.
Wie diese Normen in Lehrpläne übersetzt wurden, zeigt die
Untersuchung von GABELE (1973), dessen Interpretationen
ein allerdings einseitiges Bild zeichnen.

Kirchenkonforme Beeinflussung der Schüler ist erlaubt
und ausdrücklich geboten, kirchenfeindliche Einflußnahme wird schnell und hart sanktioniert.

Aufsehen erregte Ende 1968 der Fall eines jungen Gym-
nasiallehrers, im hessischen Heusenstamm, der angeblich
oder tatsächlich seine Schüler zum Boykott des Religionsunterrichts und zum Austritt aus der Kirche aufgerufen hatte. Er erhielt sofort Lehrverbot, als Eltern,
Kollegen und die beiden Kirchen protestierten (vgl.

Süddt. Zeitung vom 13.1. und 16.1.1969). Umgekehrt kam es auch zu Solidaritätskundgebungen mit dem "APO-Assessor", der - nachdem Gras über die Angelegenheit gewachsen war - allerdings wieder unterrichten durfte (vgl. DER SPIEGEL Nr. 4/1969 vom 2o.1.1969).

Der Religionsunterricht alter Schule war erst recht nicht dazu angetan, kritische Reflexion über die Mitgliedschaft in der Kirche zu fördern. Bezeichnend ist, daß der Religionsunterricht ausdrücklich als "Traditionsunterricht" konzipiert wurde (so: STALLMANN 1958). Der Religionsunterricht der letzten Jahre scheint hier gerade in die andere Richtung zu gehen; vgl. RAMMENZWEIG 1971. Wir kommen darauf noch eingehender zu sprechen.

Religion als Schulinhalt

Allein die Tatsache, daß Kirche und Religion zur Schulangelegenheit gemacht sind, als ordentliches Fach von ordentlichen Lehrern (im mehrfachen Sinne!) behandelt werden, muß dem Kind den Eindruck geben, daß es sich dabei um wichtige Dinge handelt, die einfach dazugehören zum Leben, so wie Rechnen, Lesen und Schreiben als selbstverständlich erachtet werden.

Man kennt umgekehrt auch den Fall, daß Gegenstände, die nicht zum herkömmlichen Bildungskatalog der Schulen gehören - wie z.B. Recht, Wirtschaft und Technik - nicht zur "Kultur" gezählt werden und trotz ihrer objektiven Wichtigkeit vielfach als vernachlässigenswert gelten.

Außerdem ist bekannt, daß die Lehrpersonen neben den Eltern die dritte wichtige Identifikationsperson im Leben eines Kindes darstellen (vgl. FEND 1969, S.174ff).

Langes Lernen

Die kirchlich-religiöse Sozialisation dauert <u>viele Jahre</u>. Je länger eine Erziehung dauert, desto geringer die Chance des Individuums, sich ihrem Einfluß entziehen zu können. Auf diesen Effekt des Lernens spielt die in der deutschen Bundeswehr geläufige Redensart "Der 'Bund' schafft jeden" sehr treffend an. Man könnte ähnlich salopp formulieren: "Die Kirche schafft - mit der Zeit - jeden".

Tendenz zur Internalisierung

Je länger eine mitgliedschaftliche Beziehung ohne Komplikationen währt, desto größer wird die Chance, daß diese Beziehung im bezeichneten Sinne internalisiert wird, in Fleisch und Blut übergeht und aus Ende einfach "dazugehört": "Man muß doch seinen Glauben haben!". Eine mildere Form von Verankerung in der individuellen Bedürfnisstruktur beschreibt jener bereits zitierte Satz, daß traditionale Bindungen immer auch liebgewordene Bindungen sind, mit denen zu brechen weh tut.
Die <u>Chance der Internalisierung</u> einer Zugehörigkeit bzw. allgemein einer Verhaltensweise, ist umso größer, je mehr dieses Element mit anderen zentralen Sollvorstellungen verklammert ist.

Allgemeine Konformität

Mitglied in einer der beiden Kirchen sind fast alle Menschen in dieser Gesellschaft (1950: 95,8%; 1970: 91,6%). Das junge Mitglied bleibt damit in <u>wohltuende Konformität</u> gehüllt und genießt die Ungestörtheit dessen, der so ist, wie alle sind.

Anders bei den Mitgliedern der kleinen Kirchen (Sekten), die durch ihre geringen Mitgliederzahlen und zumeist noch durch öffentliches Handeln (z.B. Straßenwerbung der Zeugen Jehovas) "Zeugnis geben" und ihr Anderssein ständig feststellen müssen.

Ein Unterschied zeichnet sich hier auch zwischen Stadt und Land ab. Wenn überhaupt eine konfessionelle Relativierung vorkommt, dann ist es in den Städten, nicht auf dem flachen Land und schon gar nicht in konfessionell einheitlichen Regionen.

Verbindungsfunktion der Schule; Kontinuität und Konsistenz

Eine für das Zustandekommen der Traditionsbindung gefährliche Phase ist der <u>Übergang</u> von der Familientradition in die gesamtgesellschaftliche Tradition, von der <u>primären</u> zur <u>sekundären</u> Sozialisation. Der Jugendliche, der seine ersten selbständigen Entscheidungen größerer Tragweite trifft (Beruf, Schule, Freundeskreis, Mitgliedschaft in Vereinen und Verbänden, Verbleib im Elternhaus oder nicht u.a.) kann in soziale Kontexte geraten, in denen die Kir<u>chenmitgliedschaft,</u> die für ihn fraglos war, zumindest fragwürdig ist. (Zu dieser Phase der relativen Offenheit bei der Ablösung vom Elternhaus vgl. LENNÉ 1967, S.75).

Die von den Entwicklungspsychologen (vgl. OERTER 1969, S.284ff) festgestellte regelmäßige Abnahme der in der Kindheit erworbenen positiven Einstellung zur Religion im Verlaufe der Reifezeit ließ bislang die Kirchenmitgliedschaft unberührt; der Kirchgang wurde hingegen schon betroffen.

Wir haben lange Zeiten der Schulausbildung, die weit in die zweite Sozialisationsphase hineinreichen und dazu regelmäßigem kirchlichem Einfluß unterliegen (Religionsunterricht etc.). Dieser Umstand begünstigt die Traditionalisierung der Mitgliedschaft. (Zur "Verbindungsfunktion" der Schule zwischen Kindheit und Erwachsenheit vgl. NEIDHARDT 1970, S.33ff).

Auch in der zweiten Sozialisationsphase außerhalb der Familie erfährt das Kind also bruchlos, daß Religion und Kirche grundsätzlich so irgendwie "dazugehören". "Bruchlosigkeit" ist dabei zweifach zu verstehen:

Einmal als Kontinuität, als Einheitlichkeit im Laufe der Lebensphasen. Die bloße Kirchenmitgliedschaft ist an keine Altersrolle gebunden; für das Kind gilt dasselbe wie für den Jugendlichen und den Erwachsenen. Zum anderen meint Bruchlosigkeit als Konsistenz die Einheitlichkeit der Erziehungsinhalte: Wo das Kind auch hingerät, nirgendwo wird die Kirchenmitgliedschaft in Frage gestellt. Beide Aspekte sind enthalten im ehedem vor allem von der kath. Kirche so vehement verteidigten Prinzip der "gesamtheitlichen Erziehung" - in der Konfessionsschule versteht sich. (Zur Effizienz von Kontinuität und Konsistenz vgl. CHILD 1954, S.680ff).

Allgemein entleerte Mitgliedspflichten

Die aktive Erziehungsarbeit der Kirchen hört dann auf, wenn das Mitglied die Schule verläßt und die Berufsausbildung beginnt. Gewiß verpflichtet die Mitgliedschaft in einer der beiden Volkskirchen auch danach noch zu einer Reihe von z.T. unbequemen Handlungen, aber das allgemeine, sanktionsrelevante Kirchlichkeitsniveau der Erwachsenen ist tatsächlich so niedrig, daß der "laue Weihwasserchrist" objektiv die Regel ist, und subjektiv dieser als normal empfunden wird. Negativ sanktioniert und schief angesehen wird eher der "fromme Betbruder" und die "Betschwester"; nicht der Saisonkirchgänger der Randgemeinde (vgl. PETER-HABERMANN 1967).

Das Normenbündel der Mitgliedsrolle wird faktisch immer dünner, was TENBRUCK (1960, S.120) auf die prägnante Formel gebracht hat, "daß Kirchenferne nicht Ausdruck einer Nichterfüllung von subjektiv empfundenen Verpflichtungen, sondern einer Entleerung dieser Verpflichtungen ist."
KEHRER (1967, S.153f) kommt zu dem Schluß, daß die Kirche keine Kirche des "Sichverhaltens" ist; die Mitgliedschaft ist mit keinen Handlungsmodi mehr verbunden. Eine Kirche, die nichts fordert (außer der Kirchensteuer, die genauso anonym erhoben wird wie die Beiträge zur Sozialversicherung) stößt nicht auf Ablehnung.

Kurzum: Das Traditionalitätsgesetz "Jung gewohnt, alt getan!" trifft umso eher zu, als das, was da zu tun ist, sehr wenig ist, zumal wenn es in einem passiven, dazu gesellschaftkonformen Unterlassen (des Austritts) besteht.

Die allgemein lässige Handhabung der Kirchengebote hat außerdem die Wirkung, daß die Gefahr der Überziehung gering ist. Überkontrolle führt statt zur Selbstverständlichkeit zum gereizten Bewußtsein von Zwang, dem man möglichst bald zu entfliehen trachtet. ("Allzu scharf macht schartig"). Bekannt ist der Typ des katholischen Klosterschülers, der am Ende von dem übertrieben frommen Lebenswandel nichts mehr wissen mag und "kippt".

Keine Austrittswerbung

Fraglose Mitgliedschaft kann zumindest fragwürdig werden durch breite öffentliche Gegenwerbung ("Agitation"). Antikirchliche, speziell auf Austritt zielende Kampagnen, hat es indessen in der Bundesrepublik nicht gegeben.

Gewiß wurde bissige Kritik an den Kirchen (meist der katholischen) geübt, doch zielte sie nicht ausdrücklich auf den Austritt. Und selbst da waren Autoren wie DESCHNER (z.B.1962) und SZCZESNY (z.B. 1958) selten. Und Rolf HOCHHUTH entfesselte mit seinem "Stellvertreter" (1963) einen derartigen Sturm katholischer Entrüstung, daß er über Nacht berühmt-berüchtigt wurde. (Vgl. DER SPIEGEL Nr.9; 11; und 17/1963; HOCHHUTHs "Stellvertreter" 1963).
Über den desolaten Stand der "katholischen Linken" und der "linken Katholiken" bis zum Aufbruch der Neuen Linken vgl. W.DIRKS (1966).

Carl AMERY, einer dieser raren frühen Kirchenkritiker in der BRD, bemerkte in gewohnter Brillanz zu dem Kirchenfrieden in der BRD:
"Es wimmelt in allen Parteien von aufrechten Christen, Antiklerikalismus wird von ihnen allen entrüstet zurückgewiesen (wenn auch Nikodemusgespräche nach Zapfenstreich stattfinden...). Der Atheismus vollends hat sich in Freischärlergruppen, in die Prosa von Leuten wie Arno Schmidt, in die Aperçus von Soziologen und Psychoanalytikern zurückgezogen und führt dort ein Dasein voll zigeunerhafter Wonne, aber ohne öffentlichen Widerhall. Das System der freiwilligen oder halbfreiwilligen Vorzensur aber, das die sogenannte Meinungsfreiheit unserer großen publizistischen Apparate bestimmt, arbeitet offensichtlich zugunsten dessen, was man - wenn auch sehr ungenau - Klerikalismus nennt. Es findet sich heute in Westdeutschland keine Publikation von Rang, die es genehm oder geboten findet, die 'Kirche' oder den Katholizismus anzugreifen; und wenn es versucht wird, dann legt man sich vorsichtshalber gleichzeitig einen Renomierpater zu. Große Illustrierte halten es für opportun, ihren Sex- und Sozialschnulzen ein inniges Predigerwort vorauszuschicken; kirchliche Delegierte in den Rundfunkräten sorgen wirksam für die richtige Färbung der Farblosigkeit - und sogar die Miederfabrikanten inserieren neben den lockenden Bildnissen ihrer neuesten Modelle mit dem Konterfei des Weihbischofs, der eben ihr jüngstes Zweigwerk einsegnet. Und zu denken, daß es einmal einen 'bresadent orderer', einen gräßlichen politisierenden Kooperator, eine drachenhafte Pfarrersköchin im Simplicissimus gegeben hat...! Dergleichen wird höchstens für Kenner in gepflegten Taschenbuchverlagen ausgegraben, Neufabrikation ist unerwünscht." (AMERY 1963, S.8f).

Von einer regelrechten Austrittspropaganda in der BRD kann und konnte nie die Rede sein. Kirchliche Andeutungen in dieser Richtung entbehren jeder konkreten Grundlage. Mag sein, daß die Vereinigungen der "Freidenker" und "Freireligiösen" in der ersten Nachkriegszeit versucht hatten, ihre alte Austrittsagitation der Weimarer Zeit wiederaufzunehmen. Viel zu finden ist darüber nicht - noch nicht einmal im Organ der freigeistigen Verbände, der GEISTESFREIHEIT!

H.REICH (1951, S.383) notierte zwar, daß dieses
Blatt über "eine besonders wohlgelungene Kirchen-
austrittsaktion" in Braunschweig berichtet und
auch zur "Technik des Kirchenaustritts" informiert
habe. - Im ersten Falle handelt es sich indessen
um eine kaum findbare Nebensatzbemerkung (vgl.
DIE GEISTESFREIHEIT 43 (1949) S.168) und die Aus-
trittsinformation ist eher eine verkappte Aufforderung zur freireligiösen Konversion (vgl. ebenda
S.311). Auch eine Durchsicht der folgenden Jahrgänge bringt keinen Hinweis auf eine ausgesprochene Austrittswerbung bei den Freireligiösen. (Zu
den Freigläubigern und Freidenkern der ersten Nachkriegszeit vgl. auch HUTTEN 1949).

Auch sind gegenseitige Polemik und Abwerbungsver-
suche zwischen den beiden Kirchen gänzlich einer
"ökumenischen Partnerschaft" gewichen. Die alten,
anfangs der fünfziger Jahre noch kämpferischen
Vereine zur Binnenmission (kath.: z.B. Bonifatius-
verein; ev.: z.B. Gustav-Adolf-Werk) fristen im
modernen Religionsfrieden ein weithin unbeachte-
tes Dasein.

Wenn man von <u>Kirchenaustrittswerbung</u> in der BRD
sprechen kann, so gab es sie erst, <u>nachdem</u> die
Austritte insgesamt und bundesweit schon eine Weile im Steigen begriffen waren.

Die erste überhaupt so zu bezeichenbare Aktivität
kam vom BUND FÜR GEISTESFREIHEIT (bfg) in Nürnberg,
Ende 1969. Daß gerade die Nürnberger Freigeister den
Anfang machten, verwundert nicht, denn diese waren
schon vorher etwas couragierter gegen die Kirchen
aufgetreten (z.B. Musterprozeß in Sachen Kirchensteuer 1965). Andere freireligiöse Vereinigungen weisen
indessen kühl darauf hin, daß sie Austrittswerbung
nicht nötig hätten (briefl. Mitteilung).

Auch die sehr kirchenkritische, intellektuell-liberale HUMANISTISCHE UNION (HU; gegründet 1961 von G. SZCZESNY) wurde in Sachen Kirchenaustritte erst deutlicher, nachdem man bundesweit davon sprach.

Vgl. z.B. DESCHNER (Hrsg): "Warum ich aus der Kirche ausgetreten bin" (1970) mit Anhang. "So tritt man aus der Kirche aus". Kirchenaustrittswerbung führe man - so beteuerte die HU in München - nicht durch; man informiere nur. Obgleich die Grenzen heute sehr fließend zu sein scheinen, steht fest, daß vor dem Ansteigen der Austritte auch von der HU die Mitgliedschaft in der Volkskirche nicht in Frage gestellt wurde; vgl. auch die Zeitschrift VORGÄNGE (jetzt WEINHEIM; hrsg. in Verbindung mit der HU).

Daß sich in dem gewohnten öffentlichen Schonraum um die Kirchen herum die geringsten Anti-Aktivitäten wie Kriegslärm ausmachen, ist eine andere Sache, die wir genauer untersuchen werden. Die geringste Austrittswerbung in der BRD erregt - gerade wegen ihrer Seltenheit - außergewöhnliche Aufmerksamkeit und wird sofort von der Presse aufgegriffen. So berichtete z.B. die WELT (vom 31.1.1968), daß an der Uni München zwei (!) Studenten per Flugblatt zum Kirchenaustritt aufgerufen hätten.

Verglichen mit dem, was nach der Jahrhundertwende und in der Weimarer Zeit an Austrittswerbung normal war, erfreuten sich die beiden großen Kirchen in der BRD bis 1968 einer tabuähnlichen Ungestörtheit. Damals waren in den Großstädten öffentliche Austrittsversammlungen, Aufrufe zum Austritt, Verteilen von Austrittsformularen und Hilfestellung beim Austrittsverfahren gang und gäbe (vgl. ERMEL 1971; H.REICH 1951; PIECHOWSKI 1930).

Auch ein Hinweis darauf, daß nach der Jahrhundertwende die Mitgliedschaft in der Kirche weitaus mehr kritisch bewußt war als in der jüngeren Vergangenheit, gab Max WEBER (1969, S.279; zuerst 1920) mit der Bemerkung, daß schon ein kleiner Bruchteil der finanziellen Zumutungen, wie er sie von Kirchengemeinden in den USA kannte, "bei uns Massenaustritte aus der Kirche zur Folge haben würde".

Automatik der Kindtaufe

Wenn nun die Formalmitgliedschaft des Erwachsenen erfolgreich traditionalisiert wurde, dann heißt das in erster Linie nur, daß ein Austritt dieses Erwachsenen aber unter bestimmten Voraussetzungen höchst unwahrscheinlich ist. Es heißt nicht notwendig, daß dieser Erwachsene auch seine Kinder wieder zu Kirchenmitgliedern macht, indem er sie zur Taufe bringt. Hier aber schließt sich der Kreis der kirchlichen Mitgliederreproduktion durch die "Automatik der Kindtaufe".

Religionssoziologen, -pädagogen und Theologen sind sich darin einig, daß ein anderes Verfahren der Mitgliederrekrutierung (etwa der Erwachsenentaufe) den Kirchen weitaus geringere Mitgliederzahlen bescheren würde. Das hängt nicht allein mit der Willensfreiheit zusammen, die der heranwachsende Mensch gegenüber dem willenlos getauften Säugling entwickelt.

Wäre der Zeitpunkt des Kircheneintritts nicht so fest an die Geburt geknüpft, sondern ins zeitliche Belieben der Eltern gesetzt: Wieviele Hindernisse sind denkbar, daß die an sich geplante Taufe doch irgendwie verschoben und verschoben und schließlich aufgehoben würde - so, wie es beispielsweise bei den durchaus als notwendig und nützlich erachteten Kinder-Impfungen der Fall ist.

WÖLBER (1960, S.117): "Die Kinder sind das soziale Motiv religiöser Bindung. Würde die Kirche die in der Lebensgeschichte gerade der Kinder verankerten Bindungen fallen lassen, würde sie eine Freikirche mit Erwachsenenaufnahme werden, so würde sie vermutlich (...) etwa die Hälfte ihrer jetzigen Mitglieder verlieren."

In der EKD-Untersuchung (1974, S.88ff) sprachen sich immerhin 37% der repräsentativ Befragten für die Erwachsenentaufe aus. In der Gruppe der 14-24jährigen betrug dieser Anteil sogar 60%! Da der Anteil der Befürworter der Erwachsenentaufe ganz klar negativ korreliert mit Kirchgangsfrequenz und dem gemessenen Verbundenheitsgefühl, darf man vermuten, daß aufgeschoben sehr wahrscheinlich aufgehoben sein würde.

Schmerzloser Steuerabzug

Das junge Mitglied wird durch die Kirchensteuer nicht belästigt. Für das ältere Mitglied mit steuerpflichtigem Einkommen stellt die Kirchensteuer noch die einzige drückende Verpflichtung dar, die es erfüllen muß. Hier aber sorgt das besondere Einzugsverfahren der Kirchensteuer dafür, daß die Mitgliedschaft nicht gefährdet wird durch Querelen mit der Beitragszahlung, wie dies von anderen Vereinigungen bekannt ist; (für die Gewerkschaften vgl. SCHELLHOSS 1967, S.118).
Der Grund ist einfach der, daß der große Anteil der Lohnsteuerzahler die Kirchensteuer nicht sichtbar aus der Geldbörse zahlen muß. Es ist keine Frage, daß ein vorheriger Abzug von Steuern etc. aus psychologischen Gründen eine vergleichsweise schmerzlose Angelegenheit ist gegenüber einer nachträglichen Entrichtung aus dem bereits verfügbaren Nettoeinkommen.

Auch bei <u>Wechsel des Wohnortes</u> wird die Mitgliedschaft nicht zur Entscheidungsfrage. Das Mitglied braucht an seinem neuen Wohnsitz seiner Bekenntnisgemeinde nicht ausdrücklich beizutreten, sondern gehört ihr automatisch durch den Zuzug an. Auch die <u>Kirchensteuer</u> wird wie gehabt abgezogen (zu diesem sog. Parochialrecht vgl. CAMPENHAUSEN 1973, S.123f). Hier allerdings ergibt sich schon eher Gelegenheit, daß eine empfindliche Störung eintritt. Dies weniger durch die geringfügig unterschiedliche Höhe der Kirchensteuer, als durch das mancherorts erhobene <u>Kirchgeld</u>, das noch zusätzlich zur Kirchensteuer von der Pfarrgemeinde erhoben wird. Das ist mit einer der Gründe, weshalb diese Einrichtung in den letzten Jahren mehr und mehr abgeschafft wurde (vgl. MARTENS 1969, S.5off).

<u>Kein Bruch durch das nationalsozialistische Jahrzehnt</u>

Die genannten Sozialisationsbedingungen, die den einzelnen derart störungsfrei zur Kirchenmitgliedschaft führen, gelten aber - wie schon eingeschränkt - nur für die <u>BRD</u>, d.h. für die Generation derer, die heute bis ca. 35, höchstens bis 4o Jahre alt sind und bei Anfang der Austrittswelle im Jahre 1968 bis Anfang 3o alt waren. Sie haben ihre kirchlich-religiöse Sozialisation ausschließlich bzw. weiten Teils durch eine wohletablierte Nachkriegskirche erfahren.

Man sollte annehmen, daß die Generation, welche die kirchenfeindliche Politik der Nazis erlebt hat, ein weniger unreflektiert-störungsfreies Verhältnis zur kirchlichen Mitgliedschaft hat; das beträfe insbesondere die heutige mittlere Generation zwischen 4o und 6o Jahren, die damals als Kinder, Jugendliche und junge Erwachsene im Sinne der NS-Ideologie antikirchlich beeinflußt worden war.

Die Attacken gegen die Kirchen zielten indessen - soweit dies aus den Berichten hervorgeht - weniger dahin, das einzelne Mitglied mit aller Gewalt aus seiner Kirche herauszutreiben. Die Doppelstrategie bestand vielmehr darin, diese Organisation - wie andere überdies auch - entweder für die eigenen Ziele einzuspannen, sie "gleichzuschalten" oder, wo dies nicht möglich war, sie langsam von oben her institutionell "auszutrocknen" und die kirchlichen Aktivitäten auf den harmlosen Innenraum des Kultes zu begrenzen. Was man als Kirchenkampf bezeichnet, ist fast ausschließlich ein Kampf auf der Ebene der Institutionen, nicht gegen das Mitglied an der Basis gewesen.

Vgl. ARBEITEN ZUR GESCHICHTE DES KIRCHENKAMPFES; ADOLPH 1974, S.32f; HOFER 1957, S.119ff; W.WEBER 1952; zur Taktik der allgemeinen Zurückhaltung in Sachen Kirchenaustritte vgl. ZIPFEL 1965, vor allem Dokument Nr.5o, S.45of;
Zur relativ schwachen Rolle der "Deutschgläubigen" und "Gottgläubigen" vgl. JUSTMANN 1939.

Die Frage der Mitgliedschaft in der Kirche stellte
sich anscheinend nur denjenigen, die durch Austritt
hier und Eintritt dort in die Partei etc. aktive
Loyalität zu Ideologie und Regime zu bekunden hatten,
nicht aber für das normale Mitglied. An einer Publizität der Austritte etwa zu Propagandazwecken war dem
Regime keineswegs gelegen. Den Kirchen war verboten,
die Kirchenaustritte bekanntzugeben (vgl. W.WEBER 1952,
S.373; ZIPFEL 1965, S.126).

Insgesamt sind innerhalb der 12 Jahre des 1000jährigen
Reichs weitaus weniger Mitglieder ausgetreten, als
man vermuten könnte. Die kath. Kirche verlor 600.000
Mitglieder (vgl. KHB, Bd.23 (1944-51) S.301). Die ev.
Kirche verzeichnete in dieser Zeit rund 1,9 Mio Austritte (vgl. STATIST.BEILAGE Nr.4). Das ist wenig,
wenn man bedenkt, daß die ev. Kirche allein von 1968
bis Ende 1974 über eine Million und die kath. Kirche
über 400.000 Austritte zählte, und das bei einem kleineren Kirchvolk gegenüber damals.

Auch lassen die überraschend wenig gesunkenen Tauf-
ziffern jener Zeit (vgl. ROHDE 1971; ZIPFEL 1965,
S.17ff; KHB Bd 22(1943) S.306f) vermuten, daß sich
an der Selbstverständlichkeit der Mitgliedschaft in
der Kirche nicht viel geändert hatte.

Wo dies doch der Fall gewesen sein mag, dürfte am
Ende der allgemeine Schock des "niemals wieder", die
unter alliierter Aufsicht ablaufende demokratische
Umerziehung (womit die unverdächtigen Kirchen nicht
wenig betraut waren) und das allgemein freundliche
Verhältnis zwischen Staat und Kirche für die Verfestigung neuer Gewohnheiten gesorgt haben.

Man muß dies nicht annehmen für den gewissen Kreis
derer, die im Sinne der Nazi-Ideologie formal oder
faktisch mit der Kirche gebrochen hatten. Diese
hatten bekanntlich in der Nachkriegszeit nur gute
Gründe, wieder als treue Kirchenmitglieder zu gelten und von ihrem außerkirchlichen Intermezzo kein
Aufhebens zu machen. Als "Störfaktor" werden diese
Personen deshalb kaum in Erscheinung getreten sein.
(Man vergleiche die Wiedereintritte und Nachtaufen
nach 1945, die von den Kirchenstatistiken nicht so
gerne in Verbindung gebracht werden mit der Ent-
nazifizierung und der Jagd nach "Persilscheinen").

6.4.3. Die trad. Kirchenbindung als empirischer Befund

In der Kirchensoziologie taucht nicht selten der
Traditionsbegriff auf, bezeichnet aber häufig einen
anderen Sachverhalt als hier mit traditionaler Bindung gemeint ist. Er dient dort als Name für spezielle Kirchlichkeitskategorien.

So spricht zum Beispiel SCHREUDER (1962, S.33;
284ff) von den "Traditionskatholiken" und meint
damit eine Untergruppe von treuen Kirchgängern.
WÖLBER (1960, S.105) meint mit den "Traditions-
treuen" den Kreis derer, die gerade noch Wert auf
die kirchlichen Passageriten und die Weihnachts-
feier legen.

Wir haben hingegen die traditionale Bindung als
allgemeinen Faktor herausgestellt, der grundsätzlich in jeder Kirchenzugehörigkeit enthalten ist,
weil die Sozialisationbedingungen für diese Mitgliedschaft dementsprechend beschaffen sind bzw.

es waren. Der Zustand der allgemeinen Selbstverständlichkeit und der subjektiven Alternativlosigkeit ist - was die Mitgliedschaft angeht - auch für die Kirchenfernen vorhanden, nicht bloß für die Mitglieder mit intensiver Teilnahme am kirchlichen Leben.
Der Unterschied im Begriffsgebrauch ist dringend zu beachten, um Mißverständnisse über die traditionale Bindung zu vermeiden.
Den Sachverhalt der traditionalen Kirchenbindung im <u>hier</u> gemeinten Sinne findet man in der Kirchensoziologie wie auch im Alltagsdenken vielfach bestätigt. Die sensibelste Aufmerksamkeit dafür ist bei WÖLBER (1960) zu finden. Dieser interpretierte die Daten einer der frühesten Repräsentativbefragungen der Religionssoziologie ausdrücklich im Hinblick auf das protestantische Prinzip der personalen Entscheidung. Er kam zu dem Ergebnis einer "<u>Religion</u> bzw. <u>Kirche ohne Entscheidung</u>."

Pointierter noch ist das Pastorenwort vom "<u>Sakrament der Gewohnheit</u>" (vgl. STERN-Untersuchung 1967). Dabei fällt auf - wir sprachen bereits über dieses rationalistische Vorurteil -, daß die traditionale Bindung gerne als unvollständig und in gewisser Weise auch minderwertig angesehen wird gegenüber anderen, als religiös gekennzeichneten Bindungsformen. Deutlicher kommt diese Neigung zur negativen Bewertung noch beim Umgangswert von den "<u>Gewohnheitschristen</u>" zum Vorschein, die alle Jahre wieder - meist zur Weihnachtszeit - gescholten werden.

Überhaupt ist merkwürdig, wie häufig derlei Alltagsbefunde über die Anhänglichkeit der fernen Mitglieder an die Steuerkirche getroffen werden, während die Religions- bzw. Kirchensoziologie sich nur zögernd und - gemessen an der Flut von Literatur über die religiöse Bindung eher am Rande dazu äußerte.

Der Theologe FISCHER-BARNICOL bemerkte zu den Ergebnissen der von ihm begleiteten STERN-Untersuchung von 1967: "Man hat sich so daran gewöhnt, einer Kirche anzugehören, daß man kaum auf den Gedanken verfällt, auszutreten. Die Kirchen gehören wie die Schulformen, wie Vorurteile und Volkswagen zu den eingefahrenen Gewohnheiten des Deutschen, zum Inventar der Gesellschaft" (vgl. STERN Nr. 13/1967).

Vgl. auch L.HOFFMANN 1971; STAMMLER 1960, S.13ff; HUNGER 1960; S.187ff; bei der Rede von der Gewohnheit ist allerdings wieder daran zu erinnern, daß ein traditionales Verhalten eben mehr ist als nur eine individuelle Gewohnheit, und daß es ganz bestimmter Systembedingungen bedarf, um es zu erzeugen und zu erhalten. Die ausführlichste Bestätigung für die traditionale Kirchenbindung finden wir bei KAHSEBÖHMER 1971; außerdem vgl. die EKD-Untersuchung 1974, S.142ff und 247ff.

Wo der Sachverhalt des traditionalen Verhaltens angesprochen wird, dort wird zumeist in einem betont, welch <u>entscheidende Bedeutung</u> dieses für den Bestand der teilnahmeschwachen aber nichtsdestoweniger mitgliederstarken Volkskirchen habe.

HUNGER (1960, S.201; 188ff) beispielsweise interpretiert seine Untersuchungsergebnisse in der Art, daß die Gewohnheit die weitaus stärkste positive Wirkung auf das Religiös-Kirchliche ausübe.

ZULEHNER (1973, S.142ff) kommt bei Durchsicht von österreichischen Untersuchungen zu dem Ergebnis, daß "Tradition und Religiosität nahezu als gleichwertige Motive nebeneinander bestehen" (S.144).

Übereinstimmend mit der traditionalen Bindung ist, wie bereits angemerkt, die "Traditionsleitung" in der EKD-Untersuchung (HILD (Hrsg) 1974, S.142ff). Im Ergebnis übereinstimmend ist auch die These, daß die bindende Kraft der Tradition dominiere. Dennoch empfiehlt es sich, diesen Befund und seine Ableitung näher zu betrachten.

Es wird dann die <u>Schwierigkeit sichtbar, soziologisch postulierbare und durchaus bekannte Sozialisationseffekte nachträglich von den sozialisierten Individuen zu erfragen.</u> Denn die obige Hypothese kann nicht gültig belegt werden durch die Verteilung der Antworten auf die Frage "Warum sind sie in der Kirche?" und 20 dazugehörenden Antwortvorgaben. - Die Vorgabe "weil ich so erzogen bin" trifft am ehesten den Sachverhalt der trad. Bindung. Aus der 41%igen Zustimmung aber abzuleiten, "für weit mehr als ein Drittel aller Evangelischen ist demnach Zugehörigkeit zur Kirche nach wie vor selbstverständliche, unstrittige Tradition" (S.142), ist nicht statthaft.

Die Vorgabe ist zunächst einmal zu negativ gefärbt. Gerade die "guten Kirchenmitglieder" bescheinigen sich nicht selber, "nur" deswegen Mitglied zu sein, weil sie dazu erzogen wurden. Sie betonen - ganz im kirchlichen Sinne - die <u>personale Entscheidung</u> und greifen lieber auf die übrigen gängigen Stereotypen zurück ("weil ich an Gott glaube"; "weil ich Christ bin"...).

Zum anderen ist die traditionale Bindung ein <u>soziologisches Handlungspostulat</u>, das grundsätzlich kaum durch die frontale Frage "Warum sind Sie Mitglied"; operationalisierbar ist. Wer gibt denn schon zu, daß er etwas "nur aus bloßer Gewohnheit" tut? In dieser Hinsicht sind viele Untersuchungen zu kritisieren, weil sie nicht bedenken, daß die Vorliebe der Befragten zu positiven Begründungen ziemlich ausgeprägt ist und die inhaltlich zwar richtige, im Alltagsverstehen aber negativ verstandene Operationalisierung deshalb zurückgewiesen wird.

Den Beweis für die Schwäche der Operationalisierung bietet die EKD-Untersuchung (S.142) übrigens selber, indem sie diejenigen, die bejaht haben, aufgrund der Erziehung Mitglied zu sein, von dem stets mitgedachten Vorwurf des "leeren Traditionalismus" wiederholt entlastet.

Außerdem: Wenn soziologisch sonnenklar ist, daß das kirchlich-religiöse Verhalten <u>aller</u> Kirchenmitglieder nicht angeboren, sondern das Ergebnis einer langjährigen Anpassung (Sozialisation) auf jeweils historisch vorgegebene sozio-kulturelle Bedingungen ist, - welch ein Aussagewert hat dann z.B. eine 41%ige Zustimmung zu dem Statement "Ich bin in der Kirche, weil ich so erzogen bin!"? - In Wahrheit müßten, wie man weiß, alle 1oo% diesen Satz bejahen. - Es bleibt nichts anderes übrig, als solche Antworten als subjektive Zustimmung zu sozialen Begründungsstereotypen aufzufassen.

Das hat die EKD-Untersuchung ja auch getan (vgl. S.136ff), ohne allerdings der Versuchung zu widerstehen, die Verteilung der Antworten zu den verschiedensten Stereotypen direkt als analytisches Faktum der kirchlichen Bindung zu interpretieren. Sehr unkritisch ist in diesem Punkt die hier häufig zitierte frühe Untersuchung von SCHREUDER (1962) - aber bei weitem nicht diese allein - weshalb auf diese Frage hier näher eingegangen wurde. - Es handelt sich immerhin um eine grundsätzliche konzeptionelle Schwierigkeit, die bei jeder empirischen Behandlung von Mitgliedschaftsfragen auftaucht, und nicht um eine bloße Interpretationsfrage.

6.5. Die traditionale Bindung als Restbindung bei Kirchenfernen

Wir wissen, daß die neuen Austreter aus beiden Kirchen fast ausschließlich aus dem Kreis der Kirchenfernen stammen, den Mitgliedern also, die ihre Kirchensteuern zahlen, sonst aber - wie man so schön sagt - "den lieben Gott einen guten Mann sein lassen". - Weniger salopp und soziologisch exakter: Es geht um die Kategorie von Mitgliedern, die in der Kirchensoziologie mit wechselnden Bezeichnungen bedacht werden, in der Sache aber ziemlich einheitlich anhand von Kriterien der Teilnahme am kirchlichen Leben - vornehmlich des Gottesdienstbesuches - empirisch bestimmbar sind. Man redet da von Kirchen-

fernen, Abständigen, Randständigen, Marginalen, Distanzierten, Indifferenten, partiell Identifizierten, Taufscheinchristen, Nominalen Mitgliedern, Milieumitgliedern, Traditionschristen etc. etc.;
(zu den Typologien vgl. DOBBELAERE 1968; ZULEHNER 1973, S.165ff).

Wie groß ist diese Gruppe anzunehmen?
Die Frage ist einigermaßen schwierig, weil die verschiedensten Untersuchungen da andere Anteile ergaben. Selbst bei dem verhältnismäßig einfachen Merkmal des Gottesdienstbesuchs ergeben sich beträchtliche Unterschiede. Viele Untersuchungen behandelten bisher die Frage der Kirchgangshäufigkeit, die wenigsten sind indessen repräsentativ. Ihre Aussagen gelten nur für den Kreis der jeweils Befragten Betrachten wir deshalb die Daten der jüngsten großen Untersuchungen:

Bei SCHMIDTCHEN (1973, S.268) findet man folgende Angaben über die Gewohnheiten des Kirchbesuchs unter Protestanten (ab 16 Jahre; die Zahlen entstammen aus IfD-Umfragen 1967-1969):

Es gehen zur Kirche:

Regelmäßig	Unregelmäßig	Selten	Nie	Zusammen
10%	29%	44%	17%	100%

Die EKD-Untersuchung (S.46ff) erhob im Jahre 1972 folgende Verteilung der Kirchgangsfrequenz (Protestanten ab 14 Jahre):

Es geben an, in die Kirche zu gehen:

Jeden oder fast jeden Sonntag:	8%
mehrmals oder mindestens einmal im Monat:	16%
nur an besonderen kirchlichen Feiertagen:	22%
Nur aus Anlässen wie Hochzeit, Taufe, Begräbnis:	15% ⎫
Es geben an, nicht in die Kirche zu gehen:	39% ⎭ 54%
	100%

Die SPIEGEL-Umfrage erhob 1967 einen Anteil von 27% Nichtkirchgängern, unterschied aber just bei dieser Frage nicht nach Konfessionen (vgl. HARENBERG (Hrsg) 1969, S.58f).

Eine Umfrage im Bereich der VELKD, also einem Teil der EKD, erfaßte 1972 einen Nichtkirchgänger-Anteil von 20% und die Vorgabe "selten" wurde zu 40% bejaht (vgl. SCHMIDTCHEN 1973a, S.74).

Die Zahlen sind also sehr unterschiedlich, wenn in einem Fall 17%, im anderen 39% Nichtkirchgänger festgestellt werden. Es gibt allerdings gute Gründe, die Zahlen der EKD-Untersuchung als die treffenderen anzunehmen, denn die Antwortvorgaben der IfD-Umfrage sind bei der Kirchgangsfrage reichlich unpräzise und das Ende der Skala wahrscheinlich zu negativ formuliert ("nie" gegenüber "nicht" bei der EKD-Umfrage). Außerdem passen die EKD-Zahlen besser in das bereits vorhandene empirische Gesamtbild der protestantischen Kirchlichkeit.

Wir stellen also in der ev. Kirche einen Mitgliederanteil von 39% fest, die nicht zur Kirche gehen und einen Anteil von 15%, die nur noch aus besonderen familiären Anlässen den Weg dorthin finden. Das sind zusammen 54% der Protestanten (über 14 Jahre!).

Über die Kirchgangsgewohnheiten der Katholiken (ab 16 Jahre) gibt gleichfalls SCHMIDTCHEN (1973,S.270) anhand von IfD-Daten Auskunft:

Es gehen zur Kirche (1967-69)

regelmäßig	unregelmäßig	selten	nie	zusammen
48%	25%	18%	9%	100%
		27%		

Innerhalb der Synodenumfragen wurde 1970/71 im ungünstigsten Falle (günstigere Ergebnisse durch Sponsorship-Effekt!) ein Anteil von rund 11% Nie-Kirchgängern und 16% seltenen Kirchgängern erhoben. (vgl. SCHMIDTCHEN 1972, S 95 Tab.42). Zusammen also wieder 27%.

Wir halten, um wenigstens grobe Vorstellungen über den Sachverhalt der Kirchenferne zu haben, folgende Zahlen fest: Legt man das Merkmal des Kirchbesuchs zugrunde, dann kann man auf der ev. Seite etwa die Hälfte des Kirchvolks als kirchenfern betrachten und im kath. Bereich etwa ein Drittel. Zu berücksichtigen ist in jedem Falle, daß fehlender Kirchbesuch im protestantischen Bereich ein weniger deutlicher Indikator für Kirchenferne ist als im katholischen.

Wenn also die Austreter fast ausschließlich aus dem Kreis der Kirchenfernen stammen, dann können wir unsere Bindungsfrage ganz gezielt diesen Mitgliedern stellen und kommen zu folgender Hypothese:

Wir gehen davon aus, daß es am "Rande der Volkskirche", unter den Kirchenfernen, eine Menge von Mitgliedern gibt, die nur noch oder fast ausschließlich traditional an die Kirche gebunden sind. Von den drei unterstellbaren Bindungskomponenten ist nur noch die traditionale Bindung ausgeprägt vorhanden.

Es ist nicht anzunehmen, daß die Kirchenfernen im oben bezeichneten Sinne allesamt nur noch traditionale Bindungen an ihre Kirche hätten und nicht mehr durch Nutzenerwägungen oder aus Furcht vor Sanktionen ihre Mitgliedschaft beibehalten.
Außerdem müssen wir berücksichtigen, daß sich vor allem im protestantischen Raum Nichtteilnahme am Kirchenkult durchaus verbinden kann mit durchaus stabiler, internalisierter Mitgliedschaft: Man ist und bleibt in der Kirche, weil Kirche dazu gehört.

Wie groß der Kreis der tatsächlich nur-traditional gebundenen Mitglieder ist, ist ohne Messungen speziell unter diesem Gesichtspunkt nicht zu sagen. Nichtsdestoweniger kann das Vorhandensein dieser Bindungsform soziologisch postuliert werden und als theoretische Basis dienen. <u>Theorie ist Konstruktion, - auch mit unvermessenen Elementen.</u>

Wenn nun ein Kirchenmitglied nur noch traditional an die Kirche gebunden ist, dann hieße das folgerichtig, daß bei einer <u>Störung auch noch dieser letzten Bindungskomponente</u> die Aufgabe der Mitgliedschaft akut wäre. Oder umgekehrt gesagt: Wenn der Befund der nur-traditionalen Bindung tragfähig ist, dann ist das beobachtete Ansteigen der Kirchenaustritte womöglich die Folge davon, daß diese noch einzige Bindung von Mitgliedern an die Kirche zerstört oder gestört worden ist.

Diese <u>Hypothese ist die Generalrichtung des weiteren Analyseweges</u>. Die bisherige Analyse der Kirchenmitgliedschaft anhand der drei Bindungsformen war <u>statischer Natur</u>. Sie beschrieb einen bestehenden Zustand der Volkskirche und erklärte die Rundum-Konformität bezüglich der Mitgliedschaft insoweit, als sie soziale Strukturen und individuelle Verhaltensgesetzmäßigkeiten aufwies, die dazu führen, daß die Mitglieder einer ganzen Gesellschaft zugleich Mitglied in einer der beiden Kirchen sind.

Auch die <u>Hypothese der traditionalen Bindung</u>, wie sie bisher vorliegt, ist statischer Art. Sie beschreibt und erklärt einen <u>vorhandenen Zustand der Stabilität</u>, wie ja generell der Rekurs auf die Tradition bzw. das traditionale Handeln dazu dient, die Festigkeit des Bestehenden zu betonen.

Die EKD-Untersuchung (1974) z.B. stellte die traditionale Bindung von vornherein in diesen Zusammenhang, indem sie vom positiven Ende her fragte "Wie stabil ist die Kirche?". Wir haben es indessen bei dem plötzlich einsetzenden Mitgliederschwung zu tun mit einem Vorgang, den man eher und berechtigter mit der <u>Frage nach der Instabilität</u>, mit der Frage nach <u>strukturellen Schwachstellen</u> verbinden möchte. Als eine solche Schwachstelle in der sozialen Struktur der Volkskirchen glauben wir die nur-traditionale Bindung entdeckt zu haben.

Das ist beileibe kein Widerspruch, wenn sich ein
<u>stabilisierendes Element selber als instabil</u> heraus-
stellt. Langfristige Stabilität muß ja nicht heißen: dauerhafte Stabilität. Es kommt entscheidend
auf die äußeren Umstände an. Der Begriff der Stabilität hat in jedem Falle etwas zu tun mit der Vorstellung der Belastbarkeit. Solange keine Bedingungen auftreten, die die Stabilität auf die Probe stellen, braucht sich auch nichts zu verändern - die
Dinge bleiben so, wie sie waren.

Aber <u>Traditionalität ist störbar</u>, und in dieser Richtung werden wir weiter zu suchen haben, wenn wir die
Kirchenaustritte von dem Problem der plötzlichen kollektiven Handlungshäufung her betrachten. Die hier
zu findenden Regelmäßigkeiten müßten nicht nur das
Ansteigen der Austritte, sondern auch deren beobachtete Verteilung im sozialen Raum und vor allem in
der Zeit plausibel machen. Denn unser Problem ist,
um es noch einmal zu betonen, nicht, daß überhaupt
Menschen einen Grund finden, die Kirchen zu verlassen, sondern vielmehr, wieso es mit einem Male plötzlich so viele wurden.

7. Die Gesetzmäßigkeiten des Traditionsabbruchs

7.1. Zustandsbeschreibung versus Verlaufsgesetzmäßigkeiten

Bis hierher lag die Betrachtensweise vor, wie sie in der Kirchensoziologie vorherrschend ist. Nun wenden wir uns davon ab und fragen gleichsam von der anderen Seite her nach der Instabilität dieses Strukturelementes der traditionalen Bindung (auf der Ebene der Individuen) bzw. der Traditionalität (auf der Ebene des Systems). Wir suchen mit anderen Worten nach "Auflösungsgesetzmäßigkeiten", denen die traditionale Bindung als individuelle Verhaltensdisposition bzw. die Traditionalität als Systemzustand unterliegt.

Das ist der hier eingeschlagene Lösungsweg. Es sind andere Lösungen denkbar. Aber in jedem Falle müssen Veränderungsgesetzmäßigkeiten gefunden werden; denn es ist wohl nicht möglich, aus der Beschreibung eines Ist-Zustandes Aussagen über eine Entwicklung zu treffen und schon gar nicht über eine zukünftige Entwicklung (vgl. zu diesem Punkt bes. BARNETT 1953, S.1off).

Das wird indessen häufig versucht. Und wenn es sogar den Anschein erweckt, daß mit Bestandsaufnahmen Aussagen über den Verlauf von Veränderungsprozessen möglich sind, so findet man bei näherem Hinsehen verkappte oder stillschweigend unterstellte Annahmen über Verlaufsregelmäßigkeiten.

Selbstverständlich kann eine Veränderung nur durch zeitlich versetzte Zustandsbeschreibungen dargestellt werden, denn eine unmittelbare Prozeßanalyse gibt es nicht (vgl. AKERMAN 1938, S.63; FÜRSTENBERG 1956, S.627). Aber eine solche Beschreibung eines Veränderungsprozesses ist noch keine Erklärung. Damit wird jeweils nur posthoc festgestellt, daß sich wieder etwas verändert hat.

Auch die Feststellung eines <u>Trends</u> befreit nicht von der Suche nach Verlaufsgesetzmäßigkeiten, die eben zu diesem Trend führen. Die Regelmäßigkeit einer Zeitreihenveränderung gehört selber zum Explanandum. Abgesehen davon ist auf den Trend vor allem bei kurzen Zeitreihen kein Verlaß. Es ist deshalb sehr gewagt, neu auftretende Veränderungen selber als Verlaufsgesetzmäßigkeiten zu fixieren.

Die Analyse des uns interessierenden Veränderungsvorganges, einer plötzlichen <u>kollektiven Handlungshäufung</u> also, muß notwendig dynamisch orientiert sein. Sie muß solche Elemente vorweisen, die für plötzliche Veränderungen anfällig sind und dennoch so stabil waren, daß sie bis zu diesem Zeitpunkt unverändert blieben. Denn erklärungsbedürftig ist ja der Wandel - von einem langjährigen Zustand der Stagnation zum plötzlichen Anstieg.

Die beschriebene traditionale Bindung glauben wir mit gutem Grund als dieses Element herausstellen zu können, das einerseits so stabil, andererseits höchst empfindlich ist gegenüber bestimmten Veränderungen der Randbedingungen. Das gilt sowohl für die individuelle traditionale Verhaltensorientierung als auch für die sozialen Strukturen, die diese Verhaltensorientierung garantieren.

Die erklärungsbedürftige Häufung der Kirchenaustritte wäre also - so ist das analytische Argument - darauf zurückzuführen, daß diese individuelle Bindungskomponente und die sie erhaltenden Strukturen gegenüber vorher entscheidend geschwächt werden.

Dieser Vorgang hat einige Regelmäßigkeit. Wir sehen drei verschiedene Gruppen von Zusammenhängen, die in ihrem Zusammenwirken eine Art <u>Gesetzmäßigkeit des Traditionsabbruchs</u> darstellen. Es sind - zunächst zur Übersicht:

(1) Eine Art "<u>Initial-Störung</u>" oder "<u>Primär-Impuls</u>" oder "<u>Take-off</u>"; hierbei muß es sich um einen Anstoß handeln, der von einem äußeren, kollektiv erfahrbaren Ereignis ausgeht. Ohne die Annahme eines solchen Impulses ist die plötzliche gesellschaftsweite Häufung von Verhaltensänderungen nicht denkbar.

(2) <u>Die massenkommunikative Beschäftigung</u> mit diesen ersten Abweichungen führt dazu, daß jener Zustand des traditionalen Nichtwissens, welcher die außerordentlich hohe Konformität garantierte, aufgehoben wird. Damit kommen unabhängig vom Anfangsimpuls neue kognitive Verhaltensorientierungen ins Spiel, welche die traditionale Orientierung nicht unbeschadet lassen. Wir sprechen deshalb von einer <u>massenkommunikativen Verstärkung</u>.

(3) Ist der Prozeß des Traditionsabbruchs erst einmal in diese Phase getreten, dann entwickelt er eine gewisse <u>Eigendynamik</u> - unabhängig wiederum vom "Take-off" und der Massenkommunikation, weil nunmehr direkte interpersonale Beeinflussungen möglich werden.

Die aufgezählten Bedingungen treten zeitlich gesehen
<u>nacheinander</u> auf, und zwar in der Reihenfolge der Aufzählung. Dieser Ablauf kommt dadurch zustande, daß
die in der Reihenfolge jeweils späteren Bedingungen
erst auftreten können, wenn die vorher genannten Bedingungen erfüllt sind. Das Auftreten von Bedingung (1)
ist also selber wieder Bedingung dafür, daß Bedingung (2) auftritt, und das Auftreten von dieser ist
wiederum Voraussetzung dafür, daß (3) auftreten kann.

Die einzelnen Bedingungen wie auch die gesamte Konstellation entwickeln sich in der Zeit. Um den prozessualen Charakter zu betonen, sprechen wir von
<u>Phasen des Traditionsabbruchs</u>.

Es fällt auf, daß die stattgefundenen Verhaltensänderungen selber unter den Bedingungen auftauchen, wo
sie doch der zu erklärende Sachverhalt sind. Als unabhängige Bedingung steht nur (1), also die erste
Störung, die die ersten Verhaltensänderungen auslöste.

Eine strikte Trennung zwischen Bedingung und Bedingtem ist nur möglich bei einstufigen Wirkungszusammenhängen: Wenn A dann B, und damit Schluß. Eine solche
Trennung ist bei vielen Prozessen nicht aufrechtzuerhalten - mitnichten bei <u>Rückkopplungsprozessen</u>,
innerhalb derer jede Größe gegenüber jeder anderen
zugleich Bedingung und Bedingtes ist. Auch bei sozialen Beeinflussungsprozessen ist die Menge der jeweils
stattgefundenen Verhaltensänderungen eine Randbedingung für weitere Verhaltensänderungen. Die Menge der
Änderungen ist dabei nicht als einfache Ansammlung zu

verstehen, sondern als Tatsache eigener Art, die
der Soziologe bei hinreichender Beständigkeit als
neue Handlungsstrukturen oder zumindest als neue
strukturelle Elemente deuten kann.

Wir unterscheiden ferner zwischen Änderungsprozessen, die sich auf der Ebene des Systems oder des
Kollektivs abspielen und Änderungsprozessen auf der
Ebene der Individuen. Der einzelne Kirchenaustritt
ist z.B. eine Verhaltensänderung auf der Ebene der
Individuen. Eine Veränderung der Austrittsrate in
einem Kollektiv wird zwar durch einzelne Austritte
"bewirkt", ist aber dennoch ein Sachverhalt eigener
Art, der auch eigene Auswirkungen hat, die allein
durch das Betrachten der individuellen Verhaltensänderungen nicht zu erfassen sind. Unser Hauptaugenmerk wird auf den Systemänderungen liegen, ohne dabei an einen methodologischen "Vorrang" einer Ebene
zu denken.

Diese Unterscheidung der Ebenen ist der entscheidende analytische Schritt, den DURKHEIM mit seiner Methode tat und in der berühmten Selbstmorduntersuchung von 1897 demonstrierte. Vgl. DURKHEIM (dt.1973,
bes. S.30ff); zur Problematik der Ebenen vgl. vor
allem HUMMELL (1972) und VANBERG (1975).

7.2. Der "Take-off" oder die Störungsphase

Die erste Gesetzmäßigkeit betrifft den Anfang der Veränderung, den "Take-off" (zum Begriff vgl. ROSTOW 1960). Daß es in Zeitreihen über individuelle Handlungshäufigkeiten Schwankungen und Veränderungen gibt, ist die Regel. Hier haben wir es indessen <u>nicht</u> mit <u>irgendeiner Veränderung</u> in einer beweglichen Zeitreihe zu tun, <u>sondern</u> mit dem <u>Hochschnellen von Häufigkeitswerten</u>, die über zwei Jahrzehnte auf sehr niedrigem Niveau fast konstant waren.

Es geht um die Frage, wie es <u>überhaupt</u> dazu kommen kann, daß die fast 100%-Rate eines traditional—stabilen Handelns (hier Kirchenmitgliedschaft) plötzlich und gesellschaftsweit zu sinken beginnt. Die Frage ist zunächst einmal unabhängig davon, wie sich die Veränderung weiter entwickelt; es geht ganz alleine um das Faktum der Veränderung als solcher: welche allgemeinere Gesetzmäßigkeit traditionalen Handelns liegt vor, wenn eine auffallende Zahl von Individuen eben ein solches Verhalten ändert? Welche Gesetzmäßigkeit unterliegt also, wenn zumindest wenige Individuen eine Selbstverständlichkeit überwinden und eine Alternative verwirklichen, die zwar vorher objektiv vorhanden, aber subjektiv nicht exponiert worden war?

Ein traditionales Verhältnis zu einem Sachverhalt ist zwar ein <u>stabiler Person-Umwelt-Bezug</u>, ist aber <u>dennoch störbar</u>. Die Frage ist: durch welche Ereignisse?

Der Betrachter befindet sich - wie fast stets bei
Sachverhalten des sozialen Wandels - in der Warte
des Historikers, der im Nachhinein einen Wirkungszusammenhang zwischen zwei Ereignisfeldern festzustellen hat. Er muß eine beobachtete Veränderung
auf eine andere Veränderung zurückführen, ohne Möglichkeit der experimentellen Wiederholung der Szene.

Dennoch ist die Zuordnung nicht beliebig. Es gibt
einige Kriterien, welche eine nähere Bestimmung
jenes gesuchten Störungsereignisses möglich machen.
Sie sind ableitbar aus den uns bisher bekannten
Eigenarten der traditionalen Bindung, oder sie sind
einfach logisch zu postulieren.

(1) Das Kriterium der Zeit

Das Störungsereignis muß zeitlich kurz vor oder
parallel liegen. Zeitlich spätere Ereignisse können den späteren Verlauf der Entwicklung beeinflussen, können aber unmöglich mit dem Anfang in
Verbindung gebracht werden. Bei den Kirchenaustritten ist das häufig geschehen, indem man den
Konjunkturzuschlag vom Sommer 1970 als Ursache
anführte, während zu diesem Zeitpunkt die Austrittswelle bereits hochgeschwappt war.

Umgekehrt kann man nicht Sachverhalte als Ursachen zitieren, die schon lange vorher vorhanden
waren, z.B. die ärgerliche Kirchensteuer. Auch
vor 1968 mußten die Kirchenmitglieder Steuern
zahlen. Veränderung folgt aber nur aus Veränderung. Die Ursachen für die neue Erscheinung müssen in einer veränderten Konstellation der Bedingungen gesucht werden.

Das zeitliche Kriterium muß streng beachtet werden bei der Betrachtung von Veränderungsvorgängen, ist selber aber nicht hinreichend. Stets ist die <u>Gefahr des Fehlschlusses</u> nach dem Schema "post hoc, ergo propter hoc" vorhanden. Hinzu müssen inhaltliche Gesichtspunkte kommen.

(2) <u>Das Kriterium des verstehbaren und zu erwartenden Zusammenhangs.</u>

Gemeint ist, daß der Soziologe als verstehendes Mitglied seiner Gesellschaft feststellt, für welche Handlungsbereiche ein Ereignis überhaupt relevant ist. Dabei hat er von den Zusammenhängen auszugehen, in die der normale <u>Alltagsbeobachter</u> ein Ereignis stellt. Einen spektakulären Bankenkrach z.B. wird man von da her kaum mit den Kirchgangsgewohnheiten, wohl aber mit den Spargewohnheiten in Verbindung bringen. Ebensowenig wird man annehmen können, daß die plötzliche Verknappung eines vorher unbegrenzt vorhandenen Gutes (z.B. Ölkrise 1973) die Aufmerksamkeit auf die Kirchenmitgliedschaft lenkt, wohl aber auf die Erschöpfbarkeit der Rohstoffe.

Ein Ereignis, auf das diese Kriterien im Falle der Kirchenmitgliedschaft passen, stellen die Studentenunruhen und die Protestereignisse der Jahre 1967ff dar. Das sind dann die historisch-konkreten Randbedingungen, die wir weiter unten beschreiben werden.

(3) Das Kriterium des auffallenden Ereignisses

Das Störungsereignis muß allgemein, d.h. auch unabhängig von den fraglichen Verhaltensveränderungen (hier: den Austritten) als "außerordentlich" wahrgenommen worden sein. Das ist eine Ereignisqualität, die der Soziologe wie jeder verstehende Beobachter feststellen kann. Der Aufmerksamkeitswert des Ereignisses in den Medien ist ein intersubjektives Merkmal dafür. Dabei kommt es, wie man sich denken kann, auch in hohem Maße auf die Vermittlung des Ereignisses und dessen Deutung durch die Medien an.

Eng verbunden mit diesem Kriterium ist das der gesamtgesellschaftlichen Bekanntheit. Die Wahrnehmung des derart auffallenden Ereignisses ist grundsätzlich gesellschaftsweit möglich. Daß es dabei Selektions- und Perzeptionsunterschiede gibt, ist klar. (Zur externen Störung vgl. HARDER 1973, S.54 ff).

(4) Das Kriterium der Deutungsdissonanz

Das Ereignis, welches eine traditionale Beziehung zu stören vermag, muß dergestalt sein, daß es die herkömmlichen Deutungsschemata übersteigt, die gewohnten Wahrnehmungsmuster durchbricht und eine Neuorientierung erzwingt. Nicht jedes auffallende Ereignis ist zugleich ein un-gewöhnliches Ereignis. Sensationelle Vorkommnisse (wie etwa das Attentat auf einen Politiker oder ein schlimmer Flugzeugabsturz) können in diesem wissenssoziologischen Sinne banal sein, insofern sie auf bereits vorhandene Vorstellungsbilder treffen und nur noch ein "Aha-Erlebnis" erzeugen. Es kommt mithin auf das vorhandene Deutungssystem an, ob ein Ereignis zum "Anstoß" für eine Umstrukturierung der Wahrnehmung wird oder nicht (vgl. W.J.THOMAS 1965, S.288f).

Erdbeben sind relativ "normale" Katastrophen. Dennoch hat es beispielsweise mit dem Erdbeben von Lissabon im Jahre 1755 seine besondere Bewandtnis: Es erschütterte nämlich nicht nur die Stadt, sondern auch den philosophischen Optimismus der Aufklärung, welcher von LEIBNIZ auf die wackere Formel gebracht worden war, daß die bestehende Welt die beste aller möglichen Welten sei (vgl. HAZARD 1949, S.436ff).
Oder ein moderneres Beispiel: Der Weltraumerfolg der UDSSR mit ihrem SPUTNIK (1957) war schon eine Sensation, aber in den USA mehr als dies: dort sprach man vom "SPUTNIK-SCHOCK", weil das fraglos herrschende Selbstbild der wissenschaftlich-technologisch führenden Nation unzweifelhaft in Frage gestellt worden war.

Das entscheidende Ereignis, welches den Wendepunkt der Wahrnehmung ausmacht, kann dabei eine symbolartige Erhöhung erfahren, zum "Mahnmal" werden und so ständig weiterwirken.

In diesem Zusammenhang, daß das Wahrnehmungssystem aufgrund nicht zu verkraftender Erfahrungen verändert wird, ist auch auf einen anderen Sachverhalt hinzuweisen, den LUHMANN (1968a) behandelt hat, nämlich den Umschlag von <u>Vertrauen</u> in <u>Mißtrauen</u>.

(5) <u>Das Kriterium des persönlichen Betroffenseins</u>

Eine traditionale Haltung wird gestört durch Ereignisse, die ausdrücklich und direkt auf Bewußtseins- und Verhaltensänderung hin inszeniert sind: Propaganda, Werbefeldzüge, Missionierung und ähnliches. Es gehört zum Erscheinungsbild sozialer Bewegungen, daß sie direkt an das Verhalten des einzelnen appellieren. Der Störungsimpuls auf traditionale Bewußtseinselemente wird umso stärker sein, als die Bewegung revolutionär-kritische Züge aufweist. Wir denken dabei bereits wieder an die antiautoritäre Bewegung mit ihrem Impetus alles zu "hinterfragen".

Traditionales Verhalten ist stabiles Verhalten. Wenn wir es als störbar erkannt haben, so heißt das nicht, daß auf ein solches Störungsereignis hin es allen Individuen "wie Schuppen von den Augen fällt" und sie ihr Verhalten ändern. Traditionalität ist ja - wie wir wissen - zugleich auch eine Persönlichkeitsvariable, die in unterschiedlicher Ausprägung auftritt. Es würde alles soziologische Wissen über die Beständigkeit des menschlichen Verhaltens über den Haufen werfen, wenn auf einen Reiz hin - ohne äußeren Zwang - allesamt "wie ein Mann" ein lange geübtes Verhalten änderten. Solche Veränderungen machen ihren Weg von den Wenigen zu den Vielen. Dieser Weg zeigt in seinem Lauf einige weitere Gesetzmäßigkeiten. Die nächsten Abschnitte beschäftigen sich damit.

7.3. Die Phase der massenkommunikativen Verstärkung

7.3.1 Informationseffekte

Es hat eine kollektive Handlungshäufung stattgefunden; eine verhältnismäßig sehr kleine Zahl von Personen hat mit einer traditionalen Bindung gebrochen.

Unabhängig davon, wie es zu diesen ersten Verhaltensänderungen gekommen sein mag, wird nun die Tatsache, **daß** es zu einer deutlichen Zunahme gekommen ist, für eine weitere Störung des traditionalen Verhaltens (hier: der traditionalen Mitgliedsbindung) sorgen - <u>sofern diese Zunahme in entsprechender Weise bekannt wird</u>.

Es gibt grundsätzlich drei Möglichkeiten für dieses Bekanntwerden von Verhaltensänderungen:

(1) durch direkte Wahrnehmung (vornehmlich z.B. bei der Durchsetzung einer neuen Mode);

(2) durch interpersonale Kommunikation ("von Mund zu Mund"; besonders bei Gerüchten);

(3) durch Massenkommunikation.

Die drei Möglichkeiten schließen einander nicht aus. Aber es gibt eine Vielzahl von Fällen, in denen man Kommunikation größtenteils gleichsetzen muß mit Massenkommunikation, weil das neue Verhalten bzw. die Verhaltensänderung weitgehend der Alltagsbeobachtung entzogen ist und zudem die Rate des fraglichen Verhaltens sehr gering ist. Bei geringen Abweichungsraten kommen die wenigsten Menschen direkt mit dem abweichenden Handeln in Berührung. Ihr Wissen über das Abbröckeln der Konformität ist zumindest am Anfang dieses Prozesses <u>durch die Medien vermittelt</u>.

Daß sich (freie) Massenmedien mit ungewöhnlichen Veränderungen beschäftigen werden, darf ebenfalls als Gesetzmäßigkeit aufgenommen werden; sie werden es, denn der Vorgang hat Nachrichtenwert ("News is what's different"). Die Aufmerksamkeit der Medien für den Vorgang wird umso größer und ungeteilter sein, wenn dieser ausdrücklich als Nachricht präsentiert wird - etwa in Form einer Pressekonferenz oder in Form von Pressemitteilungen.

Wir gehen also explizit von der Gesetzmäßigkeit aus, daß die Kommunikationen über bereits stattgefundene Verhaltensänderungen die Wahrscheinlichkeit für weitere Verhaltensänderungen erhöht. Beim bisherigen Stand der Wirkungsforschung im Bereich der Massenkommunikation wäre diese Annahme mehr als gewagt, wenn sie für beliebiges Verhalten gelten sollte. Hier aber dreht es sich - das sei immer wieder betont - um den speziellen Fall der traditionalen Verhaltensorientierung, und deren Stabilität ist störbar durch das bloße Darüberreden.

Der Zustand der alternativlosen Selbstverständlichkeit kann gleichsam "zerredet" werden. Daß "Bewußtmachung die Tradition tötet" (SCHELER 1919, S.203) wurde vielfach gesehen (vgl. auch EMGE (1942,S.264ff); HEHLMANN (1974,Artikel "Tradition"); MONZEL (1950,S.41ff); dort weitere entlegene Angaben). Zur großen Rolle der Medien beim Prozeß der Modernisierung, und d.h. der Überwindung traditionaler Orientierungen in unterentwickelten Ländern, vgl. LERNER (1958). SCHELSKY (1957) wies darauf hin, daß "Dauerreflexion" ein für die tradierten religiösen Institutionen schwer institutionalisierbarer Vorgang sei und den "sozialen Ort des Schweigens" in diesen Institutionen mehr und mehr aufhebe.

Wenn wir in diesem Falle von Wirkungen der Massenkommunikation reden, dann sind also zunächst reine <u>Effekte der Nachrichtenvermittlung</u> gemeint. Einmal geht es darum, daß die Medien - wie PIERCE (1968,S.312) es ausdrückte - vielleicht nicht imstande sind, uns zu sagen, <u>was</u> wir über eine Angelegenheit denken sollen, aber jedenfalls sehr wirkungsvoll bestimmen, <u>womit</u> wir uns beschäftigen;(vgl. auch BERELSON/STEINER 1972,S.343, C5-C7).

Zum anderen handelt es sich um den in der Alltagserfahrung banalen Sachverhalt, daß alleine die Aufnahme von Informationen Verhaltensänderungen zur Folge haben können. Ob dies der Fall ist oder nicht, hängt hochgradig davon ab, um welche Nachricht es sich handelt; genauer: ob die Nachricht so beschaffen ist, daß individuelle <u>Verhaltensbereitschaften</u> davon betroffen werden. Es kann sein, daß eine Information (etwa:Börsenbericht) auf ausgeprägte Maximen (im Beispiel: des wirtschaftlichen) Handelns trifft und innerhalb ganz kurzer Zeit entsprechende Verhaltensänderungen (Käufe, Verkäufe) registriert werden. Die Zahl der Beispiele ließe sich beliebig vermehren - auch für die Fälle, in denen es erst nach geraumer Zeit und mehrfacher Information zu Verhaltensänderungen kommt.

Oder aber es kann sein, daß durch bestimmte massenkommunikativ vermittelte Informationen vorhandene Verhaltensbereitschaften geschwächt werden oder daß überhaupt neue Verhaltensorientierungen aufkommen, die zuvor nicht vorhanden waren.

Zugrunde liegt also nicht die unhaltbare Hypothese
aus den frühen Tagen der Kommunikationsforschung,
wonach stets die bloße Übermittlung einer Information
schon Einfluß ausüben soll.

Die Autoren der bekannten Hypothese, daß die Wirkungen der Massenkommunikation in einem "two-step flow",
d.h. über die Funktion von "Meinungsführern" zustande
komme (LAZARSFELD u.a. 1968; KATZ/LAZARSFELD 1955),
unterschieden damals nicht genügend zwischen der bloßen
"relay-function" (Übertragungsfunktion) und der
"reinforcement-function" (Verstärkungsfunktion) des
Meinungsführers. Zu dieser Kritik vgl. SILBERMANN/
KRÜGER 1973,S. 67; zur weiteren Kritik an der "two-
step flow"-Hypothese vgl. KREUTZ (1971), dessen Einwände allerdings das gesamte Untersuchungsergebnis
von damals in Frage stellen.

Auch handelt es sich bei unseren bisherigen Annahmen
nicht um eine einfache "Ansteckungstheorie", wie sie
im Bereich des kollektiven Verhaltens nicht selten zu
finden ist; (vgl. HEINZ/SCHÖBER (Hrsg.) 1973, Bd.1,
S.16ff).

In unserem Falle geht es darum, daß ein Zustand fast
perfekter und selbstverständlicher Konformität bezüglich eines Verhaltens (Kirchenmitgliedschaft) bestand;
dann ist jeder Bericht über auftretende Abweichungen
zugleich ein Hinweis auf die grundsätzliche Möglichkeit
zu dieser Alternative. Mit den Worten von POPITZ (1968)
kann man es auch so sagen, daß die Präventivwirkung
eines (traditionalen) Nichtwissens durch massenmediale
Beschäftigung mit verhältnismäßig wenigen Abweichungen
beseitigt wird.

Es gibt ganz offensichtliche Beispiele dafür, daß die
Kommunikation über ein neues Verhalten als notwendige
Bedingung für weitere Verhaltensänderungen angenommen
werden muß. In der Kriminologie kennt man z.B. die Serie der Anschlußverbrechen. Gemeint ist, daß die Berichterstattung über ein neuartiges Verbrechen häufig

weitere Nachahmer auf den Plan ruft. (Jüngstes Beispiel: Von Brücken aus Steine auf passierende Autos werfen). Daß diese Häufungen rein zufällig und ohne massenkommunikativ vermittelte Kenntnis der vorherigen Fälle auftreten, mag wohl niemand ernsthaft glauben. Gäbe es keine Kommunikation über den <u>ersten</u> aufgetretenen Fall, gäbe es auch keine Anschlußtaten.

7.3.2. <u>Mediale Bewertung und Deutung</u>

Neben der reinen Information spielt selbstverständlich die mediale Bewertung und Deutung der Vorgänge eine wichtige Rolle.

Ungewöhnliche Handlungshäufungen suchen nach einer Deutung. Lange bevor z.B. die Schulwissenschaften dazu gekommen sind, eine Sache abzuhandeln, haben die Massenmedien bereits eine Deutung und Bewertung vorgenommen. Das geschieht in Form von Analysen und Kommentaren, aber stets auch durch die formale und inhaltliche Präsentation der Nachricht.

Die Medien schaffen also durch die positive Deutung von Handlungshäufungen das <u>Meinungsklima</u>, welches das Mitmachen <u>je nach Art der Handlung</u> in mehr oder weniger großem Umfange erleichtern.

Die empirischen Befunde darüber, was die Massenmedien auf diesem Gebiet auszurichten vermögen und was nicht, sind weniger eindeutig als das logische unterstellbare Wirkungspostulat im Fall der reinen Verbreitung einer Nachricht. Was man indessen weiß, reicht aus, um in unserem Fall einen Zusammenhang zwischen positiver massenmedialer Bewertung und einer Schwächung der traditionalen Mitgliederbindung anzunehmen.

Die Wirkungsforscher plagen sich seit langem schon mit der ebenso schwierigen wie pauschalen Frage, inwieweit die <u>Massenmedien Verhaltensänderungen</u> bewirken können. Es gilt heute allgemein der Befund von KLAPPER, daß die Massenmedien in den seltensten Fällen eine Umkehr von <u>Einstellungen</u> herbeiführen, sondern gewöhnlich nur eine Verstärkung bereits vorhandener Handlungsdispositionen bewirken (vgl. KLAPPER 1960, Kap.2; ders. 1973; BERELSON/STEINER 1972, S.33ff).

Mehr brauchen wir in unserem Falle auch nicht anzunehmen. Die Austreter der ersten Jahre rekrutieren sich, wie bekannt, vornehmlich aus dem Kreis der sowieso schon Kirchenfernen. Wir brauchen mithin nicht den unwahrscheinlichen Fall anzunehmen, daß die Massenmedien aus dem Paulus wieder einen Saulus gemacht haben. Der formelle Kirchenaustritt eines vordem Kirchenfernen erscheint allemal als eine logische, <u>in derselben Einstellungsrichtung liegende Konsequenz.</u>

Die recht harten Gesetzmäßigkeiten der <u>selektiven Medienzuwendung</u> (vgl. BERELSON/STEINER 1972, S.334ff) weisen in dieselbe Richtung: Kirchenferne werden die negativen Nachrichten über die Kirche mit größerer Wahrscheinlichkeit wahrnehmen als Kirchentreue.

Wichtiger für die Frage der tatsächlichen Handlungshäufungen erscheint uns jene Wirkung der Massenmedien, <u>überhaupt neue Deutungsmuster</u> einführen zu können und auf diese Weise das Handeln zu beeinflussen. KLAPPER (1960, Kap. 3; 1973, S.5o; 6of) stellt diese Wirkungschance der Medien bei <u>neuen Themen</u> als einen Hauptbefund heraus.

Die bisherigen Ansätze zu einer Theorie des <u>kollektiven Verhaltens</u> sehen durchweg, wie wichtig neue Bedeutungsmuster für das Aufkommen von Handlungshäufungen sind.
SMELSER (1972, S.31) definiert sogar kollektives Verhalten als "Mobilisierung aufgrund einer Vorstellung, die soziales Handeln neu definiert."
Ebenso hat TURNER bei dieser Tatsache angesetzt, daß die Benennung und Deutung eines Sachverhaltes (z.B. "Protest" - "Aufruhr" - "Bürgerinitiative") entscheidende Auswirkungen darauf hat, wie Unbeteiligte diesem Sachverhalt gegenüber reagieren (vgl. TURNER 1964; ders. 1969; beides in HEINZ/SCHÖBER (Hrsg.) Bd.1, 1972; vgl. dort auch GRIMSHAW (1968) und im Bd.2 den Aufsatz von BLUMER (1970/71).

7.4. Die Eigendynamik des Traditionsabbruchs

Kollektive Häufungen von neuem Verhalten sind nicht selten. Die entscheidende Frage ist stets, ob es bei einer relativ kurzfristigen Häufung ("Mode", "Welle") bleibt, oder ob sich das neue Verhalten stabilisiert und die Zahl der "Mitmacher" wächst.

Wir zentrieren diese Frage, die allemal zu den interessantesten einer Soziologie des sozialen Wandels gehört, wiederum auf den Sachverhalt des traditionalen Person-Umwelt-Bezuges bzw. des traditionalen Systemzustandes und deren beider Störbarkeit.

Der Prozeß der hier diskutierten Handlungshäufung wird - so behaupten wir - mit einiger Gesetzmäßigkeit in eine <u>dritte Phase</u> eintreten, in welcher dieser eine gewisse "<u>Eigendynamik</u>" oder "<u>Selbstinduktion</u>" entfaltet. Der Abbruch der Traditionalität (als individuelle Handlungsorientierung wie auch als Systemzustand) wird sich fortsetzen, auch ohne daß jener Impuls weiterwirken muß, der die Handlungshäufung zuerst auslöste. Auch die massenmediale Aufmerksamkeit für den Vorgang kann zurückgehen, und dennoch wird die zur Frage stehende Verhaltensrate nicht wieder auf das ehemalige Niveau zurückfallen.

Mit anderen Worten: Es kann, wenn eine gesellschaftsweite Verhaltenskonformität zu einem erheblichen Teil auf traditionaler Selbstverständlichkeit und traditionalem Nichtwissen beruht, nicht davon ausgegangen werden, daß eine Häufung von Abweichungen wie eine

Springwelle hochschwappt und danach wieder verschwindet. Ist der Prozeß des Traditionsabbruches einmal in Gang gekommen, dann wird er sich weiter fortsetzen.

"Eigendynamik" pflegte man früher gerne in einem ontologischen Sinne zu verstehen. Das ist hier keineswegs gemeint. Heute ist es üblich, solche Prozesse aufzugliedern. Die allgemeine kybernetische Struktur ist bekannt als "positiv rückgekoppelter Regelkreis" (vgl. die sehr klare Erläuterung bei MEADOWS u.a. 1973). Man spricht speziell auch von _Spiralen_ ("Lohn-Preis-Spirale") oder von _reflexiven Prozessen_ (vgl. N.MÜLLER 1974) oder von _Interdependenzen_, wenn die Besonderheit vorliegt, daß nur und nur eine leichte Veränderung einer Variablen die jeweils andere(n) Variable(n) beeinflußt (vgl. ZETTERBERG 1967, S.83f).

Wir können diesen Wandlungsprozeß grob gesehen in zwei Linien verfolgen: Erstens als Prozeß der _Innovation per Diffusion_, das heißt, der schrittweisen Verbreitung des neuen Verhaltens (Kirchenaustritt) unter einer Menge von Mitgliedern, die ähnlich disponiert sind wie diejenigen, die bereits dieses Verhalten zeigen. Entscheidend sind hierbei interpersonale Beeinflussungen.

Zweitens ist ein Prozeß der _Innovation per Sozialisation_ zu erwarten. Selbstverständlich handelt es sich auch hierbei um interpersonale Beeinflussungen - nur mit dem wichtigen Unterschied, daß hierbei die _jungen Mitglieder_ betroffen sind. Sie finden - wenn man es strukturell sieht - bereits solche Sozialsiationsbedingungen vor, die eine Traditionalisierung des fraglichen Sachverhaltes (hier: der Mitgliedschaft in einer Organisation) im bisherigen Maße nicht mehr gestatten.

Die Diffusion von Neuerungen ist ein relativ gut
erforschter Vorgang (vgl. ROGERS 1962; KATZ u.a.
1972; KIEFER 1967; ALBRECHT 1969). Gegenstand dieser Untersuchungen war durchweg die <u>Frage nach den
Ausbreitungsgesetzmäßigkeiten einer Neuerung im geographischen Raum, im sozialen Raum und in der Zeit</u>.
Kaum zum Gegenstand der Diffusionsforschung wurde
die Frage, <u>wieso überhaupt</u> die Zahl der Übernehmer
zunimmt. Vielfach wird wahrscheinlich unterstellt,
daß die sich ausbreitende Neuerung (z.B. neues Medikament, neues Saatmittel, neue Anbautechnik) irgendwie nutzbringender, bequemer, effizienter, kurzum - vergleichbar besser ist und die Menschen sich
früher oder später für diese bessere Lösung entscheiden werden.

Daß die Aufgabe eines nur noch traditionalen Verhaltens in ein Stadium "sich selbst erhaltenden Wachstums" (ROSTOW 1960) tritt, hängt mit der bereits beschriebenen Eigenart der traditionalen Handlungsstabilisierung zusammen. Die einzelne traditionale
Mitgliedsbindung ist nur möglich inmitten vieler
gleichartiger Bindungen. Jede einzelne bleibt (mit
hoher Wahrscheinlichkeit) stabil, solange es die
anderen auch bleiben. So wie in einem alten Rundgewölbe jeder Stein den anderen hält, hält eine Mitgliedschaft die andere. Beide verlieren ihre Stabilität, wenn eine bestimmte Menge von Elementen entfern wird und die "Statik" nicht mehr stimmt. Die Zugehörigkeit zu einer gesamtgesellschaftlichen Institution verliert ihre stabilisierende Selbstverständlichkeit, wenn das einzelne Mitglied mehr und mehr
die Erfahrung machen muß, daß andere um es herum keine Mitglieder sind bzw. ihre Mitgliedschaft aufgeben.

Liegen die Dinge so, dann ist damit zu rechnen, daß
alleine über die Zahl der auftretenden Kündigungen
eine Rückkopplung auftritt, d.h. daß die wachsende
Zahl von Fällen für weitere Fälle sorgt. Mit faktischer
Zunahme des neuen Verhaltens wächst die <u>Chance des direkten Kontaktes</u>. Anstelle des zuvor massenmedial vermittelten "Immer mehr tun dieses" werden nun konkrete
Personen mit dem neuen Verhalten assoziiert. Persönliche Kontakte sind aber stets beeinflussender als die
Massenkommunikation über einen Sachverhalt.

Wohlgemerkt: Die Medien haben bereits das ihre getan,
nämlich binnen kurzem das kollektive Nichtwissen und
damit den <u>Zustand der pluralistischen Ignoranz überwunden</u>. Jeder persönliche Kontakt mit einer Person, die
mit dem alten Verhalten gebrochen hat, kann nun im Lichte der neuen, massenmedial vermittelten Deutungsmuster
interpretiert werden. In dem Falle, daß diese Deutung
positiv ist und die nun konkret wahrgenommenen Personen ebenfalls positiv bewertet werden (etwa weil es
ehrbare Persönlichkeiten des öffentlichen Lebens, Bekannte oder gar Verwandte sind) steht die bisherige
Selbstverständlichkeit auf Abbruch.

Die wachsende Zahl von Verhaltensänderungen verändert
gleichzeitig auch deren Bewertung. <u>Massenhaft vorkommendes Handeln legitimiert sich selber</u> eben durch seine große Zahl. Mit zunehmendem Konformitätsschwund wird
das neue Verhalten mehr und mehr als im Alltagssinne
"normal" empfunden, und die Übernahme fällt noch leichter. Lange bevor es in der zahlenmäßigen Mehrheit ist,

hat es bereits "gewonnen". Erkenntnisse darüber, wie
groß ein Anteil (z.B. bei Ausbreitung einer neuen
Mode) sein muß, damit er als "sich durchgesetzt habend"
perzipiert wird, gibt es leider nicht - wenn dieser
Frage überhaupt je empirisch nachgegangen wurde.

Weitaus förderlicher für den Einbruch einer Verhaltenskonformität ist der Vorgang, daß das fragliche
Verhalten <u>erst gar nicht mehr traditionalisiert werden
kann</u>, weil im Erziehungsprozeß bereits solche Bedingungen eingetreten sind, die Handlungsalternativen
sichtbar und praktisch annehmbar erscheinen lassen.
Mit steigender Zahl von Erwachsenen, die das neue
Verhalten übernommen haben, werden solche Veränderungen in der Sozialisation unausbleiblich sein. Familie und Schule sind dabei die Einrichtungen, in denen die empfindlichsten Störungen zu erwarten sind.
Wo und wie Stör-Effekte für die traditionale Bindung
möglich sind, soll direkt in Zusammenhang mit den Randbedingungen bei den Kirchenaustritten behandelt werden.

8. Die konkreten Randbedingungen seit 1967

8.1. Die Phase des "Take-off": Protestwelle und Neues Bewußtsein

Das Problem: Wie ist es möglich, daß viele Menschen zugleich ein bisher geübtes Verhalten (Kirchenmitgliedschaft) aufgeben und ein anderes Verhalten (Kirchenaustritt bzw. Konfessionslosigkeit) annehmen? Problematisch ist dabei nicht das Verhalten an sich - das gab es vorher schon -, sondern seine <u>Zunahme</u>, und zwar seine plötzliche Zunahme seit einem bestimmten Zeitpunkt.

Die Antwort auf diese Frage muß, so sagten wir, notwendig eine Veränderung herausstellen, die außerhalb der handelnden Individuen eingetreten ist.

Die Überschrift zu diesem Kapitel besagt bereits, daß wir die <u>studentischen Proteste als die entscheidende Veränderung betrachten.</u> Sie sind der Impuls, der die Austrittswelle zumindest auslöste, d.h. die ersten deutlichen Zunahmen bewirkte.

Einen solchen Zusammenhang kann der Analytiker nur behaupten, wenn er zugleich allgemeine (d.h. nicht nur für den speziellen Fall geltende) Verhaltensgesetzmäßigkeiten kennt, die beide Ereignisse, die Proteste und die Austrittszunahmen, miteinander verbinden.

Die allgemeinen Verhaltensgesetzmäßigkeiten liegen in unserem Fall in der Störbarkeit traditionalen Verhaltens, wie es als Komponente der individuellen Mitgliedsbindung an die Kirchen herausgearbeitet wurde;

oder aber man betrachtet die Störbarkeit des gesamten Handlungssystems, das vermöge bestimmter Strukturen dafür sorgt, daß die Mitgliedschaft in der Kirche traditionalisiert wird. Im ersten Fall haben wir es zu tun mit Gesetzmäßigkeiten auf der Ebene der Individuen, im zweiten Fall mit solchen auf der Ebene des Systems.

Beides ist behandelt worden. Es geht nun um die Frage, was sich wann wie und wo geändert hat, und inwiefern diese Veränderungen als spezielle Randbedingungen zu den bereits festgestellten Gesetzmäßigkeiten gelten können.

8.1.1. Das Kriterium der Zeit: Die Parallelität von Protest und Austrittsprogression

Jener Anfangsimpuls, den wir suchen, muß zeitlich mit dem ersten Anstieg der Austritte zusammenfallen oder muß ihnen kurz vorausgehen. Die studentischen Proteste und Unruhen erfüllen diese Bedingung.

Da es sich bei ihnen um eine ganze Reihe von Ereignissen handelt, die sich in ihrer akuten Phase alleine über ein Jahr hinweg erstrecken, ist es notwendig, sich die Chronologie jener Ereignisse in aller Kürze vor Augen zu führen. Zugleich wird inhaltlich geklärt, was gemeint ist, wenn von den Studentenunruhen, studentischen Protesten, Protest der Jugend etc. die Rede ist. Daß dabei weder "die" Studenten noch "die" Jugend insgesamt gemeint sind, dürfte klar sein.

Für den Zeitraum bis Sommer 1968 vgl. JACOBSEN/
DOLLINGER (Hrsg.) 1968; BERGMANN/DUTSCHKE u.a.
(Hrsg.) 1968; MAGER/SPINNARKE 1967; im übrigen vgl.
die Berichte und Analysen in den größeren Zeitungen, insbesondere die Titelnummern des SPIEGEL
über Studenten und Studentenunruhen Nr. 32/1957;
24/1967; 26/1967; 51/1967; 17/1968; 7/1969; 45/1969.
Eine Bibliographie zum Thema Studentenunruhen hat
das DEUTSCHE JUGENDINSTITUT München (1968) herausgegeben.

Als den <u>Beginn der Studentenunruhen</u> in der Bundesrepublik kann man präzise den 2. Juni 1967 annehmen. An diesem Tag wurde bei einer Demonstration gegen den damals in Berlin anwesenden Schah von Persien im Verlauf von Auseinandersetzungen mit der Polizei der Student Benno Ohnesorg von einem Polizisten erschossen. Die Tat löste eine Welle der Empörung bei den Studenten aller Universitäten in der Bundesrepublik aus; überall kam es zu Sympathie-Kundgebungen und Solidaritätsresolutionen. Der entscheidende Effekt war der, daß sich die bis dahin für eine Berliner Spezialität gehaltene Politisierung und Aktivierung von studentischen Gruppen von da an auch an den übrigen Universitäten ausbreitete.

Anfangs- und Brennpunkt der Ereignisse war die Freie Universität Berlin, ähnlich wie sich in den USA ein paar Jahre zuvor (1963) die Dinge an der Universität Berkeley zum ersten "heißen Sommer" zugespitzt hatten. Schon früher, allerdings in Einzelfällen, war es in Berlin zu studentischen Straßendemonstrationen und zu Auseinandersetzungen zwischen Asta und Rektorat gekommen. Anfang Februar gab es den ersten Zusammenstoß zwischen der Polizei und Vietnam-Demonstranten. Der Widerstand gegen die geplanten Notstandsgesetze, der sich vorher auf universitäre Diskussionen beschränkt hatte, wurde Anfang Mai 1966 auf die Straße getragen durch eine gemeinsame Flugblattaktion einer

Reihe von Verbänden und Gruppen, für die sich der
Sammelname "Außerparlamentarische Opposition" (ApO)
einbürgerte; dies vor allem, als sich Ende November
1966 die bis dahin oppositionelle SPD in Form der
Großen Koalition an der Regierung beteiligte und
die parlamentarische Opposition damit quasi weggefallen war.

Von Mitte 1966 ab eskalierten sich dann in Berlin
die Aktionen von Studenten bzw. der ApO auf der einen
und die der Ordnungskräfte auf der anderen Seite. In
rascher Folge gab es Demonstrationen, Verhaftungen
und Durchsuchungen, dagegen wiederum Demonstrationen,
Disziplinarankündigungen und Sit-ins als Antwort...

Nach den signalartigen Ereignissen in Zusammenhang mit
dem Schah-Besuch Anfang Juni 1967 nahm ein Viertel
der Studenten im Bundesgebiet an einer Sympathie-Kund-
gebung oder einer Demonstration für die Berliner Studenten teil. (aber nur 1% der nicht-akademischen Jugend); vgl. WILDENMANN/KAASE (1968 S.T38).

Mit Beginn des neuen Jahres 1968 mehrten sich dann
in den deutschen Universitätsstädten auch Aktionen
außerhalb der Universität. Es kam zu häufigen Zusam-
menstößen mit der Polizei.

Als wenige Tage vor Ostern dann der Studentenführer Rudi
DUTSCHKE durch ein Revolverattentat schwer verletzt wurde,
war dies der Anlaß zu den bislang ernstesten Auseinandersetzungen in der BRD, den sog. <u>Osterunruhen.</u>
In allen großen Städten der BRD kam es zu Demonstrationen und gewalttätigen Angriffen, vor allem gegen
Einrichtungen der Springer-Presse (deren aufhetzende,
die Dinge oft verdrehende Berichterstattung besonders
von den Studenten in Berlin vielfach kritisiert worden
war.)

Auch in einer Vielzahl anderer Länder zeigte die
akademische Jugend eine neue Sorte von Opposition
und militanter Aufsässigkeit. Im Nachbarland Frankreich mündeten die Ereignisse im Mai in mehrwöchige Unruhen.
Am 30.5.1968 wurden im Bonner Parlament mit überwiegender Mehrheit die Notstandsgesetze beschlossen. Kritik und Widerstand gegen diese Verfassungsergänzung hatte im Mittelpunkt der Protestaktionen
vor allem seit Ostern gestanden. Nach der Abstimmung
kehrte eine gewisse Flaute in der studentischen Bewegung ein.

Die Auseinandersetzungen an den Hochschulen hielten
desungeachtet an. Studentische Wahlen brachten den
Vertretern der Linken allenthalben Stimmengewinne.
Die Massenbasis der aktiven Protestbewegung schwand
allerdings mehr und mehr. Die seit Anfang 1969 deutlich gewordene Radikalisierung des Protests wurde von
immer kleiner werdenden Gruppen getragen. Spätestens
Anfang 1970 waren auch die Studentenunruhen im weiteren Sinne zu Ende, die Aktionsgruppen der Linken weitgehend uneins. Im März 1970 löste sich der SDS, die
treibende Kraft vieler Aktionen, selber auf.

Der durch den Protest der Schüler und Studenten in
Gang gekommene Wandlungsprozeß läßt sich durch solche oberflächigen Daten selbstverständlich nicht beschreiben. Aber man braucht, wenn man einen Zusammenhang zwischen zwei zeitlich ausgedehnten Ereignissen

vermutet, auch ein zeitlich differenzierteres Bild
als bloß den Hinweis auf ein Datum. Der rein zeitliche Zusammenhang zwischen dem ersten auffallenden
Anstieg der Kirchenaustritte und dem Hochschwappen
der Protestwelle in der Bundesrepublik ist offensichtlich. Der Anfang der Austrittswelle und der Anfang der Protestwelle fallen zusammen.
Von 1966 auf 1967 verzeichnete die EKD einen Zuwachs
der Austritte von 16%, die kath. Kirche von 22%,
wenn man die provisorische Reihe der "echten" Austritte zugrundelegt (vgl. Tab.3 und Schaubild 5).
Im Jahre 1968 verzeichnete die EKD einen Zuwachs
der Austritte um 47%, die kath. Kirche sogar um 81%.

Die wenigen zur Verfügung stehenden monatlichen Austrittsstatistiken einiger Städte weisen darauf hin,
daß ein Emporschnellen der Austritte im April/Mai 1968
nicht stattgefunden hat. Das übliche saisonale Tief
der Austritte im zweiten Quartal April-Mai-Juni wurde
nicht durch evtl. vermutbare Austrittszunahmen ausgeglichen. Die Zunahme kam vor allem - aber nicht nur -
in der zweiten Jahreshälfte zustande.
Wir wissen im einzelnen noch zu wenig darüber, was
sich damals verändert hat, und wie die Berührungspunkte zur Kirchenmitgliedschaft liegen, um darüber
befinden zu können, wie exakt die Parallelität zwischen Protestaktivitäten und dem Niveau der Austritte
sein kann.

Zwei generelle Einwände lassen sich aber bereits treffen.
Kalendergenaue Handlungsparallelen gibt es zwar häufig,
aber nur dann, wenn den Reaktionen auf ein Ereignis
solche Handlungsgesetzmäßigkeiten zugrunde liegen, bei

denen die __schnelle__ Anpassung an das betreffende Ereignis wesentlich ist, beispielsweise die Reaktion der Börsenhändler auf Kursveränderungen oder andere Ereignisse. Oder ein anderes Beispiel: Individuelle Mißfallenskundgebungen zu einem Ereignis müssen innerhalb einer knappen Frist danach erfolgen, sonst verliert das Mißfallen seinen Anlaß und seine Glaubwürdigkeit. Diese Gesetzmäßigkeit führt zu den Kumulierungen, die man als "__Woge__ der Entrüstung" wahrnimmt.

Eine solche Gesetzmäßigkeit zeitlicher Begrenzung bei der Störung traditionalen Handelns zu unterstellen, ist höchst unrealistisch. Der Austritt eilt nicht. Man darf sogar im Gegenteil annehmen, daß ein Entschluß, mit einer langen gewohnheitsmäßigen Bindung zu brechen, erst noch "reifen" muß. Für ungewöhnliche Entscheidungen ist es gerade typisch, daß sie erst nach einem gewissen Zögern getroffen werden (vgl. THOMAE 1960, Kap.2).

Ein weiteres retardierendes Moment kommt durch den Umstand ins Spiel, daß die Einstellungen zu gänzlich neuen Ereignissen schwanken, bis sich neue Deutungsmuster verfestigt haben. Bei den Umfragen zu den Studentenunruhen z.B. ergaben sich hohe Quoten von Meinungslosen und Weder-noch-Antworten. Erst im Februar 1968 war der Prozeß der Meinungsbildung abgeschlossen und der hohe Anteil der Meinungslosen von 40% auf ca.27% gesunken (vgl.EMNID 1969 Juni, S.83f).

8.1.2. Die Studentenunruhen als gesamtgesellschaftliches Störungsereignis

Wir sind von der Gesetzmäßigkeit ausgegangen, daß die plötzliche, gesellschaftsweit zu beobachtende Änderung eines traditional gefestigten Verhaltens nur möglich ist als Folge eines außerordentlichen Ereignisses, welches so beschaffen sein muß, daß es die Deutungsmuster der sozialen Wahrnehmung irgendwie überschreitet und insofern eine Störung der bisherigen Wahrnehmungsgewohnheiten darstellt.

Daß es sich bei den Studentenunruhen seit Mitte 1967 um __außerordentlich auffallende Ereignisse__ gehandelt hat, braucht nicht weiter betont zu werden. Obgleich die studentischen Aktionen fast ausschließlich auf die größeren Städte beschränkt waren, kann man zugleich von einem gesamtgesellschaftlichen Ereignis reden, weil die Publizität der Ereignisse enorm groß war. Das eine hängt mit dem anderen zusammen. Die Gründe für beides sind vor allem zu suchen in einer spezifischen __Technik der "Bewußtseinsbildung"__, die zuvor noch nicht in der Bundesrepublik praktiziert worden war.

Diesen, auch als "__direkte Aktion__" bezeichneten Propagandatechniken, müssen wir uns kurz zuwenden. Es handelt sich dabei - allgemein gesagt - um ein bewußt abweichendes, ausdrücklich provozierendes Verhalten an Schauplätzen, an denen viele Menschen anwesend sind oder - angelockt durch dieses Verhalten - in kurzer Zeit zusammenströmen können. In der Psychologie unterscheidet man zwischen aktiver und passiver Auf-

merksamkeit. Zur aktiven Aufmerksamkeit muß man sich
willentlich anstrengen, man muß sich konzentrieren.
Passive Aufmerksamkeit stellt sich hingegen von selber ein; sie wird durch starke Reize spontan und unwillkürlich erregt. Das Neue an den studentischen
Aktionen war, daß sie passive, unwillkürliche Aufmerksamkeit erregten und damit der literarischen Kritik
- sofern sie überhaupt ein Medium fand - weit überlegen war.

Die Technik der direkten Aktion bestand in sehr variantenreichen Formen der "begrenzten Regelverletzung"
(HABERMAS): Friedliche und gewalttätige Demonstration:
Sit-in, Go-in, Love-in, Teach-in; Störung ("Umfunktionierung") von Vorlesungen, Feiern, Ansprachen, Gottesdiensten, Gerichtsverhandlungen; Mißachtung und Verspottung von Autoritäten; bewußt provozierende Sprache und Sprechart; Wandzeitungen und Mauerparolen etc.

Zur Lit. vgl. HABERMAS 1968; HEINE 1969; LEPENIES 1968;
WALKER 1963; BUNDESMINISTERIUM DES INNERN (Hrsg.) 1969;

Derartige Aktionen boten die sichere Gewähr dafür, daß
die Massenmedien intensiv darüber berichteten - zu intensiv wie auch bemerkt wurde (vgl. SONTHEIMER 1968).
Die studentischen Akteure suchten Aufmerksamkeit für
ihre Forderungen und Proteste, und die Medien stellten
sie her. Zuvor waren diese Forderungen überhört worden.
Durch gezielte Provokationen konnten jetzt mit relativ
geringem Aufwand große Kommunikationserfolge erzielt
werden.

Der Erfolg war immerhin der: Innerhalb ganz kurzer
Zeit waren alle Blicke auf die Studenten gerichtet,
und alle Welt fragte sich: "Was wollen die Studenten?" - Eine so weitreichende, ja man kann fast sagen - totale Publizität für umfassende Gesellschaftskritik hatte es bis dahin in der Bundesrepublik kaum
gegeben.

Die studentischen Proteste hatten erreicht, daß von
den Alpen bis zur Nordsee diskutiert wurde über andere, auch mögliche Formen sozialer Organisation
und individuellen Daseins in ihnen. Das von MARCUSE
(1967) analysierte "eindimensionale", nur auf das
Bestehende fixierte Denken war zumindest ein wenig
erschüttert worden. Mit Recht nennt BRÜCKNER (1972,
S.11) als eine der "hauptsächlichen und erregenden
Leistungen" dieser Studentenbewegung "ihre kommuni-
kative Gewalt, ihr provokatorischer Stil, mit dem
sie Bewußtsein umwerfen wollte: gerichtet gegen Denk-
und Gefühlsgewohnheiten".

Jetzt auf einmal war landauf landab die Rede von
"Reformen" und "erforderlichen Anpassungen", von
dem "notwendigen Abbau überholter Formen", von der
"Überwindung von Erstarrungsprozessen", von dem
"Unbehagen", das latent geherrscht haben soll, von
der "heilsamen Unruhe" dem "frischen Wind"... (vgl.
etwa die Beiträge in GLASER/SILENIUS (Hrsg.) 1968
und in WINKLER (Hrsg.) 1968. Die Ernsthaftigkeit
vieler dieser Reden mag man schon damals bezweifelt
haben - nichtsdestoweniger war dies der neue Tenor,
während zuvor Parolen wie "keine Experimente" und
"sicher ist sicher" den Status quo gefestigt hatten.

Man darf sich gewiß auch keiner Täuschung hingeben, was die Zustimmung der breiten Bevölkerung zu den studentischen Änderungsvorstellungen angeht. Bekannt ist die zum Teil überaus <u>heftige Ablehnung</u>, welche die Protestierer bei den <u>Arbeitern</u> und der <u>älteren Generation</u> insgesamt erfuhren; man konnte sich absolut nicht vorstellen, daß überhaupt jemand einen Grund hat, "auf die Straße zu gehen". Auf die unterschiedlichen Einstellungen gegenüber den protestierenden Studenten und die unterschiedliche Aufmerksamkeit gegenüber den Protestvorgängen in der Bevölkerung kommen wir noch gesondert zu sprechen. Wenn wir von "gesamtgesellschaftlich" reden, so heißt das selbstverständlich nicht, daß mit einem Ruck <u>alle</u> Mitglieder eine wesentliche Neuerung übernehmen; eine solche Vorstellung ist soziologisch irreal. Die Charakterisierung jenes "Stör-Impulses" als "gesamtgesellschaftlich" ist hier zunächst einmal kommunikationstechnischer Natur: Wir gingen aus von dem theoretischen Postulat, daß eine <u>plötzliche, über den sozialen Raum verstreute, kollektive Häufung von Handlungen, die wir als Bruch traditionaler Bindungen erkannt haben, nur auf ein Ereignis zurückgeführt werden kann, welches als Abweichung vom allgemein Gewohnten wahrgenommen werden konnte</u>. Die studentischen Proteste ab Mitte 1967, spätestens ab April 1968 erfüllen dieses Kriterium. Umgekehrt gibt es in dem relevanten Zeitraum des ersten Anstieges der Kirchenaustritte kein Ereignis von vergleichbarer Aufmerksamkeitsqualität und vergleichbaren Möglichkeiten der Beziehung zu einer Vielzahl von Lebensbereichen.

Wenn außerdem verschiedene Indikatoren darauf hinweisen, daß etwa ein Viertel bis ein Fünftel der Bevölkerung über 16 Jahre - um es ganz vorsichtig zu sagen - zumindest eine positive Sensibilität für die neue Gesellschaftskritik von Links hatte, so ist dies bereits sehr bemerkenswert. Ein solcher Anteil ist immerhin so groß, daß selbst bei klitzekleinen Wahrscheinlichkeiten tatsächlicher Verhaltensänderung (nicht nur "innerer" Einstellungs- und Bewußtseinsänderung!) noch so große Mengen zusammenkommen, daß ehemals stabile Reihen spezieller Statistiken in deutliche Bewegung geraten.

Welche Statistiken dies sein können, d.h. welche Handlungsbereiche von dem Änderungsimpuls besonders betroffen sind, hängt von dessen Art und Inhalt ab.

8.1.3. Das neue Bewußtsein

Um einen inhaltlichen Zusammenhang zwischen den ersten Austrittszunahmen und der Protestwelle feststellen zu können, müssen wir wissen, was sich damals verändert hat.

Der manifesten Verhaltensänderung geht stets eine latente Einstellungsänderung bzw. Bewußtseinsänderung voraus, insofern es sich um sinnhaft gesteuertes Verhalten handelt. Schlicht gesagt: Bevor es zur Änderung des Verhaltens kommt, ist etwas in den Köpfen vorgegangen.

Bewußtsein nennt man die bei einer sehr großen Zahl von Individuen gleichartige (nach Karl MARX: durch das "Sein" geprägte) Gesamtschau der Wirklichkeit, während Einstellung das individuelle Verhältnis zu wohlunterscheidbaren Sachverhalten meint.

Ein <u>Bewußtseinwandel</u> drückt sich logischerweise in speziellen <u>Einstellungsänderungen</u> aus. Aber nicht jede Häufung von Einstellungsänderungen ist zugleich ein Bewußtseinswandel. Eine feste Grenze gibt es nicht. Ändert sich bei einer großen Zahl von Individuen das Verhältnis zu zentralen Fragen des gesellschaftlichen Lebens, wird man von einem Bewußtseinswandel reden. Für den Wandel, der 1967/68 eingesetzt hat, scheint diese Bezeichnung zu Recht gewählt. Abgesehen davon haben die Innovatoren der Neuen Linken selber von Bewußtseinswandel, Bewußtmachung etc. geredet und auch in der Sache eine umfassende Änderung gesellschaftlicher Deutungs- und Bewertungsmuster angestrebt.

Es wäre natürlich zu schön, könnte man an dieser Stelle ein umfassendes und detailliertes Bild der tatsächlich stattgefundenen Bewußtseinsänderung zeichnen. Ein solches Unterfangen indes überstiege selbst bei intimster Kenntnis von sehr großen, verstreuten, aber wahrscheinlich dennoch unzureichenden Datenmengen die Möglichkeiten einer eigens dazu unternommenen Untersuchung. Wir beschränken uns hier darauf, einige Züge dieses neuen Bewußtseins herauszustellen. Es geht also wohlgemerkt nur um <u>das spezifisch Neue</u>, das damals aufkam, nicht um eine Beschreibung der tatsächlichen Bewußtseinsstrukturen der Gesamtbevölkerung oder einer studentischen Avantgarde.

Dabei ist vollkommen unwesentlich, ob es sich um originelle Geistesprodukte handelte oder um Ausgrabungen älterer Herkunft oder um Importe aus dem Ausland (was beides nachzuweisen die Kritiker nicht müde wurden). Entscheidend ist hier, daß diesen Ideen durch die studentischen Proteste zu effektiver Aufmerksamkeit verholfen worden war, und daß sie insofern überhaupt erst verhaltensbestimmend werden konnten.

Bei der <u>Lehre von den Einstellungen</u> ist es üblich,
<u>drei Komponenten</u> zu unterscheiden (vgl.z.B.TRIANDIS
1975). Es sind dies

   (1) eine kognitive oder Wissenskomponente
   (2) eine affektive oder Gefühlskomponente
   (3) eine Handlungskomponente.

Wir können diese Einteilung auch für das umfassendere
Bewußtsein verwenden.

1. Das zentrale kognitive Element: "Antiautoritär"

Bisher haben wir festgestellt, daß jenem Vorstoß der
studentischen Linken und dem "Protest der Jugend"
schlechthin die Qualität zugeschrieben wurde, überkommene Denkgewohnheiten gestört zu haben. Der Zusammenhang zwischen Protest, traditionaler Kirchenbindung und tatsächlichem Kirchenaustritt ist damit
bereits in Umrissen sichtbar. Wir müssen eine <u>weitere inhaltliche Charakterisierung des Wandlungsimpulses von 1967/68</u> vornehmen.

Eine der häufigsten Charakterisierungen der Protestbewegung erfolgte durch das Wort "antiautoritär".
Der auf Seiten der Neuen Linken engagierte Sozialpsychologe BRÜCKNER (1972 ,S.12) bemerkt dazu, daß
dies eine schlechte -, aber immer noch die beste Bezeichnung sei. Es gibt keinen Grund, ihm zu widersprechen. Das gesamte inhaltliche Spektrum der kritischen Gesellschaftstheorie und der auf ihrem Boden
entsprossenen Ableger wird damit natürlich nicht abgedeckt. Das ist aber auch nicht das Ziel. Fragt
man nach der Breitenwirkung, so ist die Bezeichnung
schon treffend.

In jedem Fall haben wir es mit einer der zentralen
Ideen zu tun, die damals durch die intellektuellen
Wortführer ins allgemeine Bewußtsein gehoben wurden.
Das Wortfeld um "autoritär" (wozu auch das vielverwendete "repressiv" gehört), wurde zu einem der begrifflichen Kristallisationspunkte von Gesellschaftskritik, - das Gegenteil, "antiautoritär" und "repressionsfrei" zum ideologischen Schlußstein vielfältiger Vorstellungen und auch praktischer Versuche von
"Gegengesellschaft" (antiautoritäre Erziehung, antiautoritäre Kinderläden).

Diese Wörter fanden in allerkürzester Zeit Aufnahme
in die gehobene Umgangssprache; die distanzierenden
Gänsefüßchen waren schnell verschwunden - ein neues
Deutungsmuster, aber auch ein neues Raster der Aufmerksamkeit war etabliert. "Autoritär", "repressiv",
"reaktionär" und ähnliche Ausdrücke gerieten zu pauschalen Formeln für Opposition. "Antiautoritär" errang einen Spitzenplatz in einer neu aufgemachten
Reihe von "Hurrawörtern" (WELDON), neben "emanzipatorisch", "progressiv", "fortschrittlich", "kritisch"
und "humanitär".

Die Aufnahme einer Neu-Sprache in die Umgangssprache
ist ein guter Indikator dafür, daß die neuen Deutungs-
und Bewertungsmuster angenommen sind. An den gesetzten
oder den fehlenden Anführungszeichen scheiden sich
dann die Geister. Der Streit um den richtigen Sprachgebrauch hat deshalb einen durchaus ernsten Hintergrund (vgl. dazu LÜBBE 1972). Neue Deutungen der Gesellschaft, die von einem herrschenden Bewußtsein abweichen, können notwendig nur durch neue oder anderssinnige Wörter artikuliert werden. Denn auch die bestehende Sprache assoziiert vielfach nur das Bestehende.
Und insbesondere die politischen Begriffe sind durch
den erwünschten Status quo definiert: Demokratie = das,
was wir haben; Freiheit = das, was wir haben... Wer
einen Status quo kritisieren will, kann dies schlecht
tun mit Begriffen, die durch eben diesen definiert sind.
Daß nachträglich die neuen Begriffe wieder verschleißen
und gar von damit kritisierten Gruppen vereinnahmt werden,
steht auf einem anderen Blatt.

Der Inhalt von "autoritär" bzw. "antiautoritär" bedarf hier keiner Explikation im Sinne der Kritischen Theorie (vgl. HORKHEIMER 1968; ADORNO u.a. 1950). Der <u>Aufstieg zum Leitwort gesellschaftskritischen Alltagsbewußtseins</u> konnte nur erfolgen durch eine weitgehende Lösung von diesen Ursprüngen, und das heißt durch eine starke Vereinfachung.

"<u>Autoritär</u>" ist danach alles, was die Verwirklichung eines größeren Freiheitsspielraumes für das Individuum behindert; sei es, daß dieser Spielraum schon rechtlich-formal vorhanden, aber nicht praktisch verwirklicht ist, oder sei es, daß es sich um neu zu schaffende Freiheiten handelt.

Zum einen weist "autoritär" auf durchaus bekannte Formen von Zwang, Unterdrückung, Bevormundung etc.; aber auch insofern es nur eine sprachlich neue Formulierung für alte Not darstellt, setzt es wegen der sprachlichen Griffigkeit dennoch einen neuen Akzent. Zum anderen dient diese Formel seither aber auch dazu, weniger auffällige Praktiken und Zustände zu brandmarken. Mit dem neuen Begriff entstand eine <u>neue Dimension der Aufmerksamkeit</u> für Zwänge, Abhängigkeitsverhältnisse und Verpflichtungen aller Art - auch für solche, die bislang als harmlos oder als fraglos notwendig galten oder die gar nicht beachtet wurde. Es ging um die "<u>unreflektierten Zwänge</u>". So bemerkte Wyatt (1968, S.570) über den ähnlichen Vorgang in den USA, es sei eine Generation entstanden, die überall nach Zwang Ausschau halte. In diesem Sinne signalisiert der Aufstieg des Wortes "autoritär" ganz sicher eine Bewußtseinsänderung.

Die Sozialwissenschaften, die mit Rücksicht auf den
zu analysierenden Gegenstand eher auf Begriffe wie
Zwang und Herrschaft verzichtet hatten (vgl. JAEGGI
1969, Vorwort) setzten nun mit Eifer an, den versun-
kenen Wortschatz der frühen Herrschaftssoziologie zu
bergen und damit eine plötzlich als überfällig erkannte
Schuld an kritischer Analyse der "demokratisch-plurali-
stischen Leistungsgesellschaft" zu begleichen.

Fast scheint es, als gerieten die Gesellschaft als Ganze, ihre Institutionen und Funktionen im einzelnen unter "totalen Zwangsverdacht" - um ein Wort von Karl
MANNHEIM abzuwandeln.

ENGELMAYER schreibt in einer von ihm herausgegebenen
Sammlung von Texten zur Autoritätsdiskussion in der
Pädagogik (1973, s.7): "Ungeachtet der weiten geschicht-
lichen Zusammenhänge und Abhängigkeiten wird man den
modernen Antiautoritarismus doch als ein in seiner Art
einmaliges <u>gegenwartsgeschichtliches</u> Phänomen verstehen
müssen, und zwar nicht nur, weil er sich mit größerer
Radikalität denn je, auch höherem pädagogischem Engagement und literarischer Aktivität des Selbstverständ-
nisses als das je der Fall war, zu Worte meldet, sondern
weil er mit dem Anspruch einer Weltanschauung auftritt,
die in einem umfassenden Sinne alle gesellschaftlichen
Lebensbereiche betrifft."

"Repressionen" denn auch überall: In der Wirtschaft, im
Betrieb, in der Schule, im Militär, der Kirche, in der
Ehe und Familie, in der Sexualmoral, in der Justiz, im
Sport, im Konsum...
Dieses totale System sublimer Zwänge, welches infolge des
herrschenden eindimensionalen Deutens nicht einmal entlarvt
werde, sei nur zu treffen - so die These des als "Vater
der Protestbewegung" geltenden Herbert MARCUSE (1967) -
durch die "Große Verweigerung" der geforderten Leistungen.

Parallel mit der Kritik der herrschenden Zwänge kam so
zugleich eine Kritik der Leistung und der auf ihr bauenden Rechtfertigungslehren auf (vgl. OFFE 1970); der Leistungsbegriff hat seither viel von seinem Glanz verloren
(vgl. KUPHAL 1973).

Als "antiautoritär" deklarierte sich das erwartete und das tatsächlich stattfindende, gegen konkrete Personen, gegen Organisationen und gegen "das System" schlechthin gerichtete Handeln. (Zur Selbstdarstellung führender Studentenvertreter vgl. BERGMANN/ DUTSCHKE u.a. (Hrsg) 1968).

Antiautoritär waren die aktiven Proteste und die passiven Formen der Verweigerung auch in ihrem tatsächlichen Effekt: Sie "verunsicherten" die herrschenden Autoritäten (das "Establishment" pflegte man damals noch zu sagen) und zwangen sie vielfach zu Zurückhaltung und Zurückweichen - zu Reaktionen also, die gemessen wenigstens an den geltenden Vorstellungen, daß die obrigkeitliche Macht Ruhe und Ordnung durchsetzen könne, als Schwächen auszulegen waren. Und Schwäche auf der einen Seite macht Mut auf der anderen.

Zum anderen war - um den bekannten Ausdruck von McLUHAN (1968) zu verwenden - das Medium zugleich die Botschaft: Die Demonstrationen demonstrierten zum erstenmal in der BRD, daß es Möglichkeiten des zivilen Ungehorsams gibt; und außerdem, daß es massenweise Leute gibt, die es wagen, ihn zu praktizieren. Die individuellen Formen der Verweigerung zeigten, daß man auch als einzelner einfach "nein" sagen kann und - das ist in "antiautoritär" stets mitgedacht - es nicht selten auch sagen muß. Das Wort vom zivilen Ungehorsam und die Forderung nach einer Erziehung zum Ungehorsam waren gewiß älter, aber sie wurden damals wiederentdeckt! (vgl. z.B. die damals vielbeachtete Abiturrede von Karin STORCH 1968).

Wo liegt nun die Verbindung zur Kirchenmitgliedschaft? -
Die Kirchen zählten im Verein mit vielen anderen Organisationen zu den angegriffenen "autoritären Systemstützen".
Außerdem fallen Neuerungsbewegungen der Aufklärung und
der Emanzipation selten mit kirchenfreundlichen Bestrebungen zusammen. Schon gar nicht, wenn es sich um submarxistische Ansätze handelt.
Trotz neu aufgekommener Liebe zu alten Drogen ist deshalb gegenüber dem "Opium für das Volk" (als welches der
seit Protestzeiten wieder vielzitierte Karl MARX die
Religion entlarvt hatte) eher eine abstinente Haltung
zu erwarten.

Wir sprachen von einer neuen sensiblen Aufmerksamkeit
gegenüber Zwängen aller Art. Die letzt verbliebene
Verpflichtung, welche dem einzelnen Kirchenmitglied
ernsthaft auferlegt ist, die Kirchensteuer, dürfte dieser Aufmerksamkeit kaum entgangen sein. Sie war ohnehin seit Mitte der 60er Jahre wieder ins böse Gespräch
gekommen.

Die katholische Kirche belasteten zusätzlich zwei Ereignisse, die im Lichte der stattfindenden Neuorientierung besonders schwer wiegen mußten: die päpstliche Enzyklika zur Geburtenregelung, "Humanae vitae"
(vulgo: "Pillenenzyklika") im Juli 1968 und genau ein
Jahr später der Fall DEFREGGER.

Zu letzterem nur kurz: Der SPIEGEL berichtete am 7.
Juli 1969 als erste deutsche Zeitung über den Fall,
der nicht nur in der Bundesrepublik eine Welle der
Empörung auslöste. Ein Mann Namens DEFREGGER hatte als
Wehrmachtsoffizier 1944 in Italien eine Geiselerschießung geleitet. Dieser Mann war - das wurde nun entdeckt -
der Münchener Weihbischof (vgl.DER SPIEGEL Nr.32/1969;
Titel).

Umstrittener Inhalt der Enzyklika (HUMANAE VITAE 1968) war die Frage, ob für Eheleute die "Pille" als empfängnisverhütendes Mittel erlaubt sei oder nicht, und die päpstliche Antwort war ein "Nein". Das katholische Kirchvolk indessen verweigerte den schuldigen Gehorsam, weniger mit Erregung als mit kopfschüttelndem Spott ("Pillen-Paul"). Denn das päpstliche Verbot erfolgte ausgerechnet zu einer Zeit, in der die Pille sich zu ihrem Siegeszug anschickte.

Die SPIEGEL-Umfrage vom Sept. 1967 (also fast ein Jahr vor der Enzyklika) hatte bereits die Frage gestellt, welche Einstellung die Kirche zur Pille als Mittel der Empfängnisverhütung haben sollte: Lediglich 12% der Deutschen zwischen 18 und 7o Jahren waren der Ansicht, daß die Kirche die "Pille" verbieten sollte; die übrigen meinten zu 38%, sie sollte sie erlauben und 49% sagten kurzerhand, das ginge die Kirche nichts an.
Nach Konfessionen getrennt: Nur 7% der Evangelischen und 17% der Katholiken befürworteten ein kirchliches "Pillen-Verbot" (vgl. HARENBERG (Hrsg.) 1968,S.31).

So ist es kein Wunder, wenn bei diesem Kontrast zwischen öffentlicher und päpstlicher Meinung die Kirche eine erhebliche Autoritätseinbuße erlitt. Denn stets dann, wenn eine Norm als unsinnig erscheint, schlägt die Ablehnung auf die normsetzende Instanz selber zurück.

J.HOFFMANN (1973) hat in seiner Dissertation die Pressereaktion auf die Enzyklika hin untersucht.
Er kommt zu dem Ergebnis:
"Da die Enzyklika mit einer konkreten Forderung an alle Menschen auftrat, die nicht als sinnvoll anerkannt wurde, und dies mit Argumenten versuchte, die nicht mehr als einsichtig erklärt wurden, konnte die Enzyklika keine Sachdiskussion zu den anstehenden Fragen entwickeln, sondern stieß auf scharfe

Ablehnung, die sich in der Öffentlichkeit bald zu
einer Ablehnung der Kompetenz des Verfassers und
schließlich zu einer Ablehnung der Autorität der
Kirche ausdrückte" (S.48).
Zur Diskussion über die Enzyklika vgl. außerdem
BÖCKLE/HOLENSTEIN (Hrsg.) 1968; zur innerkirchlichen Autoritätskrise vgl. SARTORY 1969;

Kirchliche Verhaltensanforderungen gibt es viele,
aber das volkskirchliche Leben ist dadurch gekennzeichnet, daß diese Gebote weithin irrelevant geworden sind. Das geschah aber schleichend, im Laufe der Zeit, so daß diese heute noch formal in
Kraft sind, auch gelehrt werden, sich aber niemand
darüber aufregt, weil es ja schon immer so war. Das
Fleischverbot am Freitag z.B. wird nicht minder auf
Ablehnung gestoßen sein als das Pillenverbot. Aber
es ist ein gewaltiger Unterschied, ob eine als unsinnig erlebte Vorschrift so langsam aber sicher außer
Kraft gerät oder ob versucht wird, eine unsinnig
erscheinende Norm neu einzuführen. Der langsame
Entwertungsprozeß kann vonstatten gehen, ohne daß
die Mitgliedschaft davon betroffen wird, während
hingegen neue Normierungsversuche dem ohnehin müden
Mitglied extrem vor Augen führen, in welcher Anstalt
es Mitglied ist - und sogar Steuern zahlen muß.

Zum Pech für die katholische Amtskirche war das
päpstliche "Pillen-Verbot" kurz vor dem 82. Deutschen Katholikentag erfolgt, der Anfang September
in Essen stattfand. Es ging dort weitaus zahmer zu
als auf dem im Jahr darauf abgehaltenen evangelischen Kirchentag in Stuttgart ("Gott ist rot"), aber
das zusammengekommene Kirchvolk, insbesondere die

Jugend, machte aus dem Unmut über die Enzyklika keinen Hehl. (Slogan: "Sich beugen und zeugen!") Wenn nun sogar die sonst eher zum "Ja und Amen" neigende Schar kirchlicher Laien und Theologen protestierte, so wurde unübersehbar klar, daß die kirchliche Lehre in massivem Widerspruch zum "Zeitgeist" geraten war.

Zur Reaktion der liberalen Presse vgl. DÜRGER 1973, S.337ff; zum Kirchentagsverlauf vgl. SEEBER (Hrsg.) 1968.

Als primärer Austrittsimpuls kann die Pillen-Diskussion hingegen nicht betrachtet werden; denn in erster Linie ist ja zunächst einmal die katholische Seite davon betroffen gewesen. Obgleich es Hinweise dafür gibt, daß unter den Antiklerikal-Kirchenfernen Kirche gleich Kirche ist, gewissermaßen eine Art negativ gewendete ökumenische Gesinnung herrscht, ist dieser Effekt nicht so hoch zu veranschlagen, daß sogar die ev. Seite noch mehr Austreter zählt als die katholische. Außerdem kommt es mit der Zeit nicht hin. Mitte 1968 waren die Austritte bereits am Steigen.

Diese Diskussion um Papst und Pille erklärt vielleicht, wieso die katholischen Austritte in die Konfessionslosigkeit relativ stärker anstiegen (+ 81%) als die im ev. Bereich (+ 47%; vgl. oben 3.3.).

2. Unbehagen und Aufbruchsstimmung

Ein jedes Bewußtseinsbild gewinnt erst einigermaßen Gestalt durch die affektive Komponente. Man spricht auch von Stimmung, von Meinungsklima und auch von öffentlicher Meinung (im qualitativen Sinne); der "Zeitgeist" ist außer Mode gekommen.

Beschreibungen dieser Bewußtseinskomponente sind soziologisch schwer zu objektivieren. Gleichwohl ist es eine Tatsache, daß angesichts bestimmter Ereignisse viele Menschen zugleich von ähnlichen Gefühlen bewegt und (wie bildhaft!) zu bestimmten Verhaltensänderungen hingerissen werden.

Die soziologischen Befragungsergebnisse spiegeln diese Sorte von Bewußtsein wenn überhaupt nur sehr matt wider. Die Befragungsinstrumente sind für solcherlei diffuse Stimmungen zu ungeschliffen, ganz abgesehen davon, daß es auch an theoretischem Wissen über den Sachverhalt fehlt. Die gewollt kühle Darstellungsweise sozialwissenschaftlicher Reports scheint zudem wenig geeignet, Stimmungsbilder wiederzugeben. Gute Phänomenologen mit einiger Sprachbeherrschung sind da immer noch voraus.

Im Falle der Änderungen, die mit und durch die "Rebellion der Jugend" aufgetreten sind, ist dieser Mangel besonders offenkundig. Die besten Beiträge zu einer Phänomenologie des Neuen Bewußtseins stammen von engagierten Beobachtern und Teilnehmern der "Szene", wie beispielsweise Charles REICH (1970). Das Bild, das er über den Wandel in den USA zeichnete, zeigt in vielen Zügen auch die Situation, wie sie Ende der 60er Jahre in der Bundesrepublik eingetreten ist.

Die akuten Proteste und Unruhen waren im Bewußtsein
der unmittelbar Beteiligten und der wohlwollenden
Betrachter kein isolierter Vorgang. Sie fügten sich
mit einer Vielzahl anderer Erscheinungen in ein Gesamtbild, bestehend aus zwei emotionalen Grundtönen,
die sich komplementär ergänzten: <u>Diffuse Unzufrieden-
heit</u> mit den herrschenden Zuständen und gleicherma-
ßen <u>diffuse Erwartungen</u> an eine alsbaldige tieferge-
hende Veränderung.

Man hat das Lebensgefühl am Ende der 6oer Jahre vielfach durch zwei Wörter charakterisiert, nämlich
"<u>Unbehagen</u>" und "<u>Aufbruchsstimmung</u>". Die beiden Ausdrücke scheinen ganz zutreffend für die Stimmungslage
weiter Kreise - beileibe nicht <u>nur</u> der Studenten,
aber auch ebensowenig aller Studenten oder der Jugend
als ganzer.

Das emotionale Klima aufseiten der unmittelbaren
Träger der Protestbewegung, der "kleinen radikalen
Minderheit", dürfte damit sicherlich zu schwach beschrieben sein. "Ekel", "Überdruß" und "revolutionäre Umbruchstimmung" sind die passenderen, im übrigen auch authentischen Ausdrücke.

Mit dem neuen Unbehagen scheint in der Tat nur ein
längerer Wandlungsprozeß virulent geworden zu sein.
Bereits anfangs der 6oer Jahre stellten feinfühlige
Beobachter einen Stimmungsumschwung in dieser Richtung fest.

Über das "Unbehagen in der christlichen Literatur" -
von der man annehmen sollte, daß sie nicht jeder Mo-
delaune folge - notierte W.ROSS (1963/64, S.1o5):
"Der Vorgang, den wir zu beschreiben versuchen, ist
unterirdisch. 'Unbehagen' ist der passendste Ausdruck
für eine schleichende Stimmung der Unsicherheit, eine
Störung des Gesundheitsgleichgewichts, deren Ursachen
atmosphärisch sind. Etwas liegt in der Luft; wüßte man,

was es ist, so wäre es leichter, damit fertig zu werden. Die Welt, gestern noch golden, ist mit einem Schlage grau. Der Enthusiasmus des Wiederaufbaus, des Wirtschaftswunders, des wiedergewonnenen guten Gewissens trübt sich plötzlich. Komplexe nagen, die Vergangenheit steigt auf, die Zukunft lastet. Wie durch einen geheimnisvollen Szenenwechsel scheint alles erkältet und verwelkt."

Daß am Ende der 60er Jahre eine gewisse Aufbruchsstimmung aufkommen konnte, überrascht im Nachhinein nicht. Denn es war mehr in Bewegung geraten, als daß nur die akademische Jugend ihre Opposition zu den herrschenden Deutungsmustern demonstrierte.

Im <u>gesamten Kulturbereich</u> zeigten sich neue Impulse und Perspektiven: Op-Art, Pop-Art, Beat, Protestsong, politisches Theater, junger Film, politisches Kabarett...um nur einige der Linien zu nennen, auf welchen sich die kulturelle Szene auffällig veränderte (vgl. dazu KAISER (Hrsg.) 1968); BAACKE 1968; GLASER/STAHL (Hrsg.) 1968).

Zum vielleicht deutlichsten, weil sichtbarsten Symbol wurden die langen Haare, die Bärte, die lässige bis bewußt nachlässige Kleidung, das ungezwungene Auftreten. - Allerhöchste Aufmerksamkeit darf man voraussetzen für neu kursierende Ideen über die <u>Befreiung der Sexualmoral</u>; "Pille" war das neue und Abtreibung das ganz neue Stichwort für liberale Erwartungen. - Erste Meldungen über die wachsende Verbreitung bewußtseinserweiternder <u>Drogen</u> signalisierten eine überhaupt neue Richtung.

Eine ähnliche Entwicklung war in den USA bereits auf einem Höhepunkt angelangt. Anfang 1967 hatte das amerikanische Nachrichtenmagazin TIME die Generation unter 25 zur "Persönlichkeit des Jahres" (1966) erkoren - mehr als bloß ein guter journalistischer Einfall, wie es scheint. Diese Generation hatte sich wie nie zuvor zu Wort gemeldet, in gänzlich neuen Denkweisen und Ausdrucksformen, welche man mit Vokabeln wie "Neue Kultur", "Kultur der jungen Leute" oder meist "underground culture" umschrieb. Ein Gefühl jenes begeisterten Glaubens an einen freieren, besseren Menschen, der in dieser Kultur gedeihen sollte, vermittelt die erwähnte Darstellung von Ch.REICH (1970).

Zum Thema "neue Sensibilität" - der Begriff wurde von MARCUSE (1969) geprägt - vgl. auch MENNE (Hrsg.) 1974; darin eine Literatursammlung zum Thema.

Viele Veränderungen also, und es ist anzunehmen, daß die manifeste Protestbewegung für vieles eine Art fördernder Katalysator war. Diesen Zusammenhängen brauchen wir hier nicht weiter nachzugehen. Wichtig ist, daß auf breiter Linie die Dinge in Fluß geraten waren und sich verdichteten zu einem neuen Stil von Opposition gegen bürgerliche Normalität, getragen von einem trutzigen und selbstbewußten Optimismus, wie er entsteht, wenn sich die Individuen und Gruppen, die sich mangels Manifestationsmöglichkeiten zuvor als Außenseiter isoliert sahen, plötzlich in einer ungeahnten Vielzahl von Gleichgesinnten bestärkt finden.

"Das öffentliche Klima in der Bundesrepublik" - so diagnostizierte SCHRENCK-NOTZING (1968,S.14f) - "hat sich in wenigen Monaten gewandelt. Wir nehmen Abschied von Jahren, wo jeder sich nach jedem richtete und alle miteinander die Existenz eines Generalnenners vermuteten, von dem niemand genau sagen konnte, worin er lag."

Es ist kaum nötig, wieder zu erwähnen, daß ein solches Bewußtsein nur bei einem kleinen Teil der Bevölkerung unterstellt werden darf, der indessen rasch zunahm; 1967/68 war die Zeit der Innovatoren und "early adopters" (vgl. ROGERS 1962) - sagen wir: der mutigen Leute. Innerhalb kurzer Zeit verfestigte sich die linke Attitüde zur Mode der jüngeren Generation. Die prägnanteste und zugleich modische Formel dafür: "Links" wurde "in". Das "Anti-Milieu" entfaltete seine eigene Ästhetik, schnell aufgegriffen und verstärkt durch kommerzielle Interessen.

Ist es Zufall, daß der Übergang zu dieser Diffusionsstufe, in der die Nonkonformität allmählich zur neuen Konformität überging, zusammenfiel mit einem Ereignis, das nun auch bei bürgerlicher Zurückhaltung einen kleinen Ruck nach "Links" ermöglichte? Gemeint ist der "Machtwechsel" in Bonn im Herbst 1969, mit dem die BRD den ersten sozialdemokratischen Kanzler erhielt.

Sicher nicht symptomatisch, aber dennoch kennzeichnend für das neue Klima scheint eine Beobachtung zu sein, über die in der ZEIT (Nr. 48/1969 vom 2.8.69) berichtet wurde: Daß eine Bürgerin in der Öffentlichkeit einen CDU-Meinungsknopf trug, wurde offenbar als Provokation empfunden, denn sie erntete allerlei Anpöbeleien und dumme Bemerkungen.
Auf eine mildere Form von Bekennertum wurden auch die Demoskopen aufmerksam. Seit 1969 verzeichneten sie bei den SPD-Wählern eine Zunahme der Neigung, sich zur SPD öffentlich zu bekennen, während die Bekenntnisfreude der Unions-Anhänger zurückgegangen war.
(Eine ausführliche Diskussion einer Untersuchung des IfD Allensbach zu dieser Frage gab K. REUMANN in der FAZ vom 27.1.73).

Und eine neue Sorte von Aufmüpfigkeit zeigten auf einmal auch brave Bürgersleute. Dazu ein paar Streiflichter:

Im Juli 1969 wurde in Hannover die "Aktion Roter Punkt" erfunden, ein ad hoc organisierter und seither oft kopierter privater Mitfahrdienst gegen die Preiserhöhung der Verkehrsbetriebe. Das Erstaunliche war, daß die Bevölkerung sich in "antiobrigkeitlicher Stimmung" auf die Seite der Demonstranten schlug (vgl. DER SPIEGEL Nr. 29/1969).

Nachdem es im Herbst 1969 eine Serie vielbeachteter wilder Streiks gegeben hatte, brachte die Lohnrunde im folgenden Jahr eine bis dahin nicht gekannte Aufsässigkeit der Arbeitnehmer (vgl. KERN/SCHUMANN 1976). Ebenfalls eine Neuheit waren für ihre Gehaltsforderungen demonstrierende Polizisten - und dies ausgerechnet in Frankfurt! (vgl. zu beidem DER SPIEGEL Nr. 45/1970).

Anfang 1970 ergab eine Befragung des IfD-Allensbach unter 1000 Eltern von Kindern zwischen 2 und 25 Jahren folgende Verteilung von politischer Selbsteinschätzung: 3% der Befragten stuften sich als "weit links" ein; 18% (!) bezeichneten sich als "gemäßigt links". In der "Mitte" sahen sich 34%; 16% bezeichneten sich als "gemäßigt konservativ" und 3% als "stark konservativ"; (keine Angabe: 26%; Summe = 100%). (Vgl. JAHRBUCH ÖFFENTL.MEINUNG 1968-73, S.216) Sehr bemerkenswert ist der hohe Anteil derer, die sich als "gemäßigt links bezeichnen". Dieses Ergebnis überrascht, nachdem sich die Kritik an den "Linken" alle Mühe gegeben hatte, dieses politische Positionswort als Inbegriff von Aufruhr, Unordnung, Anarchie und Kommunismus abzuwerten. Hätte diese Stichprobe auch noch die Schüler und Studenten umfaßt, wäre das Ergebnis gewiß noch "linker" ausgefallen.

3. Die neue Neigung zum Handeln: Gesinnung versus Verantwortung

Die dritte üblicherweise unterschiedene Einstellungs- bzw. Bewußtseinskomponente bezieht sich direkt auf die Handlungsbereitschaft. Auch hier ist eine entscheidende Veränderung festzustellen seit 1968.

Die Protestbewegung war in all ihren Phasen <u>aktivierende Aktion</u>. Ihre Erfolge erzielte sie in erster Linie durch direktes Handeln - nicht durch literarische Kritik oder wissenschaftliche Analysen. Diese <u>Betonung des praktischen Handelns, der Aktion,</u> des kritischen Engagements, ist selber zum wesentlichen Bestandteil des neuen Bewußtseins geworden.

Die intellektuellen Führer des Protests beriefen sich auf die <u>Idee der Einheit von Theorie und Praxis,</u> dem Kernstück der Kritischen Theorie (vgl. z.B. HABERMAS: Theorie und Praxis, 1963) und forderten ihre Durchsetzung als wissenschaftliches Prinzip. Was gemeint ist, läßt sich sehr vereinfacht immer noch mit dem bekannten Satz von Karl MARX umschreiben, wonach die Philosophen die Welt nur verschieden interpretiert haben, es aber darauf ankomme, sie zu verändern.

Die Diskussion um den "richtigen" Wissenschaftsbegriff ist in ihren Folgen sicher nicht zu unterschätzen, ist aber naturgemäß nur auf den Wissenschaftsbetrieb beschränkt geblieben.

Die <u>Veränderung des Alltagsbewußtseins</u> läßt sich eher beschreiben als eine Abwendung von der reinen, faktisch folgenlosen <u>Gesinnung</u> hin zu einer praktisch wirksamen <u>Verantwortungsethik</u>. Es genügt nicht - so vielleicht der neue Akzent - unbefriedigende Zustände moralisch zu mißbilligen, man muß effektiv etwas dagegen tun. Fast sprichwörtlich wurde der Affront gegen die "Scheißliberalität" (vgl. dazu die in der ZEIT geführte Diskussion, vor allem KRIPPENDORF in der Nr. 51/1967).

Kennzeichnend für das Vorliegen der Verantwortungsethik ist das subjektiv schlechte Gewissen, daß man eigentlich nichts tut, aber etwas tun müßte. Das Engagement der Protestbewegung gegen Krieg, Mord, Ausbeutung, Diktatur und anderes konnte ohne Mühe mit zentralen humanen Werten legitimiert werden - auch ohne daß man dabei einem ethischen Rigorismus huldigte, wie zuweilen eingewendet wurde von Kritikern.
Die Aktiven des Protests verstanden es, ihrer Umwelt das Gefühl des Etwas-tun-Müssens zu vermitteln. Die Wirkung: Ein schon vorher empfundenes Gefälle zwischen wahrgenommenem Sein und angenommenem Soll wurde nun eher handlungsrelevant; dies um so mehr, als durch die Erfahrung der offenen Proteste diese Gefälle kognitiv und emotional noch vergrößert wurde. Es war - so eine Beobachtung aus ApO-Zeiten - am Ende leichter, sich antiautoritär zu geben, denn als "graue Maus" zu erscheinen.

Die Vorstellung eines Gefälles zwischen Sein und Soll als Movens für menschliches Handeln ist übrigens eines der zentralen Modelle der Motivationstheoretiker; vgl. z.B. HECKHAUSEN 1963.

Die Verbindung zu den Kirchenaustritten wäre nun einfach, wenn diese explizit zum Gebot progressiven Handelns geworden wären, so wie etwa mit den Kriegsdienstverweigerungen geschehen.

Von den führenden Gruppen des Protests ergingen bekanntlich mannigfache Aufforderungen zum kollektiven und individuellen Handeln, wie diese ja auch selber

versuchten, durch gezielt tabuverletzendes Handeln
die eigene irrationale Angst vor der Aufsässigkeit
und des Regelverstoßes zu überwinden und so erst
einmal die "Revolutionierung der Revolutionäre" zu
besorgen (vgl. HEINE 1969).

Direkte Aufforderungen zum Kirchenaustritt müssen
indessen - nach allem was bekannt ist - zu den seltenen Ausnahmen "linker Agitation" gezählt werden.
Die Spruchbänder, Flugblätter und Programmschrif-
ten trugen andere Parolen.
Sollte das Thema Kirchenaustritt hie und da doch
stärker nach oben gekommen sein - was sich bei kaum
herzustellender Übersicht über die Legion von Flug-
blättern schwerlich abschätzen läßt - so würde der
Zusammenhang zwischen Protest und Austrittsprogres-
sion nur umso deutlicher.

Der EV.ERZIEHER (20 (1968) S.484ff) gab den Inhalt
mehrerer Flugblätter wieder, die gegen Religion
und Kirche gerichtet waren, darunter ein Aufruf
der "Projektgruppe Trennung von Staat und Kirche"
des "Sozialistischen Lehrerbundes" und des "Aktions-
zentrums Unabhängiger und Sozialistischer Schüler"
(AUSS), Frankfurt.
Die Überschrift des Flugblattes: "Laßt euch nicht
länger religiös manipulieren - verlaßt massenhaft
den Religionsunterricht!" Der Aufruf schließt mit
den Worten:

"Von den zwei großen Verweigerungsrechten, die unsere Gesellschaft garantiert - dem Recht auf Kirchenaustritt und dem Recht auf Wehrdienstverweigerung - könnt
ihr das eine bereits jetzt in einem ersten Schritt
verwirklichen: meldet euch beim Religionslehrer ab!
Scheut etwaige Konflikte mit Eltern und Lehrer nicht.
Beginnt damit, den Religionsunterricht auszutrocknen.
MASSENHAFT. Dann wird der Weg frei für einen kritischen Unterricht. "Solidarisiert euch! Antiautoritäre
Lehrer unterstützen euch."

In den Gründungsaufrufen und den wichtigen Resolutionen des AJSS und anderer ähnlicher Vereinigungen (vgl. HAUG/MAESSEN (Hrsg.) 1969) klang dieses Thema indessen nicht an.
Zur Aktivität des Sozialistischen Lehrerbundes (SLB) in Sachen Austrittswerbung vgl. DER SPIEGEL Nr. 4/1969 in Zusammenhang mit dem bereits erwähnten Vorkommnis, daß ein Lehrer in der Schule auf das Recht zum Kirchenaustritt hingewiesen hatte.

Gewiß gehörten die Kirchen zu den attackierten "autoritären" Systemstützen, aber eine Agitation zum Kirchenaustritt mag echten Revolutionären verständlicherweise auch etwas läppisch erscheinen. Die wenigen Fälle öffentlicher Austrittswerbung besorgten denn auch antiklerikale "bürgerliche" Gruppen, die ihrerseits durch die Impulse der Protestbewegung mutig geworden waren (HUMANISTISCHE UNION; BUND FÜR GEISTESFREIHEIT).

Aber auch ohne daß eine dezidiert antiklerikale Bewegung entstanden war, liegt die Beziehung auf der Hand; denn die neue Neigung zu konsequenterem Handeln ist quasi ein allgemeiner Faktor, der viele Lebensbereiche berührt - auch das Verhältnis zur Kirche.

Feststellungen von der Sorte "Ich möchte wirklich wissen, weshalb ich überhaupt noch Kirchensteuer zahle?!" gab es sicher genug auch vorher. Jetzt plötzlich ist eine Konsequenz vor Augen, die bisher in der Ferne lag: "Warum trete ich eigentlich nicht aus?" - "Weshalb ärgere ich mich über diese Kirche und die Kirchensteuer und tue eigentlich nicht das, was man konsequenterweise tun müßte - nämlich austreten!"

Und eine weitere Beobachtung führt zur Kirchenmitgliedschaft: HABERMAS (1968, S.154) wies darauf hin, daß die neuen Techniken des Protests nicht generationsneutral sind und bezeichnete die wiederholten Forderungen der Jüngeren gegenüber den Älteren, an der Protestpraxis teilzunehmen, als naiv. Leute über dreißig (von denen es damals hieß, daß ihnen nicht zu trauen sei...), sind in der Tat durch Beruf und Familie in ernsteren Bindungen als die Schüler und Studenten. Ihr Handlungsspielraum zu Protest und Verweigerung war und ist verhältnismäßig weit eingeschränkt. Es bleiben am Ende relativ "private" Protestakte, die politisch gesehen harmlos sind, aber den Schimmer des Nonkonformismus tragen. Der Kirchenaustritt gehört dazu.

8.1.4. Die Avantgarde

Nach allem was bisher gesagt wurde, müßten die frühen Kirchenaustreter solche Personen sein, die eine gewisse Affinität zu dem beschriebenen Wandlungsimpuls aus dem Ereignisfeld der Protestbewegung aufweisen. Die Frage ist also, ob diese theoretisch abgeleitete Aussage durch das, was wir über die Kirchenaustreter wissen, bestätigt wird.

Oder anders herum gewendet: Können wir mit den bisherigen Annahmen auch die konkrete Verteilung der Austritte im sozialen Raum einsichtig machen? - Ist unser Erklärungsversuch für den "Take-off" in der Lage, die Daten über die Austritte bzw. die Austreter widerspruchsfrei zu integrieren?

Diese Umkehrung der Frage ist deshalb angebracht, weil es ja nicht das Ziel ist, einen Erklärungsversuch durch vorhandene Daten zu belegen, sondern umgekehrt sollen vorhandene Daten durch einen Erklärungsversuch erhellt werden.
Besonders erklärungsbedürftig sind überraschende Befunde, wie in unserem Falle etwa die Tatsache, daß die Arbeiter unter den Austretern unterrepräsentiert sind, obgleich sie sonst zu den Kirchenfernen zählen.

Das exakte Vorgehen zur Beantwortung dieser Frage sähe so aus: Man müßte nachweisen können, daß auf Seiten der frühen Austreter eine Art Bewußtseinswandel mit und durch die manifesten Proteste stattgefunden hatte.

Die objektive Feststellung eines solchen <u>Wandels</u> setzte strenggenommen voraus, daß man die Einstellungen von 1968 ff mit solchen von vorher vergleichen könnte. Das aber ist nicht möglich, weil die betreffenden Individuen ja erst durch ihre Kirchenaustritte aufgefallen sind.

Die einzige Möglichkeit wäre, von den Austretern selber zu erfahren, ob die Erfahrung der Proteste ihr Handeln, Denken und Fühlen in irgend einer Weise beeinflußt hatte. Wir brauchen uns nicht weiter mit den großen Schwierigkeiten auch eines solchen Verfahrens ("reason analysis") zu beschäftigen, denn es gibt weder Befragungen der frühen Austreter von 1968/69 noch haben Befragungen späterer Austreter bisher direkten Bezug genommen auf den äußeren Impuls der Protestbewegung. Repräsentative oder zumindest systematische Befunde auf der Ebene der Individuen sind zu diesem Punkt also noch nicht vorhanden. Auch die großen Befragungen der Kirchenmitglieder aus den letzten Jahren sind der Frage nach dem Auslöser der Welle nicht nachgegangen.

Politische Linke

Wenn wir sagten, daß die frühen Austreter eine gewisse Affinität zu den Impulsen der Protestbewegung gehabt haben müssen, dann heißt das keinesfalls, daß wir es bei den Kirchenaustretern ausschließlich mit "APO-Leuten" zu tun haben. Zunächst wäre aber einmal zu erwarten, daß die Aktivisten der Protestbewegung selber unter den frühen Kirchenaustretern zu finden sind. Hinweise darauf gaben bereits BÜHLER 1970; LINDNER 1972; ODIN 1969 und STROHM 1974.

Eine Ende 1967 durchgeführte Repräsentativ-Befragung unter deutschen Studenten in West-Berlin (vgl. INFAS-REPORT 1968, August) ergab, daß die Anhängerschaft des SDS zu mehr als einem Viertel (26%) aus Konfessionslosen bestand, während insgesamt nur 14% der Befragten angegeben hatten, weder der protestantischen noch der katholischen Kirche anzugehören.
Außerdem: 13% der Befragten insgesamt lehnten jede kirchliche Bindung ab; diese als "Antiklerikale" typisierte Gruppe sympatisierte zu 77% mit linken Hochschulgruppen (SHB, SDS).

Deutlich wird, wie stark der Zusammenhang zwischen links-akademischer Emanzipation und der Austrittsneigung war. Nicht belegt ist damit, daß jene erfaßten Konfessionslosen ausgerechnet in diesem Jahr 1967 die Kirche verlassen hatten; der Austritt kann ja auch schon längere Zeit zurückgelegen haben oder wir haben es sogar mit einer Selektion von Kindern bereits konfessionsloser Eltern zu tun.

Ein weder systematisches noch repräsentatives, aber immerhin erwähnenswertes Indiz ist die persönliche Kenntnis von Fällen, in denen der Kirchenaustritt zusammenfiel mit anderen Anti-Äußerungen. Ein uns gewährter Einblick in das Austrittsregister des Amtsgerichts Saarbrücken ergab: Unter den Austretern des Jahres 1968 (nur 244 insgesamt; keine sichtbare Zunahme gegenüber den Vorjahren) befindet sich ein gutes Dutzend von Personen, die man zur nichtstudentischen kritischen Avantgarde von 1968 zählen kann. Dabei handelte es sich um zufällig bekannte Personen; bei besserer Kenntnis der örtlichen Personalia wäre vermutlich ein noch größerer Kreis zu zählen gewesen. Linksstudentische Kreise am Orte bekundeten, der Kirchenaustritt sei "richtig Mode gewesen" (priv.Mitteilung).

Die Sondergruppe der kritischen Christen

Die große Masse der Austreter besteht aus kirchenfernen Personen, die schon lange vor der formellen Abmeldung nicht mehr am kirchlichen Leben teilnahmen (vgl. oben 3.12.). Dennoch gibt es einen nicht zu übersehenden Anteil von Personen, die zuvor noch intensive Kontakte zur Kirche unterhielten.

STROHM (1974, S.51) spricht von 12% der ev. Berliner Austreter von 1971. Bei den vom SOZIALTEAM (1973) befragten kath. Austretern des Jahres 1970 in Frankfurt a.M. ergab sich ein Anteil von ca. einem Viertel der

Befragten, die man nicht zur Gruppe der schon lange
Indifferenten zählen konnte. Für die Jahre 1968 und
1969 fehlen Angaben.

Diese Gruppe wird wahrscheinlich sehr gemischt sein.
Neben den Austretern aus Anlaß zum Übertritt in eine
andere Kirche werden hier auch jene Fälle zu finden
sein, in denen durchaus kirchliches Engagement verbunden ist mit einer Distanz zur organisierten Amtskirche. Gerade hier war die Nähe zur Protestbewegung
offenkundig.

Die Haltung bezüglich der Kirchenmitgliedschaft war
dabei geteilt. Teils wollte man bewußt "den <u>langen
Marsch durch die Institution</u>" antreten, um sie von
innen her zu ändern (vgl. DER SPIEGEL Nr. 14/1969);
teils drückte sich der Mißmut gegen die Amtskirche
in der Verweigerung der Kirchensteuer aus, verbunden
mit dem ausdrücklichen Anspruch, weiterhin Christ bzw.
Katholik bzw. Protestant zu sein.

Der "<u>ethische Rigorismus</u>" <u>der Neuen Linken</u> und die
Betonung des <u>praktischen Engagements für Humanität</u>
mußte eine besondere Anziehungskraft auf solche
Christen haben, die den Kult und die <u>Orthodoxie</u> hintanstellen und eher das Handeln "in der Welt", die
<u>Orthopraxie</u>, als vorrangig betrachten, meist noch verbunden mit dem Streben, die Trennung in zwei Kirchen
zugunsten einer <u>ökumenischen Einheit</u> aufzuheben. In
der Tat zeigten die Studentengemeinden beider Kirchen
einige Sympathie mit der Neuen Linken, weswegen Konflikte mit den Amtskirchen nicht selten waren. Auch
außerhalb der Universitäten zeigte sich der Widerstand der <u>Links-Protestanten</u> und <u>Links-Katholiken</u> gegen die "Organisation". Vgl. ONNA/STANKOWSKI (Hrsg.) 1969;
BETZ (Hrsg.) 1969; BUKOW 1968; THEOLOGIESTUDENTEN 1969;
vgl. auch SCHELSKY 1975, S. 317ff ("Vom Seelenheil zum
Sozialheil").

Sehr bekannt wurde der Fall des <u>Linkskatholiken Heinrich Böll</u>, der seine Kritik an der Kirche dadurch unterstrich, daß er als Selbständiger einfach keine Kirchensteuer mehr abführte und sich demonstrativ pfänden ließ (vgl. DER SPIEGEL Nr. 49/1970).

Wie groß die Neigung zu solchen Ideen auf seiten amtskirchlich distanzierter katholischer Kreise war, zeigen ein paar Seiten bei HALBFAS (1971, S. 284ff.), auf denen als <u>Beispiel für ein Simualitionsspiel in der kirchlichen Jugendarbeit</u> demonstriert wird: Die Mitglieder einer kirchlichen Jugendgruppe beschließen, ab sofort keine Kirchensteuer mehr zu zahlen, d.h. treten aus der Steuerkirche aus, weil sie mit ihrer Steuer keine Kirchenverwaltung unterstützen möchten, die ihre Glaubensanliegen nicht unterstützt... Dabei wird auch explizit auf den Fall BÖLL Bezug genommen.

Als <u>Verweigerungstaktik</u> bot sich den engagierten Christen - gerade wegen ihrer Nähe zum Amtsapparat - das <u>Stilmittel der Posse</u> an: Einrichtungen lächerlich machen, indem man sie übertrieben ernst nimmt und durch "Dienst nach Vorschrift" ihre Verletzbarkeit demonstriert.

Aufsehen erregte der <u>Fall eines Hamburger Religionslehrers</u>, der gegen sich selber ein Disziplinarverfahren beantragte: Er sei aus der Kirche ausgetreten und unterrichte dennoch, und außerdem entspreche sein Religionsunterricht nicht den Richtlinien (vgl. die Dokumentation in GLOY (Hrsg.) 1969,S.210ff.).

Ein Beispiel für einen "abgefallenen" Theologen, der nach seinem Austritt zum Lager der bärbeißigen Kirchenkritiker nach Art von G.SZCZESNY überwechselte, ist J.KAHL mit seinem Taschenbuch-Erfolg über das "Elend des Christentums" (1968).

Parallelität von Protest- und Austrittssympathie

Wenn keine Angaben über Merkmalskombinationen auf der Ebene der Individuen vorliegen, muß man sich notgedrungenermaßen mit kollektiven Daten behelfen - wohlwissend, daß dabei die Gefahr kollektiver Fehlschlüsse vorhanden ist; dazu gleich mehr. Zunächst zum Zusammenhang selber.

Wir wissen aus Umfragen, welche Personenkreise der Protestbewegung positiver und welche ihnen negativer gegenüberstanden. Dies zum einen. Zum anderen wissen wir, welche Personenkreise unter den Austretern wie repräsentiert sind. Vergleicht man die vorhandenen Angaben in beiden Bereichen, dann stellt man eine auffallende Parallelität fest - ohne daß man freilich beide Merkmale (Protestsympathie und Austritt) auf der Ebene der Individuen kombinieren könnte. Dazu bedürfte es individueller Befragungen speziell unter diesem Aspekt.

Die beiden entscheidenden Faktoren, welche Sympathie oder Antipathie gegenüber den protestierenden Studenten bestimmten, waren Alter und Bildungsniveau, wobei wie üblich der Bildungsgrad mit der beruflichen Qualifikation einherging.

Ein ganz klarer Zusammenhang ergab sich mit dem Alter. Je jünger die Befragten, desto größer der Anteil derjenigen, welche die Protestbewegung positiv und verständnisvoll beurteilten (vgl. INFAS 1968, April; EMNID 1969).

Befragte mit <u>Abitur</u> bzw. <u>Hochschulausbildung</u> zeigten am meisten Verständnis für die Studenten und die Demonstrationen, solche nur mit <u>Volksschule und ohne Lehre</u> zeigten die geringste Sympathie für die akademischen Protestierer. (vgl. EMNID 1969; BLÜCHER 1969; INFAS 1968, April). Angehörige der oberen Bildungsschichten perzipierten die Vorgänge auch am ehesten in der Art, daß die "gesamte Jugend" die Proteste begrüßte (vgl. EMNID 1969, S.77).

Auch bei der bloßen <u>Kenntnisnahme</u> der Vorgänge zeigten sich beträchtliche Unterschiede zwischen den Bildungsschichten; z.B. 93% der Akademiker waren über die Osterunruhen informiert, aber nur 65% der Befragten mit Volksschulbildung. Bezüglich anderer Vorkommnisse lagen die Zahlen ähnlich. Während mit Andauern der Demonstrationen die Aufmerksamkeit der oberen Bildungsschicht zunahm, zeigten sich die unteren Bildungsschichten zunehmend weniger interessiert (vgl. EMNID 1969, S.67ff).

Zusammenhängend mit der Sympathie-Verteilung nach dem Bildungsstatus ist die nach der <u>Stellung im Beruf</u>. Als besonders ablehnend gegenüber den Demonstrationen erwiesen sich die Arbeiter; erst wenn die Variable "jugendlich" zu der des "Arbeiters" hinzutrat, ergab sich eine leichte Verringerung im Grad der Ablehnung (vgl. EMNID 1969, S.23f). Dabei muß unterschieden werden zwischen <u>Facharbeitern</u> und <u>An- bzw. Ungelernten</u>. Letztere sprachen sich durchweg gegen die aufbegehrenden Studenten aus, während die männlichen Facharbeiter sich bei bestimmten Fragen ähnlich zustimmend wie die Angestellten und Beamten erwiesen (vgl. INFAS 1968, April, S.4ff; 27). Diese relative Linkstendenz der Facharbeiter gegenüber den geringer qualifizierten Kollegen hat auch ihre Parallele im Wahlverhalten, bes.

bei Katholiken (vgl. E.BLANKENBURG 1967, S.72ff).
Die akute Protestbewegung war in ihrem ganzen Gepräge ein intellektueller Impuls: ausgehend von den Hochschulen, getragen von Akademikern und mit Resonanz vorwiegend in den oberen Bildungsschichten, wenn man berücksichtigt, daß unter besser qualifizierten Arbeitern einige Sympathie für den Protest vorhanden war.

Die den Protest rechtfertigende Gesellschaftskritik war - wie MARCUSE (1967, S.15) bemerkte - "auf ein hohes Abstraktionsniveau zurückgeworfen." Davon kam sie nie herunter. Die Sprache ihrer Vermittler war nicht die Sprache der Arbeiter und die der kleinen Leute. Sprachliche Verstehbarkeit ist aber die geringste Voraussetzung für eine wohlwollende Zuwendung zu neuen, ungewohnten Interpretationen.

Von daher ist gut zu verstehen, daß jene neuen Impulse sehr schichtspezifische Wirkungen entfalten konnten. Wenn im April 1971 noch immerhin 4o% der Bevölkerung angaben, von antiautoritärer Erziehung noch nichts gehört zu haben (vgl. JAHRBUCH DER ÖFFENTLICHEN MEINUNG 1968/73,S.73), dann wird deutlich, wie sehr jene progressive Aufmerksamkeit auf obere Bildungsschichten begrenzt war.

Schichtspezifische Neigung zu Neuerungen

Die besonders erklärungsbedürftige Zurückhaltung der Arbeiter gegenüber den Kirchenaustritten können wir zum einen also zurückführen auf deren Distanz zu den Neuerungsideen, die gegen Ende der 6oer Jahre aufgekommen waren.

Dies im speziellen Falle. Es gibt außerdem Belege dafür, daß die <u>unteren Sozialschichten generell weniger innovationsfreudig, mobil, progressiv...</u> sind als Mittelschichten, - ganz entgegen dem marxistischen Stereotyp von der fortschrittlichen und revolutionären Arbeiterklasse; dies gilt vor allem wieder für die un- und angelernten Arbeiter.

LIPSET (1960, Kap.IV) machte auf den "working-class authoritarianism" und "conservatism" aufmerksam. Er führt diese Grundeinstellungen auf einen "restricted cultural, educational, and family background" zurück, der in einer Reihe amerikanischer Untersuchungen ermittelt worden war (vgl. TUMIN 1968). Auch für die unteren Sozialschichten in der BRD wurden im wesentlichen dieselben Grundeinstellungen gefunden: Ein Gefühl der Hilflosigkeit, der Machtlosigkeit, der Unsicherheit und des Mißtrauens gegenüber der Welt bzw. der Gesellschaft; geringe Risiko-Orientierung und eher Sicherheit als Erfolg anstrebend; eher verwandtschaftliche als bekanntschaftliche Beziehungen pflegend, um (so eine Hypothese von COHEN und HODGES 1963) in diesem Beziehungsnetz ihre Unsicherheit zu verringern; Apathie und Rückzug aus der sozialen Öffentlichkeit (vgl. BOLTE u.a. 1968, S.101ff).

JAIDE und Mitarbeiter 1970 haben in einer neueren Jugenduntersuchung spezielles Augenmerk auf die Variablen "<u>immobil-konservative Meinungstendenz</u>" und "progressive Meinungstendenz" gelegt (vgl. bes. S.54ff u. 85ff).

Konservative Immobilität ist danach signifikant stärker vertreten: Bei den Jüngeren gegenüber den Älteren; bei den weiblichen gegenüber den männlichen Jungendlichen; bei der unteren Bildungsstufe (Volks- bzw. Berufsschüler) gegenüber den Schülern weiterführender Schulen; bei Kindern aus der sozialen Unterschicht gegenüber den Jugendlichen aus der mittleren Mittelschicht oder darüber. Für die sozialstrukturellen Unterschiede bezüglich der progressiven Tendenz ergab sich das genaue Gegenteil.

Vor allem bei ungelernten Arbeiterinnen, welche ja immerhin einen Anteil von 20% pro Mädchenjahrgang in der BRD darstellen, wurden immobile Meinungen, Apathie und Unwissenheit gegenüber fast allen Bereichen öffentlichen, gesellschaftlichen und politischen Lebens ermittelt (vgl. JAIDE 1970, S.87).

Ein von KÄTSCH (1965, S.86f) verwendeter "Modernitätsindex", welcher eine soziale Grundeinstellung gegenüber Neuerungen messen sollte, führte zu ähnlichen schichtspezifischen Unterschieden: Die größte Aufgeschlossenheit gegenüber Neuerungen zeigten die Angehörigen des mittleren Mittelstandes, die geringste die Angehörigen der unteren Unterschicht. Andere Umfragen haben im Gefälle der Bildungsschichten eine ähnliche Abnahme in der Neigung zu modischen Verhaltensänderungen ermittelt; vgl. IFAK-Dienst Nr. 11/Okt. 1965; Nr. 29/Juli 1971, S.33ff. - Auch Arbeiterpriester (vgl. H. NEUNDÖRFER 1971) bestätigen die konservative Grundhaltung der Arbeiter.

Auch in der Diffusions- und Adoptionsforschung will man Regelmäßigkeiten über die soziale Stellung und individuelle Merkmale der frühen Übernehmer herausgefunden haben. ROGERS (1962, S.313ff) nennt eine lange Reihe solcher Generalisierungen - unter

anderem, daß frühe Übernehmer jünger seien, einen
höheren sozialen Status hätten, sich in finanziell
besserer Position befänden, sich nach der Art geistiger Fähigkeiten von den späten Übernehmern unterschieden sich stärker an unpersönlichen denn an
persönlichen Informationsquellen orientierten, von
den anderen Mitgliedern des sozialen Systems als
Abweichler betrachtet würden und sich selber auch
so sähen... H.ALBRECHT (1969, S.40ff) weist darauf
hin, daß Kritik an der mangelnden empirischen Begründung dieser Generalisierungen geübt wurde.
Nichtsdestoweniger ist immerhin erstaunlich, wie
übereinstimmend die Befunde sind und auch auf die
Verteilung der Austritte zutreffen.

Berücksichtigen wir also, daß die unteren Sozialschichten kirchliche Apathie verbinden mit einer
allgemeinen Abneigung gegenüber Veränderungen
(zumal individuellen Abweichungen), und daß diese
deutlich wurde in der Distanz zu den "von oben"
kommenden Ideen des zivilen Widerstandes, des Protestes, der Antiautorität etc., dann wird verständlich, wieso die Strukturbilder von Kirchenferne und
Kirchenaustritt schichtspezifisch voneinander abweichen, sonst aber weitgehend deckungsgleich sind
(Männer-Frauen; Stadt-Land; Alter).

Zuwachsraten und Austreter-Potential

Auf den ersten Blick widersprüchlich ist, daß in
den "Hochburgen" der Konfessionslosigkeit und der
Kirchenaustritte z.B. in Berlin (1970:14% Gemeinschaftslose in der Wohnbevölkerung) und in Hamburg

(15,7% Gemeinschaftslose) und in anderen Städten des "unkirchlichen Nordens" die Zunahme der Austritte von 1967 auf 1968 relativ gering war (z.B. Ev.Kirche Berlin + 5o%; kath. Bistum Berlin + 5o%; Ev.Kirche Hamburg + 32%; Ev.Kirche Lübeck + 3%; kath. Bremen + 17% .... Eine Ausnahme ist die Ev. Kirche Bremen; dort lag die Austrittsrate vordem weit unter der anderer Städte, erreichte aber von 1968 bis 197o mit hohen Zuwächsen ebenfalls das hohe Austrittsniveau des Nordens).

Demgegenüber wurde 1968 in Städten mit weitaus geringeren Anteilen von Gemeinschaftslosen und bis dahin niedrigen Austrittsraten ein relativ starker Anstieg der Austritte von 1967 auf 1968 festgestellt; z.B.: ev. München + 1oo%; kath. München + 87% kath. Frankfurt + 7o% kath. Köln + 68%...

Dieser Zusammenhang ist auch bei den kath. Bistümern insgesamt zu beobachten. Die Diaspora-Diözesen im Norden (Bamberg, Berlin, Fulda, Hildesheim, Osnabrück und in etwa auch Paderborn) verzeichneten stets die meisten Austritte. Der Zuwachs 1968 gegenüber dem Vorjahr war - das Beispiel Berlin kennen wir bereits - auffällig gering (Bamberg + 7%; Fulda + 11%; Hildesheim + 5%; Osnabrück + 19% Paderborn + 18%).

Andere Diözesen mit geringeren Austrittsraten verzeichneten demgegenüber deutlich höhere Zunahmen: Essen + 31%; Köln + 45%; Limburg + 54%; München + 67%. Hierbei handelt es sich um die Gruppe der mehr städtischen Diözesen. Die ländlichen Jurisdiktionsbezirke hingegen hatten zuvor schon wenig Austritte und auch die Austrittswelle änderte nicht viel daran; der Zuwachs war relativ gering (Aachen + 13%; Augsburg + 15%; Eichstatt + 3%; Freiburg + 20%, Regensburg + 8%; Speyer + 14%; die 75% (!) Zuwachs der Diözese Passau rühren daher, daß es 1967 dort bloß 61 Austritte gegeben hatte.

Wie ist dies zu erklären? Generell ist wieder daran zu erinnern, daß von einem kleinen Bestand aus größere Zuwächse relativ leichter möglich sind als von einem großen Bestand aus. Der zweite Grund ist, daß in Regionen mit einem zuvor schon hohen Bestand an Konfessionslosen und relativ hohen Austrittsraten das Potential an austrittsgeneigten Mitgliedern relativ kleiner war als andernorts, wo all die Jahre hinweg sehr wenige Mitglieder die Kirchen verließen bzw. der Bestand an Gemeinschaftslosen entsprechend niedrig war. Das heißt mit anderen Worten, daß die Kreise, die in weniger austrittsfreundlichen Städten erst seit 1968 die Kirchen verließen, es in den Austrittszentren z.T. bereits vorher taten. Irgendwoher müssen ja die auch vor 1968 schon relativ vielen Austreter beispielsweise in Hamburg und Berlin gekommen sein.

Diese Überlegung macht wiederum klar, daß wir es zu tun hatten mit einem strukturspezifisch unterschiedlich großen Bestand an potentiellen Austretern, welche durch die Impulse von 1968 aktiviert wurde.

Gefahr des ökologischen Fehlschlusses

Halten wir fest: Die Bevölkerungskategorien, die den Neuerungsideen, seit Ende der 6oer Jahre die geringste Sympathie entgegenbringen und auch allgemein weniger zum Bruch mit eingefahrenen Verhaltens- und Denkweisen neigen, zeigen auch die geringste Neigung zum Kirchenaustritt. In diesem Zusammenhang wird plausibel, <u>wie bei ausgesprochener Mitgliederapathie dennoch der Austritt gescheut wird: Rückzug aus dem kirchlichen Leben ja, aber kein Austritt aus der Volkskirche.</u>

Belegt ist dieser glatte Zusammenhang wohlgemerkt nur auf der Ebene sozialer Kategorien. Man kann daraus nicht sorglos schließen, daß er auch auf der Ebene der Individuen vorhanden ist. Es besteht bei solchen Argumenten stets die <u>Gefahr des ökologischen Fehlschlusses</u> (sogenannt, weil anhand ökologischer Zusammenhänge erstmals beschrieben von ROBINSON (1950); vgl. auch HUMMELL (1972).

Am konkreten Beispiel: Wenn z.B. festgestellt wird, daß die Akademiker unter den Kirchenaustretern überrepräsentiert sind, so müssen dies nicht die Akademiker sein, die auch zum zivilen Dissens neigen. Es könnten - dies ist zumindest nicht auszuschließen - auch sonstige kirchenferne Personen sein, die nur in diesem Punkte Nonkonformismus zeigten.

Ein Zusammenhang, der auf der Ebene des Kollektivs besteht, muß nicht notwendig auch auf der Ebene der Individuen bestehen. Er kann - und vielfach ist dies höchst wahrscheinlich -, aber er muß nicht.

Die Gefahr des kollektiven Fehlschlusses wird indessen dadurch sehr verringert, daß das Merkmal der distanzierten Kirchlichkeit selber in einem ziemlich gut bekannten Korrelationsgefüge individueller Daten verankert ist, und diese Daten ebenfalls in die Richtung der kollektiven Zusammenhänge weisen. Eine glatte Umkehrung des Zusammenhanges (z.B. konservative Kirchenferne als häufigster Austretertypus) ist deshalb rundweg unwahrscheinlich.

8.1.5. Parallele Entwicklungen

Ende der 60er Jahre gab es in mehreren Zeitreihen einen deutlichen Knick mit einer nachfolgenden mehr oder weniger starken <u>Trendverlagerung</u>. Bei den Austritten war die Veränderung dabei mit am größten. Dies hängt zum einen mit der bereits erwähnten Regelmäßigkeit zusammen, daß in fast leeren Ereignisräumen hohe Zuwächse wahrscheinlicher sind als in bereits angefüllten - und der Raum der echten Kirchenaustritte war fast leer, d.h. es gab sie faktisch nicht. Zum anderen spielen auch inhaltliche Zusammenhänge eine Rolle. In keinem anderen Falle war das neue Verhalten so wenig als echte Alternative bekannt - außer vielleicht den noch näher zu betrachtenden Kriegsdienstverweigerungen.

Kirchenaustritte in Österreich

Betrachten wir zuvor die Zunahme der Austritte aus der <u>kath. Kirche</u> im Nachbarland Österreich (vgl. dazu: BOGENSBERGER 1969; ZULEHNER 1974a; ders. 1974 S.14off; PASTORALKOMMISSION ÖSTERREICHS (PKÖ) 1974) Auch dort stiegen die Austritte von 1967 ab mit einem Ruck nach oben und überschritten 1972 erstmals die 2o.ooo, nachdem sie Mitte der 60er Jahre noch bei 1o.ooo gelegen hatten.
1973 gingen sie - anders als in der BRD - wieder etwas zurück (vgl. ZULEHNER 1974a).

Damit sind wir auch schon bei den beträchtlichen Unterschieden zwischen den Austritten hierzulande und dort: Zunächst einmal ist festzustellen, daß die Kirchenaustritte in Österreich von 1959 (rd.85oo) an kontinuierlich stiegen. Bezogen auf die Katholikenzahl lagen sie schon 1967 mit ca. 1,8%o mehr als doppelt so hoch als in der kath. Kirche der BRD (1967: o,8 Austritte pro 1ooo Katholiken). In der BRD vervierfachten sich aber die Austritte, während sie sich in Österreich bloß verdoppelten; d.h. daß sich nunmehr die kath. Austrittsraten in beiden Ländern bei ca. 3%o angeglichen haben.

In der BRD treten vorwiegend junge Leute aus, in der
BRÖ stellt die Altersstufe von 41-5o Jahre die meisten Austreter (vgl. PKÖ 1974).
Die größte Austrittsbereitschaft in der BRÖ zeigen
die Hilfsarbeiter und Facharbeiter, gefolgt von den
höheren beruflichen Positionen (höhere und leitende
Angestellte, Selbständige und freie Berufe). Bei
den Frauen führen die mittleren Angestelltenpositionen die Austrittsliste an (vgl. PKÖ 1974, S.4).

Der zeitlich gleiche Einsatz der Austrittszunahmen in
beiden Ländern deutet darauf hin, daß womöglich
derselbe Impuls wirksam war. Auch in dieser Hinsicht
kann man darauf verweisen, daß die Protestbewegung
weder in ihrer Manifestation noch im Ideengut auf die
BRD beschränkt war. Hinzu kam in Österreich aber noch
ein zweiter Impuls: Im Jahre 1968 wurde der Entwurf
eines Bundesgesetzes "betreffend die staatliche Mitwirkung bei der Erhebung von Kirchenbeiträgen" bekannt. Dieser hat sowohl im staatlichen wie auch im
kirchlichen Bereich heftige Reaktionen ausgelöst.
(vgl. STEININGER 1969).

Die unterschiedlichen Sozialdaten zeigen, daß andere
soziostrukturelle Bedingungen vorliegen als in der BRD.
Der Hauptunterschied wird wohl darin liegen, daß in
Österreich die Kirchensteuer von den Kirchen als ein
privatrechtlicher Beitrag direkt von den Mitgliedern
erhoben wird (vgl. dazu BOGENSBERGER 1969). Die Zahlung
aus dem Netto-Budget drückt aber zwei Einkommenskreise
besonders: Die Bezieher kleiner Einkommen, weil sie oft
nicht zahlen können, und die Bezieher größerer Einkommen,
weil der mit dem Einkommen steigende Beitrag in seiner
absoluten Höhe gewisse "Reizschwellen" übersteigt und
so härtere Kosten-Nutzen-Überlegungen provoziert.

Aus anderen Ländern sind keine vergleichbaren Angaben
über eine plötzliche Veränderung vorhanden. Teils
werden auch die Mitglieder nicht direkt zur Steuer oder
einem Beitrag herangezogen (z.B. Frankreich), teils
gibt es keine Zahlen. Zum Staatskirchenrecht der europ.
Staaten vgl. LEISCHING (1973).

Kriegsdienstverweigerungen

Die Kriegsdienstverweigerungen in der BRD nahmen seit 1965 leicht zu; 1967 kam der erste deutliche Anstieg (+ 40%); von da aus stiegen sie um 126% auf annähernd 15.500 Fälle im Jahr 1968. Danach hielt der Aufwärtstrend mit langsamerer Progression an (vgl. MÖHLE/RABE 1972, S.64). Seit 1972 liegt die Zahl der Verweigerungen über 30.000 pro Jahr.

Anders als bei den Kirchenaustritten zählen hier naturgemäß nur junge Menschen zum Kreis der potentiellen Nein-Sager, die automatisch per Musterungstermin vor die Entscheidungsfrage gestellt werden. Und im Unterschied zu den Kirchenaustritten war die Kriegsdienst-Verweigerung zu einer <u>tendenziell politischen Bewegung</u> geworden (vgl. HAUG/MAESSEN (Hrsg.) 1971), mit eigenem Verband, mit Werbung und vor allem mit direktem Entscheidungsdruck auf Politik und Militärorganisationen. Hier war es eindeutig die Neue Linke bzw. die Protestbewegung, welche für den "Take-off" gesorgt hat, die Kriegsdienstverweigerung aus dem traditionalen Halbdunkel ins helle Licht der bewußten Entscheidbarkeit gerückt hatte.

Abmeldungen vom Religionsunterricht

Die Abmeldungen vom Religionsunterricht (RU) stiegen zusammen mit den Kirchenaustritten an. Leider gibt es nur sehr sporadische Erhebungen über das Ausmaß der Abmeldungen, insbesondere für den Zeitraum des ersten, ebenfalls abrupten Anstieges. Es zeigt sich ferner, daß die Zahlen je nach Schultyp, Bundesland und Region sehr schwanken können. Bedingt durch die formelle Barriere der Religionsmündigkeit und das Lebensalter kommt die Abmeldung vornehmlich außerhalb der Volksschule vor. Wie bei den Kirchenaustritten distanzieren sich vornehmlich die oberen Bildungsschichten, d.h. Gymnasialschüler. Stärker als bei den Austritten zeigt sich - wie bereits erwähnt - daß die

Abmeldungen vom RU wenigstens in der hier besprochenen Phase des ersten Anstieges von links-engagierten Schülern kamen. Mit Verschärfung der Zulassungsbeschränkungen zu den Hochschulen kam eine neue Determante **gegen** den RU hinzu, die mit den Anfängen nur mehr wenig gemein hatte, nämlich Abmeldung aus Gründen der Zeitersparnis für andere Fächer.

BEISHEIM (1971, S.13) sprach von vorsichtigen Schätzungen, wonach 30-40% der Abiturstufenschüler an Gymnasien nicht am RU teilnahmen. - GROSCH (1974, S.9) zitiert Berichte aus dem Oldenburgischen, wonach die Zahl der Abmeldungen sich zwischen 5% an den Berufsschulen und 80% an einzelnen Realschulen und Gymnasien betrage. - In der Oberstufe der Münchener Gymnasien meldeten sich im Schuljahr 1972/73 rd. 26% der kath. Schüler vom RU ab; in der gesamten Diözese waren es 22% der kath. Oberstufenschüler. Im Schuljahr 1974/75 sank der Anteil in beiden Fällen auf 14%, nachdem in Bayern bei Abmeldung aus dem RU die Teilnahme an einem "Ethik-Unterricht" als Ersatz obligatorisch geworden war (vgl. KATH.HEIMATMISSION MÜNCHEN 1974).

Äußerungen des kirchlichen Lebens

Betrachten wir den weiteren Bereich des __kirchlichen Lebens__: Hauptindikator der kirchlichen Teilnahme ist der __Gottesdienstbesuch__. Die Besuchsziffern beider Kirchen sanken bisher stetig, mit einer leichten Erholung Mitte der 6oer Jahre. Die Ergebnisse aus Meinungsumfragen und kirchlichen Gottesdienstbesuchs-Zählungen belegen diesen Trend einwandfrei (vgl. bes. SCHMIDTCHEN 1973, S.254ff); ders. 1974, S.66ff; ROHDE 1972, S.446ff; ders. 1971, S.168ff; KHB 1962-68, S.567ff; KHB 1969-74, S.6off; GRONER 1974, S.253).

Während der Einbruch bei der Kirchenmitgliedschaft aber bereits 1968 deutlich war (bei den Austritten in die Konfessionslosigkeit bereits 1967), erfolgte der deutliche Abknick beim Kirchbesuch erst 1969, und zwar bei beiden Kirchen. Die Zunahme der Austritte war -

abgesehen davon, daß sie früher erfolgte - erheblich
stärker: Zunahme der Austritte 1968 gegenüber dem Vorjahr auf der ev. Seite: 40%, auf der kath. Seite 24%
(bei den "echten" Austritten in die Konfessionslosigkeit
sogar 81% Zuwachs!). Demgegenüber war der Rückgang in
der Zeitreihe der Besuchsziffern nur eben etwas stärker
als die die Jahre zuvor.

Bei dem anderern Teilnahme-Indikator, dem <u>Abendmahls-
bzw. Kommunionempfang</u> sieht die Veränderung ähnlich
aus (vgl. GRONER 1974, S.255; ROHDE 1972, S.448).

Diese, gegenüber den Austritten relativ schwache und
zeitlich nachhinkende Veränderung, ist sehr plausibel.
Denn man muß ja bedenken, daß wir es immerhin mit noch
praktizierenden Gruppen zu tun haben, während die Austreter vornehmlich aus dem Kreis der für Neuerungen
aufgeschlossenen jüngeren Kirchenfernen stammten.

Bei der <u>Teilnahme am kirchlichen Leben</u> gab es über
die Jahre hinweg bereits ein Abbröckeln - "langsam,
mit einer geradezu unheimlich anmutenden Stetigkeit"
- wie SCHMIDTCHEN (1972, S.254) bemerkt. In der Teilnahmehäufigkeit fand jedwede Distanz zur Kirche ihre natürliche Ausdrucksform: Wer keinerlei Beziehung zu dem
kirchlichen Leben hatte, wer sich durch die Kirche oder
ihre Repräsentanten verletzt fühlte, wem das Image des
Kirchgängers nicht paßte...., der blieb halt einfach
weg. Diese Alternative gab es stets für Erwachsene, -
nicht nur relativ sanktionsfrei, sondern je nach sozialem Kontakt sogar noch positiv bewertet. Die gleitende Abkehr von der Kirche war ohnehin da und konnte
durch den Stimmungswandel nur etwas beschleunigt, nicht
aber zu rasanten Sprüngen veranlaßt werden. Diejenigen
die da die Austrittsstatistiken in Bewegung brachten,
gingen ja größtenteils schon vorher nicht mehr zur Kirche.

Auch bei den Trauungen zeigte sich der Knick am Ende
der 6oer Jahre. Auch und gerade die Trauungen konfes-
sionsgleicher Paare gingen von da ab stärker zurück
als zuvor. (Für die kath. Kirche ist hierbei zur Vorsicht anzumerken, daß in den nicht stattgefundenen
Trauungen auch die kirchlicherseits ausgesprochenen
Versagungen der Trauung bei Wiederverheiratungen Ge-
schiedener enthalten sind). Zu den Zahlen vgl. KHB
1962-68, S.547 u. KHB 1969-74, S.54; ROHDE 1972, S.442ff.

Die Reihe der Taufen ist hingegen stabil geblieben,
so stabil sogar, daß die Kirchenstatistiker sagen können, daß nach wie vor fast alle Kinder getauft werden -
bis auf zwei Gruppen: Bei den Taufen von Kindern ev. -
sonstiger (meist Gemeinschaftsloser) Eltern zeigte sich
der besagte Einknick. (Die kath. Statistik differenziert
hier nicht). Ebenso verhielt es sich bei den Taufen von
Kindern nicht verheirateter Mütter beider Konfessionen
(vgl. KHB 1962-68, S.559 und KHB 1969-74, S.52; ROHDE
1972, S.439)

Wieso aber, das ist die Frage, reagierten die Trauungen und die Taufen so relativ schwach auf die von
uns herausgestellten Neuerungsimpulse?
Dafür gibt es mehrere "natürliche" Gründe. Zum ersten
ist wie stets auf den statistischen Zusammenhang zu
achten: Die Kirchenaustritte werden nämlich "von unten
her" gezählt, d.h. wir betrachten das relativ große
Wachstum von Austrittszahlen, die - gemessen am Mitgliederbestand - relativ klein sind. Beim Rückgang der
Taufen, Trauungen etc. kommen wir aber "von oben her",
d.h. wir beziehen den Rückgang der kirchlichen Lebensäußerungen auf den großen Bestand. Der prozentualen
Zunahme der Austritte müßte man folglich die prozentuale
Zunahme derer gegenüberstellen, die in irgendeiner Form
weniger am kirchlichen Leben teilnehmen bzw. auf kirchliche Kasualien - z.B. der kirchlichen Trauung - verzichten.

Wenn aber z.B. festgestellt wird, daß sich 1966 von
1oo frischvermählten ev. Ehepaaren 84 kirchlich trauen
ließen, 1969 hingegen nur mehr 8o, so ist dies ein <u>Rückgang</u> der Trauziffer um 4 Punkte oder 4,8%, aber eine
Zunahme derer, die auf eine Trauung verzichteten, um
25% - nämlich von 16 auf 2o pro 1oo evangelischer Eheschließungen.
Betrachtet man statt der Zunahme der Austritte umgekehrt den jährlichen Rückgang der Mitglieder per Austritt, so sind wir bekanntlich immer noch bei Bruchteilen von Prozenten - erst recht in der Anfangsphase.

Beachtet man also die <u>Richtung der Entkirchlichung</u>, so
wird sichtbar, daß das Ausmaß dieses Prozesses in den
verschiedenen Bereichen nicht so unterschiedlich ist,
wie dies auf den ersten Blick erscheint. Es bleibt
indes die <u>auffällige Stabilität</u> der nahe an 1oo liegenden
<u>Taufziffer</u> (vgl. dazu auch KEHRER 1974), wenngleich auch
hier wieder zu beachten ist, daß die Taufziffer nur das
Endprodukt z.T.recht <u>komplizierter Verschiebungen</u> sein
kann.

Etwa: Seit Ende der 6oer Jahre gingen auch die Eheschließungen zurück. Dies nicht alleine, weil geburtenschwache
Jahrgänge ins Heiratsalter kamen, sondern weil auch die
Fälle des <u>Zusammenlebens ohne Heirat</u> sich mehrten. Nicht
ohne Grund ist zu vermuten, daß diese "Unbürgerlichen" zugleich relativ häufig aus der Kirche austraten und evtl.
vorhandene Kinder nicht taufen ließen. Dadurch wird rein
optisch die Bilanz der Taufen und Trauungen zumindest tendenziell entlastet.

Ferner ist Heiraten und Kinderkriegen in den oberen Bildungsschichten durch die <u>Ausbildung</u> relativ weit hinausgeschoben. Der <u>Impuls vom Ende der 6oer Jahre könnte
sich hier also erst mit Verzug von ein paar Jahren richtig auswirken</u>.

In der Tat mehren sich in den beiden letzten Jahren die
Meldungen, daß nun anscheinend auch - in den Großstädten
- die Taufen vom Trend der Entkirchlichung erfaßt werden.

Von 1oo in München geborenen Kindern ev. Eltern wurden
1972 noch 81 getauft, 1973 nur mehr 78 und 1974 fiel
diese Taufziffer sogar auf 66; (vgl. EV.-LUTH.DEK.MÜNCHEN
1974). Das war ein Rückgang um fast 2o% innerhalb von 3
Jahren. Die aus der Ev.K.Hamburg gemeldeten Zahlen (vgl.
oben 3.8.2.) weisen einen ähnlichen Schwund an Taufen aus.
In den Ev.K.Bremen und Lübeck fiel die Taufziffer von 1966
bis 197o/71 von Mitte 9o auf Mitte 8o%. In der Ev.K.Berlin,
wo die Taufeziffer bei 85% zuvor schon relativ niedrig lag,
läuft der Trend auf Ziffern unter 8o%.

Da die großstädtischen Kirchen bislang stets so etwas
wie ein "Trend-Labor" darstellten, in denen die Entwicklung der Volkskirche insgesamt mit einigen Jahren **Vorsprung**
demonstriert wurde, ist nicht ohne Grund auch ein Rückgang
der Taufen in kleineren Ortsgrößen zu erwarten.

Dennoch bleibt immer noch festzuhalten, daß die beiden
Volkskirchen besonders hinsichtlich der Taufen außerordentliche Stabilität gezeigt haben. Die soziologische
Folgerung ist, daß die Taufe in weitaus härteren sozialen Strukturen verankert ist, als alle anderen Äußerungen
der Kirchenzugehörigkeit. Die Struktur, die dies leistet,
ist nach aller soziologischen Erfahrung stets die Familie
bzw. das weitere Verwandtschaftssystem. Wir wissen ja auch
von den Kirchenaustritten, daß die eigene Verwandtschaft
noch am ehesten als sanktionierende Bezugsgruppe genannt
wird. Ist der Kirchenaustritt aber ein relativ individueller
Schritt, so ist die Geburt eines Kindes, besonders in jungen
Familien, ein Ereignis, dem die Eltern der Eltern durchweg
größte Beachtung schenken. Die Geburt eines Kindes setzt den
Grenzstein zwischen den Generationen und verbindet sie zugleich. An der Kinderwiege ist kaum der Ort, sich über die
angesonnene Taufe des Neugeborenen zu entzweien. Die Minimal-
forderung der Taufe ("was Ihr später macht, ist uns egal....")
wird in diesem sozialen Gefüge erfüllt.

Der breite Übergang von der lässigen, aber immerhin
noch handlungsstützenden Mentalität zum Unterlassen
der Handlung ist bei einigermaßen festen sozialen Strukturen stets ein Prozeß in der Folge von Generationen.
Nachdem die außerfamiliären Strukturen schon locker
geworden sind, entsteht erst per Sozialisationsdefizit
der Familie die Bereitschaft zum manifesten Abbruch.

Die EKD-Untersuchung (1974, S.84ff) ermittelte bei
17% der Befragten eine zurückhaltende Einstellung zur
Kindtaufe; Befragte aus den oberen Bildungsschichten
sprachen sich sogar zu 26% gegen die Kindtaufe aus. Bei
den Ledigen zwischen 14 und 34 Jahren betrug der Anteil
der Taufgegner 35% und den "in Ausbildung stehenden"
bereits 40%. Aus dem kath. Bereich liegen keine Zahlen vor.

"Erosion der bürgerlichen Tugenden"

Damit ist die Reihe der auffälligen Veränderungen, die
Ende der 60er Jahre ihren Anfang nahmen, nicht erschöpft.

NOELLE-NEUMANN (1975) diagnostizierte aufgrund vergleichbarer Befragungen von 1967 und von 1972 einen "Prozeß
der Erosion der bürgerlichen Tugenden".

Dies gelte vor allem für die jüngere Generation.
Die Arbeiter würden im materiellen Bereich "verbürgerlichen", während im geistigen Bereich der Einstellungen
und Wertvorstellungen sich umgekehrt eine Anpassung an
die Unterschichtenmentalität vollziehe, indem Eigenschaften wie Höflichkeit, Ordentlichkeit und Gewissenhaftigkeit, Sparsamkeit, Anpassungsbereitschaft, Bescheidenheit, religiöse Bindung an Wertschätzung verloren haben.

Allgemeine Destabilisierung?

KLAGES (1975), der den bisher einzigen Versuch einer soziologischen Gesamtschau der Veränderungen seit Ende
der 60er Jahre unternommen hat, nennt eine Reihe weiterer
"Destabilisierungen": Zunahmen von Kriminalität; Streiks;
Radikalismus; Alkoholismus und Drogengebrauch; aggressiver
Vandalismus; Wählerfluktuation; Ausbruch von Jugendlichen
aus der Familie ("drop out"); sinkende Arbeitsmoral; spontane Bürgerinitiativen.

Im Lichte der höchst interessanten Überlegungen von
KLAGES würden die Austritte nur Teil eines komplexen
Wandlungsprozesses sein. Dies ist ohne weiteres möglich.
Fraglich ist allerdings, ob eine Fülle so unterschiedlicher Phänomene noch auf einen gemeinsamen theoretischen
Nenner gebracht werden kann, der auch für die Einzelphänomene noch hinreichend differenzierende Aussagen zuläßt.

KLAGES räumt denn auch ein, daß seine theoretischen
Überlegungen zur <u>Unruhetendenz in modernen Industriegesellschaften</u> auf Einzelvorgänge noch nicht anwendbar
seien. Aus pragmatischen Gründen erscheint deshalb geboten, zur Untersuchung der Austrittszunahmen auf Ebenen
geringerer Allgemeinheit zu verbleiben und von dort aus
dann den Sprung auf eine "Obertheorie" zu avisieren.

Wir haben festgestellt, daß zwischen 1967 und 1968 eine kritische Avantgarde in der BRD zum manifesten Protest
überging und daß Form und Intention dieser Protestbewegung die Bewußtseinsstrukturen in Bewegung brachte.
Der beschriebene Bewußtseinswandel läßt sich unabhängig
von dem Ansteigen der Austritte feststellen, da er mehr
umfaßt, als bloß das Einstellungsspektrum zu Religion
und Kirche. Vermieden ist damit der Zirkelschluß, parallel
zu einem veränderten Verhalten eine sich <u>direkt</u> auf dieses
Verhalten beziehende Einstellungsänderung festzustellen und
diese dann wiederum als Erklärung der Verhaltensänderung zu
benutzen.

Wir haben damit auf eine <u>relativ kirchenexterne Störung</u> als
Auslöser der Austrittszunahmen zurückgegriffen, nachdem
wir mehrere Male gezeigt hatten, daß die Analyse eines
konkreten Wandlungsvorganges notwendig an andere, vorgängige Veränderungen anknüpfen muß. Von nichts kommt nichts.
Es muß etwas Neues hinzugekommen sein, die Randbedingungen
müssen sich verändert haben.

Unabhängig davon, durch welche Impulse eine Häufung
von Verhaltensänderungen induziert wurde, ist die
Kommunikation über diese Vorgänge der entscheidende
Faktor, der ihren weiteren Verlauf mit bestimmt. Dies
gilt, wie mehrfach dargelegt, besonders für den Bereich
traditionalen Verhaltens. Mit den Änderungen der kommunikativen Randbedingungen beschäftigt sich das folgende
Kapitel.

8.2. Die Phase der massenkommunikativen Verstärkung

Die unter 7.3. formulierte allgemeine Gesetzmäßigkeit besagt, daß ein traditionales Verhalten, speziell eine traditionale Bindung, durch das bloße Darüberreden entscheidend geschwächt wird. Ist es erst einmal zu einem Ansteigen der Austritte gekommen, dann wird dieser Vorgang selber wieder die Selbstverständlichkeit der Mitgliedschaft anderer Menschen erschüttern - sofern dieses Ansteigen in entsprechender Weise bekannt wird.

In diesem Kapitel betrachten wir detailliert, wie die erfolgten Kirchenaustritte zu einem Thema für die Presse wurden, und welche handlungsrelevanten Deutungen dort dominierten.

Untersucht wird nur die Presse. Für Rundfunk und Fernsehen konnte dies aus praktischen Gründen nicht durchgeführt werden, weil es an einer inhaltlichen Dokumentation über die gelaufenen Sendungen weitgehend fehlt; außerdem gibt es keine zentrale Erfassung. Was von beiden Funk-Medien an den Mann gebracht wurde, ist nach einiger Zeit nicht mehr zu ergründen. Die aufbewahrten Programmfahnen erlauben weder einen gezielten Zugriff auf bestimmte Sendungen und noch weniger eine inhaltliche Spezifizierung einschlägiger Themen.

Was hier über die Presse befunden wird, gilt aber mit einiger Sicherheit auch für Rundfunk und Fernsehen - mit der Einschränkung, daß die Funk-Medien als Anstalten des öffentlichen Rechts normalerweise "ausgewogener", d.h. zahmer gegenüber den Kirchen auftreten.

8.2.1. Die Kirchenaustritte werden überhaupt erst zum sozialen Ereignis.

Die Medien machen verborgene Handlungshäufungen überhaupt erst zum sozial relevanten Ereignis, indem sie darüber berichten.

Zunächst einmal müssen wir von der Überlegung ausgehen, daß stattgefundene Verhaltensänderungen nur beeinflussend wirken können, wenn sie bekannt werden. Unbemerkte Verhaltensänderungen sind sozial irrelevant; es ist so gut, als gäbe es sie nicht.

Der Kirchenaustritt tendiert in die Richtung des unsichtbaren Ereignisses. Man erklärt ihn als einzelner in einer Amtsstube. Außer den wenigen zur Verschwiegenheit verpflichteten Sachbearbeiter in Amtsgericht, Finanzamt, Lohnbüro, Einwohnermeldeamt etc., braucht nur noch der Pfarrer der Wohngemeinde von dem Schritt zu erfahren, wenn der Ausgetretene nicht selber davon spricht. Am manifesten Kirchlichkeitsverhalten des Austreters ändert sich auch nichts, wenn er schon zuvor nicht mehr zur Kirche ging.

Dazu kommt nun noch, daß die Austrittsrate gemessen an der gesamten Mitgliederzahl sehr gering ist. Man bedenke, daß im Jahre 1968 auf 1000 Mitglieder der ev. Kirche ganze zwei Austreter kamen; auf der katholischen Seite kam auf 1000 ein einziger Austreter! Beide Momente, die geringe Austrittsrate, die relative Privatheit des Austrittes und als ein drittes die geringe Dramatik des Geschehens machen eine flotte Diffusion der Austrittsnachrichten per individuelle Kommunikation ziemlich unwahrscheinlich.

Es sind, wie gesagt, die Massenmedien, die in diesem Falle dafür sorgen, daß aus dem objektiven "Ereignis an sich" ein subjektiv wahrnehmbares "Ereignis für sich" wird. Unabhängig von allen inhaltlichen Effekten der Medien geht es hier um die reine Verbreitungsfunktion. Eine Vielzahl von Menschen erfährt etwas über die Existenz eines neuen, zuvor nicht gekannten Ereignisses.

Frühe Fingerzeige

Die Austrittszahlen stiegen seit 1968, z.T. sogar schon seit 1967, aber erst Mitte 1969 finden sich aus lokalen Anlässen Meldungen über Kirchenaustritte in der Presse.

Unter der Rubrik "Zur Sache" sollten in der BERLINER MORGENPOST (SPRINGER) "die heißen Eisen des Alltages freimütig angepackt und zur Diskussion gestellt werden." Unter der Schlagzeile "Austritt ist keine Lösung" beschäftigte sich in der Ausgabe vom 28.5.1969 ein Leser mit den Kirchenaustritten in Berlin. (In der Ausgabe vom 31.5.69 sind an derselben Stelle zwei weitere Leserbriefe abgedruckt, die sich darauf beziehen).

Der Inhalt dieses frühen Kommentars zu den Austritten ist insofern ganz interessant, als er ziemlich professionell auf der Argumentationslinie liegt, welche die SPRINGER-Boulevardblätter in Sachen Kirchenaustritte von Anbeginn an verfolgen: Die Austritte seien eine Reaktion auf die linke Politisierung der Berliner Kirche durch Bischof SCHARF. Man solle in der Kirche bleiben, um gegen den Linksdrall aufzutreten. Erst wenn sich herausstellen sollte, daß die Kirche nicht gewillt sei, der rechten Meinung gegen linke Tendenzen Raum zu geben, so sei der Kirchenaustritt als ein Akt der Notwehr legitim.

Eine andere frühe Meldung über die zunehmenden Austritte kam aus München (vgl. SÜDDT.ZEITUNG vom 6./7. Sept. 1969). Dieses Mal war es ein Kirchenmann (Claus-Jürgen ROEPKE, damals Pfarrer in München, heute Pressesprecher der EKD), der in einem längeren, sehr flotten Report ("'Ich geh' ja doch nicht in die Kirche.'") über die Austrittszunahmen in München berichtete.

Größere Aufmerksamkeit erzielte schon ein weiterer Vorgang. Dieses Mal ging es um eine in der BRD erstmals öffentliche Austrittswerbung: Der BUND FÜR GEISTESFREIHEIT (bfg) in Nürnberg, eine schon erwähnte freireligiöse körperschaftliche Vereinigung, veranstaltete im Stadtzentrum von Nürnberg eine "Informationswoche zum Kirchenaustritt". Die Aufmerksamkeit der Massenmedien war geweckt worden durch eine vorherige Presse-Mitteilung des bfg (vom 28.10.1969; vgl. z.B. Notiz in der FAZ vom 31.10.69). Über das Ereignis berichtete außer der Lokalpresse auch der SPIEGEL (Nr. 46/1969 vom 10.11.69) und verwies in dem Zusammenhang auf Austrittszunahmen in den Großstädten.

Allgemeines Aufmerken

Zum ausgesprochenen Thema in den Massenmedien wurden die Austrittszunahmen indessen durch zwei andere Ereignisse am Ende des Jahres.

Es handelt sich zum einen um den Rechenschaftsbericht des Konsistoriums, den Bischof SCHARF am 9.12 69 vor Regionalsynode West der Ev. Kirche von Berlin-Brandenburg ablegte. Im Vordergrund des Berichts standen die Austritte aus der Ev. Kirche in Berlin.

Die schriftliche Fassung dieses Berichts, eine Art statistisches Jahrbuch, lag bereits im Sommer vor. Die WELT, die sehr aufmerksam kirchliche Ereignisse verfolgt, berichtete ausführlich darüber (Die WELT vom 29.6.69: "Steigende Zahl von Kirchenaustritten - aber Gemeindeglieder sind spendenfreudiger"). Eine weitere Notiz war am selben Tag im TAGESSPIEGEL zu finden.

In derselben Woche, am 4.12.1969, hatte Präses BECKMANN, der Kirchenführer der Ev. Kirche im Rheinland, eine <u>Pressekonferenz speziell über die Kirchenaustritte gegeben</u>. Ähnlich wie sein Amtsbruder SCHARF stellte er den steilen Anstieg der Kirchenaustritte heraus. BECKMANN verglich dabei die jüngsten Austrittszahlen mit denen aus den "schlimmen Jahren" kurz vor dem zweiten Weltkrieg, als die NS-Propaganda gegen die Kirchen sich auf dem Höhepunkt befunden hatte.

Nun plötzlich stehen die Kirchenaustritte in den Schlagzeilen mehrspaltiger Artikel - ja sogar in der Aufmacherzeile auf dem Titelblatt. Aber die Medien haben das Thema in keinem Falle "hochgejubelt", sondern sie sind <u>ausdrücklich darauf hingewiesen worden</u>. Geschehen war immerhin dies: Fast gleichzeitig waren zwei ziemlich bekannte Kirchenführer großer Landeskirchen der EKD mit Alarmrufen über die Austritte an die Öffentlichkeit getreten. Sie hatten sich ausdrücklich an die kirchenexterne Öffentlichkeit gewandt, und das heißt wohl mit dem Ziel, weithin auf die Austritte aufmerksam zu machen. Anders läßt sich eine spezielle Pressekonferenz und der laute Hinweis in einer vielbeachteten Synode nicht deuten.

Ferner ist unbestreitbar, daß in beiden Fällen das
<u>Bild einer krisenhaften Entwicklung gezeichnet</u> worden
ist. Die Pressestimmen sind darin so übereinstimmend,
daß man davon ausgehen muß, daß die Kirchenleute selber die Lage dramatisiert hatten.

Bis zu diesem Zeitpunkt am Ende des Jahres 1969 waren
die Austritte bereits <u>zwei ganze Jahre</u> im Steigen begriffen, ohne daß die Medien in dieser Art darauf
aufmerksam geworden waren! Es war klar, daß diese
großen Glocken, an die die Kirchenaustritte gehängt
wurden, nicht zu überhören waren. Wahrscheinlich gab
es kaum eine Zeitung in der BRD, die nicht über die
Austritte berichtet hat. Nach einem ersten Schwall von
Korrespondenten-Berichten folgten Tage darauf die redaktionellen Kommentare und Analyseversuche zu dem,
was da neuerdings zu Ohren gekommen war.

Die folgende Liste von Pressestimmen ist selbstverständlich nicht vollständig. Sie zeigt aber die <u>Breite und die Weite der Aufmerksamkeit</u>, die durch die
beiden Verlautbarungen geschaffen worden war:

Die WELT (SPRINGER, Berlin etc.) vom 5.12.69: "Kirchenaustritte in Rheinland erreichen Rekordzahl".

STUTTGARTER ZEITUNG vom 6.12.69: "Steiler Anstieg
der Kirchenaustritte".

SAARBRÜCKER ZEITUNG vom 6./7.12.69: "Präses Beckmann: "Zahlen wie in den 'schlimmen Jahren'".

Die WELT vom 1o.12.69: "Bischof Scharf sieht die
Kirche in einer kritischen Lage."

BERLINER MORGENPOST (SPRINGER,Berlin) vom 1o.12.69:
"Die Saat" ["der revolutionären Theologie und ihrer
Duldung geht auf in der hohen Zahl der Kirchenaustritte"].

BZ vom 1o.12.69: "Wird Gott arbeitslos? Kirchen-Austritte sind alarmierend";

TAGESSPIEGEL vom 1o.12.69: "Scharf: Bedenkliche Steigerung der Kirchenaustritte in West-Berlin";

SPANDAUER VOLKSBLATT vom 1o.12.69: "Einheit bleibt vordringlich. Noch mehr Kirchenaustritte";

TELEGRAF vom 12.12.69: "Kirchenaustritte - und die Gründe dafür";

SÜDDEUTSCHE ZEITUNG vom 1o.12.69: "Bischof Scharf beklagt Kirchenaustritte";

HANDELSBLATT vom 11.12.69: "Die Kirchen müssen sich entscheiden: Niedrigere Steuern oder mehr Austritte";

WESTDEUTSCHE ALLGEMEINE vom 12.12.69: "Bischof Scharf: Bewegung der Kirchenaustritte bald vorbei";

BAYERNKURIER vom 13.12.69: "Kirchenaustritte";

FRANKFURTER ALLGEMEINE ZEITUNG (FAZ) vom 13.12.69: "Die Austrittsbewegung gibt der Kirche ein Rätsel auf";

DEUTSCHES ALLGEMEINES SONNTAGSBLATT vom 14.12.69: "Abmeldung beim Standesamt/Beunruhigung über Kirchenaustritte/Unklarheit über die Gründe";

WELT AM SONNTAG vom 14.12.69: "Warum treten so viele jetzt aus der Kirche aus?";

DIE WELT vom 16.12.69/Leitartikel S.1: "Alarmierende Zahlen in Landeskirchen und Bistümern - Die Kirchenaustritte nehmen besonders in Großstädten zu"; S.7: Besonders Angehörige der jüngeren und mittleren Generation kehren der Kirche den Rücken"; (eine Übersicht über die Austrittsdaten der einzelnen ev. und kath. Gliedkirchen; dazu ein Bericht über ein Interview mit dem ev. Bischof WOELBER, Hamburg);

DIE WELT vom 17.12.69 (Fortsetzung der Austrittsübersicht und Bericht über ein Interview mit dem kath. Bischof TENHUMBERG, Münster);

WESTDEUTSCHE ALLGEMEINE vom 16.12.69: "Die meisten Kirchenaustritte gibt es in Berlin und Hamburg";

DER SPIEGEL Nr. 52/69 vom 22.12.: "Austritte - Rutsch kommt";

Und eine Auswahl vom Anfang des Jahres 1970:

FAZ vom 2.1.70: "Kirchenaustritte teurer";
(2 Artikel)   "Kirchenaustritte höher"

FAZ vom 3.1.70: "Das Kirchgeld ist eine Zumutung"
(3 Artikel)   "Die Kosten des Kirchenaustritts"
    "Kirchenaustritt ohne Vorbehalt"

STUTTG.ZEITUNG vom 3.1.70: "Kircheneintritte teilweise doppelt viel wie Austritte"

WELT AM SONNTAG vom 4.1.70: "Nicht: Tretet aus! Sondern: Tretet an!"

FAZ vom 5.1.70: "Seltener zur Kirche"

FAZ vom 7.1.70: "Statistisches Spiel"

FAZ vom 8.1.70: "Bischöfe verteidigen Kirchensteuer"
(2 Artikel)   (und ein längerer Artikel von K.A.ODIN)

SÜDDT.ZEITUNG vom 7.8.70: "Scharf: Vor allem Konservative treten aus der Kirche aus"

DEUTSCHE ZEITUNG/CHRIST UND WELT vom 8.1.70: "Mut zur Klarheit"

RHEIN.MERKUR vom 9.1.1970: "Falscher Streit um Kirchenaustritte"

DER SPIEGEL Nr. 5/70 vom 26.1.: "Kirche - Mitten hinein"

STERN Nr. 5/70: "Der Bruch mit der Kirche"

CAPITAL Nr. 2/70: "Die Kirchensteuerflucht"

Wie stark die <u>Neuorientierung</u> durch diese beiden Ereignisse war, kann an der folgenden Begebenheit demonstriert werden:

Der Fachmann für Kirchenangelegenheiten in der Redaktion der FAZ, Karl-Alfred ODIN, war von einer Tagung der Ev. Akademie Loccum zurückgekommen und hatte von dort noch die Information mitgebracht, daß die Austritte "nach wie vor verschwindend gering seien". So berichtet er jedenfalls in der FAZ vom 29.11.1969 in einem viertelseitigen Artikel ("Es geht um die richtige Finanzierung kirchlicher Arbeit").

Genau <u>vierzehn Tage später</u> - inzwischen waren BECKMANN und SCHARF gehört worden - sieht sich derselbe Autor genötigt, einen gleichlangen Artikel darüber zu schreiben, daß die Austrittsbewegung der Kirche ein Rätsel aufgebe. Das Unvorstellbare sei das Emporschnellen der Austrittsrate... Ungewöhnliche Steigerungen würden beobachtet werden...

Die weiter angestellten Vermutungen zur Austrittswelle erwiesen sich als ziemlich treffsicher. Zu <u>diesem</u> Zeitpunkt vorgetragen aber demonstrieren sie die zuvor allerorten herrschende Ahnungslosigkeit bezüglich der Austritte, als diese bereits am Steigen waren.

Das beklagte Nachhinken der Kirchenstatistik dürfte nur eine teilweise Erklärung dafür sein, denn die kumulierten Austrittszahlen sind jederzeit mühelos von den Austrittsbehörden zu erfahren. Vielmehr dürfte die allgemein geringe Aufmerksamkeit für die Kirchenaustritte dafür verantwortlich sein, daß man sie nicht ausdrücklich beobachtet hatte - weder bei der Presse, noch bei der Kirche. Man muß ja stets bedenken: Austritte gab es ja faktisch vorher nicht und das erste Ansteigen lag deshalb überhaupt nicht im Ereignishorizont der Medien.

Eine auf die erwähnte Tagung der Ev. Akademie Loccum folgende andere Tagung Ende April 1970 beschäftigte sich übrigens wiederum mit der Finanzierung kirchlicher Aufgaben: Diesmal freilich war häufig die Rede von den stark gestiegenen Austritten; vgl. LOCCUMER PROTOKOLLE 1o/1970: "Die Finanzierung kirchlicher Aufgaben".

Anhaltendes Interesse

Mit Beginn des neuen Jahres 1970 verstummten die Pressestimmen zu den Austritten natürlich nicht. Denn gerade der Jahresanfang ist immer eine Zeit, zu der Rückblick auf das vergangene Jahr gehalten und Mutmaßungen über die Zukunft angestellt werden.

Ferner liefen wie stets zu dieser Zeit die Ergebnisse der Kirchenstatistik für das vergangene Jahr ein. Nachdem die Aufmerksamkeit geweckt war, nur ein neuer Anlaß, sich damit zu beschäftigen.

Und noch ein dritter Umstand hielt die Massenkommunikation über die Austritte am Laufen: Bischof SCHARF hatte in seiner Neujahrspredigt behauptet, daß vor allem Ärzte und "patriotische konservative Kreise" zur Kirchenflucht neigten. Unter den Austretenden befänden sich ferner auch Jugendliche, die noch "keine Orientierung" gefunden hätten und die "Genuß und Befriedigung" suchten. SCHARF interpretierte diesen Mitgliederschwund als eine "Sichtung der Kirche, die ihr nicht schlecht bekommt".

Zu der Neujahrspredigt vgl. u.a. SÜDD.ZEITUNG vom 8.1.1970; STUTTGARTER ZEITUNG vom 3.1.1970; DEUTSCHE ZEITUNG/CHRIST UND WELT vom 8.1.70; RHEINISCHER MERKUR vom 9.1.70; SPIEGEL Nr. 5/1970 vom 26.1.1970.

Ganz abgesehen von der fraglichen statistischen Signifikanz solcher Behauptungen war diese Spitze gegen die Konservativen und die Ärzte wohl keine glückliche Aktion des Bischofs. Was zu erwarten war, traf denn auch ein: Die Medien griffen das Thema Kirchenaustritte mit erneutem Interesse auf, - allen voran die SPRINGER-Presse, die den Bischof wiederum heftig attackierte. Die Kirchenaustritte waren nun zum Schlagball der innerkirchlichen Auseinandersetzung zwischen den "Traditionalisten" und den "Progressisten" geworden.

"Mitten im Streit, der die Kirchen bis zur Lähmung erfüllt, finden die widerstrebenden Parteien in den zunehmenden Kirchenaustritten unverhofft Gründe für gegenseitige Beschuldigungen. Man kommt sich vor wie in einem aufgescheuchten Taubenhaus und ist verblüfft, mit welcher Sicherheit jede der streitbaren Fronten genau weiß, aus welchen Gründen die Leute aus der Kirche austreten." (RHEIN.MERKUR vom 9.1.1970, S.21)

Das Interessante an diesem Hin und Her über die Austritte in unserem Zusammenhang ist die Tatsache, daß dadurch immer wieder die steigenden Kirchenaustritte in der Medienöffentlichkeit zur Sprache kommen.

Auch außerkirchliche Gruppen versuchten, die Kirchenaustritte für ihre Argumentation auszuschlachten. Ein verblüffendes Beispiel dafür, wie ganz nach Belieben Zusammenhänge hergestellt werden, bot der PRESSEDIENST DER VERTRIEBENEN mit der Behauptung "Es begann mit der Ost-Denkschrift"; vgl. auch das Vertriebenen-Blatt DIE POMMERSCHE ZEITUNG (Hamburg) vom 1o.1.1970. Zur damaligen Reaktion der Vertriebenen-Presse auf die EKD-Denkschrift von 1965, die da nachtragend immer wieder bemüht wird, vgl. HENKYS (Hrsg) 1966.

Und ein letzter Umstand sorgte dafür, daß es um die Kirchenaustritte nicht ruhig wurde: die steigenden Austrittszahlen selber. Die nun laufend ermittelten Austrittszahlen signalisierten bereits im ersten Quartal 1970, daß die Kirchenflucht gegenüber dem Vorjahre noch zunehmen würde. Wenn bei dieser Entwicklung die Austritte als "massenhaft" empfunden und dargestellt wurden, ist verständlich.

Es erübrigt sich, auf die Fülle der Meldungen im einzelnen einzugehen. Näher zu markieren sind nur die Ereignisse, die der medialen Beschäftigung mit den Austritten neuen Stoff und neue Richtung gaben.

Insbesondere ist hier der Konjunkturzuschlag zur Lohn- und Einkommensteuer zu nennen, der vom August 1970 bis August 1971 erhoben wurde. Angesichts der im August 1970 besonders hochschnellenden Austrittszahlen lag eine Verbindung mit dem Konjunkturzuschlag nahe, und in diesem

populären Zusammenhang fanden die Austritte wiederum
erneute Aufmerksamkeit. Auf den sachlichen Zusammenhang kommen wir später zu sprechen bei der Frage der
Deutung der Austritte.

Ein weiterer Akzent wurde gesetzt durch eine Reihe von
Rechtsstreitigkeiten über Kirchenmitgliedschaft und
Kirchensteuerpflicht. Bekanntester Fall war wohl der
des Schriftstellers Heinrich Böll, der sich weigerte,
seine Kirchensteuer an das Finanzamt abzuführen, ohne
indessen austreten zu wollen (vgl. DER SPIEGEL Nr.49/7o
vom 3o.11.197o).

In ähnlicher Sache wurde berichtet über die Urteile mehrerer Gerichte zu der Frage, ob ein teilweiser Austritt
möglich sei, d.h. ob jemand seinen Austritt aus der
Steuerkirche mit bürgerlicher Wirkung erklären und dabei gleichzeitig zum Ausdruck bringen könne, daß er
der Glaubensgemeinschaft weiterhin angehören wolle;
(zu den Streitsachen vgl. epd-Dokumentation Nr.44/74).

Hat die öffentliche Kommunikation und Diskussion über
einen Sachverhalt einmal eingesetzt, so ist jede Wortmeldung ein Beitrag zu ihr, unabhängig von der damit
verbundenen Intention. Das will konkret heißen: Auch
die Korrekturversuche der Kirchen zu der Berichterstattung über die Austritte waren und sind ein Faktor der
massenkommunikativen Verstärkung.

Unter dem Gesichtspunkt, daß ein bestehendes Nichtwissen über die erfolgten Austritte und die faktische Möglichkeit des Austritts beseitigt wird, ist es gleich-

gültig, ob dieses erfolgt durch eine als nicht ganz
richtig empfundene Nachricht oder durch die Klarstellung dazu - immer bleibt bekanntlich etwas hängen.

Angesichts dieser Sachlage ist es sehr unklug von den
Kirchen, einer öffentlichen Austrittswerbung mit einem
auflagenstarken Flugblatt entgegenzutreten und so erst
recht die Aufmerksamkeit auf den Austritt zu lenken.

Der erwähnte BUND FÜR GEISTESFREIHEIT verteilte 1969
in der Nürnberger Stadtmitte 5o.ooo Flugblätter. Die
beiden Amtskirchen antworteten (laut bfg) mit einem
Gegenflugblatt in <u>fünffacher Auflagenhöhe</u>. Das ist ein
Beispiel dafür, wie die Kirchen selber für Resonanz
sorgten. Zum Vorgang vgl. DER SPIEGEL Nr. 46/69 und
Informationsmaterial vom bfg.

<u>Halten wir fest:</u>

Die erste Phase der Austrittswelle bis Ende 1969 war
von den Medien so gut wie unbemerkt hochgeschwappt.
Wie die Kirchenaustritte dann Ende 1969 zum Schlagzeilenthema wurden, konnte einigermaßen präzise rekonstruiert werden. Seit dieser Zeit trifft das im ev. Breich
umgehende Wort vom "lautlosen Abschied von der Kirche"
nur mehr für den <u>einzelnen Austritt</u> zu. Die <u>Austritte
insgesamt sind von da ab mitnichten "lautlos"</u>.

Handelt es sich um <u>bekannte Persönlichkeiten</u>, dann ist
auch der einzelne Austritt eine Meldung wert. Solche
Fälle sind bedeutsamer für die Bewertung der Austrittswelle.

Einiges Aufsehen erregte beispielsweise der Austritt
von Jochen STEFFEN, dem damaligen Vorsitzenden der SPD
in Schleswig-Holstein (vgl. DIE ZEIT Nr.4/1975).

Ebenfalls mit der Austrittsbescheinigung winkte der
Schriftsteller Günter GRASS, um gegen die Haltung der
Bischöfe zum Abtreibungsparagraphen 218 zu protestieren
(vgl.dpa vom 26.4.1974).
Eine ganze Galerie von großkopfeten Kirchenflüchtern
präsentierte unlängst der SPIEGEL (Nr.51/1975).

Die konkreten Umstände, unter denen die Aufmerksamkeit der Medien geweckt wurde und der theoretisch begründbare Effekt der medialen Beschäftigung mit der bislang im Halbdunkel der Traditionalität geschützten Kirchenmitgliedschaft möchte man wie folgt pointieren: Ein Sprichwort sagt, daß man den schlafenden Löwen nicht wecken soll. So etwas ist Ende 1969 geschehen. Der Löwe hatte - um beim Bild zu bleiben - leicht geblinzelt, da wurde laut trompetet, der Löwe sei wach. Von dem lauten Gerufe ist er dann tatsächlich wach geworden.

8.2.2. Die quantitative Deutung: Massenaustritte

Es sind notwendig die Massenmedien, welche die quantitative Deutung von Handlungshäufungen verbreiten.

Ob es sich nun um eine deutliche Zunahme der Austritte handelt oder nur um eine zufällige Häufung in der näheren Umgebung, entzieht sich der direkten Wahrnehmung des Alltagsbeobachters. Nur der sammelnde Statistiker, der am Ende unter dem Strich zusammenzählt, hat den Überblick über die Zahl der Fälle und ihrer Veränderung.

Dessen Wissen wird dann erst durch die Massenmedien zu einem "Allgemeinwissen". Das ist nicht nur bei den Kirchenaustritten, sondern bei den meisten Ereignissen der Fall. Wer könnte denn aus der persönlichen Kenntnis von ein paar Arbeitslosen sagen, wieviel Prozent Arbeitslosigkeit im Augenblick herrscht und ob sie gerade zugenommen oder abgenommen hat? Wer könnte aus dem Wissen, daß sich in seiner persönlichen Umgebung die Ehescheidungen häufen, auf eine entsprechende Bewegung der Ehescheidungsrate schließen?
Da die Nachrichtenagenturen und die Redaktionen sich im Falle der Handlungshäufungen auf die statistischen Aggregat-Daten stützen, berichten sie also über Ereignisse, die der Alltagsbeobachter gar nicht wahrnehmen kann und infolgedessen notwendig aus den Medien entnehmen muß, daß sich bezüglich bestimmter Zahlen etwas getan hat.

Der einzelne Kirchenaustritt eines unbekannten Bürgers ist kein Ereignis für die Medien. Berichtenswert sind für sie - abgesehen von den Austritten prominenter Zeitgenossen - alleine die großen Zahlen.

Die bei Handlungshäufungen gängigen Schlagzeilen von der Form "_Immer mehr_ tun dieses und jenes" und "warum _so viele_ dieses und jenes tun" findet man denn auch über den Kirchenaustrittsmeldungen, ebenso der Hinweis auf die _Massen_, die da austraten.

Es ist müßig, darüber diskutieren zu wollen, ob es nun tatsächlich eine Massenflucht ist oder keine. Es kommt auf die Perspektive an: Gemessen an den Austrittszahlen vor 1968 sind es in der Tat sehr viele, die da austreten. Gemessen an der Masse der Mitglieder ist ein einziges Prozent natürlich wenig. Für die Medien bestand die berichtenswerte Neuheit der Austrittszunahmen in den großen Zahlen. Kein Kirchensprecher darf bei seinen Verlautbarungen deshalb davon ausgehen, daß die Presse mitfühlend die "relativ geringen" Austritte in der Vordergrund stellt.

Und selbst wenn die Zeitungen das Wort "massenhaft" manchmal etwas flink im Satz haben, so hatte in diesem Fall vor allem Präses BECKMANN den Massenmaßstab selber geliefert, indem er die Austrittszahlen von 1969 mit den Zahlen der "schlimmen Jahre" kurz vor dem zweiten Weltkrieg verglichen hatte.
Wenn der Nachrichtenwert eines Ereignisses in den Zahlen liegt, kommt es häufig zu groben Irrtümern, weil Zahlen nicht auf Anhieb als falsch entdeckt werden.

So hatte die Presse Ende Oktober 1974 eine Fehlmeldung des Informationsdienstes des LUTHERISCHEN WELTBUNDES (Genf) verbreitet, wonach die lutherischen Kirchen in der BRD im Jahre 1973 fast eine Million (!) Mitglieder verloren hätten. In Wirklichkeit waren es - so die Richtigstellung der EKD-in diesem Jahre lediglich 180.000 Austritte. Aber die "Million" war heraus, und die Schlagzeilen versprachen wiederum eine Antwort auf die Frage, "Warum so viele Deutsche aus der Kirche austreten" (BILD vom 21.1o.74).

Auf der Seite der Nachrichtenempfänger scheint obendrein eine Neigung vorzuliegen, sich bei der Rezeption von Nachrichten eher <u>übertreibend</u> als <u>untertreibend</u> zu irren (vgl. WALES u.a. 1963). Auch diese Gesetzmäßigkeit spricht also dafür, daß die Austritte als massenhaft wahrgenommen werden.

8.2.3. Die Motivdeutung: Der Zusammenhang mit der Kirchensteuer wird dominierend

Altbekannte Kritik an der Kirchensteuer

Kritik an der Kirchensteuer hat es lange vor der Austrittswelle schon gegeben. Es ging um vieles zugleich: Um die Rechtmäßigkeit einer körperschaftlichen Steuer, um den staatlichen Einzug, um die Höhe der Steuer, um deren überproportionale Steigerung gegenüber den staatlichen Steuern und generell um den Reichtum der Kirchen.

Bis zum Beginn der massenkommunikativen Verstärkung der Austritte war diese Kirchensteuerkritik generell unabhängig von der Austrittsfrage: Wer die Kirchensteuern kritisierte, redete damit noch nicht über die Austritte - und schon gar nicht und in keinster Weise war damit ein Fingerzeig zum Austritt verbunden. Die Kritik bezog sich in aller Regel ganz isoliert auf die Steuer

WILKEN (1964, S.10) berichtet über eine Kampagne, die der BUND DER STEUERZAHLER im Juli 1962 gegen die Praxis der Kirchensteuer gestartet habe. In mehreren Städten hätten öffentliche Diskussionen stattgefunden, in denen der Kirche schwere Vorwürfe hinsichtlich ihrer überhöhten Steuerforderungen und Steuereingänge gemacht worden seien.

Die Jugendzeitschrift TWEN (München) brachte 1963 (Nr.2, S.32-37) zwei Beiträge zur Kirchensteuer unter der Überschrift "Fort mit der Kirchensteuer". Gerhard ZWERENZ, der eine Autor, machte dabei mit giftig-satirischen Worten keinen Hehl aus seiner Abneigung gegen die Kirchen im allgemeinen und die Kirchensteuer im besonderen.

Der andere Beitrag von Waltraut SCHMITZ-BUNSE verteidigte demgegenüber die Kirchenabgabe ganz vehement: "Laßt doch die Kirche (und ihre Steuer) im Dorf! Es gibt wichtigeres."

Auch das <u>Fernsehen</u> befaßte sich mit der Kirchensteuer in einem Beitrag (PANORAMA vom 6.6.1963), der - so WILKEN (1964, S.15) - stark beachtet wurde.

Als Reaktion auf die Kirchensteuerkritik ist ja auch das Buch des ev.-kirchlichen Public-Relations-Mannes WILKEN ("Unser Geld und die Kirche") zu betrachten, das 1964 in zweiter Auflage erschien. - Dieses gab wiederum den Stoff ab für eine Titelgeschichte des SPIEGEL (Nr. 22/64: "Was machen die Kirchen mit der Kirchensteuer?"), in welchem die Kirchen nicht gut wegkamen. Außerdem stellt die Titelstory eine Verbindung her zwischen der Kirchensteuerkritik und einer "erheblich angewachsenen Zahl von Abtrünnigen", - die es indessen nicht gegeben hat. Die Austrittsstatistik besagt anderes.

Im Jahre 1963 war die Zahl der kath. Austritte gegenüber dem Vorjahre um ganze 243 (!) höher; ähnlich "rasant" war die Steigerung in den beiden folgenden Jahren; und von 1964 auf 1965 gingen die Austritte aus der kath. Kirche sogar zurück.

Die ev. Austrittsstatistik von 1962 zeigt gegenüber 1961 ein Mehr von rund 5.000 Austritten. Abgesehen davon, daß dies immer noch keine "erhebliche" Zunahme ist, erklärt sie sich bei näherem Hinsehen einfach dadurch, daß ab 1962 West-Berlin miteingerechnet wurde (vgl. STATIST.JB.). Auch die ev. Austritte gingen 1965 nach unten.

Von erheblichen Zunahmen also keine Spur, und der ev.
Kirchenstatistiker Paul ZIEGER resümierte in den
LUTHERISCHEN MONATSHEFTEN (4 (1965), S.59) als Ergebnis der Kirchensteuerkritik in den Massenmedien ganz
richtig: "Inzwischen ist es wieder ruhiger geworden
in der öffentlichen Debatte. Die Steuerpflichtigen
selbst haben freilich kaum reagiert, weder durch Proteste gegen die Heranziehung zur Kirchensteuer noch
durch Kirchenaustritt."

Diese Ruhe hielt in der Tat eine Weile an. Erst 1968/
69, also <u>nachdem die Austrittswelle bereits angelaufen,
aber noch nicht publik geworden war,</u> wird auch hier
wieder die Kritik an der Steuer laut. Dazu in einem
längeren Zitat eine sehr treffende Zusammenfassung
von W.NUYKEN (in: LUTHERISCHE MONATSHEFTE 8 (1969)
Heft 4, S.157):

"Die Gliedkirchen der EKD stehen in diesen Wochen im
Mittelpunkt einer neu aufbrechenden Diskussion über
die Kirchensteuer. Kein Publikationsorgan, ob Rundfunk,
Fernsehen, Illustrierte oder Tagespresse, kann darauf
verzichten, Beiträge zu diesem Thema zu veröffentlichen und der Kirche Ratschläge zu erteilen, wie dieses
angeblich brennende Problem zu lösen ist. Wie kam es
dazu? Wenn in der Vergangenheit gelegentlich das Problem der Kirchensteuer publizistisch aufgegriffen worden ist, so wurde den Kirchen mangelnde Publizität in
ihrer Finanzwirtschaft - also Geheimniskrämerei in ihren Einnahmen und Ausgaben - und die sklavische Bindung
der Kirche an den Staat in ihrem Steuersystem vorgeworfen. Nachdem sich die Kirche dieser Kritik geöffnet hat,
und dazu übergegangen ist, der interessierten Öffentlichkeit die Grundlagen des gegenwärtigen Kirchensteuersystems zu verdeutlichen und darüber hinaus alle verfügbaren Unterlagen über Einnahmen und Ausgaben zu veröffentlichen, setzt die Kritik bei der Frage ein, ob es
noch zeitgerecht sei, daß die Kirche die Verbindung zu
ihren Gliedern weithin nur noch über die Kirchensteuer
aufrechterhalte und mit den ihr so reichlich zugeflosse-

nen Steuergeldern Ausgaben leiste und Aufgaben erfülle, die nur einen Bruchteil der rechtlich zu ihr gehörenden Gemeindemitglieder erreichen. So kommt es zwangsläufig auf Grund der veröffentlichten Zahlen über die Steigerung des Kirchensteueraufkommens in den letzten Jahren zu der Forderung, die Kirchensteuer zu senken."

In diesen Beobachtungen steckt eine ganz wichtige Erkenntnis über die Wirkung der Publizität über kirchliche Dinge, die wir uns für die spätere Betrachtung merken wollen.

Da die Kirchenaustritte noch nicht entdeckt waren, verlief auch diese Welle der Steuerkritik ohne die Mitgliedschaft in der Kirche in Frage zu stellen. Die Diskussion ging mehr um <u>rechtliche Fragen der Besteuerung</u>.

Deutliches Beispiel dafür ist der SPIEGEL, der wiederum in Form einer Titelgeschichte den guten Magen der Kirche untersuchte. (Nr.13/1969 vom 24.3.69: "Kirchensteuer - zu hoch und zu viel"). Darin ist zwar von Ausgetretenen die Rede, aber nur von einigen bestimmten, die in vielbeachteten Musterprozessen (1965) gegen die Kirchen prozessiert hatten bzw. damals eine neue Prozeßwelle auslösten. Ein Zusammenhang mit allgemeinen steigenden Austritten als Folge der Steuerschelten wurde - anders als in dem erwähnten älteren Titel - nicht behauptet.

Als weiteres Beispiel vgl. die Kritik des FAZ-Herausgebers Jürgen EICK in der FAZ vom 19.6.1968: "Die Kirchensteuer senken?", die eine Vielzahl von Leserbriefen auslöste (vgl. FAZ vom 25.6.68 und die "Nachlese" von EICK am 4.7.68).

Auch die im September 1969 erschienene kritische Untersuchung "Wie reich ist die Kirche?" von Klaus MARTENS arbeitete noch mit den Austrittszahlen von 1967 und konnte daher nur die kirchliche Feststellung bestätigen, daß die Kirchenmitglieder zwar "gelegentlich nörgeln, aber nicht revoltieren" (vgl. MARTENS 1969, S.47ff). Das ist wiederum weniger ein Beweis für die Nachlässigkeit des Autors als für das allgemein herrschende Nichtwissen bezüglich der Austritte.

Zur Aufmerksamkeit der Presse für dieses Buch vgl. eine vorabgedruckte Zusammenfassung in der FAZ vom 19.7.69; DER SPIEGEL Nr. 44/1969 vom 27.10.69 und der Vorabdruck in der ZEIT Nr.31, 32, 33/1969.

Eine Ausnahme bildete der STERN (Nr.33/1968 vom 18.8.68), der ziemlich reißerisch, aber lediglich mit Hinweis auf die damaligen niedrigen Austrittszahlen (ev.40.000; kath. 23.000 jährlich) in der Überschrift behauptete:

"Gott ist zu teuer / Viele Deutsche verlassen ihre Kirchen, um Steuern zu sparen." Dieser längere Report beschäftigte sich mit dem Fall eines Hamburger Großkaufmanns, der eine mehrjährige Kirchensteuernachforderung mit dem Argument abgewiesen hatte, er habe nie in seinem Leben eine Beitrittserklärung abgegeben; die als Säugling erfahrene Taufe begründe keine steuerpflichtige Mitgliedschaft. Der Bericht kommt zuletzt allgemein auf die lästige Kirchensteuer und den Reichtum der Kirchen zu sprechen und behauptet dann, daß die Austreter sich zu einem "erheblichen Prozentsatz aus Wohlstandsbürgern" rekrutierten.

Die Verbindung von Kirchensteuer und Mitgliederschwund

Als nun Ende 1969 die erheblichen Austrittssteigerungen der beiden vergangenen Jahre bekannt wurden, war natürlich u.a. flugs "die Kirchensteuer" als Ursache für die Austritte gefunden.

Bischof SCHARF selber hatte u.a. den "dubiosen Charakter der Kirchensteuer" als "Motiv für die Kirchenaustritte" vorgestellt (vgl. DIE WELT vom 10.12.69; SÜDD.ZEITUNG vom 10.12.69).
Demgegenüber hatte Präses BECKMANN bei seinem Bericht gegenüber der Presse betont, daß die Steuern nur eine untergeordnete Rolle spielten (Vgl. WELT AM SONNTAG vom 14.12.69).

Ähnlich widersprüchlich waren auch die Pressekommentare. Die einen warnten vor überhasteten Schlüssen in dieser Richtung (z.B. FAZ vom 13.12.69), während anderen dieses Deutungsmuster gar schon als Grundlage für Rezepte diente: "Die Kirchen müssen sich entscheiden: Niedrigere Steuern oder noch mehr Austritte" - so das HANDELSBLATT (!) vom 11. Dez. 1969).

Der "Konjunkturzuschlag" schließlich erreichte, daß die Kirchensteuer in der Öffentlichkeit als Austrittsmotiv Nr. 1 dominierend wurde. Hier einen direkten Zusammenhang zwischen Kirchenaustritten und Konjunkturabgabe zu sehen, bot sich ja geradezu an: Im August, als die Sondersteuer zum ersten Mal erhoben wurde, schnellten die Austrittszahlen besonders hoch (das taten sie aber regelmäßig auch in den Vorjahren). Außerdem paßten die Zahlen so gut: Es wurde spekuliert, daß die Austreter just die 1o%, die der Staat ihnen für eine Weile zwangsentliehen hatte, wieder hereinholten durch die Kirchensteuer, die ja auch um 1o% der staatlichen Steuer liegt.

Der RHEINISCHE MERKUR vom 11.9.1970: "Es hat sich mittlerweile im Land herumgesprochen: Wer den ab 1. August fälligen Konjunkturzuschlag auf seine Lohn- oder Einkommensteuer nicht berappen will, der tritt einfach aus der Kirche aus. Die so ersparte Kirchensteuer entspricht nämlich haargenau dem neuen Steueraufschlag".

Vgl. auch DER SPIEGEL Nr. 36/1970 vom 31.8.70; BILD vom 15.8. und vom 21.8.70; Mit dem Konjunkturzuschlag rückte die SPRINGER-Presse übrigens von ihrer offensichtlich unhaltbar gewordenen Grundthese ab, daß Bischof SCHARF an allem schuld sei; denn mittlerweile war nicht mehr zu übersehen, daß die Kirchenaustrittssteigerungen ziemlich unabhängig von der örtlichen Kirchenpolitik im gesamten Bundesgebiet stattfanden. Nach Wirksamwerden der Steuerreform im Januar 1975 vermeldete BILD (vom 3o.1.75) ein

Steuer-Chaos und führte die Austrittssteigerungen darauf zurück, daß die Bürger wenigstens die Kirchensteuer sparen wollten.

Interessant ist das Beispiel der RHEINISCHEN POST (Düsseldorf) vom 24.8.7o. Dort wurde berichtet, daß von 2o befragten Austretern nur einer zugegeben habe, daß der Steuerzuschlag den letzten Anstoß geliefert hätte. Dennoch war in der Schlagzeile zu lesen: "Täglich treten dreißig aus der Kirche aus / Steuerzahlung ist das Hauptmotiv."
Behauptet wird also, daß der <u>Konjunkturzuschlag direkt als Austrittsimpuls</u> gewirkt habe: Die Leute hören davon, daß die Steuern erhöht werden und treten (ungeachtet der Tatsache, daß man diesen Zuschlag wieder zurückerhält), aus der Kirche aus.

Ein solcher Zusammenhang ist in der Tat plausibel, aber das zeitliche Zusammentreffen allein reicht nie aus, einen sachlichen Wirkungszusammenhang anzunehmen. Es fehlt an dem Zwischenglied, das beides in gesetzmäßiger Weise verbindet.

Auch hier paßt wiederum unsere traditionale Mitgliedsbindung, die - wie wir wissen - zu diesem Zeitpunkt schon "angeknackt" war. Das heißt: Die Steuerzunahme hat als erneutes Störereignis gewirkt, sich den Lohnstreifen wieder einmal genauer anzusehen. Höchst fragwürdig ist aber, ob <u>ohne</u> die vorausgegangenen Austrittszunahmen und deren Bekanntwerden der Steuerzuschlag einen solchen Störeffekt hätte haben können.

Wir nehmen also an, daß der Steuerzuschlag nur im Bewußtseinskontext der vorausgegangenen Austrittswelle als Störung für die traditionale Bindung gewirkt hat. Soweit nur zur sachlichen Berechtigung dieser Deutung. Es ist aber noch ein anderer Zusammenhang möglich, der die massenkommunikative Motivdeutung selber wiederum als Wirkungsfaktor miteinschließt. Dieser mittelbare Zusammenhang, daß nämlich die öffentliche Deutung von Handlungshäufungen selber wiederum handlungsrelevant ist, wurde bisher bei der Austrittsfrage wenig beachtet. Im Schema sieht der Zusammenhang nun so aus.

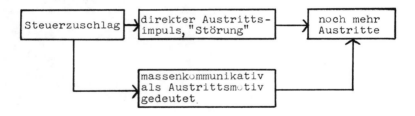

Nach einer Vielzahl recht sorglos gegebener Interviews und Stellungnahmen zu den Austritten schienen die Kirchenführer damals gemerkt zu haben, daß die Rückführung der Austritte auf das theologisch-kulturkritische Motiv "schnöder Mammon" eine ziemlich gefährliche Deutung ist. Der SPIEGEL (Nr. 36/70 vom 31.8.70) berichtet zumindest, daß ein Zusammenhang zwischen dem Steuerzuschlag und den Austrittszunahmen von allen Kirchensprechern energisch bestritten oder vorsichtig ausgeklammert wurde. Für den Zeitraum davor hatte auch GRUBBE (STERN Nr.5/1970) festgestellt: "Es sind vielmehr in erster Linie die Kirchen, nicht ihre Mitglieder, die den finanziellen Aspekt in den Mittelpunkt rücken."

Zusammenfassung

Wir kommen nach dieser Durchsicht zu dem folgenden Ergebnis: Spätestens mit dem Konjunkturzuschlag im Sommer 1970 rückt in der Deutung der Massenmedien die Kirchensteuer als "Austrittsmotiv" in den Vordergrund.

Die Deutung von Handlungsereignissen ist bedeutsam für die Bereitschaft des Mithandelns, des Mitmachens. Wenn sich nämlich eines bei der bisherigen Beschäftigung mit kollektiven Verhaltensänderungen generalisieren läßt, so ist es die Feststellung, daß die Definition einer Situation durch die Beteiligten außerordentlich wichtigen Einfluß auf deren tatsächliches Verhalten hat.

Wenn die Kirchenaustritte als eine Geldsache gedeutet wurden, so ist anzunehmen, daß dieses Deutungsmuster die Austrittsbereitschaft erhöht hat.

Diese Deutung traf auf ein Feld von ausgeprägt negativen Einstellungen über das kirchliche Finanzgebaren. Wir wissen, daß die Liaison von Kirche und Kapital keinen guten Ruf genießt und kennen die populär-stereotypen Formeln, daß Glauben mit Geld nichts zu tun habe, daß die Kirchen unendlich reich seien usw. Selbst Kirchenführer und Theologen haben sich nicht selten von dem praktizierten Kirchensteuersystem distanziert.

Diese Einstellungen waren allerdings nicht handlungsrelevant, ähnlich wie das Geschimpfe über einen Betrieb jahrelang anhalten kann, ohne daß die Beteiligten an eine Kündigung denken. Der behauptete Zusammenhang zwischen Kirchensteuer und den tatsächlich erfolgten erheblichen Austritten kam nun sozusagen als Katalysator hinzu, der die bislang handlungsirrelevante Unzufriedenheit handlungsrelevant machte.

Der Austrittsgrund "Kirchensteuer" betrifft ferner grundsätzlich alle austrittsmündigen Mitglieder, die steuerpflichtig sind bzw. es bald werden. Daß man austritt, um Steuern zu sparen, ist ein Motiv, das auch dem Kirchenfernsten einleuchtet, während die Diskussion über den traditionalistischen oder progressistischen Kirchenkurs, über diese oder jene Theologie, denjenigen Mitgliedern, die überhaupt nicht mehr am kirchlichen Leben teilnehmen, ziemlich fern erscheinen muß.

Mit dem Austrittsgrund "Kirchensteuer" kam genau jene Verpflichtung ins Visier, die für die Kirchenfernen noch die einzige ist. Bei allem Schimpfen über den Kirchengriff in den Geldbeutel war die Möglichkeit, die Kirche zu verlassen, bisher nur theoretisch – kaum jemand tat es. Jetzt wurde plötzlich über Massenaustritte berichtet, die eben wegen dieser Kirchensteuer erfolgten. - Wenn das keine neue Handlungsorientierung war!

Das durch die Betonung des Finanziellen bewirkte neue Bewußtsein möchte man so umschreiben: "Man braucht über die Kirchensteuer (z.T. noch dazu: Kirchgeld) nicht nur zu nörgeln, man kann sich ihrer auch ganz entledigen, indem man nämlich - wie so viele das neuerdings tun - ganz einfach seinen Austritt erklärt.

8.2.4. Die Bewertung der Kirchenaustritte:
Mutiger Schritt mündiger Bürger - "Die Kirchen
sind selber dran schuld"

Ein Handeln kann mit vielerlei Eigenschaftsetiketten
versehen werden. Stets spielt - sei es latent oder ausdrücklich - eine Bewertung herein auf der Dimension
"empfehlenswert - nicht empfehlenswert". Auch wenn sich
ein Medienorgan mit ausdrücklichen Handlungsempfehlungen von der Art "Gehet hin und tut desgleichen" zurückhält, sorgt allein schon die Wortwahl dafür, daß implizit doch eine Bewertung zumindest in dieser Richtung
stattfindet. Es macht einen großen Unterschied, ob man
z.B. von einer "Störaktion" oder einer "Demonstration"
oder einem "Bürgerprotest" spricht. Abgesehen davon, daß
es also eine total objektiv-neutrale Berichterstattung
nicht gibt, gehört es ja auch zur ausdrücklichen Aufgabe
der Medien, wertende Kommentare abzugeben.

Die Bewertung der Austritte in der Presse verlief von
Anbeginn an durchweg positiv für die Austreter und eher
negativ für die Kirchen. Um jegliches Mißverständnis
auszuschließen, muß auch hier wiederum vermerkt werden,
daß verschiedene Kirchensprecher selber mit öffentlicher
Selbstkritik eine dementsprechende Interpretationshilfe
gaben.

Eine solche Bewertung ergibt sich allein schon aus der
besprochenen Assoziation von Kirchensteuer und Kirchenaustritt: Wenn die Kirchensteuer für falsch, zu hoch,
reformbedürftig, rechtlich fragwürdig etc. gehalten
wird, und die Austritte als wegen dieser Kirchensteuer
erfolgend interpretiert werden, so ist ein implizit positives Urteil für die Austreter darin enthalten: Sie
wehren sich gegen eine allgemein kritisierte Sache.

Der allgemeine Tenor, daß die Kirche selber an den Austritten schuld sei, kam durch ein Konzert zum Teil gegenläufiger Stimmen zustande: Nicht die Kirche schlechthin muß nämlich nach Ansicht der innerkirchlichen und außerkirchlichen Kommentatoren die steigenden Austritte verantworten, sondern jeweils eine bestimmte Gruppierung in der Kirche mit ihrer als falsch bezeichneten Kirchenpolitik sei an allem schuld.

In der konservativen Presse findet man zuhauf den Vorwurf, daß die Kirchen jetzt zu ernten hätten, was sie mit ihrem progressistischen Kurs selbst gesät hätten. Vgl. z.B. BERLINER MORGENPOST vom 1o.12.69; BAYERN-KURIER vom 13.12.69; WELT AM SONNTAG vom 4.1.70; RHEINISCHER MERKUR vom 9.1.7o. Auch in der Folgezeit tauchte diese Formel von der "eigenen Saat" immer wieder auf. Die gefundenen Sündenböcke bleiben sowieso dieselben.

Die liberalere Presse betonte hingegen, die Kirche habe eine ernsthafte Anpassung an die moderne Gesellschaft nicht vorgenommen, habe die Kirchenfernen vernachlässigt oder sie stellte ohne Bezug auf irgendein Kirchenkonzept einfach mit einer gewissen spöttischen Schadenfreude fest, daß die Leute sich abmelden. Vgl. z.B. SÜDDT. ZEITUNG v. 22.12.69; FAZ vom 8.1.70; STERN 5/197o; DER SPIEGEL Nr. 52/1969; Nr.28/197o (=Spiegel-Essay von R.Altmann); Nr. 36/1970; Nr. 38/1971.

BÜHLER (197o) schälte fünf Interessen heraus, die sich "am Interpretationsspiel beteiligt haben" und welche - wie er bissig bemerkt - die "Welle" der Kirchenaustritte benutzt hätten, das "eigene Schiff flott zu machen". Er unterscheidet:

1) Das sozialistische Interesse; so bezeichnet er Gruppen sozialistischer Lehrer und anderer Vertreter der Neuen Linken, welche versucht haben, Austritte zu fördern - manchmal in Zusammenarbeit mit den Resten der liberal-bürgerlichen und proletarischen Freidenkerverbände.
2) Das linksliberale Interesse, welches vertreten werde durch Zeitschriften wie etwa TWEN, STERN und SPIEGEL und durch Teile der HUMANISTISCHEN UNION und der FDP.

3) __Das nationalkonservative Interesse__, welches sich ausdrückte in der Pressekampagne verschiedener SPRINGER-Zeitungen gegen den Bischof SCHARF, den Publikationen der Notgemeinschaft ev. Deutscher, dem DEUTSCHLAND-MAGAZIN der ADENAUERSTIFTUNG, der NATIONALZEITUNG und dem Organ der NPD. Deren Berichterstattung und Kommentierung umschreibt BÜHLER so: "Eine Religion, die die Heiligkeit des Eigentums, der nationalen Interessen und einer bestimmten Moralität nicht mehr sanktioniert, muß mit dem Schreckgespenst einer Austrittswelle konfrontiert werden, damit sie zu einer uns gemäßen Position zurückkehrt."

4) __Das kirchlich-apologetische Interesse__, welches sich in dem Deutungsschema ausdrücke, daß die Austritte reinigende und einigende Wirkung im innerkirchlichen Bereich hätten und die zerstrittenen Reihen für das "Eigentliche" der Kirche wieder zusammenführten. Diese Interpretation diene häufig zur Verteidigung und Rechtfertigung bestimmter konservativer Positionen.

5) __Das gesellschaftlich-technokratische Interesse__, welches häufig mit dem kirchenreformerischen Interesse zusammenfalle. Man halte der Kirche die Austrittszahlen als Spiegel vors Gesicht, um sie zu größerer sozialer Aktivität zu bewegen. Diese Tendenz stellte BÜHLER u.a. in Kommentaren der FAZ und der SÜDDT. ZEITUNG fest.

Diese Analyse ist sehr treffend, insofern sie zeigt, wie die verschiedensten Interessen darin konvergieren, die Austritte zu Lasten der Kirchen zu interpretieren und nicht diejenigen zu schelten, die da die Kirchen verließen. Sie vermischt indessen zwei Gesichtspunkte, nämlich das latente Interesse und die tatsächliche Deutung, welche die Austritte bzw. die Austreter in der Öffentlichkeit erfahren haben.

Höchst bemerkenswert ist nämlich, daß die von BÜHLER festgestellte Interessenkonstellation so beschaffen war, daß die Kirchenaustritte insgesamt als eine __spezifisch bürgerliche Erscheinung gedeutet__ wurden und eine berechtigtere Deutung - Austritt als antibürgerlicher Protest und aus linksliberaler Konsequenz - keinen Raum fand.

Gewiß war manchmal die Rede von den jüngeren Leuten, welche die Kirche repressiv fänden und deshalb austreten. Schon Bischof SCHARF hatte in seinem Synodenbericht darauf hingewiesen. Aber eine ausdrückliche Verbindung zu der protestierenden, vornehmlich studentischen Jugend wurde nicht gezogen.

K.A.ODIN (FAZ vom 13.12.69) dürfte einer der wenigen gewesen sein, der hier auf einen Zusammenhang wies, indem er über die Berliner Austreter vermutete, "daß unter ihnen ein erheblicher Anteil Studenten ist. Der Blick fällt dabei auf jene unter den Studenten, die mit den geltenden gesellschaftlichen Verhältnissen zerfallen sind und die Kirche als einen geistlichen Überbau der sogenannten kapitalistischen Gesellschaftsordnung bekämpfen" - und den Kirchenaustritt in die Nähe der Kriegsdienstverweigerung rückte.

Wie konnte es zu einer solchen Deutung der "bürgerlichen Austritte" kommen? - Drei Gründe gibt es wohl dafür: Der erste ist der, daß die Austritte - wie wir gesehen haben - erst relativ spät bekannt wurden, als die akute Protestphase bereits zu Ende war. Eine Verbindung zwischen den beiden Ereignissen bot sich nicht mehr so an.

Zum zweiten wissen wir, daß die Kirchen relativ wenig von den Linken attackiert wurden. Mag sein, daß sie dies - wie zuweilen behauptet wird - den Studentengemeinden und den linkskirchlichen Gruppen ("KAPO") überließen. Deren Angriffe auf die Amtskirchen liefen aber zu einem guten Teil unter "innerkirchlicher Auseinandersetzung". Kennzeichnend ist, daß sie keine grundsätzliche Position gegen Religion und Kirche bezogen, sondern unter Kritik an der Amtskirche und ihrer engen Verbindung zu den Herrschenden nur ein Bild von besserer Kirche entwarfen (vgl. z.B. die Beiträge in ONNA/STANKOWSKI (Hrsg.) 1969).

Zum Verlassen der Kirchen wurde von Links kaum aufgerufen, wie wir bereits sahen. Zum Verlassen der Bundeswehr, zur Kriegsdientverweigerung, ergingen allerlei Ratschläge und Aufforderungen von dieser Seite, und nicht umsonst war der Kriegsdientverweigerer als Linker verschrien (vgl. DIE ZEIT Nr. 51/1968: "Apo in der Bundeswehr"). Alsdann kommt gerade bei den Kirchenaustritten die Deutungsmacht der Massenmedien zum Vorschein. KLAPPER (1960, Kap. 3; ders. 1973, S.50 u. 60f) hat diese Beeinflussungschance der Medien auf dem Wege der Deutung neuer Ereignisse besonders herausgestellt, während er sonst die Vorstellungen über die Beeinflussungsmacht der Medien anhand der empirischen Befunde eher dämpfen mußte.

Im Falle der Kirchenaustritte gaben sich die konservativen Blätter - voran die SPRINGER-Gazetten - alle Mühe, die Austritte als eine Notwehraktion rechtschaffener und rechtgläubiger Bürgersleute zu deklarieren, die sich nur noch so des linken Kirchenkurses erwehren könnten. Hier zuzugeben, daß es gerade die antiautoritären Kreise sind, die keinen Wert mehr darauf legen, das "Opium des Volkes" zu genießen, hätte ja die gesamte Argumentation gegen die "Progressiven" (besonders gegen den von SPRINGER attackierten Bischof SCHARF in Berlin) über den Haufen geworfen.

Die beherrschende Marktstellung alleine des SPRINGER-Konzerns im Bereich der Tages- und Sonntagszeitungen (vgl. AUFERMANN u.a. 1973, S.277ff) verlieh und verleiht solchen Deutungen die nötige publizistische Breite; die bis ins Detail gehende Einflußnahme des Verlagseigners sorgt in diesem Falle für die nötige Einheitlichkeit der Argumentation (vgl. dazu die SPRINGER-Ermahnung zur richtigen Berichterstattung in Sachen Kirche, abgedruckt im SPIEGEL Nr. 17/1969).

Viele Protestgesten der wilden endsechziger Jahre haben sich anfangs der siebziger Jahre als modische Attitüde entpuppt, die eben wie jede Mode heute gezeigt und übermorgen abgelegt werden, - damals "neuralgisch" und heute "nostalgisch". Doch die aus Protestzeiten stammenden Kirchenaustritte haben die vielberedete "Tendenzwende" nicht nur überlebt, sondern stiegen sogar noch weiter an, als der Protest schon längst nicht mehr "in" war.

Aber der Austritt hatte ja auch keinen "roten Anstrich" bekommen - den er übrigens im ersten Drittel dieses Jahrhunderts schon einmal hatte. Es ist anzunehmen, daß die <u>Deutung der Kirchenaustritte als eine Form bürgerlicher Absage an die Kirchen</u> entscheidend mit dazu geführt hat, daß der Austritt auch für solche Kreise erwägenswert wurde, die bei einer deutlichen Assoziierung von Austritt und "linkem Revoluzzertum" davor zurückgeschreckt wären.

Auch ein jüngster Report des SPIEGEL (Nr.51/1975) wertete nebenbei den Schritt in die <u>Konfessionslosigkeit als Stil besserer Kreise</u>, indem er nämlich prominente Bundesbürger als Ausgetretene bzw. als Konfessionslose ins Bild setzte:

Neben der Bundestagspräsidentin RENGER und dem barbusigen Filmsternchen Uschi OBERMEIER sah man da den Tierschützer GRZIMEK, den ÖTV-Chef KLUNCKER, den Schriftsteller ZWERENZ, den Fußballtrainer MERKEL, VW-Chef SCHMÜCKER, den Bundesminister ARENDT und den Bestseller-Autor SIMMEL. Im Text wurden weitere bekannte Namen zitiert.

Personengalerien dieser Art sind bestens dazu geeignet, den letzten Makel des Abweichlertums vom Austritt zu nehmen: Denn wenn selbst derartig honorige Persönlichkeiten wie GRZIMEK zu den Konfessionslosen zählen... Am Ende verliert - wie LIPPERT (1972,S.7) es ausdrückte - religiöse Beliebigkeit ihren "sozialen Schrecken", und der furchterregende Dissident wird zum lieben Nachbarn mit anderer "Meinung".

Bemerkenswert ist hier auch noch, daß die liberale Partei der Mitte, die FDP, mit ihren Thesen über <u>Trennung von Kirche und Staat</u> einigen Staub aufwirbelte, während die Sozialdemokratische Spitze mit derlei Ideen, die doch einst die Gemüter der Genossen erhitzten, aus einsichtigen Gründen überhaupt nichts zu tun haben wollte und sich eiligst distanzierte (vgl. FRANKF.RUNDSCHAU vom 18.9.73; dpa vom 2./3.11.1974; DEUTSCHE JUNGDEMOKRATEN 1973, S.121).

8.2.5. Praktische Hinweise zum Austritt

Mit der Berichterstattung über die Austritte <u>wächst zugleich das Wissen über dessen praktische Modalitäten des Kirchenaustritts</u> - vor allem <u>wo</u> man sich hinzuwenden hat und mit welchem Aufwand dieser Schritt verbunden ist.

Das Wissen darüber ist auch bei kirchenfernen Personen nicht sehr groß - dies auch ein Hinweis darauf, daß ein Kirchenaustritt nicht ernsthaft erwogen wurde. Die <u>EKD-Untersuchung</u> (1974, S.370; Materialband S.407ff) stellte die <u>Frage nach der Kenntnis des Austrittsverfahrens</u>. Nach den Antworten scheint über die Hälfte der Protestanten der irrigen Meinung zu sein, daß der <u>Pfarrer</u> oder eine <u>kirchliche Behörde</u> für die Entgegennahme der Austrittserklärung zuständig ist. (Nur im Bundesland Bremen, aus dem 3% der Befragten kamen, erklärt man seinen Austritt gegenüber einer Kirchenbehörde).

Für Personen, die sehr entschlossen die Kirche verlassen wollen, mag die anfängliche Ungewißheit des Wie und Wo nicht mehr und nicht weniger hinderlich sein, als bei jedem anderen Behördengang auch. Für jemanden, der sich noch nicht so recht traut, außerhalb der Kirche sein Heil zu finden, sind solche Kleinigkeiten schon als Hindernisse vorstellbar. Zudem ist bekannt, daß weite Teile der Bevölkerung, vor allem die unteren Sozialschichten, höchst ungern - weil unsicher - Behörden aufsuchen.

Die noch verbliebene "technische Distanz" zum Kirchenaustritt wird vermindert, wenn die Medien darüber informieren, wie - und vor allem : wie schmerzlos - der Austritt vonstatten geht.

Vgl. DAS DA (Mai 1974, S.24: "So tritt man aus der Kirche aus"; auch die Vorgänger-Zeitschrift "KONKRET" hatte (in einer nicht datierbaren Nummer - vermutlich von 1970) erklärt, "Wie man aus der Kirche austritt".
Der SPIEGEL (Nr. 51/1975) hat in einem Report über die Austritte noch ausführlicher dargelegt, wie man in welchem Bundesland konfessionslos wird. Dieser "praktische Teil" schließt mit dem beruhigenden Hinweis, die Angelegenheit sei binnen weniger Minuten erledigt, wenn - so die etwas dramatisch geratene Einschränkung - "die Austrittswilligen nicht gerade Schlange stehen".

Derart präzise Hinweise, die man ohne böswillige Interpretation auch in der Nähe einer Aufforderung zum Kirchenaustritt sehen kann, sind allerdings selten in der medialen Beschäftigung mit dem Thema. Die beiden Beispiele sind auch relativ spät datiert. Für die erste Zeit nach Bekanntwerden der Austritte war dies in dieser Form nicht beobachtet worden. Diese Aufklärungswirkung der Medien wird also nicht so hoch zu veranschlagen sein.

Aus der Zeit vor dem Zweiten Weltkrieg ist bekannt, (vgl. oben 2.2.) daß die Austrittsbewegungen Informationsveranstaltungen über die praktischen Modalitäten des Austritts abhielten. So etwas gab es selbst seit der Austrittswelle nur in seltenen Ausnahmefällen. Die Zurückhaltung der Medien bei praktischen Winken zum Sparen der Kirchensteuer ist deshalb nicht verwunderlich.

8.2.6. Der wichtigste Effekt: Die Beseitigung der pluralistischen Ignoranz

Die bisher behandelten Effekte der Massenkommunikation über die Kirchenaustritte verstärkten die Austrittsneigung insofern, als sie den Kirchenaustritt überhaupt erst an den Horizont individuellen Bewußtseins haben.

Damit verbunden ist ein anderer Effekt, welchen man als Beseitigung der pluralistischen Ignoranz bezeichnen kann. Handelte es sich bisher vornehmlich um rein kognitive Veränderungen, um einen Wandel im Wissen über den Kirchenaustritt, so betrifft dieser Vorgang die erwähnte Angst, als einzelner mit altgewohnten Bindungen zu brechen. Denn wie gezeigt wird die Kirchenmitgliedschaft nicht nur durch ein relatives Nichtwissen über die Möglichkeit des Autritts gestützt; auch die "erdrückende Mehrheit" der konformen Mitglieder ist eine Bremse gegen schnelle Kündigungen.

Der Begriff der pluralistischen Ignoranz stammt aus der amerikanischen Soziologie (SCHEFF 1967,S.33; siehe auch SIEGRIST 1970, S.8; OPP/HUMMELL 1973, S.169). Gemeint ist der soziologisch sehr interessante Fall, daß eine Vielzahl von Personen individuell eine Norm, einen Zustand, eine Handlung etc. ablehnen, aber mangels Kommunikation über diese Ablehnung jeder von den jeweils anderen glaubt, daß sie alle auf der Erhaltung bestehen.

Der selbe Sachverhalt liegt auch vor, wenn eine Vielzahl von Personen individualiter ein bestimmtes Verhalten übt, daß aber jeder von den jeweils anderen annimmt, daß sie es nicht üben. Wird dann - etwa durch eine Befragung - ans Tageslicht gehoben, daß sehr viele dieses Verhalten zeigen, dann werden die vermeintlichen Abweichler von ihrem schlechten Gewissen befreit. Die Chancen für die Ausbreitung des Verhaltens steigen damit.

Die <u>öffentliche Kommunikation</u> über solche Sachverhalte erscheint deshalb vielen, deren Moralbewußtsein auf dem hohlen Boden des Nichtwissens baute, als Einbruch der öffentlichen Moral - dies nicht ohne objektive soziologische Berechtigung.

Klassisches Beispiel für diese Sorte von pluralistischer Ignoranz und ihre Überwindung war der KINSEY-Report über das <u>sexuelle Verhalten</u>. Jüngste Beispiele in der BRD sind <u>die Diskussionen</u> über die <u>Abtreibung</u> und die <u>Sterbehilfe</u>. Besonders beim Thema Sterbehilfe war gut zu beobachten, wie nach einem offenen Bekenntnis einer niederländischen Ärztin sich die teils anonymen, teils freimütigen Äußerungen auch von anderen Ärzten mehrten, daß sie ebenfalls schon Sterbehilfe leisteten und es auch noch tun. Die pluralistische Ignoranz war damit überwunden: <u>Viele wissen über viele, daß sie es ebenfalls tun.</u>

Eine Art pluralistischer Ignoranz bestand auch bezüglich des Kirchenaustritts. Bezüglich der Nutzenbindung an die Kirche hatte KEHRER (1967, S.192) genau diesen Sachverhalt getroffen, wenn er am Ende schrieb: "Die Überlebenschancen von Religion und Kirche in unserer Gesellschaft sind gesichert, solange jeder glaubt, daß der andere sie benötige."

Noch kürzer und allgemeiner sagt es der folgende Satz, der in einer Aphorismensammlung (L.SCHMIDT 1974) unter dem Stichwort "Religion" zu finden ist: "Religion ist für die meisten etwas, woran man glaubt, weil man daran glaubt, daß der andere daran glaubt." Das scheint im Spaß gesagt, kann aber - wie wir sahen - durchaus soziologisch ernst genommen werden.

Solange auch das austrittsgeneigte Mitglied davon ausgehen muß, daß um es herum alle anderen Mitglied sind und es sicherlich auch bleiben werden, ist der Austritt noch keine echte Alternative. Vereinzelte, persönlich feststellbare Fälle von Kirchenaustritt zerstören nicht das allgemeine Bewußtsein, daß "man" Mitglied ist. Die Massenmedien vermögen das sehr wohl; sie stellen ja die <u>vielen Austritte</u> heraus.

<u>Massenhaftes Reden über "massenhafte" Austritte</u> gibt dem wackeligen Mitglied die Sicherheit, daß zusammen mit ihm selber zugleich viele die Kirche verlassen, so daß der eigene Austritt wenn auch nicht gleich als eine normale, so doch auch nicht mehr als eine abnormale Handlung erscheint. Die Massenmedien stiften durch ihre Berichterstattung jenes <u>Vertrauen in die Situation</u>, welches die Voraussetzung dafür ist, daß diese Situation faktisch überhaupt erst eintreten kann. Dazu zwei andere Beispiele, die demonstrieren, wie häufig eigentlich mit psycho-sozialen Prozessen dieser Art zu rechnen ist, sowohl in überschaubaren Interaktionsräumen wie auch in makrosoziologischen Konstellationen:

Vielfach dauert es zu Beginn von <u>Tanzveranstaltungen</u> eine Weile, bis das Tanzen in Gange kommt. Anfangs genieren sich viele, die Tanzfläche zu betreten, weil die Gefahr groß ist, als einziges Paar mutterseelenallein etwas vortanzen zu müssen. Bei ungünstigem Arrangement kommt es nicht selten vor, daß die Zurückhaltung chronisch wird und die Musik umsonst spielt.

Ist das Tanzen aber einmal in Gange gekommen, so ist
bei den Tänzern ein Gefühl vorhanden, das wir als
Vertrauen in die Situation bezeichnen: Jeder nimmt
von den jeweils anderen an, daß sie zuhauf mitmachen
und schafft auf der Basis dieses Vertrauens die Situation, welche im Nachhinein das Vertrauen aller
gegenüber allen als gerechtfertigt erscheinen läßt
und die Teilnehme aller stabilisiert, während vorher
jeder darauf wartete, daß irgendjemand "den Anfang
macht".

Im Prinzip gleich, nur ernster für die Beteiligten
ist die Lage im Falle einer Erhebung oder eines
Putsches; die Situation ist lokal nicht überschaubar und risikoreicher. Mangels Information über die
Reaktion der jeweils anderen steht der einzelne Sympatisant vor dem Dilemma des halbherzigen Verschwörers: Unterstützt er die Erhebung, dann trägt er unter Umständen zu ihrem Gelingen bei, riskiert aber
im Falle des Scheiterns den Kopf; unterstützt er die
Erhebung nicht, dann rettet er womöglich den eigenen
Kopf, verrät aber die anderen und trägt dazu bei,
daß die erwünschte Wende noch aussichtsloser wird.
Das Hauptproblem ist ein Kommunikationsproblem in
der entscheidenden Stunde, weshalb die Radiostation
stets das wichtigst Ziel ist, um das Dilemma der potentiellen Mitmacher zu eigenen Gunsten aufzulösen.

Bei den Kirchenaustritten geht es gewiß weitaus weniger dramatisch zu; aber die Situation ist strukturell die gleiche, wenn man an jenen letzten Rest
von Hemmung denkt, mit einer langjährigen, "meist lebenslangen" Bindung zu brechen und jene Abneigung
des einzelnen berücksichtigt, sich in offen Widerspruch zu setzen gegen die "erdrückende" Konformität einer sozialen Umgebung.

Die Kirchenmitgliedschaft ist seit Ende 1969 nicht
mehr dadurch geschützt, daß man nicht weiß, das andere auch austrittsgeneigt sind und auch tatsächlich
die Kirche verlassen. "Immer mehr Menschen 'wagen es'
heute, auszutreten. Und sie 'wagen es' sogar, darüber zu reden - neben sachlichen Ursachen wohl der

entscheidende Grund für das Anschwellen der Austrittswelle". So Peter GRUBBE in einem Report des STERN ("Der Bruch mit der Kirche"; Nr.4/197o), der zu den besten Artikeln zu zählen ist, die über die Austrittswelle geschrieben wurden. Sogar noch in den Anführungszeichen bei 'sie wagen es' deutet GRUBBE an, daß die vordem vorhandene Furcht des einzelnen vor vermeintlichen Sanktionen per Kommunikation überwunden wurde.

8.2.7. Ergebnis

Indem die Massenmedien auffallende Veränderungen reflektieren, sind sie zugleich in der Lage, diese zu beschleunigen. Erhebliche Wirkungschancen müssen angenommen werden, wenn es sich um Vorgänge in einem Verhaltensbereich handelt, der durch traditionales Nichtwissen vor Veränderungen geschützt ist.

Belege für direkte mediale Einflüsse auf einzelne Kirchenaustreter können nicht vorgelegt werden - wie sollte es auch bei derart komplexer, damals nicht kontrollierter Konstellation nach so langer Zeit heute noch möglich sein. Aber nach allem, was wir über die Gesetzmäßigkeiten der Massenkommunikation und des traditionalen Handelns wissen, muß die beschriebene Behandlung der Kirchenaustrittszunahmen durch die Presse seit Ende 1969 die Wirkung gehabt haben, daß sie sowohl die latente Austrittsneigung wie auch die manifesten Austritte noch erhöhte.

Das Einsetzen der massenkommunikativen Verstärkung
war präzise zu datieren; dieser Prozeß ist natürlich nicht abgeschlossen, da seither laufend über
die Austritte berichtet wird (nunmehr sogar in biederen Modezeitschriften und obendrein unter "pro
und contra" zur Leserdiskussion gestellt; vgl. PETRA
Nov. 1975). Die entscheidende quasi-strukturelle Veränderung durch das Öffentlichwerden der Austrittszunahmen und der damit verbundenen Effekte kann etwa auf das Jahr 1970 begrenzt werden.

Die begründete Annahme, daß das öffentliche massenhafte Reden über die "Kirchenflucht" diese noch gefördert hat, füllt vor allem die Erklärungslücke, die
trotz aller Hinweise auf den Konjunkturzuschlag von
August 1970 geblieben sind. Daß der Konjunkturzuschlag
für den Austrittsgipfel in diesem Monat verantwortlich ist, mag man als sicher annehmen - unter Berücksichtigung der Tatsache, daß der August auch schon
in den austrittsarmen Zeiten regelmäßig hohe Austrittszahlen brachte (vgl. Statistik oben 3.4.) Aber die Rekordzahlen von 1970 kamen eben nicht alleine in der
zweiten Jahreshälfte zustande; von Anfang des Jahres
an lagen die Austrittszahlen über denen des Vorjahres.

Zum anderen wird, wenn ein direkter Zusammenhang zwischen Steuerzuschlag und Austrittszunahmen behauptet
wird, übersehen, daß die Kirchensteuer schon lange
Zeit zuvor kritisiert wurde, aber nicht austrittsrelevant war. Ohne eine vorgängige kognitive Verknüpfung zwischen Kirchensteuer und Kirchenaustritten wäre
dieser zeitweilige, überdies rückerstattungsfähige
Zuschlag zur staatlichen Steuer (nicht zur Kirchensteuer!) kaum in eine Verbindung mit der Kirchenmitgliedschaft zu bringen gewesen.

Durch Vermittlung der Medien wurde der Kirchenaustritt als echte Handlungsmöglichkeit entdeckt. Das heißt zugleich, daß Sachverhalte, die früher nur zum Ärgernis gereichten, heute womöglich zum Austritt führen, mindestens aber austrittsrelevant geworden sind. Hier ist eine weitere indirekte Wirkungschance für die Medien, insofern sie durch Themenwahl und Bewertung bei ihren Lesern negative Meinungen über die Kirche aktualisieren können. Je lockerer das Band zur Kirche, desto größer die Möglichkeit, daß negative Berichte über die Kirche zum Austritt führen.

Der Fall jenes STERN-Lesers, welcher per Leserbrief mitteilte, daß ein Bericht im STERN (Nr. 27/1974: "Wie katholische Kirchenfürsten mit ihren Bistumsblättern die sozialliberale Koalition verteufeln") für ihn die endgültige Entscheidung zum Kirchenaustritt war, ist danach theoretisch gut zu verorten.

Dabei ist von großer Bedeutung, daß sich Austreter bzw. Kirchenferne überwiegend nicht an der direkt erfahrbaren Ortspfarrei - der sie ja fernbleiben - orientieren, sondern an dem erfahrungsfernen Gesamtsystem Kirche (vgl. EKD-Untersuchung 1974, S.162ff; SOZIALTEAM 1973, S.66f; STROHM 1974, S.50f); und gerade in diesem hochgradig sterotyp ausgedeuteten Ereignisraum liegen die Steine des Anstoßes (Kirche und Politik; Papst und Pille; Reichtum usw.).

Die Nachrichten und Handlungsimpulse der Medien werden nicht von jedermann gleich wahrgenommen. Das Selektionsverhalten der Rezipienten selber gilt heute - nach einer Vielzahl von empirischen Bestätigungen - als einflußreichste Wirkungsdeterminante im Kommunikationsprozeß. Sätze über das Selektionsverhalten werden in der Wirkungsforschung bereits als

Axiome betrachtet. (vgl. KLAPPER 1960, S.23ff;
DRÖGE u.a. 1973, S.42ff).

Selektionsverhalten heißt in der präkommunikativen Phase,
daß sich Menschen von vornherein bevorzugt solchen Medien und Aussagen aussetzten, die mit ihren vorhandenen Einstellungen und Interessen übereinstimmen. Selektion in der kommunikativen Phase heißt, daß sinnlich wahrgenommene Kommunikationsinhalte noch einmal ein Sieb passieren müssen, welches durch psychische Mechanismen aufseiten des Rezipenten gebildet wird.
In der postkommunikativen Phase schließlich entscheidet sich, wie gut oder wie schlecht ein Inhalt im Gedächtnis des Rezipienten haften bleibt (vgl. KLAPPER 1960, S.19ff; DRÖGE u.a. 1973, S.42ff).

Danach werden Kirchenferne und erst recht solche, die bereits einen Austritt erwogen haben, die Nachrichten über die Austritte eher aufnehmen und verarbeiten ("exponieren") als die treuen Kirchenmitglieder.

Nachrichten treffen selten auf isolierte Individuen, sondern auf Mitglieder von sozialen Gruppen. Die gruppensoziologischen Korrekturen am Konzept der Massenkommunikation (vgl. P.MÜLLER 1967) erhärten in unserem Falle die Annahmen über die Selektion der Austrittsmeldungen; denn gerade die individuelle Kirchlichkeit ist von der sozialen Umgebung, besonders von der Herkunftsfamilie abhängig (vgl.VASKOVICS 1967; ders. 1970; SCHREUDER 1962, S.275ff).

Damit wurden — um es ausdrücklich zu sagen - keine Feststellungen von der Art getroffen, daß die Medien an den Austrittszunahmen irgendwie "schuld seien".
Die Medien haben die Austritte weder "hochgejubelt" - wenn man darunter eine grob verzerrende und leichtfertige Übertreibung eines Sachverhaltes meint - und

noch viel weniger haben sie sie erfunden. Daß die
Kirchenbindung einer Vielzahl von Bürgern so beschaffen ist, daß sie alleine durch die Kommunikation über die Austritte geschwächt oder gar gelöst werden kann, ist den Medien gewiß nicht anzu-
lasten.

Vorwürfe gegen die "negative und irreführende Be-
gleitmusik seitens der Publizistik" (wie sich der
ev. Bischof WÖLBER ausdrückte; Vgl. EV.KOMMENTARE
4/1971, S.283) waren aus den Kirchen mehrfach zu
vernehmen. Vgl. auch BERICHT VON DER KIRCHE Heft 4/
1970; zur kirchlichen Suche nach Sündenböcken vgl.
GRATHWOL/THOMA 1972, S.164ff; daß kirchliche Angriffe gegen die "schlechte Presse" eine lange Übung haben, hat SCHMOLKE (1971) gezeigt.) Speziell zur Berichterstattung von STERN, SPIEGEL und ZEIT hat
DÖRGER (1973, S.260) einen direkten Zusammenhang
der Kirchenaustrittsbewegung zurückgewiesen.

Über längere Zeit hinweg waren die Austritte sogar
unbemerkt von den Medien gestiegen. Erst Kirchenleute haben in unüberhörbarer Weise darauf aufmerksam gemacht und - organisationspolitisch betrachtet -
reichlich ungeschickte Deutungen in Umlauf gebracht.

Im Lichte dieser Analyse wäre es für die Kirchenpolitiker, welche die Austritte möglichst gering halten wollen, das beste gewesen, sie hätten die Austritte gar nicht an die große Glocke gehängt oder
sie bei unumgänglicher Information heruntergespielt.
Aber ganz abgesehen davon, daß die kirchlicherseits
angestellten Motivanalysen überhaupt keine Hinweise
auf die hier behandelten Zusammenhänge geben konnten,
wäre eine solche Informationspolitik wahrscheinlich
auch nicht möglich gewesen. Denn die Austrittszunahmen wurden zu einem vorzüglichen Argument in der Diskussion über den richtigen Kirchenkurs.

8.3. Der Traditionsabbruch als ein eigendynamischer Prozeß

Die in diesem Kapitel zu untersuchenden Veränderungen, Entwicklungen, Trends, Ereignisse etc. sind ziemlich unterschiedlicher Art - nicht mehr so homogen wie das zuvor untersuchte Feld der massenkommunikativen Randbedingungen. Das theoretische Band, das die nunmehr untersuchten Veränderungen zusammenhält, wurde unter 7.4. bereits aufgerollt. Kurz zur Wiederholung:

Wir haben uns längst von dem schlichten Alltagsdenken entfernt, wonach die **anhaltende** Erhöhung einer Verhaltensrate durch die Bedingungen verursacht sein muß, die auch ihre erste Erhöhung bewirkten. Vielmehr wissen wir, daß unabhängig von den Veränderungen, welche Impulse für den ersten Anstieg waren, neue Kräfte ins Spiel kommen können - die Rate der Verhaltensänderungen also weiterhin hoch bleiben oder sogar noch ansteigen kann, obgleich die Auslösebedingungen (Take-off) der "Welle" weggefallen sind.

Hierbei sind in soziologischer Abstraktion mehrere Typen von Wirkungszusammenhängen zu unterscheiden.

Einmal können wir davon ausgehen, daß das "gestörte System" für eine Weile relativ anfällig bleibt für weitere Ereignisse, die ohne diese erste Störung mit aller Wahrscheinlichkeit unerheblich sein würden.

Zum anderen ist mit Diffusionsvorgängen zu rechnen, d.h. das neue Verhalten breitet sich aus im Kontakt zwischen frühen Übernehmern und potentiellen Übernehmern.

Und es ist möglich, daß durch die stattgefundenen Veränderungen andere weitere Veränderungen begünstigt werden, die ihrerseits wieder als Störungen für das System wirken können. Werden davon wichtige Elemente betroffen, wird man am Ende nicht mehr von einer kurzfristigen Störung eines ansonsten stabilen Systems reden können, sondern man geht besser von der soziologischen Vorstellung aus, daß sich das <u>ganze System im Wandel</u> befindet.

Vorausgesetzt bei alledem ist natürlich, wir kennen ein solches System, das derart empfindlich für die festgestellten Veränderungen ist. Bei der Kirchenmitgliedschaft ist dies ein Handlungssystem mit dem Effekt **traditionaler Bindungen**.

Wir sprechen von eigendynamischen Abbruch traditionaler Bindungen bzw. des ganzen Systems, wenn die jeweils erreichten <u>Störungen selber wiederum positive Randbedingungen sind für weitere Störungen</u>.

Dieses Kapitel beschäftigt sich mit gegenwärtigen Ereignissen und solchen, die noch nicht sehr lange zurückliegen. Die dazu angestellten Deutungen sind Versuche - so wie jede Theorie Deutungsversuch nach explizierten Regeln ist, gleichgültig ob es sich beim Gegenstand um mehr oder weniger aktuelle oder schon länger zurückliegende Ereignisse handelt.
Gegen aktuelle Deutungen wird allerdings leichter der Einwand der Subjektivität erhoben - aus Gründen eben dieser Subjektivität: Weil Dinge sich gleichsam vor unseren eigenen Augen abspielen, weil sie uns so nah sind, glauben wir stets, daß sie objektiv so sind, wie wir sie erleben...Vergangenem gegenüber zeigen wir uns als zaghaftere Zeugen! Ein Problem, das hier nur angesprochen, nicht aber weiterdiskutiert werden kann.

8.3.1. Dynamik als Diffusion

Unter dem soziologischen Begriff der Diffusion werden alle _Ausbreitungsprozesse_ eines neuen Verhaltens bzw. eines neuen Gegenstandes in einer Population potentieller Übernehmer erfaßt. Bei aller materiellen Unterschiedlichkeit zeigen solche Ausbreitungsprozesse eine Reihe von Regelmäßigkeiten, die mit einigen Einschränkungen auch auf die Kirchenaustritte anwendbar sein müßten. Unsere Frage ist also: Wie sind im Lichte dieser Kenntnisse die Chancen dafür, daß der Kirchenaustritt sich nach dem Diffusionsmodell ausbreitet, _welche günstigen und welche ungünstigen Bedingungen_ sind auszumachen?, oder wie die EKD-Studie fragte: "Wie ansteckend ist der Kirchenaustritt?"

Beobachtungen dazu finden sich bereits in Aussagen zu früheren Austrittswellen. So stellte etwa das KIRCHLICHE HANDBUCH von 1943 (S.289) fest:
"Die Kirchenaustrittsbewegung ist eine blutende Wunde, die nicht nur dem Organismus der Kirche dauernd Kräfte entzieht, sondern auch darüber hinaus bewirkt, daß das Beispiel einzelner die Glaubensfreudigkeit und das kirchliche Bewußtsein anderer in Mitleidenschaft zieht."

Potentielle Übernehmer

Ganz formal betrachtet, sind die Mitglieder der Kirche allesamt als potentielle Austreter zu betrachten - so wie analog alle Farmer eines Distriktes als mögliche Anwender eines neuen Saatgutes gelten. Praktisch können wir indessen breite Mitgliederkategorien von vornherein ausschließen, weil aufgrund ihrer kirchlichen Bindung so gut wie nicht zu erwarten ist, daß sie die Kirche verlassen würden. Hohe Dichte kirchlicher Teilnahme, höheres Alter und ländliches Wohnen sind dabei als die wichtigsten Indikatoren zu nennen.

Andererseits muß aber auch die anfängliche Begrenzung auf den Kreis der nur-traditional gebundenen Mitglieder aufgegeben werden. Wir tun dies ohne Bedenken; denn dies ist ein hartes <u>Ergebnis der Diffusionsforschung</u> daß Übernehmer, die in einem gewissen zeitlichen Abstand folgen, in ihrer <u>sozialen Mentalität anders gelagert</u> sind, als die frühen Übernehmer.

Schwierig wird die Abgrenzung durch einen anderen Umstand, nämlich die Bewegung der Bevölkerung im demographischen Sinne: Ältere Jahrgänge treten ab, jüngere rücken nach. Damit ändert sich aber auch die gesamte Population in bezug auf die diffundierende Neuerung. Denn unabhängig von den Austritten existiert zum einen ein <u>Trend der Entkirchlichung</u>, d.h. die Menge derer, die einen Austritt nicht ausschließen, wächst unter sonst gleichen Bedingungen. Zum anderen ist die Übernahme der neuen Kirchendistanz durch die jungen nachrückenden Jahrgänge schon <u>keine echte Diffusion mehr</u>. Da sie bereits im Bewußtsein der neuen Möglichkeit "groß werden", ist es soziologisch womöglich angemessener, diese Veränderungen an der Basis der Bevölkerungspyramide unter dem <u>Gesichtspunkt der Sozialisation</u> und nicht unter dem der Diffusion zu betrachten. Andererseits wiederum bleibt zu beachten, daß die Diffusion unter den Sozialisationsagenten (Eltern, Lehrer) sich indirekt auch auf den Nachwuchs auswirkt.

Gastarbeiter als neue Austretergruppe

In den Ländern, aus denen die Gastarbeiter herkommen, gibt es keine Kirchensteuer im deutschen Sinne. Dennoch werden diejenigen, die bei Ausstellung offizieller Papiere angeben, katholisch oder evangelisch zu sein, zur Kirchensteuer herangezogen. Etwa die Hälfte der in der BRD wohnenden Ausländer ist katholisch (Italiener, Spanier, Portugiesen); nur etwa 6% gehören der EKD an.

Mittlerweile scheint sich in Ausländerkreisen herumgesprochen zu haben, daß man sich per Austritt die ungewohnte und deshalb doppelt unbeliebte Steuer sparen kann. Die WELT (vom 3.3.76) berichtete darüber, daß sich der Unwille der katholischen Gastarbeiter im Raum Hamburg zur Aktion verdichtet habe. Man fordert für die gezahlten Steuern eine bessere Betreuung als bisher. Zugleich nehme aber auch die Zahl der Kirchenaustritte von Gastarbeitern zu.

Zunehmende Austritte von Ausländern meldet auch die Diözese Freiburg: Unter den 4300 Austretern des Jahres 1975 befanden sich rund 13% Ausländer. Ähnlich hohe Ausländer-Anteile sind auch unter den Austretern der Diözese Trier (vgl. Saarbrücker Zeitung vom 3.6.76) geschätzt worden.
Faktisch gleichkommend mit dem Austritt ist die Methode, bei Ausstellung einer Lohnsteuerkarte erst gar nicht die Zugehörigkeit zu einer steuererhebenden Kirche anzugeben.

Scheinbar stabile Gesamtzahlen

Hinweise auf die Stabilität der konfessionellen Verhältnisse in der BRD beziehen sich gerne auf die Tatsache, daß ein sehr hoher Teil der Wohnbevölkerung, nämlich über 9o% einer der beiden großen Kirchen angehört, und daß sich daraus im Laufe der BRD nichts geändert hat. Diese Zahlen lohnt es sich näher zu betrachten. Dabei wird klar, daß die offenkundige Konstanz der Konfessionszahlen gleichwohl von "unterirdischen" Strukturverschiebungen begleitet wird. Sie erklären, wieso bei wenig veränderten Gesamtzahlen dennoch reale Verdichtungen der Konfessionslosigkeit in der jüngeren und mittleren Generation auftreten können.

Tabelle 13

Wohnbevölkerung im Bundesgebiet nach der Religionszugehörigkeit

	1950	in % 1961	1970
ev. Landeskirchen einschl. sonstiger ev. Kirchen	5o,5	5o,5	47,o
ev. Freikirchen	1,o	o,6	2,o
röm.kath.Kirche	44,3	44,1	44,6
andere christl. Kirchen oder Gemeinschaften	o,1	o,8	1,1
jüdische Rel.Gemeinsch.	o,o	o,o	o,1
sonstige Rel.Gemeinsch.	o,o	o,4	1,3
Gemeinschaftslose und ohne Angabe	4,o	3,5	3,9

Quelle: STATIST.JB 1975, S.61

In der Konfessionsverteilung stellen die Gemeinschaftslosen neben den Angehörigen sonstiger Religionsgemeinschaften gleichbleibend eine kleine Restgröße dar. Auffallend ist aber, daß trotz des Gastarbeiterstromes, der aus nichtkatholischen und nichtprotestantischen Ländern zwischen 1960 und 1970 in die BRD geflossen ist, sich die Konfessionsanteile nur so wenig verändert haben.

1961 zählte die Ausländerstatistik rund 670.000 im Bundesgebiet wohnende Ausländer, 1970 waren es annähernd 3 Millionen. Über die Hälfte davon bezeichnete sich 1970 als katholisch (vor allem Italiener, Spanier, Portugiesen); 6,4% gehörten der EKD an (vgl. STATIST. BUNDESAMT, FACHSERIE A "Bevölkerung und Kultur", Heft 23, August 1974; STATIST.BEILAGE zum Amtsblatt der EKD Nr. 46).

Wie aber ist möglich, daß sich der Ausländerzustrom nicht deutlicher in der Konfessionsverteilung niederschlug? Noch deutlicher stellt sich diese Frage am Beispiel West-Berlin.

In West-Berlin wurden 1961 rund 340.000 Personen gezählt, die weder kath. noch ev. eingetragen waren. Ihr Anteil an der Wohnbevölkerung betrug 15,5%; 1970 ergab sich für die Sonstigen in diesem Sinne auch wieder ein Anteil von 17,3% oder absolut rund 368.000. Der Zuwachs an "Sonstigen" während dieser 9 Jahre zwischen den beiden Volkszählungen betrug also absolut nur knapp 28.000 Personen, wo doch die Zahl der in Berlin wohnenden Ausländer sich von 14.000 auf fast 120.000 erhöht hatte (und darunter alleine 35.000 Türken, also Moslems, sind).

Das Rätsel löst sich, wenn man die Altersstufung der "Sonstigen" und hier insbesondere der "Gemeinschaftslosen" berücksichtigt: Der trotz starker Zunahme der Ausländer nur geringe Zuwachs der sonstigen Religionsgemeinschaften und Gemeinschaftslosen ist zurückzuführen auf eine erhebliche Abnahme der deutschen Gemeinschaftslosen. Dieser Rückgang ist durch die Überalterung dieser Gruppe bedingt, was am Beispiel Berlin gut zu demonstrieren ist: Dort stand 1961 gut ein Drittel der Gemeinschaftslosen im Alter von 60 und mehr Jahren. Die Abgänge der deutschen Gemeinschaftslosen durch Tod führten also dazu, daß sich die Zuwanderung von Ausländern nicht deutlicher auswirkte (nach Information des Statistischen Landesamtes Berlin und KRUG/HELM 1974).

Am Beispiel Berlin ist zu sehen, daß bei den Gemeinschaftslosen (einschl. der Fälle ohne Angabe der Religionszugehörigkeit) auch noch 1970 die Altersgruppe zwischen 45 und 75 Jahren im Vergleich zur Wohnbevölkerung überbesetzt war; hier haben wir es aller Wahrscheinlichkeit nach mit Fällen von Gemeinschaftslosigkeit zu tun, die vor Entstehen der BRD ihren Ursprung hatten, also im Dritten Reich und auch noch davor.

Die Jahrgänge unter 45 Jahren waren hingegen unterbesetzt - hier zeigt sich, daß mit Niedergang des Dritten Reiches und Gründung der BRD über 30 Jahre hinweg kaum noch Austritte in die Konfessionslosigkeit erfolgten. Erst mit den Austrittszunahmen in den letzten Jahren füllen sich die unterbesetzten Altersränge der jungen Gemeinschaftslosen.

Da die Austrittszunahmen so stark sind, daß sie den Abgang der älteren Gemeinschaftslosen mehr als ausgleichen, wird in den nächsten Jahren der Anteil der Gemeinschaftslosen auch nachweislich der Konfessionsstatistik steigen. Immerhin sind alleine von 1970 bis einschl. 1974 über 1,2 Mio Austritte aus beiden Kirchen erklärt worden; wenn man grob geschätzt annimmt, daß ca. 90% davon in der Konfessionslosigkeit verbleiben, so rückt diese runde Million den Anteil der Konfessionslosen an der Wohnbevölkerung bereits um 1,6 Prozentpunkte nach oben, wenn man die Abgänge der älteren Gemeinschaftslosen einmal unberücksichtigt läßt. Die beiden Kirchen werden zur nächsten Volkszählung 1980 jedenfalls nicht mehr auf die über 90% hinweisen können.

***

Erfragte Austrittsneigung

Eine direkte Möglichkeit, Informationen über den Diffusionsraum zu erhalten, besteht einfach darin, Kirchenmitglieder nach ihrer Austrittsneigung zu befragen. Dies wurde in den großen Kirchenuntersuchungen anfangs der 70er Jahre getan.

Aus der Zeit davor ist nur <u>ein</u> repräsentatives Ergebnis, und zwar aus der STERN-Untersuchung von 1967, bekannt. Damals wurde ermittelt, daß 90% aller Protestanten und 93% aller Katholiken noch nicht auf die Idee gekommen waren, aus der Kirche auszutreten.

Im Rahmen der SYNODEN-Umfragen von 1970/71 (vgl. SCHMIDTCHEN 1972, S.124f.) wurde die Frage gestellt: "In der Zeitung stand in letzter Zeit etwas über Kirchenaustritt. Haben Sie selbst in den letzten Jahren einmal ernsthaft daran gedacht, ob Sie aus der Kirche austreten sollen?"

<u>11% der Befragten insgesamt</u> bejahten dies. Von den <u>Nichtkirchgängern</u> zeigte sich die Hälfte und von den <u>seltenen Kirchgängern</u> ein Viertel austrittsgeneigt.

Die <u>gleiche Frage</u> wurde 1972 den <u>Protestanten ab 16 Jahren im Bereich der VELKD</u> gestellt (Vgl. SCHMIDTCHEN 1973 a, S.80ff u. 208f). Von ihnen bekundeten 23%, also <u>fast jeder Vierte</u>, schon einmal an einen Austritt gedacht zu haben. Die Verteilung nach dem Kirchbesuch war ähnlich wie bei den kath. Austrittswilligen.

Die im gleichen Jahr durchgeführte EKD-Umfrage erhob einen Anteil von 17%, die einen Austritt nicht ausschließen mochten; darunter 2%, welche die Antwortvorgabe ankreuzten, daß sie "ganz bestimmt so bald wie möglich austreten" würden; weitere 5% hatten sich für die schwächere Vorgabe entschieden, daß der Austritt nur noch eine Sache der Zeit sei, 10% waren sich noch nicht ganz sicher. Diesen 17% mehr oder weniger Austrittswilligen standen am anderen Ende der Skala zwei Drittel von Befragten gegenüber, die ihrerseits eine Aufgabe der Kirchenmitgliedschaft mehr oder weniger kategorisch ausschlossen.("...käme unter keinen Umständen in Frage" :38%; "... ist für mich kein Thema": 29%).
Die mittlere Vorgabe ("...habe schon mal dran gedacht, kommt aber letztlich für mich nicht in Frage") vereinigte 17% der Voten.

Unter dem "Gesichtspunkt der verlorenen Selbstverständlichkeit" zählte die EKD-Studie diese mittlere Gruppe mit gutem Grund zu den Austrittsgeneigten, so daß am Ende bei 27% der EKD-Mitglieder, also wie gehabt bei jedem Vierten mindestens, eine latente Austrittsneigung festzustellen war. Auch hier ergab sich das mittlerweile vertraute Bild der Verteilung nach sozialstatistischen Merkmalen: Mit der Schulbildung, dem Einkommen, der Größe des Wohnorts steigt die Austrittsneigung, mit dem Alter und der kirchlichen Teilnahme sinkt sie deutlich.

Persönliche Kenntnis von Austretern

Das Vorkommen eines neuen Verhaltens in der näheren sozialen Umgebung eines Menschen wird naturgemäß stärker perzipiert als die Vermittlung der Medien über unbekannte Fälle. So ist auch die persönliche Kenntnis von Personen, die ihre Kirchenmitgliedschaft aufgegeben haben oder offen über die Absicht reden, als starke Störung traditionaler Bindungen anzusehen.

Man beachte hierbei die Deutbarkeit der persönlichen Erfahrung, wie sie im Kapitel über die massenkommunikative Verstärkung behandelt wurde: Erst nachdem die Massenmedien die entsprechende "Vorarbeit" geleistet haben, kann der einzelne die ihm <u>persönlich bekannten Fälle als Teil einer Austrittswelle deuten</u>.

Die <u>EKD-Umfrage</u> hatte danach gefragt, ob in eigenen <u>Verwandten- oder Bekanntenkreis</u> des Befragten vor kurzem jemand aus der Kirche ausgetreten war. Im ersten Fall bejahten dies 10%, im zweiten 17% der Befragten (vgl. S.123f und 369).

Es fällt auf, daß bei zugelassener Mehrfachnennung nur in 3% der Fälle sowohl ein Austreter in der <u>Verwandtschaft als auch in der Bekanntschaft</u> angegeben wurde. Das erscheint doch etwas gering. FEIGE (1976, S.341) ermittelte in einer - wenn auch kleinen Stichprobe - für West-Berliner Austreter von 1971 einen entsprechenden Anteil von 36%!

Die Aussage über den Austreter im Verwandten- oder Bekanntenkreis unterscheidet nicht nach dem realen Lebenszusammenhang. Zwei sehr unterschiedliche Fälle sind in diesen Kategorien nämlich enthalten: Zum einen kann der Befragte selber Mitglied einer Gruppe sein, in welcher der Austritt aus der Kirche wohlwollend betrachtet wird; zum anderen braucht der Befragte mit dem Austritt der ihm bekannten Person keineswegs

einverstanden sein. Wenn aber zwei so heterogene
Befragtengruppen in einer Kategorie vereinigt
sind, können sich mit der Austrittsneigung korrelierende Merkmale gegenseitig so relativieren, daß die
echten Zusammenhänge nicht sehr sichtbar zu werden
brauchen.

Aber selbst unter diesen Umständen ist das vorliegende Ergebnis (Tabelle S.124 der EKD-Studie) unter
dem Gesichtspunkt der Diffusion <u>durchaus bemerkenswert</u>, vor allem in den extremen Voten: Befragte, die
angaben, in ihrem Verwandtenkreis keinen Austreter zu
haben, schlossen zu 44% für sich selber ein Verlassen
der Kirche kategorisch aus ("unter keinen Umständen").
Diejenigen, die in ihrer verwandtschaftlichen Umgebung
von einem Austritt wußten, mochten dies nur noch zu 22%
tun! In dem Falle, daß ein Austritt im Bekanntenkreis
genannt wurde, sprachen nur mehr 15% dieses treue Bekenntnis zur Kirche aus.

Am anderen Ende der Skala, bei den Austrittsgeneigten,
ist der Zusammenhang noch deutlicher: Wo ein Austreter
im Verwandten- oder Bekanntenkreis vorhanden war, wurde
jeweils von jedem Vierten der Befragten eine akute Austrittsneigung mitgeteilt. Befragte, die in ihrer sozialen
Umgebung noch von keinem Fall der Kirchenflucht wußten,
taten dies zu einem winzigen Teil von 3%.

Die EKD-Studie verharmlost in diesem Fall, wenn sie feststellt, daß es zwar Zusammenhänge gäbe, diese aber nicht
besonders ausgeprägt seien (S.123). Leider wurde auch
nicht nach den gerade an diesem Orte besonders interessierenden Sozialdaten Alter, Bildung und Wohnortgröße differenziert.

Auch die Interpretation, daß trotz Kenntnisnahme von
Kirchenaustritten in der nächsten Umgebung ziemlich große
Gruppen auf solche Erfahrungen nicht merkbar reagierten,
bedarf der Differenzierung:

Erstens gehen wir ja von vornherein davon aus, daß
weite Teile nicht austreten werden, also gar nicht
als potentielle Übernehmer zählen. Die Eltern z.B.,
die den Kirchenaustritt des studierenden Sohnes mißbilligen, werden eben trotz "Kenntnisnahme" eines
Austrittsfalles nicht "gefährdet"; vielmehr wird
in nicht wenigen Fällen eher zu erwarten sein, daß die
elterliche Kirchenbindung sozusagen "zur Kompensation"
noch fester wird.

Zweitens ist mit Blick auf die Diffusionsforschung einzuschränken, daß zwischen dem Gewahrwerden einer Neuerung und ihrer Übernahme eine längere Zeit verstreichen
kann. Wir haben damit das Thema der Diffusionsstufen angeschnitten.

Stufen im Adoptionsprozeß

ROGERS (1962, S.17) unterscheidet in Anlehnung an andere
Diffusionsforscher fünf (theoretische) Stufen beim individuellen Adoptionsprozeß; (vgl.auch KIEFER 1967,S.4off):

(1) Stufe des Gewahrwerdens: Der einzelne erfährt erstmals - freiwillig oder unfreiwillig - von der Existenz
der Neuerung, ohne Information über weitere Details und
noch ohne Interesse für weitere Information.

(2) Stufe des Interesses: Das Individuum entwickelt Interesse und Aufmerksamkeit; bemüht sich um weitere Information.

(3) Stufe des Bewertens: Sichtung und Bewertung der neuen
Information direkt in bezug auf die eigene Situation; ge-
dankliche Experimente.

(4) Stufe des Versuchens: Der potentielle Übernehmer macht
- soweit dies möglich ist - in kleinem Umfange probeweise
Versuche mit der Neuerung.

(5) Endstufe: Annahme oder Adoption: Das Individuum ent-
schließt sich zur endgültigen Übernahme der Neuerung.

Auf jeder Adoptionsstufe zieht sich das Feld der potentiellen Übernahme zeitlich auseinander. Unterschiedliche Medienzuwendung und unterschiedliche personale
Kommunikationskreise führen dazu, daß die Zeitpunkte
des ersten Gewahrwerdens zeitlich sehr weit auseinan-
derliegen können. Hierbei sind vor allem bildungs- bzw.
schichtspezifische Unterschiede bekannt.

Ob <u>aktive Aufmerksamkeit</u> für den Kirchenaustritt und ein <u>Bezug zur eigenen Person</u> hergestellt wird (Stufe 2 und 3), hängt vor allem von den schon vorhandenen Dispositionen ab. Als für den Kirchehaustritt besonders "anfälligen" Typus bezeichneten wir das Mitglied, das keine Nutzenbindungen und keine erzwungenen Bindungen mehr sieht. Hinzu kommt jeweils, ob die Austrittsfrage mit solchen anderen Problemen in Verbindung gebracht wird, die den einzelnen besonders angehen, - die konkreten "Anlässe" also.

Die <u>Versuchsstufe</u> fällt beim Austritt weg, wenn man davon absieht, daß nach einigen Austrittsregelungen die abgegebene Austrittserklärung nicht gleich wirksam wird und während dieser "Reuefrist" ein formloser Widerruf möglich ist.

Als eine Art "Versuch" ist vielleicht auch zu deuten, daß bei verheirateten Austretern nicht selten <u>zuerst der Mann die Kirche</u> verläßt und die Frau mit einigem "Sicherheitsabstand" nachfolgt.

FEIGE (1976, S.59ff) hat für West-Berlin ermittelt, daß bei über der Hälfte der verheirateten ev. Austreter von 1971 der Ehepartner bereits konfessionslos war; bei den Frauen handelte es sich zu drei Viertel um Nachfolgeaustreter, bei den Männern nur knapp zur Hälfte. Zwar ist offen dabei, ob der Ehepartner schon vor der Eheschließung konfessionslos war (bzw. es schon immer war) oder ob er während der Ehe die Kirche verlassen hat, aber der Anteil ist insgesamt so hoch, daß der <u>"hinkende Austritt" des Ehepartners</u> als bedeutsames Handlungsmuster gelten kann.

Zur endgültigen Übernahme: Verhaltensweisen, die institutionell reguliert sind, sind relativ schwer zu "lockern", da sie eingefügt sind in ein verwickeltes Gefüge anderer Verhaltensanforderungen. Man kann in diesen Fällen nicht das eine ändern, ohne zugleich auch eine ganze Reihe von Änderungen in anderen Bereichen in Kauf nehmen zu müssen.

Nehmen wir das <u>Beispiel der formellen Zweierehe</u>. Denkbare und praktizierte Alternativen berühren eine Vielzahl anderer institutionalisierter - also nicht individuell abdingbarer Regelungen in Familienrecht, Steuerrecht, Sozialrecht usw., die durchweg alternativfeindlich konstruiert sind; nur sehr schwierige Umwege führen an ihnen vorbei - das zu verändernde Feld ist zu komplex.
Zur Sehweise eines Konservativismus aus Komplexität hat LUHMANN (1968) an etwas entlegener Stelle einen interessanten Beitrag geliefert. Zum Kriterium der Verflochtenheit als Diffusionshindernis vgl. KATZ u.a. (1972).

Die Kirchenmitgliedschaft ist in diesem Sinne heute <u>kein institutionalisiertes Verhältnis mehr</u>. Sie kann aufgegeben werden, ohne daß andere Sozialverhältnisse davon betroffen werden. Für das einzelne Mitglied - zumal das zuvor schon apathische - ändert sich gar nichts: Wer vorher nicht zur Kirche ging, geht nun erst recht nicht mehr... Der Austritt ist in dem Falle in der Tat nur ein <u>formeller Schlußstrich unter eine faktisch längst erloschene Mitgliedschaft</u>.

Die <u>endgültige Übernahme</u>, d.h. der tatsächliche Austritt, kann dennoch <u>lange hinausgezögert</u> werden. Wir sprachen bereits darüber, daß der Verlust der Selbstverständlichkeit eines Verhaltens noch nicht dessen Aufgabe bedeuten muß. Von lange geübten Gewohnheiten trennen sich Menschen nur zögernd. Dies trifft vor allem zu, wenn das neue Verhalten, hier der Schritt in die "Leere" der Konfessionslosigkeit, einige nicht schätzbare Risiken enthält. "Angst vor der eigenen Courage" nennt man dieses aus der Selbstbeobachtung gemeinhin bekannte Zaudern.

Die Aufgabe eines lange geübten Verhaltens, welches in den Kategorien der Zugehörigkeit und der Treue (auch zu sich selber!) begriffen wird, löst beim Individuum eine Art Schuldgefühl aus - ein aus der Wahlforschung kommender Befund (vgl. SCHEUCH 1965, S.170).

Es gibt nur wenige Studien über Diffusion, die die Zeit systematisch berücksichtigen, aber es ist klar, daß Diffusionsprozesse, die einige Widerstände zu überwinden haben, ziemlich lange Zeit benötigen.

Jener berühmte Hybrid-Mais, dessen Ausbreitung in einem Farm-Distrikt einer der frühen Gegenstände der Diffusionsforschung war, brauchte immerhin 10 Jahre, bis er eine annähernd vollkommene Aufnahme gefunden hatte - obwohl es sich um eine "außerordentlich glückliche Neuerung" handelte (vgl. KATZ/LEVIN/HAMILTON 1972, S.34).

Es ist ja ziemlich bemerkenswert, daß die EKD-Erhebung im Sommer 1972, also nachdem die "Welle" schon 4 Jahre am Laufen war, immer noch 17% Austrittswillige ermittelte, darin 7%, die theoretisch kurz vor Verlassen der Kirche standen und 10%, die noch nicht ganz sicher waren,- Massenaustritte in diesem Umfange aber nicht beobachtet wurden. Da wir annehmen können, daß die direkte Frage nach der Austrittsneigung gültige Ergebnisse lieferte, können diese Minderaustritte ohne weiteres als verzögerte Austritte "nachkommen".

Kumulierungs- und Verdichtungseffekte

Der einzelne Kirchenaustritt als solcher ist eine punktuelle Handlung, die nur kurzfristigen Signalwert haben kann. Begründet wird aber zugleich der andauernde Zustand der Konfessionslosigkeit. Selbst wenn also die Dramatik der hohen Veränderungsraten vorüberginge - außerordentlich bedeutsam für interpersonale Beeinflussungsprozesse ist ja vor allem die jeweils vorhandene Bestandsmasse des neuen Verhaltens.

Zu denken ist erstens an einfache Multiplikationseffekte. Mit steigendem Bestand an Ausgetretenen wächst zugleich die Chance des interpersonalen Kontaktes.

Aus der EKD-Untersuchung wissen wir bereits, daß 27% der 1972 befragten Protestanten über 14 Jahre - rund 6 Mio Protestanten repräsentierend - angaben, in ihrer sozialen Umgebung jemanden zu kennen, der in der letzten Zeit davor die Kirche verlassen hatte. Die Austritte aus beiden Kirchen addieren sich von 1968 bis 1971 auf rund 730.000 (einschließlich eines kleinen Anteils religionsunmündiger Kinder). Das heißt also: 6 Mio Protestanten kennen "zusammen" 730.000 Austreter - auf einen Austreter kommen also im rechnerischen SChnitt ca. 8 Personen, die von dem Austritt wissen.

Das ist wenig, wenn man bedenkt, daß der soziale Verkehrskreis junger Leute - um die handelt es sich ja vorwiegend bei den Austretern - mehr als 8 Personen umfaßt. Dieser geringe Bekanntheitsgrad verwundert aber nicht, da der Kirchenaustritt kein offenes Merkmal ist, wie etwa modische Neuerungen, die ja von Natur her zum "Vorzeigen" übernommen werden (vgl. dazu René KÖNIG 1967).

<u>Austreter selber</u> kennen untereinander bedeutend besser. Ev. Austreter in Berlin gaben 1973 zu 92% an, selber wieder einen Kirchenaustreter im nächsten Freundes-, Verwandten- oder Kollegenkreis zu kennen (vgl. FEIGE 1976, S.341). Der Befund kann zahlenmäßig aufgrund der Isolation Berlins und der kleinen Stichprobe nur bedingt verallgemeinert werden, scheint aber in seiner Höhe dennoch sehr klar zu zeigen, daß hier Beeinflussungen durch persönlichen Kontakt stattfinden - wie auch immer diese aussehen mögen, von der expliziten Aufforderung zum Austritt bis zum stillen Beispiel.

Hier ist auch ein höchst interessanter Befund aus der Wahlforschung einzusetzen (vgl. SCHEUCH 1965, S.195ff): Sowohl die eigene <u>Aufrichtigkeit des Individuums</u> wie auch die von ihm wahrgenommene Aufrichtigkeit anderer Personen variiert stark nach der sozialen Schicht: Je höher der soziale Status, desto höher die eigene wie auch die wahrgenommene Aufrichtigkeit bei der Unterhaltung über politische Themen.

Kirchenaustritt und Kirchenaustrittsneigung sind nicht gleichmäßig in der Bevölkerung verteilt. Wir haben die Konzentration auf bestimmte soziale Kategorien (Männer, Großstädter, obere Bildungsschichten usw.) beschrieben. Das heißt, daß eine bestimmte Menge von Austretern bzw. Konfessionslosen insgesamt nichts aussagt. Es kommt vielmehr auf die <u>ökologische und soziale Dichte</u> an, mit der das Merkmal auftritt.

Verdichtungen eines Merkmales innerhalb eines sozialen Kontextes führen regelmäßig dazu, daß der gesamte Kontext das betreffende Merkmal strukturell verfestigt und damit seine weitere Aufnahme noch erleichtert bzw. hemmende Bedingungen abbaut.

Sehr deutliche Beispiele dafür zeigen sich bei der
Entwicklung zu Ausländervierteln: Ist eine bestimmte
"kritische Schwelle" einmal überschritten, ziehen die
Einheimischen aus, die Mieten fallen, die Renovierungen unterbleiben; zugleich werden neue Ausländer angezogen, spezielle Einkaufsmöglichkeiten entstehen...;
am Ende ist ein reines Ausländerviertel entstanden.
Zu dem Teufelskreis der Verslumung in den USA - wo
das Wohnen in einer "feinen Gegend" ein sehr viel ausgeprägteres Statusmerkmal ist als bei uns - vgl. Jane
JACOBS (1963).

Gerade weil also die bisherigen Austritte sich nicht
über die gesamte Bevölkerung, sondern auf relativ
abgegrenzte Sozialkategorien verteilen, erhöht sich
die Chance der Diffusion. Trotz insgesamt gesehen
kleiner Zahlen entstehen soziale Kontexte, in denen
die Konfessionslosigkeit doch um einiges verbreiteter
ist, als die pauschalen Gesamtzahlen vermuten lassen.

Man betrachte nur einmal den Unterschied zwischen
Stadt und Land:

1970 kamen auf 1000 Katholiken in der BRD insgesamt
2,4 Austritte; für die 62 Großstädte indessen errechnete sich eine Austrittsrate von 4,1 Promille (vgl.
oben Statistik 3.5.1.).

Die SYNODEN-Umfrage ermittelte, daß die Austrittsneigung 1971 in den Großstädten annähernd dreimal so groß
wie in Dörfern und zweimal so groß wie in Kleinstädten
war (vgl. SCHMIDTCHEN 1972, S.229). Ähnlich sieht das
Verhältnis auch im ev. Raum aus (vgl. EKD-Umfrage 1974,
Materialband S.377).

Zu der ökologischen Verdichtung kommt ja dann noch
eine solche nach Geschlecht, Beruf und vor allem Alter
und Bildung hinzu.

Der Diffusionsprozeß speziell innerhalb dieses "Konzentrates" wird zudem nocheinmal dadurch begünstigt,
daß mit steigendem Status der Verkehrskreis wächst
und der Anteil der Bekannten gegenüber den Verwandten
zunimmt (vgl. PFEIL/GANZERT 1973).

Je größer die Interaktionsdichte, desto größer auch die Diffusionschance. Abgesehen von der Familie und dem engeren Verkehrskreis ist an vorhandene Interaktionsnetze in Betrieben, Schulen, Vereinen, Parteien u.a. zu denken. Bestimmte Gruppierungen neigen als ganze Systeme mehr als andere zur distanzierten Kirchlichkeit bzw. neuerdings zum Kirchenaustritt.

Von den beiden großen politischen Parteien zieht die SPD deutlich die distanzierten Kirchenmitglieder an, während die Christdemokraten bzw. Christsozialen von den treuen Kirchenmitgliedern bevorzugt werden (vgl. REIGROTZKI 1956, S.13off; BLANKENBURG 1967; bes. S.46ff; SCHMIDTCHEN 1973, S.321ff). Auch NPD und FDP und die Restkategorie der Sonstigen werden über Durchschnitt von Kirchenfernen gewählt, wobei die FDP als Partei mit ihrem "Kirchenpapier" den deutlichsten Beleg für das Vorhandensein kirchenkritischer Gruppierungen gegeben hatte. Ansonsten ist der Schluß von den Wahl-Sympathisanten auf die Parteimitglieder nicht unberechtigt, zumal diese selber in der Menge der Sympathisanten enthalten sind.

Männer, die der SPD anhängen und selten oder nie zur Kirche gehen, neigten nach den Ergebnissen der SYNODEN-Umfrage zu über einem Drittel zum Austritt, während kirchenferne CDU-Sympathisanten nur zu 13% einen Austritt in Erwägung gezogen hatten (vgl. SCHMIDTCHEN 1972, S.229).

Protestantische SPD-Anhänger (insgesamt, nicht nur Kirchenferne) zeigten zu 20%, FDP-Anhänger zu 18%, CDU-Anhänger hingegen nur zu 10% eine mehr oder minder akute Austrittsneigung (vgl. EKD-Untersuchung, Materialband S.390).

Und wir erinnern wieder an die in anderem Zusammenhang bereits erwähnten Zahlen über die deutschen Hochschullehrer: Nach einer Befragung von INFRATEST waren 1974 21% von ihnen, also jeder Fünfte, weder katholisch noch evangelisch - und das heißt zum größten Teil konfessionslos; in der Gesamtbevölkerung betrug der entsprechende Anteil hingegen nur 7%. Der diese Zahlen reportierende SPIEGEL (Nr.1-2/75) merkte an, daß diese Veränderung der Konfessionszahlen stattgefunden habe, ohne daß dies bemerkt worden wäre. Wie aber auch? - denn die Konfessionszugehörigkeit bzw. Nichtzugehörigkeit ist eben kein offenes Merkmal; was indessen nicht heißt, daß man privatissime die eigene Kirchenlosigkeit nicht offen bekennt.

Diffusionsbremsen

ROGERS (1962, S.219) verallgemeinerte die ihm vorliegenden Diffusionsbefunde zu dem Satz, daß ein Diffusionsprozeß von selber weiterlaufen wird, wenn einmal 1o-2o% der potentiellen Übernehmer die betreffende Neuerung übernommen hätten.

Bei einer solchen Übernahmequote sind wir bei den Kirchenaustritten längst nicht angelangt. Abgesehen davon sind sowohl empirische als auch grundsätzliche Zweifel an der Verallgemeinerung von ROGERS berechtigt; es gibt hinreichend Beispiele dafür, daß Diffusionsprozesse stecken blieben.

Die Frage ist, welche Diffusionsbremsen können wir für die Kirchenaustritte annehmen, nachdem wir zuvor die förderlichen Bedingungen genannt haben. Die Frage ist grundsätzlich zu stellen; sie drängt sich indessen auch auf, weil die Austritte seit etwa Mitte 1975 rückläufig sind. Im Jahr 1975 wurden in der EKD nach vorläufigen Ergebnissen 16o.ooo Abmeldungen registriert; die kath. Kirche verzeichnete - ebenfalls nach vorläufigem Ergebnis - 62.000 Abmeldungen.

Zunächst eine allgemeine Einschränkung: Häufungen der Konfessionslosigkeit innerhalb mittelschichtiger Verkehrskreise fördern dort die Kirchenaustrittsneigung. Bei der relativ starken Abgeschlossenheit der vor allem schichtspezifischen Verkehrskreise (vgl. REUBAND 1974; A.SCHNEIDER 1969) heißt dies andererseits aber wieder, daß die anfängliche Distanz der Arbeiter zu dem formellen Bruch mit der Kirche erhalten bleibt.

Diese Haltung wird durch die Steuerreform von 1975 und die damit verbundene Steuerentlastung für Bezieher kleinerer Einkommen womöglich noch begünstigt.

Die ganz großen Austrittszahlen sind deshalb per Diffusion nicht zu erwarten. Dazu ist dieser Abbröckelungsprozeß - ohne offene Werbung - zu langsam.

Überdauernde und aktualisierte Austrittsneigung

Hinzu kommt aber noch ein weiterer Umstand, den wir bisher nicht beachtet haben. Es ist ja nicht so, daß die unterschiedliche Zeitspanne zwischen dem Aufkeimen ernsterer Austrittsneigung und dem faktischen Austritt nur abhängig wäre von einer entsprechend förderlichen Interaktion und der individuellen Entschlußfreudigkeit. Vielmehr muß die individuelle Austrittsneigung selber als eine Größe aufgefaßt werden, die je nach aktueller Lage variabel ist.

Dies ist ja auch eine gängige Vorstellung der Motivationspsychologie, daß eine überdauernde Motivation (Bereitschaft, Neigung Streben usw.) jeweils nach äußeren Randbedingungen sich in aktuellen Motivierungen ausprägt (vgl. HECKHAUSEN 1963).

An dieser Stelle erst, nachdem also überhaupt erst einmal eine Austrittsneigung entstanden ist, - der Austritt somit als persönliche Handlungsalternative vor Augen steht, scheint es uns auch sinnvoll zu sein, von fördernden oder hindernden Anlässen zu sprechen.

Genau hier ist auch wieder die Anbindung an die
<u>konkreten Tagesereignisse.</u> Eine jede Erklärung
kollektiver Verhaltensänderungen muß sie berücksichtigen. Aussagen über Verhaltensänderungen,
die ohne die Veränderungen um das Individuum
herum auskommen, müssen logischerweise nichtssa-
gend bleiben: Erstens zu allgemein, (so daß sie
auf jedes Verhalten passen) und zweitens den Gegenstand verfehlend, welcher nun einmal der Wandel
ist - und Wandel folgt nur aus Wandel.

Die Gleichmäßigkeit, mit der sich bisher die Austrittszahlen über alle Sozialkategorien hinweg
nach oben und unten bewegten, läßt den Schluß zu,
daß die aktuelle Austrittsneigung <u>ähnlich wie das
Wahlverhalten</u> von <u>makrosozialen Stimmungen</u> abhängt,
diese wiederum von konkreten Ereignissen <u>und</u> ihrer
massenmedialen Vermittlung.

Die Parallele zur Soziologie des Wählerverhaltens
hat sich uns bereits einige Male aufgedrängt; umgekehrt wird ja auch von der Wahlsoziologie (vgl.
SCHEUCH 1965, S.2o5f) betont, daß religiöse und politische Orientierungen bezüglich ihrer Veränderbarkeit nach verwandt sind.

Darf man die Zahlen der EKD-Umfrage (vgl. S.114ff)
verallgemeinern, dann überwiegt unter den potentiellen Austretern der <u>unentschlossene Typus</u>, der auf
der vorletzten Adoptionsstufe angelangt ist, aber
sich nicht mehr so recht traut, den letzten Schritt
zu tun. Der grimmig-entschlossene Dissident, der mit
"Nichts-wie-raus-Gefühlen" das Kirchenschiff verläßt, ist keine bekannte Erscheinung. 1972 hatten 1o%
der Befragten angegeben, schon einmal an einen Austritt gedacht zu haben, aber noch nicht ganz sicher
zu sein. Weitere 5% gaben an, sie seien schon fast

entschlossen auszutreten, es sei nur noch eine Frage der Zeit. Das macht zusammen einen Anteil von 15% zwar austrittsgeneigter, aber unentschlossener Protestanten. Ihr Verhalten bezüglich der Kirchenmitgliedschaft ist nicht stark determiniert; weder positiv noch negativ. Je nach der allgemeinen "Stimmung" ist also mit vielen oder mit wenigen Aktualisierungen der latenten Austrittsbereitschaft zu rechnen. Diese Vorstellung modifiziert etwas das Stufenmodell der Diffusion, nach welchem es so aussieht, als würde ein einmal begonnener individueller Adoptionsprozeß alleine in Abhängigkeit von individueller Beeinflussung von Stufe zu Stufe durchgezogen.

Welches sind nun die Veränderungen, die so beschaffen sind, daß durch sie die aufgekommene, aber noch unentschlossene Neigung zum Kirchenaustritt gedämpft werden kann? Wir brauchen nicht lange zu suchen, denn das zentrale, in viele Sozialbereiche hineinwirkende Ereignis ist die Wirtschaftskrise seit Anfang 1974 bzw. seit der Ölkrise um die Jahreswende 1973/74.

Geschwunden ist mit der wirtschaftlichen Stabilität das allgemeine Gefühl der Sicherheit und eines auf ihm bauenden Mutes zu individuellen und sozialen Veränderungen.

Aber widerlegen die hohen Austrittszahlen von 1974 nicht einen solchen Zusammenhang? Auf den ersten Blick ja, bei näherem Hinsehen freilich fügt sich's widerspruchsfrei.

Das Jahr 1974 hatte begonnen mit einer Demonstration, wie stark die europäischen Industrieländer von fremdem Öl abhängig sind. Es wurde zum erstenmal bewußt,

daß es natürliche "Grenzen des Wachstums" gibt
(vgl. MEADOWS 1973). 1974 war das Jahr des Kanzler-Rücktritts, der zunehmenden Firmenpleiten, voran der spektakulärste Fall HERSTATT; es war das Jahr, in dem das Gefüge der Preise und Löhne durch enorme Zuschläge auseinandergeriet; es war vor allem der Anfang ziemlich hoher Arbeitslosigkeit - und gegebener oder drohender Verlust des Arbeitsplatzes ist eh wie je der stärkste Faktor ziviler Disziplinierung.

Nach Umfragen des IfD-Allensbach (im Auftrag des SPIEGEL; vgl. Nr. 16/1974 (Titel) "Die Ängste der Deutschen") zeigten sich im Dezember 1973 66% der Bundesbürger besorgt über die Sicherheit der Arbeitsplätze; im Januar 1974, nachdem der erste Schreck über die Ölkrise vorbei war, teilten noch 63% solche Befürchtungen, wenngleich nur 12% ihren eigenen Arbeitsplatz gefährdet sahen.

Diese Zahlen sagen freilich nur etwas aus, wenn man sie vergleicht mit Befragungsergebnissen aus Zeiten davor. Und da zeigt sich, daß während der Rezession von 1966/67 der Anteil derer, die sich um den eigenen Arbeitsplatz sorgten, sogar noch etwas höher war (Dez. 1966: 14%; 70% glaubten derzeit, daß die Arbeitslosigkeit noch zunehmen werde; vgl. JAHRBUCH der ÖFFENTL.MEINUNG (1965-67), S.284f und (1968-79), S.380).
So stark war also der Knick des Sicherheitsgefühls nicht, denn naturgemäß war in diesem ersten Stadium des Konjunkturabschwungs erst ein relativ kleiner Kreis direkt betroffen.

Noch im Sommer 1974 lösten Prognosen, daß im
Herbst womöglich mit einer Million Arbeitsloser
zu rechnen sei, Ungläubigkeit und mitunter sogar
Empörung aus. Es wurden über eine Million!
Die vorherige Erfahrung wirtschaftlicher Ultrastabilität und der Steuerbarkeit der Konjunktur
schlug offenbar nicht sogleich um in die Perzeption eines bedrohlichen Zustandes. Nicht so
sehr die Höhe der Arbeitslosigkeit wirkt anscheinend entmutigend, sondern das Anhalten dieses Zustandes. Ein chronisch werdendes Überangebot von
Arbeitskräften - das ist der Faktor der Verunsicherung und der Perspektivlosigkeit. Und Hoffnungen auf ein Ende der Talsohle ("der Aufschwung
kommt") lassen sich nicht beliebig lange hegen.

Im Frühjahr 1975 - so ist aus der Wahlforschung
bekannt (vgl. KALTEFLEITER 1976, Teil III) - war
der wirtschaftliche Pessimismus schon wieder gewichen, machte sich aber in der zweiten Jahreshälfte wieder breit und hielt trotz objektiver Verbesserung der Konjunktur an. Dieser Stimmungseinbruch im Laufe des Jahres 1975 stimmt nun aber überein mit den Beobachtungen der Kirchenstatistiker,
daß die Austritte erst in der zweiten Jahreshälfte
zurückgingen und es zu Anfang des Jahres noch so
ausgesehen habe, als würden sie auf derselben Höhe
wie 1974 bleiben.

Die zögernde Wahrnehmung begrenzter Stabilität und
Sicherheit gibt auf der anderen Seite auch Hinweise darauf, wieso ausgerechnet im ersten Jahr der
Wirtschaftsflaute die bislang höchsten Austrittszahlen registriert wurden: Einschränkungen des

wirtschaftlichen Spielraumes provozieren, daß der einzelne sein verfügbares Einkommen wieder einmal genauer nach streichbaren Posten durchforstet. Solange dies in dem sicheren Gefühl geschieht, daß einem ja nichts Ernstes zustoßen kann, wird die Kirchensteuer auch darunter fallen. Erst wenn die Lage bedrohlicher wird, mag es wieder zur bekannten "Krisenfrömmigkeit" kommen - indem also der erwogene Austritt unterbleibt: Man weiß ja nicht, wozu es gut sein kann...

Der Umstand, daß erst anhaltende wirtschaftliche Unsicherheit das allgemeine Sicherheitsgefühl beeinträchtigt und damit auch die Austrittsneigung gedämpft wird, befriedigt freilich in dieser Pauschalität noch nicht; es bedarf weiterer Differenzierungen:

Es ist bekannt, daß Arbeiter und vor allem wenig qualifizierte Arbeiter am ehesten konjunkturbedingte Schwankungen des Arbeitsmarktes zu spüren bekommen. Diese Erfahrung hat sich in deutlich niedrigeren Angstschwellen niedergeschlagen, als dies bei anderen Beschäftigtenkategorien der Fall ist.

Vgl. hierzu die obengenannten Umfrageergebnisse im JAHRBUCH der ÖFFENTLICHEN MEINUNG und die ALLENSBACH-Umfrage im SPIEGEL Nr. 16/1976, S.42. Noch genereller sind die Befunde über die Schichtbedingtheit des Sicherheitsgefühls bei F.X. KAUFMANN 1973a, bes.S.349.

Verbreitete Unsicherheit in der Arbeiterschaft wird sich hingegen aber wenig in den Austrittszahlen insgesamt niederschlagen, weil die Arbeiter ohnehin nicht stark zum Austritt neigten.

Die <u>Angestellten und Beamten</u>, die sich bisher im Vergleich mit den Arbeitern ihrer Arbeitsplätze recht sicher sein konnten, wurden <u>erst relativ spät von der Krise betroffen</u>, diesmal aber ziemlich hart. In weitaus stärkerem Maße als davor müssen die Angestellten - auch Akademiker - um ihren Arbeitsplatz bangen. Anwärter für den öffentlichen Dienst sehen plötzlich die Tore verschlossen.

Die Diffusionschancen des Kirchenaustritts werden in hohem Maße davon abhängen, ob das Merkmal der Konfessionslosigkeit von der kleinlich werdenden <u>Diskussion um die Grundgesetzestreue</u> verschont bleibt - und der enge Stellenmarkt läßt reichlich informelle Auswahlkriterien zu.

Die Wahrscheinlichkeit dafür ist nicht abzuschätzen. Die neue Abkehr von der Kirche ist auf <u>unpolitische Motive</u> hin gedeutet worden. Das haben wir in dem Kapitel über die massenkommunikative Verstärkung gezeigt. Eine nunmehr nicht nur konservativ geltende Kirche läßt zudem einigen <u>Spielraum für ambivalente Deutungen</u>.

Dazu ein Streiflicht, wie dies konkret aussehen kann: Bei einer internen Wahl der saarländischen CDU wird einem Kandidaten die kritische Frage gestellt, warum er aus der Kirche ausgetreten sei. Die Versammlungsleitung beanstandet diese Frage als nicht zulässig(!), kann aber nicht verhindern, daß am Ende der Kandidatenvorstellung das Thema Kirchenaustritt wieder auf den Tisch kommt. Der Betroffene erklärt dann, er sei aus seiner Kirche ausgetreten, "weil dort die Pfarrer sich als sozialistischer Wahlverein empfinden". Der Versammlung bleibt nun nichts anderes übrig, als den Kirchenaustritt des Parteigenossen zu beklatschen (vgl. Saarbrücker Zeitung vom 21.11.1975, S.3).

Insbesondere Bewerber für den öffentlichen Dienst -
und der ist durch die Konjunkturflaute enorm attraktiv geworden - hüten sich, durch irgendwelche
Auffälligkeiten die ohnehin geringen Chancen noch
zu verschlechtern. Konfessionslosigkeit wird vor
allem in überwiegend katholischen Bundesländern
nicht gerade ein Empfehlungsmerkmal sein. Wenn
in dieser Situation ein in sorglosen Zeiten erwogener Kirchenaustritt unterbleibt, so ist dies
sehr begreiflich.

Aus privaten Gesprächen vor allem mit Lehrern und
Lehramtsanwärtern wurde diese Vermutung aufs Eindrucksvollste bestätigt: Selbst bereits im Dienst
befindliche Beamte schieben ihren eventuellen Kirchenaustritt mit Blick auf ihren Dienstherrn lieber auf einen Zeitpunkt nach der erwarteten "Ernennung auf Lebenszeit"; man will sicher sein,
"daß einem daraus nichts folgt".

Ob derartige Befürchtungen objektiv begründet sind
oder nicht, ist wie stets ja kaum nachprüfbar. Für
die Betroffenen sind aber diese Befürchtungen da
und somit "real in ihren Konsequenzen", d.h. man
wird es auf eine negativ auslegbare Konfessionslosigkeit nicht unbedingt ankommen lassen.

Dort wo die Kirche direkten Einfluß auf die Stellenvergabe hat, wurden immerhin einige Sanktionen gegen
Kirchenaustreter bekannt; vgl. STERN Nr. 12/1976,
S.218f; STERN Nr.18/1976, S.174f. In einem der Fälle
- einer Ärztin in einem Krankenhaus in kath. Trägerschaft war wegen ihres Kirchenaustrittes gekündigt
worden - wurde mittlerweile arbeitsgerichtlich entschieden, daß der Kirchenaustritt weder zur fristlosen noch zur ordentlichen Kündigung berechtigt; vgl.

FAZ vom 17.7.1976. Zu einem anderen Fall der Ablehnung eines konfessionslosen Lehrer an einer städtischen Schule in Nordrhein-Westfalen und der Aufhebung dieses offenbar gesetzwidrigen Beschlusses durch die Regierung vgl. KNA Westdt. Dienst Nr. 115 vom 22.5.76).

"Tendenzwende"

Mit der Wirtschaftskrise wurden viele Veränderungsversuche begraben. Enttäuschung machte sich breit, wo zuvor Fortschritts-Euphorie geherrscht hatte. "Konservativ" wurde allmählich wieder zu einem Edel-Etikett, nachdem es über Jahre hinweg so ausgesehen hatte, als gäbe es nur noch "Progressive". (Zur Rehabilitierung des "verrufenen Konservatismus" vgl. GREIFFENHAGEN (Hrsg.) 1974; KALTENBRUNNER (Hrsg.)1973).

Ende 1974, Anfang 1975 war die Formel für den geistigen Umschwung gefunden und sogleich in aller Munde: Tendenzwende. Die Kirchenaustritte sind offensichtlich zurückgegangen. Natürlich liegt es nahe, auch diese Entwicklung als eine "Tendenzwende" zu begreifen. Zur Erklärung trägt diese Post-hoc-Etikettierung nicht viel bei. Wir haben den Rückgang zu deuten versucht als eine Dämpfung der Diffusion infolge von Umständen, die regelmäßig und vorhersagbar zu risikomeidendem Verhalten führen. Die Austrittsneigung ist weiterhin vorhanden, nur die aktuelle Austrittsbereitschaft ist zurückgegangen. Das ist ein ganz wesentlicher Unterschied zu der Erklärung, die Austrittswelle laufe allmählich aus.

Bereits 1971 und 72, als die Austrittszahlen von 1970 nicht erreicht wurden, wurde auf ein Ende der Austrittswelle geschlossen. Der Irrtum wurde sehr bald offenbar. Das jetzt allenthalben angewandte Deutungsmuster von der "Tendenzwende" gibt erst recht Anlaß, über alle möglichen Restaurierungen zu spekulieren.

Gewiß ist unverkennbar, daß jene progressive Stimmung von Anfang der siebziger Jahre verflogen ist. Das Wort vom <u>Katzenjammer</u> ist zuweilen schon ganz treffend. Ob sich indessen in Sachen Religion und Kirche so viel verändert hat, wie manche aus den Zeichen der Zeit herauslesen möchten, darf doch sehr zu bezweifeln sein. Das "Ende der Säkularisierung" (vgl.SCHELZ 1976) müßte sich schon etwas deutlicher ankündigen. Denn bei aller Rede vom Rückgang der Austritte (und auch einer leichten Erholung bei anderen Kirchendaten) wird gerne übersehen, daß sich diese <u>Bewegungen auf höherem Niveau</u> als in den sechziger Jahren abspielen: 1975 wurden "nur" 220.000 Austritte registriert gegenüber 300.000 im Jahr davor. 1967 indessen waren es 64.000, die die Kirchen verließen - und da steht das "nur" wohl mit mehr Recht.

*

8.3.2. Dynamik als Trendverbreiterung

Struktur versus Prozeß

In der kirchlichen Öffentlichkeit wurden mehrfach Schätzzahlen über die weitere Entwicklung der Kirchenaustritte bekannt. Einer der meist genannten Werte zielt auf einen Mitgliederschwund von ca. 20% im Laufe des letzten Viertels dieses Jahrhunderts. Oder man machte die Kirchen bloß mit dem Gedanken vertraut, daß der heutige Mitgliederstand nicht zu halten sein wird.

Wenngleich ein Mitgliederschwund im Umfang der vorzufindenden Zahlen durchaus im Bereich des Möglichen liegt, ist doch zu sehen, daß es sich bei diesen Schätzungen bestenfalls um einfache Verlängerungen jüngst beobachteter Trends handelt, also um "Projektionen" und nicht um theoretisch fundierte Prognosen (zur Unterscheidung Projektion-Prognose vgl. ALBERT 1972).

Wenn wir also bei zahlenmäßigen Aussagen über längere Zeiträume hinweg vorsichtig sein wollen, so ist aus dem gesamten Kontext der Kirchlichkeit und ihrer langfristig bisher beobachteten Entwicklung folgendes doch mit größerer Sicherheit zu schließen: <u>Es ist um vieles wahrscheinlicher, daß die Kirchenaustritte sich in Richtung der Entkirchlichung weiterentwickeln werden, als daß sich die Kirchenmitgliedschaft entgegen diesem Trend wieder auf dem vormalig niedrigen Austrittsniveau festigt</u>.

Immerhin gehört der Rückgang der manifesten Kirchlichkeit zu einem der härtesten sozialen Trends in der BRD. Es liegt deshalb nahe, die jüngste Entwicklung der Kirchenaustritte als eine <u>neue Linie im Gesamttrend der Entkirchlichung, als eine Verbreiterung dieses Trends, zu deuten</u>.

Dieser Zusammenhang ist <u>gewiß pauschal</u> und er wird auch schwerlich weiter aufzugliedern sein, als bis zu den bekannten Einzeltrends, die den Gesamttrend der Entkirchlichung begleiten und determinieren. Dies ist hier - auch aus Raumgründen - nur andeutbar.

Allerdings gilt es hier sehr fein zu unterscheiden, damit man nicht dem soziologischen Argumentationsfehler aufsitzt, aus statisch-strukturellen Zusammenhängen direkte Schlüsse über Wandlungsvorgänge zu ziehen. Konkret: Aussagen über die gegenwärtige <u>Struktur der Kirchenferne</u> dürfen nicht ohne weiteres umgemünzt und verlängert werden zu Aussagen über den <u>Prozeß der Entkirchlichung</u>, solange keine Gesetzmäßigkeiten bekannt sind, aus denen solche Veränderungen abgeleitet werden können. (Man beachte: Entkirchlichung ist der Name für einen <u>Prozeß</u>, Kirchenferne u.ä. bezeichnet einen jeweiligen <u>Zustand</u> - wenn man will: Stationen in diesem Prozeß).

<u>Der Faktor "Bildung"</u>

Das angesprochene Problem zeigt sich sogleich bei der Diskussion über den Zusammenhang zwischen formaler Bildung (=Ausbildungsstatus) und den Kirchenaustritten. Wir wissen, daß die Bildungsvariable zu den Hauptfaktoren der Kirchenferne gehört. Das heißt: Mit - statistisch gesehen - steigendem individuellen Bildungsstand wächst die Distanz zur Kirche. Hochschulabsolventen stehen der Kirche ferner als etwa Volksschüler.

Aus dieser strukturellen Tatsache geht nun noch nicht hervor, daß bei <u>Expansion der formalen Bildung</u> in der BRD (z.B. einem Anstieg der Studentenzahlen) zugleich auch die Zahl der Kirchenfernen wachsen würde oder sich die individuelle Distanz zur Kirche vergrößerte.

Obwohl seit langer Zeit bekannt ist, daß die Variable "Bildung" zu den Hauptfaktoren der Entkirchlichung gehört, gibt es keine Untersuchungen darüber, wie genau der festgestellte Zusammenhang beschaffen ist:
Ob der <u>individuelle Erwerb von Bildung</u> mit einer Distanzierung zu Kirche und Religion verbunden ist, oder ob Kreise mit höherer Bildung <u>kontextuell unkirchlich</u> sind, oder ob gar Unkirchlichkeit eher befähigt zum Erwerb rationaler Bildung - dies ist weithin ungeklärt. Deshalb ist die Folge einer Bildungsexpansion nicht so klar, wie dies erscheinen mag. Erst unter der Voraussetzung, daß individueller Erwerb von Bildung eine Determinante der Kirchendistanzierung ist, kann man den Schluß ziehen, daß es bei Ausweitung der höheren Bildungsschichten (etwa: verstärkter Zugang von Arbeiterkindern, Mädchen, Landbevölkerung zu höheren Bildungseinrichtungen) auch zu einer Zunahme der Kirchenferne kommen wird.

Ein solcher Zusammenhang erscheint durchaus plausibel. Die EKD-Studie argumentiert in dieser Richtung und betrachtet die Störbarkeit der Traditionsleitung durch kritisch-rationale Bildung als die intervenierende Variable (vgl S.247ff).

Hier allerdings ist achtzugeben, daß man nicht mit einem allzu blassen, formalen Bildungsbegriff arbeitet, ohne auf die <u>Bildungsinhalte</u> einzugehen. Das heißt, man muß eine <u>kritisch-rationale Bildung</u> unterstellen, damit der Zusammenhang hergestellt wird. Denn gerade am Beispiel der BRD zeigt sich, wie organisatorisch-rechtlich und inhaltlich die kirchliche-religiöse Erziehung in die schulische Ausbildung integriert wurde und durch den herrschenden autoritären Bildungsstil wohlgeschützt war. <u>Weniger das expandierende Bildungswesen, als vielmehr die neuen kritischen Inhalte sind eine Gefahr für traditionale Kirchenbindungen.</u>

Verbreiterung der Kirchenkritik - Größerer Dissonanzdruck

Hinzu kommt, daß in den letzten Jahren in der öffentlichen Kommunikation ein <u>rauherer Ton gegenüber den Kirchen</u> angeschlagen wird, die betuliche Rücksichtnahme gegenüber der Organisation Kirche schwindet. Die Sorte von Kritik, die den Studenten von 1968 mit Entrüstung als "unerhört" angekreidet wurde, ist mittlerweile auch gegenüber den Kirchen landläufig geworden, ohne daß wir dies in der Alltagswahrnehmung als extrem empfinden. Breite Pegelveränderungen dieser Art machen gerade das "Tiefenbild" eines Objektes aus - nicht einzelne, als Ausnahmen deklarierbare Vorfälle.

Dies zeigt sich deutlich etwa am Beispiel der seriösen ZEIT, die nach dem Urteil von DÖRGER (1973, S.402) die Stimmungen und Strömungen zum Thema Religion und Kirche am deutlichsten widerspiegelt. Man vergleiche hierzu etwa den scharf-spöttischen Zungenschlag (im ZEITMAGAZIN Nr. 25/75) zum Thema Kirchensteuern und Kirchenaustritte (die als Massenbewegung gedeutet werden).

Anklage-Schriften wie die von MYNAREK (1973) HERRMANN (1974); ders. (1976) bedürfen heute geradezu der amtskirchlichen Sanktion, damit das Publikum auf sie aufmerksam wird. Und dabei handelt es sich um Hochschul-Theologen, nicht etwa um ausdrücklich antiklerikale Streiter wie DESCHNER (1974).

Auch ist eine deutliche Wende in der Perspektive der Kirchensoziologie zu bemerken. Ihr Hauptanliegen war es, dem Kirchvolk immer wieder zu bescheinigen, wie unfolgsam es die kirchlichen Normen beachtete und wie gering sein Heilswissen war. Aus dieser Sicht fragte auch noch die SPIEGEL-Umfrage "Was glauben die Deutschen" aus dem Jahre 1967. Erst in den letzten Jahren wurde dieses Konzept der Normenkonformität aufgegeben und stattdessen wurde die Amtskirche und der Klerus selber zum Gegenstand von Forschung und Kritik. Die Beweislast für lässige Kirchenmitgliedschaft hat sich verschoben, vom einzelnen Mitglied zur Organisation. Nicht mehr der "Abständige" muß sich für seine Distanz rechtfertigen, sondern eine Kirche, die zu solchem Desinteresse überhaupt Anlaß gibt. Die Tatsache der steigenden Kirchenaustritte hat ganz zweifelsohne die Position der Kirchen gegenüber jedweder Kritik verschlechtert.

Kirchliche Selbstdarstellungen reflektieren diesen Stimmungswandel: "Der Wind weht der Kirche ins Gesicht"; "wir müssen eine Durststrecke durchstehen": "Es ist, als ende eine Straße, auf der wir ohne Bedenken wanderten, plötzlich in der Wildnis" und ähnlich lauten Kommentare zu der Entwicklung der letzten Jahre.

Vor diesem Hintergrund ist der theoretische Ansatz der katholischen Synodenuntersuchungen ziemlich wichtig. SCHMIDTCHEN (1972) ging dabei nämlich von dem Konzept der affektiv-kognitiven Konsistenz aus, wie es von ROSENBERG (vgl. ABELSON u.a. (Hrsg). 1968) formuliert wurde.

Danach stehen kognitive und affektive Einstellungsdimension in einer dynamischen Beziehung; ändert sich die emotionale Beziehung zu einem Objekt, so führt dies auch zu Änderungen in der kognitiven Einstellung. Oder umgekehrt: Ändert sich das Wissen über ein Objekt, ist nach der Gesetzmäßigkeit, daß kognitive und affektive Beziehungen zur Konsistenz tendieren, auch eine entsprechende Änderung der Affektivität zu erwarten.

SCHMIDTCHEN kam anhand seiner Befragungen zu dem Schluß, "daß Katholiken zwischen dem gesellschaftlichen Wertsystem, dem, wonach sie streben, und dem, wofür ihrer Ansicht nach die Kirche steht, eine eindrucksvolle Diskrepanz empfinden (vielleicht zum Teil unbewußt)" (S.57). Auch in der Perzeption der VELKD-Protestanten steht nach Ergebnis einer Paralleluntersuchung von SCHMIDTCHEN (1973a, S.138) "die Kirche quer zu den gesellschaftlichen Werten".

In dieser Dissonanz zwischen dem, was den Menschen wertvoll erscheint und der als gering erlebten Wertverwirklichung durch die Kirchen haben wir mithin eine <u>Konstellation, die für negative Dynamik im Verhältnis zu den Kirchen sorgt:</u> Eine Zunahme der Kirchenkritik (oder zumindest: eine breitere Manifestation) verschärfen den Konsistenzdruck für den einzelnen. Wird ein so gespanntes Mitgliedschaftsverhältnis dann noch durch außerordentliche Ereignisse belastet, ist eine formelle Abkehr von der Kirche durchaus verständlich.

Zwar ist in diesem Modell keine Information darüber <u>wie groß eine Diskrepanz</u> zwischen eigenem Wertsystem und erlebter Wertinstrumentalität der Kirchen sein muß, um austrittsrelevant für das einzelne Mitglied zu werden - die Richtung der Entwicklung aber wird durch diese Konstellation noch am plausibelsten beschrieben.

Die Vorstellung einer <u>kognitiv-affektiven Dissonanz</u> macht überdies deutlich, wieso die von uns postulierten Komponenten mitgliedschaftlicher Bindung nicht einzeln für sich durch Wandel der Randbedingungen betroffen werden, sondern daß die Veränderung einer Komponente auch Auswirkungen hat auf die anderen. Wenn also ein Einbruch bei der traditonalen Kirchenbindung (welche <u>affektive</u> Komponenten enthält; vgl oben 5.2.4.) stattgefunden hat, so ist zu erwarten, daß auch die Perzeption anderer Bindungsformen davon berührt wird - zum Beispiel nach dem Schema: Wenn ich weiß, daß <u>viele</u> Menschen die Kirchen per Austritt verlassen, dann schließe ich daraus, daß es immerhin auch Gründe für diese Abkehr geben muß, daß es offensichtlich auch ohne Kirche geht, daß die Austreter sich aus kirchlichen Drohgebärden nichts machen usw. Kurz: Die Bereitschaft zur Wahrnehmung auch negativer Information über Kirche und Glauben steigt.

Verstädterung und Zunahme der Mischehen

Hinweise auf diese beiden Prozesse sind fast müßig. Der Trend liegt unbestreitbar klar.
Städte ufern aus und erreichen mit erheblichen Fernwirkungen auch das ländliche Umland - ein Prozeß, der auch bei stagnierender Bevölkerungszahl weiter anhält. Außerdem: Die Städte dehnen sich nicht allein im räumlichen Sinne aus; womöglich entscheidender ist der Prozeß, daß sich "typisch städtische" Lebensweisen auch ohne ausgesprochene Verstädterung im sozio-ökologischen Sinne auf dem Land ausbreiten.

Die Veränderungen im Laufe einer längeren Zeit sind im Detail kaum untersucht, weil es eine aktuelle langfristige Sozialbeobachtung aus wissenschaftsstrukturellen Gründen kaum gibt.
Historische Rekonstruktionen sind schon vorhanden; sehr interessant: R.BRAUN (1965).
Zum soziologischen Vergleich der Werteordnungen zwischen (noch) ländlichem Land und Landbevölkerung im Industrierevier vgl. NEULOH/KURUCZ 1967; zur Detailbeschreibung einer langsam städtisch werdenden Pfarrei aus der Sicht der Einwohner vgl. SCHREUDER 1962; einen Vergleich zweier Umfragen unter Jugendlichen auf dem Lande (1955 und 1968) bietet U.PLANCK (1970; Abschnitt Religion S.2o3ff).

Verstädterung im sozio-ökologischen Sinne ist kein substantieller Faktor, der diese und jene Veränderungen bewirkt, sondern ist Sammelname für eine

Vielzahl von Veränderungen selber. Im Falle der Strukturen, die eine Kirchengemeinde konstituieren, sind dies etwa: <u>Zunehmende Polarisierung der Pfarrgemeinde in Kirchennah und Kirchenfern</u> (vgl. dazu SCHREUDER 1962, S.33ff u. 284ff); <u>Absinken der Sanktionsbereitschaft</u> gegenüber Kirchenfernen in Richtung "Religion ist Privatsache"; <u>"Unsichtbarwerden"</u> der Pfarrgemeinde durch Rückzug in den engeren kirchlichen Raum; Abkehr der schulentlassenen Jugend vom gemeindlichen Leben; Angleichung der berufstätigen Frauen an die Unkirchlichkeit; <u>offene Wertkonkurrenz zur Kirche</u>, die mehr und mehr als Institution denn als Gemeinde gesehen wird...

Die <u>Geschwindigkeit</u>, mit der sich das Land an die Stadt angleicht, darf freilich nicht überschätzt werden. Trotz aller Mobilität durch Medien und Motorisierung ist die ländliche Lebensweise - gerade im Bereich der Kirchlichkeit - erstaunlich erhalten geblieben - so stark, daß "ländlich" immer noch als ein soziologisches Synonym für "traditional" gelten kann.
Aber der <u>gesamte Trend läuft gegen die Kirchen</u>, die sich in den letzten Jahren besorgt zeigen über die "Zukunft der Kirche auf dem Lande", nachdem die "Stadt ohne Gott" anscheinend resigniert hingenommen wird.

In beiden Kirchen nehmen die <u>Mischehen</u> zu. Dieser Trend hält seit Jahren unvermindert an. Diese Entwicklung steht im direkten Zusammenhang mit der Ausbreitung städtischer Eigenarten, insbesondere

der städtischen Mobilität und dem Zurücktreten
der Konfession als Kriterium der Partnerwahl.
Nicht übersehen darf man andererseits, daß mit
<u>Ablösung der konfessionellen Volksschulen</u> eine
wesentliche Interaktionsschranke gefallen ist

Anfang der 5oer Jahre war jede vierte Eheschließung eine mit religiös gemischten Partnern (vgl.
ZIEGER 1953, S.437). Bei den zivilen Eheschließungen kamen 1951 auf 1oo rein kath. Paare 64
religiös gemischte Paare mit einem kath. Partner. 1971 betrug dieses Verhältnis bereits
1oo:89 (vgl GRONER 1974, Tab 8, S.257).

Setzt man die Zahl der Eheschließungen mit mindestens einem ev. Partner gleich 1oo, so betrug
1970 der Anteil der Eheschließungen mit nur
einem Partner, also der Mischehen, 29,1%; 1972
<u>bereits 31,6%</u> (vgl. Statistische Beilagen Nr.42,
Tab. 3a; Nr.45, Tab 3a). Der Anteil wächst so
schnell, daß zu Recht prognostiziert wird, daß
in einigen Jahren jede zweite Ehe eine Mischehe
sein wird (vgl. epd Berlin, Nr.158, vom 12 Okt.76)
bzw. die Hälfte der Kinder aus Mischehen kommen
wird (vgl. GRONER 1974, S.253).

<u>Konfessionsverschiedenheit in kleinen Gruppen</u> wie
Ehe und Familie führt regelmäßig zu lässigerer
Einstellung gegenüber den kirchlichen Anforderungen: die Herkunft aus einer <u>Mischehe</u> ist einer
der stärksten Entkirchlichungsfaktoren. Die funk-
tionalistische Deutung dieses Zusammenhanges
sieht so aus, daß die Probleme, die sich aus der
unterschiedlichen Konfessionszugehörigkeit ergeben,
durch Nichtbeachtung gelöst werden. Plausibler erscheint indes, daß in dieser Konstellation eine
traditionale Einbindung in die konfessionelle Kultur nicht möglich ist und sich eine Art kritischer
"Dauerreflexion" an der Verschiedenartigkeit ent-
zündet.

Das Beispiel der Niederlande

Ist einmal eine beachtliche Menge von Konfessionslosen vorhanden, so ist die Chance recht groß, daß abnehmende Kirchlichkeit konsequent bei der Aufgabe der Kirchenmitgliedschaft endet und nicht bei einer "schlafenden Mitgliedschaft", welche gewissermaßen erst dann wiederauflebt, wenn das Mitglied seinerseits sich zur letzten Ruhe legt. Eine schon vorhandene Konfessionslosigkeit, die mehr ist, als eine vernachlässigbare Restgröße, ist ein Auffangbecken welche die Abkehr von der Kirche erleichtert - sozusagen eine "Konfession der Konfessionslosigkeit", wenn man daran denkt daß der Konfessionslose einen sozial gebilligten Status erhält. Die Normalisierung der Konfessionslosigkeit ist eben auch eine Sache der Quantität.

Als Beispiel für ein westlich-freies Land mit verbreiteter und immer noch zunehmender Konfessionslosigkeit sind die Niederlande zu nennen.

Dort wuchs der Anteil der Konfessionslosen seit der Jahrhundertwende von 2,3% auf annähernd ein Viertel der Bevölkerung anfangs der 7oer Jahre:

Tabelle 14: Ansteigen der Konfessionslosigkeit in den Niederlanden

1899	1909	1920	1930	1947	1960	1971
2,3	5,0	7,8	14,4	17,0	18,4	22,5 (23,6)

Quelle: STATISTICAL YEARBOOK of the NETHERLANDS 1974, S.80; die höhere Zahl von 1971 (in Klammer) nach jüngsten Angaben des Niederländischen Statistischen Zentralamtes.

Auch der Anteil der röm.Katholiken stieg in dieser Zeit von 35% auf 40%, dank einer relativ großen Geburtenziffer (vgl. HEEK 1965).
Konstant sinkend (von 48 auf 23%) ist der Anteil der Niederländisch Reformierten (Hervormde Kerk) und der übrigen religiösen Gruppen (von 6 auf 3,6 im Jahre 1960).
Der Anteil der Reformierten (Gereformeede Kerken) hielt sich gleichbleibend bei etwa 9%.
Die Teilnahme am kirchlichen Leben hat nach jüngsten Meldungen erheblich nachgelassen. In den letzten 8 Jahren ist nach Ergebnissen des Kath. Kirchlich-Sozialen Instituts in Den Haag (KASKI) die regelmäßige Teilnahme an den Gottesdiensten der großen Kirchen um über 50% zurückgegangen! (Vgl. DEUTSCHE ZEITUNG/CHRIST UND WELT vom 19.3.76).

Nun zum Vergleich mit der Entwicklung in Deutschland, worüber Tab. 15 Auskunft gibt:

Tabelle 15: Anteile der Konfessionslosen (einschließlich kleiner Anteile von Fällen ohne Angabe der Religionszugehörigkeit) an der Wohnbevölkerung in Deutschland (in %)

1910	1925	1933	1939	1946	1950	1961	1964	1970	1973
0,4	2,1	3,8	5,6	BRD 4,4	4,0	3,5		3,9	
				DDR	7,7			32	ca.33

Quellen und Anmerkungen:
1910: "Sonstige" insgesamt, nicht nur Konfessionslose; KHB 1927/28 S.259
1925/33: WIRTSCHAFT u. STATISTIK 14(1934), S.657ff;
1939/46: KHB 1944-51, S.236;
1950ff : BRD: vgl. STATIST.JB 1975.S.61:
DDR: vgl. KOCH 1970, S 243; Angabe für 1973 nach kirchlichen Schätzungen, da in der DDR seit 1965 keine amtliche Religionsstatistik mehr geführt wird (vgl.DDR-HANDBUCH 1975,S.713).

Der Unterschied im Anteil der Konfessionslosen
ist natürlich auch durch die <u>unterschiedlichen
Kriterien der Kirchenmitgliedschaft</u> bedingt. Die
holländischen Zahlen beruhen auf Volkszählungen
bei denen die Befragten auch eine Angabe über ihre Kirchenzugehörigkeit machen. Eine staatliche
Registrierung der Mitgliedschaft - wie in der BRD
zum Zwecke des Kirchensteuereinzuges - gibt es
in Holland nicht. Es steht dem einzelnen Bürger
mithin frei, ob er sich als Kirchenmitglied oder
gemeinschaftslos deklariert.

Dennoch bleibt der Unterschied enorm. Als im
kaiserlichen Deutschland erstmals eine Austrittsbewegung gegen das Staatskirchentum ketzerte,
wurden in den Niederlanden bereits 5% Konfessionslose registriert.
Während im Nazi-Deutschland, auf dem Höhepunkt
der antikirchlichen Hetze 1939, noch keine 6%
der Bevölkerung als gemeinschaftslos gezählt
wurden, betrug dieser Anteil in den Niederlanden
bereits um die 15%. Während in der Nachkriegsrestauration in der BRD der Konfessionslosenanteil
wieder auf den Stand von 1933 zurückfiel und es
20 Jahre dabei blieb, wuchs der konfessionslose
Bevölkerungsteil in den Niederlanden - wenn auch
langsamer als zuvor - weiter, und dies ohne staatliche Restriktionen gegenüber den Kirchen.

Der in beiden Ländern unterschiedlichen Entwicklung des Verhältnisses von Kirche und Staat und
der in ihm <u>unterschiedlich geprägten Bürgermenta-</u>

lität kann hier nicht weiter nachgegangen werden.
Am Beispiel der Niederlande soll lediglich gezeigt sein, wie eine Konfessionslosigkeit die aus dem Eckchen der Restgröße herausgekommen ist, weiterwächst und die bestehende Konfessionsgebundenheit zurückdrängt.

Weitere Angaben zum Bild der Konfessionslosigkeit in den Niederlanden, wie sie von GODDIJN/GODDIJN (1967, bes. S.114ff) gegeben werden, zerstören freilich den Eindruck, als sei dort die Konfessionslosigkeit auf breiter Front im Vormarsch.

Die Verteilung der Konfessionslosen über die Niederlande ist sehr ungleichmäßig. Spezifisch städtisch - wie in der BRD - kann die Konfessionslosigkeit nicht bezeichnet werden, wenngleich auch hier die Städte an der Spitze liegen. Vielmehr ist ein ausgeprägtes Nord-Süd-Gefälle vorhanden. In den südlichen, überwiegend katholischen Provinzen Limburg und Brabant war noch 1960 die formale Außerkirchlichkeit in relativ sehr geringem Ausmaß vorhanden. (Konfessionslosenanteil 1971 z.B. in der Großstadt Maastricht nur 3,2%, im nördlichen Groningen hingegen über 50%!)

GODDIJN und GODDIJN wiesen darauf hin, daß im Süden die Kirche noch den Charakter der Volkskirche im soziologischen Sinne habe, die Kirchlichkeit also durch die Tatsache begünstigt werde, daß ein deutlich ausgesprochener Bruch mit der Kirche auch ein Bruch mit der sozialen Umgebung sei.

Wir wissen auch aus der BRD, wie zäh regionale Konfessionskulturen sind; selbst Unterschiede von Stadtteil zu Stadtteil werden sozial weitergegeben; (vgl. SCHREUDER 1962). Insofern sind die doch beträchtlichen Unterschiede auch innerhalb der Niederlande plausibel. Dennoch stehen diese Befunde in gewissem Widerspruch zu unserer These, daß bei einer als normal geltenden und auch weithin vorhandenen Konfessionslosigkeit die distanzierte Kirchlichkeit auf längere Sicht zur Außerkirchlichkeit tendiert.

Hierbei muß man freilich die konkrete Randbedingung im Auge behalten. Die Kirchlichkeit in Holland wird gestützt durch eine Struktur-Spezialität, welche in die Soziologie unter dem Begriff der Versäulung behandelt wird. Wir stützen uns dazu auf KRUIJT/GODDIJN (1965).

Gemeint ist die Tatsache, daß es eine Vielzahl von Organisationen und organisierten Aktivitäten gibt (Schulen, politische Parteien, Gewerkschaften, Bauernverbände, Zeitungen, Krankenhäuser etc.), die auf weltanschaulich-religiöser Grundlage stehen. Wenn es dies durchaus auch in anderen Ländern - so auch der BRD - gibt, so gilt die organisatorische Isolierung und Autarkie der Konfessionsgruppen in den Niederlanden als außerordentlich hoch.

Dies gilt vor allem für die "katholische Säule", welche bislang die größte Stabilität bewiesen hat. Nach 1947 nahm die Zahl der kath. Organisationen noch sprunghaft zu.

Der "monolithischen kath. Säule" steht eine Vielheit von protestantischen Gruppierungen gegenüber - es gibt mehrere protestantische Kirchen, die sich zudem wieder in orthodoxe und freisinnige Flügel scheiden.

Es ist auffällig, daß der so stark gestiegene Konfessionslosenanteil bislang zu Lasten der Protestanten, vornehmlich der Niederländisch-Reformierten Kirche, ging. Gehörten ihr um die Jahrhundertwende noch die Hälfte der Niederländer an, so sind sie es heute nur noch zu einem Viertel. Wie auch in Deutschland zeigt die protestantische Konfession eine relativ schwächere Verankerung in der Sozialstruktur.

Defizit sekundärer Strukturen

Im Vergleich der beiden Länder fällt auf, daß die beiden Groß-Kirchen der BRD trotz weitgehender Konfessionalisierung der öffentlichen Institutionen - vom Krankenhaus bis zur alten Konfessionsschule, vom Kindergarten bis zur Kirchenzeitung - keine "Versäulung" erreicht haben. Die Bevölkerung orientiert sich nicht spezifisch konfessionell.

Die EKD-Umfrage ermittelte, daß die Protestanten in der BRD bei konkurrierenden Dienstleistungsangeboten von Kirche und Staat sich jeweils mehrheitlich für staatliche Einrichtungen entscheiden. Die Gruppe derer, die sich hier konsistent für kirchliche Einrichtungen entscheidet, ist nicht sehr groß (vgl. HILD (Hrsg.) 1974, S.101-114).

Die beiden Kirchen sind in hohem Maße <u>parochial organisiert</u>: Die <u>Pfarrgemeinde</u> ist als das Zentrum kirchlichen Lebens gedacht. Sie war dies auch in vergangener Zeit, wird es aber immer weniger sein können, je städtischer und distanzierter die politische Gemeinde wird. Strukturen neben der Pfarrgemeinde haben die beiden Kirchen in Überbetonung des Parochie-Prinzips und womöglich auch im Bewußtsein ihrer ohnehin starken Position nach dem Kriege vernachlässigt. Der vorhandene konfessionelle Sekundärbereich neben der Pfarrgemeinde ist weithin amtskirchlich "vereinnahmt". Allgemeiner gesagt: Es fehlt den beiden großen Kirchen trotz großer Einrichtungen wie Schulen, Krankenhäusern usw. an <u>sekundären Strukturen</u>, die konfessionelle Bindungen schaffen ohne gleich aufdringlich kirchlich zu sein. MAHRENHOLZ (1972, S.92): "Die Kirche scheint nicht genügend darüber nachzudenken, <u>in welcher Weise</u> sie Chancen zum Engagement bieten könnte, dessen Fehlen sie beklagt."

Dabei gab es vor allem im kath. Bereich einmal ein blühendes, überaus <u>differenziertes Verbandswesen</u>. Es hatte seinen Anfang in der Mitte und der zweiten Hälfte des vergangenen Jahrhunderts - als politische Bewegung zur Trennung von Kirche und Staat (!), als volksmissionarische Vereine, als karitative Vereine, als Berufsverbände, als Arbeitervereine und Gewerkschaften... (vgl.LISTL 1968).

Bereits gegen Ende der Weimarer Zeit gab es Bestrebungen vonseiten der Bischöfe, das freie Verbandswesen stärker innerkirchlich zu integrieren. Die "Hierarchisierung" des Verbandskatholizismus wurde während des Nationalsozialismus

noch verschärft. Gegenüber den nach dem Krieg noch verbliebenen Verbänden hielten die Bischöfe am sog. <u>Pfarr- und Diözesenprinzip</u> fest, d.h. An- und Eingliederung der Verbände an die Pfarrei und die bischöfliche Bürokratie und damit <u>Entmachtung der "Verbandskardinäle"</u>.
Damit mag das Problem der Koordination gelöst worden sein - aber in klerikal-frommer Nähe verloren die Vereine zugleich an Anziehungskraft (vgl.HIRSCHMANN, 1968).

Auch die <u>konziliäre</u> Bewegung mit ihrer Aufwertung des <u>Laien</u> hat daran nicht viel geändert. Halbherzige Wiederbelebungsversuche von oben haben bisher wenig Erfolg gezeigt.

Auch hier wieder <u>das bekannte Dilemma</u>: Ist die Einrichtung <u>zu kirchennah</u>, bestehen wenig Chancen, mehr als nur Kerngemeindenmitglieder zu erfassen. Ist die Einrichtung speziell oder zumindest ernsthaft <u>auch</u> für Kirchenferne gedacht, gibt es die alten Konflikte mit der Amtskirche: Man braucht in diesem Falle Personen, die Lebensstil und Lebensgefühl der "Wohlstandsheiden" kennen und sich trotz dieser "Weltlichkeit" als treue Diener der Amtskirchen verstehen. Beide Eigenschaften kombinieren sich nicht gerade gut. Dies gilt insbesondere für die kath. Kirche mit ihren restriktiven Anforderungen. Die Einstellung der kath. Wochenzeitung PUBLIK ist ein spektakuläres Beispiel für dieses Dilemma, hinauszusenden "in alle Welt" aber zugleich die Gesandten an einer kurzen Leine halten zu wollen.

<u>Trügerische Frühlingshoffnungen</u>

Daß der Trend der Entkirchlichung breiter geworden ist, daran ändert auch die Tatsache nichts, daß in kleinen Gruppen Intensivierungen des kirchlichen Lebens anzutreffen sind. Es handelt sich nämlich dabei <u>nicht</u> um Reaktivierungen der müden Volkskirche, sondern allemal um Bewegungen engagierter Mitglieder: Sei es, daß <u>Gruppen kritischer Christen</u> von sich reden machen - meist noch im Konflikt mit ihren Amtskirchen - , oder sei es, daß wir es mit <u>Ingroup-Festigungen in der Kerngemeinde</u> zu tun haben, die der Soziologe auch aus anderem Bereich kennt: Der Lauheit der Vielen soll durch besonders eifrige Normerfüllung in kleinen Gruppen entgegengewirkt werden. Gerade wenn die Situation als krisenhaft erlebt wird, sind solche Gegenströmungen zu erwarten. Die Frage ist nur, ob sie so nachhaltig sind, daß sie zu einer Erweckungsbewegung mit Massenbasis werden.

Kirchliche Hoffnungen auf einen solchen <u>religiösen Frühling</u> sind durch wenige Schwalben wachzurufen, etwa durch neue Gruppierungen junger Christen, Wallfahrten zu Roger SCHUTZ, Zunahme der Theologie-Studenten, Auflagensteigerungen im Bibelverkauf, eine Welle religiöser Literatur usw.

In den letzten Jahren ist viel über das Entstehen neuer "<u>Jugendreligionen</u>" (**Krishna**, Kinder Gottes etc.) gesprochen worden. Begonnen hatte es mit der Jesus-People-Bewegung. Damals waren aus den großen Kirchen Frohlockungen über die <u>neue Spiritualität</u> zu vernehmen. Die Hoffnungen, diese Spiritualität in die geordneten Bahnen der

Volkskirchen zu kanalisieren, mißlangen. Nun ziehen Kirchenvertreter mit nicht geringer Ethnozentrik gegen die Jugend-Sekten zu Felde und polemisieren gegen Sozialisierungsmethoden und Normen, mit denen ihre eigene Volkskirche sich installiert hat. Nun lauten auch die Prognosen über Religiosität von morgen schon vorsichtiger: Das religiöse, nicht aber das kirchliche Interesse der Menschen werde zunehmen (vgl epd ZA 7.Okt.76).

Ähnlich wäre die Zunahme der religiösen Literatur zu bewerten, die G.SZCZESNY (vgl EV.ERZIEHER 26 (1974) S.403) in seltener Übereinstimmung mit den Kirchen dahingehend deutete, als würden wir einer "Wiedergeburt des Religiösen" entgegengehen. Dem deutschen Buchhandel mag aus Profession an solchen Deutungen gelegen sein - realistischer erscheint auch heute die Einschätzung, zu der Max WEBER (vgl. 1964, 1. Halbband, S.404) vor über einem halben Jahrhundert gekommen war:

"Das Bedürfnis des literarischen, akademisch-vornehmen oder auch Kaffeehausintellektualismus aber, in dem Inventar seiner Sensationsquellen und Diskussionsobjekte die 'religiösen' Gefühle nicht zu vermissen, das Bedürfnis von Schriftstellern, Bücher über diese interessanten Problematiken zu schreiben, und das noch weit wirksamere von findigen Verlegern, solche Bücher zu verkaufen, vermögen zwar den Schein eines weit verbreiteten 'religiösen Interesses' vorzutäuschen, ändern aber nichts daran, daß aus derartigen Bedürfnissen von Intellektuellen und ihrem Geplauder noch niemals eine neue Religion entstanden ist und daß die Mode diesen Gegenstand als Konvention und Publizistik, den sie aufgebracht hat, auch wieder beseitigen wird."

Auch die als <u>Tendenzwende</u> apostrophierten Wandlungen im politischen Klima dürfen in ihren Auswirkungen nicht überschätzt werden Der <u>neue Konservatismus</u> zeigt - wie sein Theoretiker Gerd-Klaus KALTENBRUNNER (DZ/Chr u.Welt,26/1974) bemerkte - rationalistische Züge und hält sich auf Distanz zu den Kirchen, die man bis vor kurzem als Stützen konservativer Geisteshaltung anzusehen pflegte; überhaupt verzichte man auf theologische Argumente:
"Die Konservativen nehmen nüchtern zur Kenntnis, daß heute große Teile der offiziellen katholischen und protestantischen Kirchen eindeutig links stehen. Und es scheint, daß sie diese Entwicklung nicht so zufällig ansehen, sondern zuzugeben bereit sind, daß bereits im Evangelium linke Motive stecken, die es nicht gestatten, christlich und konservativ gleichzusetzen."

8.3.3. Religiöse Sozialisation im Wandel

Bisher haben wir die Zunahme der Kirchenaustritte unter dem Aspekt betrachtet, daß bereits sozialisierte, erwachsene Menschen durch äußere Impulse zu Einstellungs- bzw. Verhaltensänderungen kommen.

Wir müssen aber darüber hinaus davon ausgehen, daß bei bestimmter sozialer Ausprägung eines neuen Verhaltens bzw. neuer Einstellungen auch die nachrückende Generation beeinflußt wird. Entscheidender noch ist, daß sich womöglich die Bedingungen der Sozialisation selber ändern, also eine <u>strukturelle Verschiebung</u> stattfindet, durch welche die neue Verhaltensalternative bereits "mitsozialisiert" wird oder vormals vorhandene Hindernisse abgebaut werden.

Vom gegebnen kulturellen Bestand her können diese Veränderungen als Folge eines <u>Sozialisations-Defizits</u> aufgefaßt werden: Sei es, daß die Erwachsenen bestimmte Inhalte objektiv nicht mehr weitergeben (etwa: Meßbesuch); sei es, daß die Sanktionsneigung zurückgegangen ist ("...bei <u>meinen</u> Eltern hätte es das nicht gegeben!") oder sei es, daß der gewandelte kulturelle Kontext eine kirchlich-religiöse Erziehung herkömmlicher Inhalte und herkömmlicher Methoden nicht mehr zuläßt. Man denke etwa daran, wie sehr die Erziehungsautorität von Kirchenleuten zurückgegangen ist, wie sehr kirchliche Veranstaltungen unter dem Konkurrenzdruck anderer Einrichtungen (Fernsehen, Kino, Sport, Auto, Erholung ...) veröden oder daß "Entzauberung", "Entmythologisierung" und Verwissenschaftlichung der Welt einen Rückgang religiöser Deutungsmuster auf gesamtkultureller Ebene bedeuten.

Das soziologische Modell der kulturellen Weitergabe ist logisch zwingend. Wie überall aber im Felde der Sozialisation ist es aufgrund der überaus großen Komplexität unmöglich, eindeutige Zusammenhänge zwischen bestimmten Veränderungen und vorliegenden Effekten darzustellen oder umgekehrt von festgestellten Veränderungen auf bestimmte Folgen zu schließen.

Unsere Aufmerksamkeit hier soll sich konzentrieren auf den <u>schulischen Religionsunterricht</u>; dort liegen die in den letzten Jahren stattgefundenen Veränderungen einigermaßen klar, da sie sich in Form von Lehrplänen, Curricula und dergleichen niedergeschlagen haben und es zudem reichlich Literatur über den Religionsunterricht und seinen Wandel gibt.

***

Religionsunterricht – ein unbeliebtes Fach

Der Religionsunterricht in den öffentlichen Schulen (RU) war und ist ein bei Schülern unbeliebtes Fach (vgl. HAVERS 1972; dort eine Vielzahl weiterer Untersuchungen). Auf seiten der Kirche und der Religionspädagogik wird umgekehrt seit langem geklagt über die "chronische Erfolglosigkeit" des RU.

Des ungeachtet haben wir dem RU alten Stils den Erfolg bescheinigt, daß er die Mitgliedschaft in der Volkskirche – und übrigens ja auch die Teilnahme an ihm selber – in ihrem traditionalen Schlummer ließ. Wir haben dieses Ergebnis charakterisiert als Teileffekt eines Sozialisierungs-Systems, in dem die Alternative der Konfessionslosigkeit faktisch nicht vorkam und insofern auch keine Handlungsimpulse aussenden konnte. Wir denken also weniger an einen positiven Verdienst der Religionspädagogik, sondern sehen auch deren Sozialisationsleistungen in Sachen Kirchenmitgliedschaft wiederum im Gesamtzusammenhang eines ungestörten, sich selber reproduzierenden Hanlungssystems.

Nun hat die Relig.-Pädagogik seit Ende der 60er Jahre eine recht dramatische Wendung vollzogen. Drei Entwicklungen sind dabei zusammengelaufen:

1) Curriculum-Forschung

Die Curriculum-Forschung lenkte den Blick von Mitteln und Methoden des Lehrers auf die Ziele und Inhalte: Was sollen die Schüler lernen und warum sollen sie es lernen?

Verursachte die curriculare Frage nach dem Was
und dem Warum in der allgemeinen Pädagogik schon
eine "kleine kopernikanische Wende" (S.VIERZIG),
so stürzte sie die konzeptschwache Religionspädagogik nach deren eigenem vielstimmigen Bekunden in eine ausgesprochene Krise - in eine <u>Krise
ihrer Inhalte</u>, wie VIERZIG (1972, S.142) betont,
und nicht so sehr - wie es bisweilen erscheint -
in eine Krise der Organisationsform.
Diese Wendung kann in Form eines lohnenden <u>Ex-
kurses</u> sehr deutlich an der <u>Argumentation von
HALBFAS</u> gezeigt werden, der als einer der führenden Kritiker und Reformer der kath. Religionspädagogik gilt.

1968 erschien seine noch vor Aufkommen der antiautoritären Bewegung verfaßte "Fundameltalkatechetik"
- eine schneidende Kritik am herrschenden Religionsunterricht, insbesondere der darin gängigen Sprache,
welche die Kirchensprache schlechthin ist. Ähnliches war von ihm bereits früher (vgl. 1965; 1965a)
vorgebracht worden; neu war die Schärfe des Vor-
trags. Dabei blieb HALBFAS durchaus in der religionspädagogischen Tradition, welche durch <u>Verbesserung
der Mittel</u> (z.B. kindnahe, verstehbare Sprache; Auswahl besserer Texte) versucht, die wesentliche aber
uninteressant gewordene Sache wieder interessant zu
machen. HALBFAS betrachtete den RU noch explizit als
"biblischen Unterricht", in welchem "die Wirklichkeit
von der Bibel her ausgelegt wird"; immer wieder kommt
er auf die Bibel zurück, von welcher er meinte, daß
sie "mehr als jedes andere Buch in der Geschichte

<u>unserer</u> Welt zu Verstehen und Annahme des je konkreten Daseins verholfen hat (...)".

Eine Sammlung von Beiträgen, die zwischen 1968 und 1970 entstanden sind (vgl. HALBFAS 1971) zeigt indessen, daß die Kritik am RU nun <u>auch den Inhalt</u> erfaßt hat: "Der Religionsunterricht in der Grundschule ist weder biblischer Unterricht noch Bibelunterricht", heißt nun die These (S.126). Eine Didaktik der Aufklärung müsse zu Emanzipation, Mündigkeit, Freiheit führen; ein strikter anthropologischer Ansatz werde vorausgesetzt... ein Rückbezug aller Inhalte und Fragen auf die Bibel komme der kirchlichen Katechese zu, könne aber für den allgemeinverpflichtenden RU keine Gültigkeit haben...

Die <u>relig.-päd. Literatur</u> ist von ihrer Menge her in wenigen Jahren zumal für den Fachfremden unübersehbar geworden, wenn auch die grundsätzlichen Positionen mit wenigen stets wiederkehrenden Namen verbunden sind und die neue Wendung nur in vielen Varianten reflektiert wird. Gute Übersichten geben ESSER (1973) und GROSCH (1974); SCHILLING (1970); BAUDLER (1971); VIERZIG (1975). Sehr interessant ist BASTIAN: Theologie der Frage (1969). Eine sorgfältige und sehr lesbare Analyse des kath. RU (die bis aufs Wort aber auch für den ev. RU gelten kann) gibt der Beschluß der gemeinsamen Synode der Bistümer in der BRD vom Nov. 1974.
Vgl. auch die Sammelbände unter der Herausgeberschaft von GLOY (1969); HEINEMANN u.a. (1970); N.SCHNEIDER (1971); STACHEL (1971); WEGENAST (1972); dazu selbstverständlich die einschlägigen relig.-päd. Zeitschriften.

2. Neue Inhalte des RU

Der Hinweis auf HALBFAS deutete bereits an, daß die Religionspädagogik zugleich mit der allgemeinen Pädagogik die Wendung zu Globalzielen wie Emanzipation, Mündigkeit, Problemorientierung, Aufklärung, Kritik, Ideologiekritik, Befreiung... vollzogen hat.

Durch das Tor, das die theoretische Diskussion über Lernziele und ihre Bestimmung aufgestoßen hatte, waren solche Erziehungsziele aus der Strömung der antiautoritärer Pädagogik im weitesten Sinne (vgl. ENGELMAYER (Hrsg.) 1973) hereingekommen. Die zielunsichere Religionspädagogik übernahm die neuen Ideen auf breiter Front und reihte sich mit einigen Vertretern durchaus in die Avantgarde der emanzipatorischen Pädagogik ein. Man muß eine Vielzahl religionspädagogischer Schriften vor und nach dieser Wende vor Augen gehabt haben, um verstehen zu können, wie stark der Umschwung war.

Nicht unberechtigt ist hierbei der Verdacht, daß wir es bei derlei Reden über die Glaubensentscheidung, welche der neue RU gewährleisten soll, mit einer im Stil der Zeit gewendeten Fassung der Ideologie von der persönlichen Entscheidung für Glaube und Kirche zu tun haben.

Es gibt indessen viele Anzeichen dafür, daß die Religionspädagogik hier auf breiter Front in eigener Bestimmung die neuen Ziele übernommen hat und auch danach zu handeln strebt, daß also - worauf DAHM

(1972, S.169) hinweist - nicht nur ein "soziotaktisches" Anpassen stattgefunden hat. Vielmehr haben kirchliche Sozialisationsagenten selber einen Emanzipationsprozeß durchlaufen, den sie - mitunter auch in missionarischer Haltung - weiterführen wollen. Daß in der schulischen Praxis vieles nicht so heiß gegessen wird, wie es in mancher progressiven Relig.-Pädagogik gekocht wurde, ist natürlich einzuschränken.

Die <u>Reform des RU ist also keine Frage der Technik mehr</u>, sondern berührt zentrale Fragen des richtigen "Glaubensvollzuges" - ist deswegen auch Gegenstand erbitterter Kritik (katholischerseits vgl. z.B. die Beiträge in der relig.-päd. Zeitschrift LEBENDIGE SEELSORGE 25(1974), Heft 5.)

Deswegen verwundert es nicht, wie in den unendlichen Überlegungen, Diskussionen, Modellen etc. kaum eingegangen wird auf diejenigen, für die doch dieser ganze Aufwand eigentlich gedacht ist - auf die <u>Schüler</u> nämlich. Die religionspädagogische Literatur ist überlastet an Präskription und ziemlich schwachgewichtig an Deskription. Über die Erfolge oder Mißerfolge des neuen RU bzw. des auch noch weiterbetriebenen alten RU ist - wie gehabt - kaum etwas zu finden.

Interne Kritik an religionspädagogischen Konzepten und Modellen, Büchern, Schulstunden etc. wird allermeist <u>"fundamental" begründet</u>.

Die so freudig übernommenen Gedanken der Curriculum-Theorie dienen der gelehrten Religionspädagogik offensichtlich eher dazu, für sich selbst erst ein Selbstverständnis zu finden und danach kommt erst der Schüler in den Blick; weil dermaßen mit sich selber beschäftigt, sind Rückmeldungen aus der Praxis offenbar zweitrangig.

Eine Parallele zu diesem Streit, der noch lange währen kann, kennt ja auch die Soziologie mit ihrem "Positivismusstreit", bei dem ebenfalls nicht über konkrete Forschung, sondern über Grundsätze - am Ende fernab von jeder Praxis - gestritten wurde, obgleich ganz genau diese Forschungspraxis der Gegenstand war. Während aber in den Sozialwissenschaften zwei überschaubare Positionen bezogen wurden, scheint in der Theologie das Feld der Meinungen so offen zu sein, daß am Ende nur die vorzufindende personalisierende Darstellung übrig bleibt.

3. Abmeldungen vom RU

Die Abmeldungen vom RU seit 1967/68 stellen die dritte Linie dar, auf welcher sich die Wandlung des Faches und der darin verbundenen Personen vollzog. Hinzuzurechnen sind auch sonstige offene Unmutsäußerungen gegen den RU - auch von seiten mancher Lehrer. Über den engsten Zusammenhang der Abmeldungen mit der antiautoritären Bewegung der Schüler und Studenten haben wir bereits gesprochen (vgl. oben 8.1. bes. 8.1.5.). Vieles, was für den ersten Anstieg der Kirchenaustritte festgestellt wurde, gilt auch für die Zunahme der RU-Abmeldungen.

Der RU ist infolge der Welle von Abmeldungen nicht mehr traditional geschützt. Endete zuvor die Abneigung gegen das Fach allenfalls in der "inneren Emigration" des Schülers, so ist heute für ihn - freilich mit erheblichen alters- und schulspezifischen Unterschieden - die Abmeldung vom RU zur echten Alternative geworden.

In diesem Bewußtsein agieren nun auch die Veranstalter des RU. Die zuvor herrschende faktische Alternativlosigkeit war in der Religionspädagogik ja auch kaum berührt worden. (Desgleichen wurde in den überwiegend begriffsjuristischen Betrachtungen über den RU darauf wenig Augenmerk gelegt. Ausnahme: DRYGALSKI 1967, S.78 ff).

Die latente Abneigung gegen den RU konnte übersehen werden, - die aufgekommene "Abstimmung mit den Füßen" ist, wie bei den Kirchenaustritten auch, eine unübersehbare Gegenentscheidung. Sie förderte die Neigung der Religionspädagogen und vor allem der zögernden Amtskirche für eine Reform des RU.

Die skizzierte Entwicklung läßt sich vielleicht so ganz gut veranschaulichen: Der RU bewegte sich auf einer fernen Bahn um die Kirchen - ohne ihren Interessen voll zu entsprechen, aber auch ohne ihnen zu entgleiten; das Desinteresse der Schüler erlaubte keine stärkere Zuwendung des RU zur Kirche, ließ diesen aber, da es passiv war, in der gehabten Bahn ungestört weiterlaufen.

Der neue RU hingegen versucht, näher an die Schüler heranzukommen. Er kann dies, nach dem Konzept seiner Vertreter zu urteilen, offenbar nur, indem er sich von der Kirche und der von ihr verbürgten Theologie und sonstiger Lehren abstößt, d.h. kirchlich-orthodoxe Inhalte aufgibt oder sie zumindest weitgehend relativiert, und auf "schülernahe" Themen "von dieser Welt" eingeht.

Der konfessionelle RU selber übernimmt also Ziele
und Argumente einer emanzipatorischen Pädagogik,
welche den Schüler zur Mündigkeit führen soll. Er
soll "in aller Freiheit seine Glaubensentscheidung
treffen" - wie oft zu hören ist.

Die Frage ist, wie sich diese Veränderungen in der
schulisch-religiösen Erziehung auswirken auf die
kirchliche Teilnahme im amtskirchlich definierten
Sinne, insbesondere auf die Mitgliedsbindung. Von
unserem Ansatz her interessiert vor allem, inwiefern die traditionale Kirchenbindung von dieser neuen
Art der religiösen Unterweisung tangiert wird. Nicht
zur Frage steht, ob der neue oder der alte RU "besser"
ist und ob dieser oder jener zu bevorzugen sei.

Auf repräsentative Evaluierungen des modernen RU
können wir leider nicht zurückgreifen. So bleibt es
bei der Besprechung allerdings in der Literatur sehr
deutlich zutage liegender Entwicklungstrends.

Aufklärung versus Religion

Zunächst ist die allgemeine Vermutung nicht unbegründet, daß aufklärerische Erziehung zur Mündigkeit und
religiöse Erziehung zwei einander nicht gerade fördernde, wenn nicht sogar gegenläufige Ziele sind. Dieser geistesgeschichtlich belegbare Zusammenhang (vgl.
etwa HAZARD 1949) geht freilich von einer transzendenten Religion ("Gott"; Bibel ="Gottes Wort"; "Sünde" etc.)
aus, deren gläubige Aneignung nach Ansicht des Ungläubigen stets mit einem "Opfer des Intellekts" (Max
WEBER) verbunden ist. Die neue Religionspädagogik tendiert hingegen zu einer anthropologischen Definition

des Wortes "Religion", d.h. versucht ihrerseits auf einen "aufgeklärten Religionsbegriff" zu kommen.

So nimmt es nicht wunder, daß die ev. wie auch die kath. Religions-Pädagogik sich vielfach auf den deutsch-amerikanischen Theologen TILLICH beruft, für den "religiös sein" soviel bedeutet wie "leidenschaftlich nach dem Sinn unseres Lebens fragen und für Antworten offen sein, auch wenn sie uns tief erschüttern"; vgl. hierzu BANTLE (1974) und JENTSCH (1970).

Ein RU, der in dieser Art betrieben wird, also kaum noch Religion im herkömmlich-dogmatischen Sinne an den Mann zu bringen versucht, räumt sicher viele Widerstände aus. Andererseits ist ein Unterricht, der auf unbeliebte Inhalte verzichtet, damit noch nicht positiv begründet. Und er muß sich, da die Teilnahme an ihm mehr oder weniger ins Belieben gesetzt ist, gegenüber anderen Fächern als noch besser erweisen.

Hier liegen gewiß reelle Chancen für die Religionspädagogik, die freilich nur unter größten Anstrengungen zu nutzen sind. Denn der Lehrer im RU müßte nunmehr ein Fachmann für den weiten Bereich der Humanwissenschaften sein, weniger der Theologie. Dies gilt besonders für Hoffnungen, der neue RU könne sich als wirkliche Lebenshilfe für den Schüler anbieten (z.B. REISER 1972). In dieser Lage wird die Beliebtheit des Faches sehr von der Person des Lehrers abhängen und - wie durchaus eingestanden wird - trotz inhaltlicher Anpassung instabil bleiben.

Hinzu kommt, daß der einmal zur Disposition gestellte RU über Nutzenerwägungen auch tangiert wird von sachlich relativ entfernten Entwicklungen. So wird neuerdings die Klage laut, daß die Zulassungsbeschränkungen an den Hochschulen über die Jagd nach guten Noten sich am Ende gegen den RU auswirkt: Mit steigendem Konkurrenzdruck wird der (womöglich dazu noch uninteressante)

RU als "Belastung ohne Gewinn" abgewählt (vgl. epd ZA Nr. 238 vom 1o.12.1975).

Abmeldung vom RU und Kirchenbindung

Eine Abmeldung aus dem RU ist nun gewiß noch kein Bruch mit der Kirche. Hier aber muß sich die Nähe des RU zur verfaßten Amtskirche für diese negativ auswirken. Wer mit jungen Jahren aus welchen Gründen auch immer den RU verläßt, hat - wie es in einem Flugblatt linker Schülergruppen einmal hieß - ein ihm zustehendes Verweigerungsrecht wahr genommen. Indem diese formelle Barriere überwunden wird, ist mentalitätsmäßig ein entscheidender Schritt auch weg von der Kirche getan. Das Bewußtsein der selbstverständlichen Zugehörigkeit ist im einen wie im anderen Bereich zerstört.

Legitimierung einer außerkirchlichen Religiosität

Ein RU, der einen relativ unorthodoxen Begriff von Religion verbreitet, läuft Gefahr, den ohnehin vorhandenen Trend zur Unkirchlichkeit und schwindenden Religiosität (nach Definition der Amtskirchen) zu fördern. Im Lichte der neuen, "humanen Religion" können Lehrer und Schüler sich am Ende mit gutem Gewissen als religiös bezeichnen, auch wenn sie mit der Institution Kirche, der "Hüterin der Religion", nichts mehr zu tun haben. Gegenüber ohnehin Kirchenfernen wird die verbreitete Meinung legitimiert, daß man auch ohne der Kirche anzugehören oder ohne am kirchlichen Leben teilzunehmen dennoch ein guter Christ sein kann. Traditionales Gedankengut von der Art, "daß man seinen Glauben und seine Religion haben muß", daß "schließlich jeder an etwas glaubt" werden nicht beseitigt, aber mit einem neuen Sinn versehen, der eine formelle Bindung an die Kirchen nicht mehr notwendig erscheinen läßt.

<u>Treue Kirchenmitglieder</u> erfahren im neuen RU, abweichend von Elternhaus und Kirchengemeinde, daß die manifeste Teilnahme nicht so wichtig ist. Durch offizielle Lehrmeinung des RU und den Gruppendruck der Mitschüler kommt die von zuhause mitgebrachte Überzeugung in Dissonanzstreß. Entweder der Schüler wird zum frommen Außenseiter oder aber - und dies ist wahrscheinlicher - er macht anpassende Abstriche an der "Religion der Väter".

Trennung in RU und Gemeindekatechese

Der Sachverhalt der dissonanten religiösen Sozialisation ist in einem weiteren Punkt herauszustellen: Mehr und mehr laufen die Dinge in beiden Konfessionen darauf zu, den <u>RU</u> zu einem relativ <u>neutralen Unterricht für alle</u> werden zu lassen und die <u>Glaubensunterweisung</u> im alten Sinne in der Kirchengemeinde durch eigene kirchliche Katecheten zu besorgen (vgl. z.B. SYNODEN-BESCHLUSS RU 1974, Punkt 1.4).

Eine Übernahme der RU in die Regie rechtgläubiger Laien fordern überdies auch traditionalistische Kirchenkritiker (SIEBEL 1975) und empfehlen die Abmeldung aus dem "vom Modernismus verseuchten" offiziellen RU. Interessante Zeugnisse, mit welchem Ingrimm kath.-konservative Kreise die konfessionelle Relativierung im neuen RU verfolgen, bietet nicht selten der Leserbriefteil der kath. Zeitung DEUTSCHE TAGESPOST.

Kommt es zu einer solchen Zweigleisigkeit der religiösen Unterweisung, dann würde die besagte Dissonanz zwischen einer "Religion im weiteren Sinne" und der "Verkündigung" strukturell verfestigt - der RU in den Schulen vollends aus gewissen frommen Pflichten entlassen.

Das Sozialisationssystem hätte damit außerdem seine erste <u>strukturelle Lücke</u>; denn die Teilnahme Jugendlicher und Kinder an einer <u>freiwilligen</u> außerschulischen Unterweisung noch zu dem schulischen RU ist ein Wunschtraum, der in Form "pastoraler Konzepte" liebevoll gepflegt wird - vgl. z.B. eine Reihe von Beiträgen in LEBENDIGE SEELSORGE 27(1976) Heft 3/4 (Mai) - aber kaum aufgehen wird.

Problemorientierter RU - "Hinterfragen von Selbstverständlichkeiten"

Themen, welche die traditionale Stabilität der Kirchlichkeit hätten stören können, waren im alten RU nicht vorgesehen. Sie wurden erstmals durch die aufmüpfige Schülerschar in den RU getragen. Die militante Protesthaltung hat sich verflüchtigt, aber die angestoßene Religionspädagogik hat diese Themen in eigener Regie übernommen und in Form des "<u>problemorientierten RU</u>" selber zum Programm erhoben.

Indem aktuelle Probleme dieser Welt behandelt werden, kommt zwangsläufig oder erwünschtermaßen die Haltung der Amtskirchen in kritische Betrachtung. Kirchliches Handeln wird als organisiertes, interessenbedingtes Einwirken auf die soziale Wirklichkeit deutlich, d.h. nicht nur die Lehre, sondern <u>auch die</u> Institution <u>erfährt eine "Entmythologisierung"</u>.

Hinzu kommt ein weiteres Lernziel, das als <u>kritisches Infragestellen</u> herrschender Traditionen umschrieben wird. "Das Fragen ist der Kirche beim Verlust ihrer theologisch sinnvollen Existenz auferlegt" (BASTIAN 1969, S.316).

Der RU hat damit - wenn auch in milderer Form - die Störung von Selbstverständlichkeiten miteingebaut. Statt "Auslegung der christlichen Tradition" und "hineinverstehen in ihrem fordernden Sinn"- wie dies STALLMANN (1958) konzipiert hatte - nun also ein relativierendes Gegenüberstellen vieler Traditionen, nicht nur eigenen konfessionellen, um der Dogmatisierung von Tradition entgegenwirken (vgl. dazu RAMMENZWEIG 1971).

Intensive Auseinandersetzung mit der <u>Religionskritik</u>, dem Atheismus und der herrschenden Distanz zur Kirche (vgl. etwa das Unterrichtsmodell von GRENZ/VIERZIG in: Heinemann u.a. (Hrsg.) 1970, S.16off), kritische Thematisierungen des individuellen Verhältnisses zur Kirche ("Warum bin ich (noch) Mitglied?) sind direkte "Störungen" auf dem Weg zum Gewohnheitschristen.

Vernachlässigung affektiven Lernens

Der moderne RU betont als Aufklärungsunterricht die reine Verstandesarbeit. Eine "<u>Woge kognitiven Lernens</u>" sei mit der neuen Lernzielbestimmung in den RU getragen worden, meinte STACHEL (1971, S.15ff) und warnte zugleich vor einer <u>Vernachlässigung des affektiven Lernens</u>.

Die Verbindung kognitiv-kritischer Lernziele mit affektiver - und erwartet wird ja wohl: positiver - Zuwendung dürfte die Religionspädagogik vor ziemliche

Schwierigkeiten stellen. Wenn diese Kombination
in der Grundschule noch glücken kann: Welche Lerninhalte sollen denn im RU der gymnasialen Oberstufen wie affektiv besetzt werden, wenn auf der anderen Seite der RU zum neutralen Sachunterricht tendiert, der noch schwerlich von sozialkundlichen Fächern zu unterscheiden ist?

Problematischer "Bibelbezug"

In beiden konfessionellen Bereichen gibt es Religionspädagogen, die zwar die Wendung zum problemorientierten RU mitgemacht haben, aber zugleich die Relevanz der Bibel oder der kirchl. Lehre (=Tradition im theolog. Sinne) zur Lösung dieser Probleme zeigen möchten. Diese Methode hat sich vonseiten theologischer Kritiker bereits das kritische Wort von der "Funktionalisierung der Schrift" zugezogen. Für unseren Zusammenhang interessanter ist die Folge, daß durch verquälte Curricula, die unter allen Umständen Bibeltexte auf moderne Probleme anwenden wollen, vielleicht gerade schonungslos die Irrelevanz dieser Glaubensquellen für die Schuljugend demonstriert wird (Über solche Beispiele berichtet STACHEL in: LEBENDIGE SEELSORGE 27 (1976), Heft 3/4).

Ergebnis: RU als Störfaktor für traditionale Bindungen

Mitgliedschaft und religiöse Teilhabe in der Volkskirche beruhen weitgehend nicht auf kognitiven Entscheidungen. Das herkömmliche System der kirchlich-religiösen Erziehung enthielt an keiner, aber auch an keiner Stelle wirkliche Entscheidungsweichen und war so ein wesentlicher Faktor zur Stabilität einer "Kirche ohne Entscheidung". Der alte RU war ein tragendes Element in diesem System.

Der neue RU hat in seiner Wendung weg von der kirchlichen Unterweisung und hin zum emanzipatorischen, problemorientierten, tendenziell nur noch religionskundlichen Unterricht die selbstverständliche Ausgrenzung "schädlicher" Inhalte und Methoden aufgegeben - ja will selber sogar bestehende Selbstverständlichkeiten in Frage stellen. Eine "Theologie der Frage" aber ist - wie ihr Formulierer BASTIAN (1969, S.349) feinsinnig bemerkt - "gravitationsschwach gegenüber der Tradition".

Diese Wendung des RU ist nicht bloß anpasserische Reform, um manifesten Schülerunmut gegen den RU zu unterlaufen und aufzufangen. Die ideologische Basis des RU selber hat sich gewandelt. Die Sozialisationsagenten selber sind in den Sog der religiösen Aufklärung und damit in spürbare Distanz zur organisierten Religion geraten. Auf der kath. Seite kommen noch deutliche Auflösungserscheinungen der amtskirchlichen Lehrautorität hinzu. Der Streit um die rechte Lehre hat damit auch den RU erreicht - ein Vorgang, der ja auch in anderen Fächern seine Parallelen hat und dazu führt, daß Lehrinhalte, die einst unangefochten weitergetragen werden konnten, vielfältiger Kritik von außerhalb der Schule ausgesetzt sind.

Der alte, kirchenorientierte RU mag von heute her gesehen in vielerlei Hinsicht "schlecht" gewesen sein, aber er war - um es überspitzt zu sagen - so einheitlich schlecht und so handlungsirrelevant schlecht, daß er weder sich selbst noch den Kirchen gefährlich werden konnte. Der neue RU mag aufgrund heutiger Auffassungen von richtigen Erziehungszielen noch so "gut" sein - die

Kirchenbindung wird durch seine kognitiv-kritische Begleitung eher geschwächt als gestärkt.

Eine planerische <u>Wahlmöglichkeit</u> zwischen neuem und altem RU hatten die Kirchen wohl kaum, nachdem der RU in Schülerkreisen einmal zur Disposition stand. Danach aber - und diese Entwicklung sehen wir als Eigendanymik - hat die Religionspädagogik selber eine Reihe Dispositionsmöglichkeiten wahrgenommen, die ihrerseits weitere strukturelle Änderungen im System der kirchlich-religiösen Sozialisation nach sich ziehen - etwa Aufhebung der Konfessionalität des RU (vgl. dazu ESSER (Hrsg.) 1975), oder eine "Ergänzung" des RU durch eine eigene kirchliche Katechese. Die einstige alternativfreie Geschlossenheit, in der der Schüler zum Kirchensteuerzahler heranwuchs, schwindet damit zusehends und damit eine wesentliche Voraussetzung von höchstprozentiger Volkskirche.

8.3.4. Die Reaktionen der Kirchen

Mitgliederschwund ist kein Zustand, den Organisationen wie eine Gottesfügung hinnehmen. Sie werden auf Mittel und Wege sinnen, das Weglaufen der Mitglieder zu verhindern oder zumindest einzudämmen. Dies ist auch für die Kirchen zu vermuten, die sich ja überdies zur Mission beauftragt sehen.

Welches sind nun die Reaktionen der betroffenen Kirchen und welche Wirkungen sind von ihnen zu erwarten? Diese Frage muß weit gesehen werden: Sie umfaßt zum einen die tatsächlichen Reaktionen, die ausdrücklich als Mittel gegen die Kirchenaustritte gedacht sind, und sie umfaßt zum anderen die unterlassenen Maßnahmen, die hätten vorgenommen werden können.

Wir können beides im Lichte unserer bisherigen Analyse kritisch diskutieren. Zugrunde liegt - das ist zu betonen - die sozial-technologische Mittel-Zweck-Betrachtensweise. Die Frage, ob das Ziel der Mitgliedererhaltung selber "richtig" oder "falsch" ist, stellt sich für den Kirchenpolitiker, - kann und soll im Rahmen dieser Analyse aber nicht beantwortet werden.

Dabei dürfte klar sein, daß wir uns nur mit den groben Entwicklungslinien beschäftigen können. Die Organisation "Kirche" ist zu komplex, als daß man im Detail auf einzelne Maßnahmen eingehen könnte; dies umso weniger, als die beiden Konfessionen der Gegenstand sind.

Man könnte nun ja vermuten, daß die kirchlichen Reaktionen die vorhandene Austrittsneigung dämpfen oder zumindest eine weitere Verschärfung verhindern. Andererseits ist durchaus möglich, daß die als Mittel gegen den Mitgliederschwund erdachten Maßnahmen auf diesen überhaupt keine Wirkung haben oder ihn gar noch fördern. Bereits bei der Massenkommunikation über die Kirchenaustritte haben wir gesehen, daß die Kirchenleitungen eher das Gegenteil von dem erreichten, was sie wahrscheinlich bezwecken wollten.

Dieser Verdacht läßt sich - wie wir näher sehen werden - auch gegen eine Reihe weiterer Maßnahmen hegen. Nicht daß es sich dabei um grobe Entscheidungsfehler kirchlicher Leitungsgremien handelte. Vielmehr sind diese <u>Reaktionen in der Struktur kirchlichen Denkens und kirchlichen Handelns</u> angelegt. Das Handeln und Denken des Kirchenpolitikers hat - geprägt durch die "geschlossene" theologische Theorie - eine verhältnismäßig kleine Zahl von Freiheitsgraden. Dies haben BORMANN/BORMANN-HEISCHKEIL (1971) am Beispiel einer ev. Landeskirche in außerordentlich breiter und überzeugender Detailarbeit gezeigt.
Und dies ist ja gerade die Pointe soziologisch-struktureller Analyse: zu zeigen, wie die Eigenart einer sozialen Organisation es bedingt, daß eine Reihe objektiv möglicher Problemlösungsstrategien nicht zum Zuge kommen können, bzw. daß <u>Strategien bevorzugt werden</u>, deren Effizienz nicht geprüft wird (oder nicht geprüft werden soll!), bzw. daß bei Anwendung bestimmter Mittel regelmäßig <u>andere Probleme auftauchen</u>, welche die zu lösenden nur noch verschärfen.

Insofern die kirchlichen Reaktionen auf die erhöhte Mitgliederfluktuation selber wieder die Erosion der traditionalen Bindungen begünstigen, können wir auch in diesem Bereich von einer gewissen Eigendynamik des Traditionsabbruchs sprechen.

Restaurierung von Zwangsbindungen?

Die Kirchen könnten versuchen, gegenüber den Ausgetretenen bzw. den Austrittswilligen die verbliebenen Möglichkeiten der Zwangsbindung zu praktizieren - d.h. solche Sanktionen zu verhängen bzw. anzudrohen, die dazu bewegen sollen, mindestens formelles Mitglied zu bleiben und gegebenenfalls die geforderten Steuern zu zahlen.

Die Chancen hierfür sind in der letzten Zeit nicht schlecht, soweit es sich um Personen handelt, die wegen ihres jetzigen oder potentiellen Arbeitsplatzes direkt oder indirekt auf die Kirche angewiesen sind. Wir haben darüber in dem Abschnitt über die "Diffusionsbremsen" gesprochen und auch festgestellt, daß vor allem in der kath. Kirche eine gewisse Neigung besteht, auch trotz negativer Publizität Arbeitnehmer in Einrichtungen unter kirchlicher Trägerschaft zu kündigen, wenn sie die Kirche verlassen. Solche Sanktionen freilich können zum Bumerang werden, wenn - wie geschehen - die Arbeitsgerichte gegen die Kirche entscheiden.

In den Schulen ist ein weiterer Bereich, in dem die Kirchen zeigen können, daß sie die formelle

Abwendung nicht dulden wollen. An den kath. Schulen des Bistums Münster können - so ein Zufallsfund - nach neuesten Regelungen Schüler von der Schule verwiesen werden, wenn sie sich vom Religionsunterricht abmelden (vgl. RU-Zeitschrift für die Praxis des Religionsunterrichts 6(1976) Heft 1, S.54).

Auch die in CDU-regierten Ländern zu beobachtende Praxis, die Abmeldung vom RU zu erschweren, darf in dieser Rubrik "Zwangsbindung" gesehen werden, wenngleich hier die Kirchen nicht direkt in Erscheinung treten. In Baden-Württemberg existiert (laut epd ZA Nr. 153 vom 1o.8 1976) eine sogar den Begriff der Religionsmündigkeit einengende Kultus-Verordnung, wonach minderjährige religionsmündige Schüler, die sich vom RU abmelden wollen, dies persönlich gegenüber dem Schulleiter und unter Hinzuziehung eines Erziehungsberechtigten tun müssen (überdies ist die Abmeldung nur noch zu Beginn des Schuljahres zulässig. Danach ist - wie bereits anderswo auch - der Besuch eines Ersatzfaches obligat) Ob sich auf etwas längere Sicht diese Strategie für die Kirchen auszahlt, ist fraglich. Wenn heute die Kirche oder ihr wohlgesonnene Regierungen die individuelle Entscheidung gegen die Kirche durch Auflagen und Sanktionen erschweren können, so ist dies nur ein kleiner Aufschub. Noch haben die Kirchen und ihre Hüter es mit einzelnen Personen zu tun, noch hat sich ein Unwille gegen diese Praxis nicht öffentlich und kollektiv artikuliert. Sollte dies geschehen, so wird sich die feststellbare Restaurierung von Zwangsbindungen gerade in ihr Gegenteil verkehren.

Die Sanktionierbarkeit eines Verhaltens hängt sehr davon ab, wieviele dieses Verhalten zeigen. Gegenüber einer großen Zahl selbstbewußter Konfessionsloser kann die Kirche ganz einfach nicht mehr so auftreten, wie sie dies vielleicht zu Anfang der 6oer Jahre noch konnte.
Im Augenblick ist die politische Konstellation in der BRD nicht so beschaffen, daß eine liberale Gruppierung auf demonstrative Distanz zur Kirche gehen kann; erst die Wahlen der nächsten Zeit werden Klarheit darüber verschaffen.

Im engeren Bereich des innerkirchlichen Lebens sind die Möglichkeiten der Zwangsbindung gering. Praktisch geht es fast nur mehr um die <u>kirchliche Beerdigung</u>. Deren hohe Bedeutung auch für Kirchenferne haben wir bereits betont. In der Regel kann für einen Verstorbenen, der die Kirche verlassen hatte, keine kirchliche Bestattungsfeier stattfinden.

Während aber ein VELKD-Papier von 1972 noch ausdrücklich vermerkte, daß die Bestattung auch dann zu verweigern sei, wenn die der Kirche angehörenden Angehörigen des Verstorbenen darum bitten (vgl. epd-DOKUMENTATION Nr. 5o/72,S.81 ff),

sprach sich 1975 der (ev.) Hamburger Bischof
WÖLBER gegen eine "religiöse Verwaltungsmentalität" aus und wies darauf hin, daß in solchen
Fällen gerade eine große Chance gegeben sei,
Beziehungen zu knüpfen und zu stabilisieren
(vgl. epd ZA vom 18.7.1975). Uns scheint, in
Ansehung der großstädtischen Kirchlichkeit,
daß diese Reaktion die für die Kirchen nützlichere ist.

Es ist symptomatisch, daß kirchenkritische Beobachter in diesem Falle der Kirche gerne bescheinigen, daß sie auch ihren fernsten Mitgliedern die letzten Dienste am Grabe spendet.
So trat der SPIEGEL (Nr.43/1972) eilfertig
Meldungen der Boulevardpresse entgegen, wonach Pfarrer sich geweigert hätten, laxe und
lästernde Mitglieder kirchlich zu bestatten.
Unter der Überschrift "Segen für jeden" beruhigte das Magazin seine Leser: Solche Fälle
seien nicht typisch für die Kirchenpraxis...
Nur der werde nicht kirchlich beerdigt, der es
wirklich auch nicht wolle!

Gerade am Beispiel des kirchlichen Begräbnisses
zeigt sich in aller Schärfe das <u>Dilemma der Kirchen</u> zwischen "harter" Organisation und "weicher"
Heilsanstalt: Auf der einen Seite an ethisch-theologische Maximen gebunden, sich auch und gerade für diejenigen einzusetzen, die ihr fernstehen, und auf der anderen Seite doch auch wieder gehalten, eine Grenze ziehen zu müssen zwischen <u>zahlenden und nichtzahlenden Mitgliedern</u>.
Wird in den wichtigen Dienstleistungen kein Unterschied mehr gemacht, so daß also notfalls
auch ein Ausgetretener kirchlich bestattet wird,

schwinden auch die letzten Reste der Zwangsbindung. Steuert die Kirche einen harten Kurs gegen die Ausgetretenen, wird die gleiche Wirkung eintreten: Sie provoziert damit indirekt den Ersatz ihres eigenen Ritus durch säkulare Formen und sorgt für Demonstration, daß es auch ohne Kirche geht.

Verstärkung der Nutzenbindung?

Die Kirchen könnten natürlich auch versuchen, ihre Mitglieder dadurch zu halten, daß sie die vorhandenen Nutzenbindungen verstärken und neue Bindungen dieser Art schaffen. Dies ist für Dienstleistungsunternehmen der normale Weg: schwindende Nachfrage oder Mitgliederschwund oder kostspielige Mitgliederfluktuation durch Verbesserung des Dienstleistungsangebots aufzufangen.

Diese Strategie erscheint umso sinnvoller, ja als einzig notwendig, wenn man von dem religionssoziologischen Theorem des Funktionsverlustes ausgeht. Danach kehren sich die Menschen von heute von der Religion (bzw. der Kirche als ihrer institutionellen Form) ab, weil sie funktionslos für sie geworden sei. Im Umkehrschluß also: Wenn es gelingt, Religion und Kirche wieder "relevant zu machen für den modernen Menschen", müßte die Verbundenheit mit der Kirche wieder zunehmen (oder mindestens nicht weiter abbröckeln) und letzten Endes müßte auch die Kirchenaustrittsneigung durch diese Strategie beeinflußbar sein: Wer das Gefühl hat, daß ihm die persönliche Mitgliedschaft in der

Organisation Kirche etwas gibt und dieser Nutzen
durch eine Existenz außerhalb der beitragspflich-
tigen formellen Zugehörigkeit verloren ginge, der
wird natürlich schwerlich austreten wollen.

Nah bei diesem Grundgedanken liegt eine andere
Vorstellung, die man als Funktions-Dissens bezeichnen kann: Die (Amts-) Kirche bietet Dienste oder
betont einige besonders, während die Funktionser-
wartungen der Mitglieder etwas anders liegen.
Würde die Amtskirche ihre Funktionen in Erwar-
tungsrichtung verändern, müßte sie folglich auch
wieder mehr Zuspruch erfahren. Dieser Ansatz
"Was erwarten die Mitglieder (eigentlich) von
der Kirche?" ist in der Pastoralsoziologie sehr
beliebt.

Die Antwort der EKD-Studie

Auch die EKD-Studie "Wie stabil ist die Kirche?"
(1974) ging explizit so vor. Wir wollen an ihrem
Beispiel kritisch überprüfen, inwiefern mit dieser Vorgehensweise und den damit gewonnenen Ergebnissen Strategien für das kirchliche Handeln
in Sachen Kirchenaustritte zu gewinnen sind und
welche Erfolge damit zu erwarten sind. Es wird
sich zeigen, daß die vorzufindende Argumentation
und Interpretation einem alten kirchlichen Denkfehler unterliegt. Doch zunächst zu den einzelnen
Fragen.

Die im folgenden zitierten einfachen Seitenzah-
len beziehen sich auf den Untersuchungsbericht,
der Zusatz MB verweist auf den Materialband zur
Untersuchung.

Vorgegeben war eine Liste von zwölf gängigen kirchlichen Aktivitäten: Die Kirche betreut Alte und Gebrechliche... kümmert sich um die Sorgen und Probleme der einzelnen...bemüht sich, die christliche Lehre zeitnah und modern zu verdeutlichen...unterhält Heime für geistig und körperlich Behinderte...arbeitet mit anderen Kirchen zusammen...baut und unterhält Kindergärten...unterhält Krankenhäuser...bemüht sich um die Erziehung der Kinder...hat eigene Erziehungs- und Beratungsstellen...bietet Entwicklungshilfe...nimmt Stellung zu politischen Fragen...baut viele Kirchen (vgl. S.210).

Die Befragten hatten in einem ersten Schritt anhand einer siebenstufigen Skala darüber zu befinden, ob die vorgegebenen Behauptungen über die kirchlichen Aktivitäten "genau zutreffen" oder "überhaupt nicht zutreffen" (Ist-Beurteilung). In einem zweiten Schritt wurde - ebenfalls anhand der siebenstufigen Skala - erfragt, wie es nach Meinung der Befragten eigentlich sein sollte (Soll-Beurteilung).
Wählte der Befragte auf der Soll-Skala einen höheren Wert als auf der Ist-Skala, wurde dies - unabhängig von der Größe der Differenz - als ein Votum dafür gewertet, daß die jeweilige Aktivität stärker zutreffen sollte. Entsprechend: Soll-Wert niedriger als Ist-Wert: "Sollte weniger zutreffen"; Ist-Wert = Soll-Wert: "Sollte so bleiben wie es ist (vgl. MB S.243).

An der empirischen Zuverlässigkeit der mit dieser Frage gewonnenen Daten ist (im Rahmen der üblichen Sponsorship-Verzerrungen) nicht zu zweifeln. Bedenklich erscheint uns der indirekte Ist-Soll-Vergleich anhand einer unübersichtlichen siebenstufigen Skala. Genausogut hätte man den Befragten direkt fragen können, ob er die jeweiligen Aktivitäten verstärkt sehen möchte oder nicht.

Außerdem muß man sehen, daß bei dem Ist-Soll-Vergleich der Skalenwert 7 nicht überboten und der Skalenwert 1 nicht unterboten werden konnte. Voten in dieser Richtung konnten also nur zu Wertungen "sollte so bleiben wie es ist" verrechnet werden. Wenn also jemand der Meinung war, daß eine kirchliche Aktivität heute schon sehr stark ausgeübt wird, er aber sagen möchte, dies müßte noch stärker zutreffen, so war dies nach der Logik der Verrechnung nicht möglich.

Höchst anzweifelbar erscheint uns die Interpretation der so gewonnenen Zahlen, d.h. es stellt sich die methodologische Frage der Gültigkeit: Drücken die erfragten Antworten tatsächlich das aus, was die Interpretoren herausgelesen haben, und sind die vorgenommenen direkten oder indirekten Handlungsempfehlungen empirisch begründet?

Zunächst zum Ergebnis: Bei den ersten sieben der aufgezählten Aktivitäten haben mehr als die Hälfte Ist und Soll jeweils so beurteilt, daß daraus nach der Logik der Fragetechnik abzuleiten ist, daß diese Aktivitäten stärker zutreffen sollten ; 3o bis 4o% der Befragten meinten jeweils, die entsprechenden Aktivitäten sollen so bleiben wie sie sind; lediglich unter 1o% der EKD-Protestanten gaben durch Ist-Soll-Vergleich indirekt zu verstehen, diese Aktivitäten sollten weniger zutreffen. Bei den letzten fünf Aktivitäten zeigte sich stärkere Ablehnung. Danach sollte sich die EKD weniger engagieren bei: Erziehung der Kinder (19%!), Erziehungs- und Eheberatung (18%), Entwicklungshilfe (23%), Stellungnahmen zu politischen Fragen (48%), Kirchenbau (51%).

Aus dieser Verteilung schließt die EKD-Studie (S.209), durchweg mehr als die Hälfte aller Befragten sei der Meinung, die Kirche solle sich ändern. Das kann man noch akzeptieren. Fragwürdig ist indessen die weitere Folgerung über die Richtung der mehrheitlich erwünschten Veränderung: "Überspitzt ausgedrückt ist tatsächlich die Mehrheit der Evangelischen der Meinung, die Kirche solle mehr Kirche sein, und zwar im vertrauten traditionellen Sinn."
Und weiter (S.211): "Man will die alte, die vertraute Kirche, die verständlich predigt, dem einzelnen in seinen existenziellen Problemen beisteht und für die Hilflosen sorgt. Man will diese 'alte' Kirche deutlicher und aktiver als bisher Aber man will, daß sie ihre konfessionelle Exklusivität aufgibt und mit anderen Kirchen kooperiert."
Und noch etwas weiter (S.212): "Das Soll der Kirche ist danach: Seelsorge, Diakonie und Verkündigung, in dieser Reihenfolge. Es sind Funktionen, die das Kirchenmitglied selbst ganz unmittelbar betreffen oder betreffen könnten: sei es sein eigenes Dasein oder seine eigene Gruppe."

Die Aussagekraft dieser inhaltschweren Feststellungen wird zu Anfang durch die Autoren zwar als begrenzt bezeichnet; das verhindert dann aber doch nicht, daß diese Aussagen in der anschließenden "Bilanz unter praktisch-theologischen Gesichtspunkten" und in einer Reihe von untersuchungsnahen Kommentaren (vgl. MATTHES (Hrsg.) 1974 und THEOLOGIA PRACTICA 9(1974) Heft 4) ohne Einschränkung übernommen wurden. Die allgemeine Rezeption der Studie ging auf die Gültigkeitsfrage und die Interpretationsgrenzen erst recht nicht mehr ein.

So steht denn als Ergebnis, die Protestanten hätten mit überwältigendem Votum für eine "Erneuerung der alten Kirche" plädiert - eine übrigens sehr diplomatische Formel, welche die EKD-Leute da geprägt haben - und darunter sei zu verstehen mehr Seelsorge, mehr Diakonie, mehr Predigt.

Das Votum für die Diakonie ist offensichtlich, wenngleich keineswegs überraschend. Aktivitäten für Alte, Gebrechliche, Körperbehinderte etc. finden breiteste Zustimmung - gleichgültig, welche Organisation sich darum bemüht.

Von der Seelsorge oder vom Predigen war freilich in den Fragen keine Rede. Folglich haben die Befragten dazu auch kein Votum abgegeben. Wer dies aus den Fragen herausliest, überinterpretiert die Ergebnisse. Es ist üblich, auf induktivem Wege Detailaussagen zu verallgemeinern und zu Oberbegriffen zusammenzufassen; die umgekehrte Deduktion - aus allgemeinen Fragen und den Antworten dazu Einzelaussagen abzuleiten -, dies kann bei einigermaßen engen empirischen Regeln nicht wünschbar sein.

Es ist ein Standard-Beispiel aus der empirischen Sozialforschung: Die Leute sind allermeist für abstrakte Werte (Freiheit, Gleichheit etc.) reagieren aber auf konkrete Indikatoren ("würden Sie gestatten, daß Ihre Tochter einen Neger heiratet....?") doch beträchtlich anders.

Die Verfasser haben - wohl eingedenk dieser Problematik - fein zu relativieren versucht, indem sie an einer Stelle (S.235) von einer Verstärkung der Seelsorge "im unspezifischen Sinn" sprechen, beseitigen aber damit nicht die Interpretation, daß die Protestanten nach mehr Seelsorge rufen.

Die Interpretation wird auch sachlich relativiert durch andere Fragen. Hierbei wird klar, daß die Voten für die kirchlichen Aktivitäten recht pauschal getroffen wurden - offenbar eher mit Gedanken, daß sie für andere Menschen, aber nicht für einen selber gut sind.

Ein Beispiel: 54% der Befragten waren in der bereits bezeichneten Weise dafür, daß die ev.Kirche sich noch stärker bei der Unterhaltung von Krankenhäusern engagieren sollte. Aber danach befragt, ob sie - bei gleich guter Ausstattung - lieber ein kirchliches oder ein städtisches Krankenhaus aufsuchen möchten, waren lediglich 35% für das kirchliche Krankenhaus! (vgl. MB S.314), und dies, abgleich 42% der Befragten zudem der Ansicht waren, daß man sich in kirchlichen Krankenhäusern "mehr um den ganzen Menschen kümmert" (MB S.318). Offenbar ist die kirchliche Sorge nicht so erwünscht, wie die Aktivitätsfragen dies glauben machen.

Noch größer ist die Differenz bei der Eheberatung:
Für diese Aktivität waren ohnehin nur 35% Verstärkungsvoten ermittelt worden, aber direkt befragt mochten klägliche 11% angeben, eine kirchliche Beratungsstelle komme für sie in jedem Falle in Frage; 42 von hundert Protestanten meinten rundweg, daß bei ernsten Problemen in der Ehe eine kirchliche Einrichtung nicht in Frage komme; 46% sagten vielleicht (MB S.311).

Leider fehlen just bei diesen Ergebnissen der EKD-Studie die sonst vorgenommenen Differenzierungen nach den Sozialdaten und den Daten über den Grad der Verbundenheit mit der Kirche. Es ist zu vermuten, daß das durch die isolierte Interpretation der Aktivitäts-Frage so positiv ausgefallene Ergebnis durch eine solche Differenzierung noch um einiges schwächer würde.

Soweit zu der eher internen Gültigkeitskritik. Aber die EKD-Studie wollte ja auch Aussagen zur Austrittsproblematik tun. Die Verbindung zwischen den besprochenen Aussagen über die kirchlichen Funktionen und der Austrittsfrage wurde ziemlich kurz und kurzschlüssig im letzten Abschnitt des Untersuchungsberichts hergestellt (S.284ff). Hier erscheint der Kirchenaustritt (mit Bezugnahme auf DAHM 1971, S.125ff) als "Quittung für funktionale Frustration". Wenn in diesem Zusammenhang nun (S.286) auf die Amtshandlungen, die personale Präsenz des Pfarrers, die zeitnahe Verkündigung, nachgehende Sorge für den einzelnen etc. verwiesen wird, so liegt dieser typisch kirchliche Denkfehler vor, von dem Eingangs die Rede war.

Er besteht darin, daß man mit den (wie auch immer gültigen!) Befunden über kirchenverbundene Personen zugleich Aussagen treffen will über kirchenferne Personen. Dies wird umso bedenklicher sein, als es sich um Mitglieder handelt, die schon an einen Austritt gedacht haben. Was sollen die Hinweise auf die "helfende Begleitung" etc. wenn diese gar nicht mehr erwünscht ist. Der Denk- und Wahrnehmungsfehler besteht darin, zu glauben, daß eine Intensivierung der Seelsorge (womöglich noch bis zur katholischerseits so beliebten Steigerung - der "Volksmission") just die Mitglieder wieder stärker der Kirche verbinden würde, welche sich doch bereits der "normalen" Seelsorge entziehen, bzw. noch nie davon angezogen worden waren.

Damit wird absolut nicht geleugnet oder übersehen, daß aufseiten auch der kirchenfernen Mitglieder ein Bedürfnis nach den kirchlichen Amtshandlungen "an den Knotenpunkten des Lebens" vorhanden ist - im Gegenteil! Aber es ist doch höchst zweifelhaft, ob die Mitglieder, die gerade noch oder bereits schon nicht mehr Wert auf diesen Service der Volkskirche legen, durch eine bessere Versorgung in dieser Hinsicht vom Austritt abgehalten werden. In der harten Sprache des Marketing: Die Überlegungen gehen an der Zielgruppe der kirchenmüden Mitglieder einfach vorbei.

Diese Pastorationstrategie, die vermeintlich die Fernstehenden bekehrt, in Wirklichkeit aber immer nur die Kerngemeinden erreicht, hat eine lange Vergangenheit.

Kurz nach der Jahrhundertwende hat der weitsichtige (weil pessimistisch-realistische) Wiener Pastoraltheologe Heinrich SWOBODA in seiner Schrift über die Großstadtseelsorge (1909) bemerkt, ein schwerer Fehler der Kirche sei es, wenn immer nur diejenigen bekehrt werden, die schon bekehrt sind. Mit gutem Grund macht ZULEHNER (1974) diesen Satz zum Motto seiner Überlegungen zu einer Fernstehendenpastoral (bzw. wie er sagt, zu einer "Auswahlchristenpastoral").

Im bekannten kath. "Lexikon für Theologie und Kirche", Ausgabe 1933 (S.989) empfahl ALGERMISSEN der Seelsorge als Mittel gegen die Austritte: die Teilung übergroßer Pfarreien in kleinere Seelsorgebezirke, den Zusammenschluß der Pfarrfamilie durch den regelmäßigen Hausbesuch von Seelsorgern und Laienhelfern, das Aufsuchen von Zugewanderten; soziale und caritative Arbeit, Familienfürsorge; Bildungspflege; Aussendung von Laienaposteln, Kirchenzeitungen und Flugblätter speziell für die "erobernde und zurückgewinnende Seelsorge".

Vor allem der <u>Hausbesuch des Pfarrers</u> wird auch gegenüber den Austritten in unseren Tagen wiederum als pastorales Heilmittel empfohlen. Die EKD-Studie gibt in ihrer zu positiven Interpretation der Pfarrerrolle scheinbare empirische Rechtfertigung in dieser Richtung. Dabei sagen die Daten speziell über den Hausbesuch keineswegs, daß der Hausbesuch so erfolgreich sei (vgl. S.59ff).

Bei der Frage des <u>Hausbesuchs</u>, also dort, wo man wirklich von einem persönlichen Kontakt sprechen kann, zeigt sich die Distanz zur Kir-

che in der bekannten Abstufung: Lediglich ein
Drittel der befragten Protestanten würde es
begrüßen, wenn der Pfarrer sie besuchte. Dabei
handelt es sich aber überwiegend um solche Mitglieder, die der Kirche ohnehin sehr verbunden
sind, insbesondere ältere Leute.

Der Kirche überhaupt nicht oder kaum Verbundene
hingegen legen offenbar ziemlich wenig Wert auf
Kontakte mit dem Pfarrer. Immerhin gaben 22%
der überhaupt nicht Verbundenen an, der Pfarrer
habe bei ihnen zu Hause nichts zu suchen. Weitere 49% würden zwar einen Pfarrer nicht wegschicken, zeigen sich aber ziemlich wenig interessiert an einem Besuch; rund ein Viertel braucht
den Pfarrer nicht, fände es aber schon einmal
interessant, ein Gespräch mit ihm zu führen. Nur
5% der Kirchenfernen würden einen Pfarrerbesuch
begrüßen. Ähnliche Ergebnisse auch bei der VELKD-
Erhebung (vgl. SCHMIDTCHEN 1973a, S.229).

Mit Sicherheit ist also der Hausbesuch nicht
"die beste 'Medizin' gegen alle Kirchenaustrittsmotive" (wie dies unlängst ein ev. Bischof seinen
Pfarrern empfahl; vgl. epd Nr.47/1975 vom 7.3.75).

Daß die Kirchenaustritte von 1975 gegenüber den
Vorjahren zurückgegangen sind, ist mit Sicherheit nicht auf kirchliche Bemühungen zurückzuführen. Ganz genau so wie in den Jahren zuvor
(vgl. oben 3.2.2.) haben wir es auch bei dieser
Bewegung der Zahlen mit gesamtgesellschaftlichen
Faktoren zu tun. Denn der Rückgang ist unabhängig
von Region, Konfession, Wohndichte etc. eingetreten.

Freilich ist für die Pastoralplaner hier guter Rat teuer. Denn es ist der soziologische Verdacht nicht von der Hand zu weisen, daß eine Fernstehenden-Seelsorge als solche schon einen schwer lösbaren Widerspruch in sich birgt: Zu sehr scheint der <u>Inhalt der Heilslehre</u> von bestimmten <u>Sozialisationsformen</u> abzuhängen; waren diese nicht hinreichend gegeben, vermag auch die engagierteste "Binnenmission" schwerlich zu kompensieren. Viel eher erregen Missionierungsversuche gegenüber Kirchenfernen noch weiteres Ärgernis, weil sie von diesen als Aufdringlichkeit empfunden werden, oder man ignoriert solche Versuche schlicht. Dies gilt umso mehr für Ausgetretene.

Die ev. Kirche von Berlin vermerkte in einer Auswertung von gemeindlichen Aktivitäten anläßlich der Austrittssteigerungen ehrlicherweise, daß <u>Schreiben</u> an Ausgetretene meist <u>erfolglos</u>, <u>Hausbesuche</u> meist <u>peinlich</u> und <u>Einladungen</u> zu <u>Diskussionen</u> meist <u>ohne Echo</u> waren.

Mit anderen Worten: Mitglieder, die am kirchlichen Leben nicht mehr teilnehmen oder es noch nie getan haben, sind <u>für spezifisch kirchliche Animierungsversuche</u> verloren.

Dies ist wieder anschaulich mit dem Konstrukt der sozialen Bindung darzulegen: Kirchliche Versuche einer "Attraktivierung" (wie man neuerdings sagt) müssen fehlschlagen, wenn keine Bindungen mehr da sind, an welchen die "Anziehung" wirksam werden könnte. Der Sachverhalt ist einfach, scheint aber in der Reflexion kirchlicher Handlungsträger nur sehr zögernd beachtet zu werden. Ist es nicht verwunderlich, daß die kirchliche Pastoral-Soziologie diese Frage der seelsorgerischen Effizienz bislang noch nicht ernsthaft in Angriff genommen hat, obgleich sie doch die Grundlage alles Handelns sein müßte?!

Die Antwort der Synoden-Umfragen

Die kath. SYNODEN-Umfragen waren weniger auf Probleme der Kirchenaustritte gerichtet, aber es zeigt sich die besprochene Denkart gegenüber Kirchenfernen sogar noch deutlicher, insofern die Bindungsfrage gänzlich auf die spirituelle Orientierung reduziert wird.

Ausgehend von der Feststellung, daß die Kirche in ihrer sozial-caritativen Funktion auch von Kirchenfernen akzeptiert wird, stellte SCHMIDTCHEN (1972, S.25ff) die Frage: "Liegt nicht in dieser Beobachtung die Chance, über die utilitarische Funktion die Gruppe der Kirchenfernen anzusprechen? Kann nicht über die Einsicht in den Nutzen der Kirche die missionarische Aufgabe erfüllt werden? Kann die Kirche durch entgegenkommende Anpassung etwas gewinnen?" (S.26).

Die Frage verfolgt offenbar einen praktischen Zweck, aus den Untersuchungsergebnissen Hilfen für amtskirchliche Entscheidungen zu geben. Aus wissenschaftlicher Sicht (nicht aus der eines zielkonkurrierenden Ratgebers!) ist zunächst unklar, was da erreicht werden soll. Der Autor hat leider in diesem so wichtigen Punkt, wo aus der Analyse Anleitungen zum Handeln gezogen werden, die unpräzise Kirchensprache übernommen. Was heißt "die Kirchenfernen ansprechen", was "missionarische Aufgabe" und inwiefern kann die Kirche "etwas gewinnen".

Im weiteren (vgl. S.3of) stellt sich dann heraus,
daß damit gemeint war, den "Kirchenbesuch zu beeinflussen", wobei immer noch unklar bleibt, ob
dieser wieder erhöht werden oder ob nur der Rückgang gebremst werden soll.

SCHMIDTCHEN beantwortet nun die Frage nach der Be-
einflußbarkeit des Kirchbesuchs von Kirchenfernen
so: Er zeigt, daß Kirchenbesucher eher "spirituell
orientiert" sind (d.h. besonderen Wert auf die Messe
legen, den Priester als Sakramentenspender betrachten u.a.) und weniger an ein "gesellschaftliches Engagement" der Kirche denken (z.B. Einsetzen für ein
menschenwürdigeres Leben aller).
Freilich stützt sich ausgerechnet dieser Nachweis
auf das Material der schriftlichen Umfrage, die mit
4,4 Mio Fragebögen zwar einen gigantischen Daten-
berg erbracht hatte, aber durch die Verteilung der
Fragebögen in den Kirchen und die Selektivität des
Rücklaufs eine beträchtliche Schiefe im demographischen Sinne und in Richtung des Sponsorship-Effektes
hatte und deshalb auch im Untersuchungsbericht kaum
herangezogen wird. Dort wird vornehmlich das Material aus einer mündlichen Repräsentativerhebung
(N=4ooo) anhand eines ganz anderen Fragebogens analysiert.
Alleine von der Datenseite her gesehen, scheint es
mithin sehr riskant, wenn SCHMIDTCHEN (S.3o) Konsequenzen auf der Hand sieht, wonach die Kirche durch
utilitarische Anpassung "nichts gewinnen könne".

Ferner: Die Frage ging nach dem Kirchenbesuch der
Kirchenfernen, die Antwort aber bezieht sich auf
die Reaktionen der Befragten insgesamt. Nicht diffe-

renziert wurde nach dem Alter der Befragten, das bei derlei Fragen von Orthodoxie und Orthopraxie entscheidenden Einfluß hat.

Und schließlich: Aus den dargelegten Einflüssen im statistisch-statischen Sinne ist nicht zu entnehmen, wie das Kirchvolk - vornehmlich die Kirchenfernen - auf eine sich - wie auch immer - nützlicher machende Kirche reagieren würde. Alles in allem scheint deshalb der von SCHMIDTCHEN gezogene Schluß, der doch immerhin eine strategische Frage der Kirchenpolitik betrifft, empirisch nicht gesichert zu sein.

<u>Fassen wir zusammen</u>: Die Strategie, die Nutzenbindung der Mitglieder zu stärken, <u>verengt sich in kirchlicher Betrachtung darauf, die Seelsorge und die seelsorgerischen Dienste auszubauen</u>. Dies wird unterstützt von der Argumentation der kirchennahen Sozialforschung.

Insofern durch diese Strategie nur die ohnehin Kirchentreuen erreicht werden, die an eine Aufgabe der formellen Mitgliedschaft nicht denken, ist das kirchliche <u>Tun</u> auf die Austritte wahrscheinlich ohne Bedeutung.

Das <u>kirchliche Handeln</u> in dieser Richtung, der Verstärkung der Seelsorge, besteht aber zugleich auch in einem <u>Unterlassen</u> - von größeren Reformen nämlich. Die Empfehlungen lauten auf Erhaltung der Volkskirche in ihrer gegenwärtigen Gestalt und Struktur.

Wenngleich die funktionalen Begründungen dafür unzureichend erscheinen, dürfte eine Zurückhaltung bei Reformen (zur Erreichung nur sehr vage definierter Ziele) aber umso besser begründbar sein mit Blick auf die traditionale Bindung.

Es fällt auf, daß besonders die EKD-Studie mehrfach darauf hinweist, wie sehr die Kirchenbindung auf traditionalen Orientierungen beruht, dann aber doch ihre zentralen Aussagen und Schlußfolgerungen, welche das kirchliche Handeln betreffen, aus der funktionalen Betrachtensweise begründet. Dies ist nicht verwunderlich, wenn man bedenkt, daß im Selbstverständnis von Kirchenleuten ein Denken dieser Art sehr ausgeprägt ist. Zudem muß man berücksichtigen, daß die Studie in ihren Aussagen weitenteils an Pfarrer gerichtet ist, die - konfrontiert mit der sinkenden Nachfrage nach kirchlichen Diensten (etwa dem Gottesdienst) und z.T. ausgehend von anderen Prioritäten - selber an der Sinnhaftigkeit ihres eigenen speziell kirchlichen Tuns in Zweifel geraten sind. So lautet denn der Appell an die Pfarrer: So wie ihr es bisher getan habt, so ist es richtig, denn die Mehrheit der Volkskirche erwartet dies!

Kommunikation, Image, Public Relations

Das gegenwärtige Zauberwort, unter dem viele kirchliche Bemühungen laufen, heißt Kommunikation. Man kann sagen, daß der gesamte Bereich der kirchlichen Kontakte, - auch der der Verkündigung, unter neueren Gesichtspunkten der Kommunikation einschließlich der Massenkommunikation neu aufgearbeitet wird.
Um nur ein paar Titel aufzuführen: BASTIAN 1969; 1972; LOREY 1970; ALBRECHT 1974; SCHMOLKE 1971; BAHR 1968; K.W.BÜHLER 1968.

Dabei sind zwei sehr unterschiedliche Ziele leitend: Es geht zum einen um eine Verbesserung der Kommunikationsstile, -strukturen, Methoden etc. im Hinblick auf die zu erreichende Zielgruppe. Also die Kirchenmitglieder in größerer Zahl und effizienter als bisher anzusprechen.

Zum anderen werden Kommunikationsprozesse und die stützenden Strukturen selber problematisiert. Es geht hierbei nicht um die Reform bestimmter Methoden zur Erreichung alter Ziele, sondern um eine Verschiebung der Ziele und wesentlicher sozialer Strukturen in der Amtskirche selber!

Die theoretischen Bemühungen um die kirchliche
Kommunikation halten nun bereits einige Jahre an.
Wohl gibt es auch Ansätze in der Praxis. Mindestens für die <u>distanzierten Kirchenmitglieder</u> läßt
sich indessen behaupten, daß sie bislang von neuen
kirchlichen Kommunikationsversuchen nicht berührt
worden sind. Dies ist schlichte Alltagserfahrung;
gäbe es solche Versuche, müßten sie außerhalb der
Kirchenmauern, in der säkularen Öffentlichkeit sozusagen, wahrgenommen worden sein. Dies war offensichtlich nicht der Fall.

So scheint, daß auch die neueren Kommunikationsversuche an der strukturellen Schwäche kirchlicher
Sendung überhaupt leiden. Sie erreichen nur diejenigen, die "Ohren haben zu hören".

Dies ist zweifach zu verstehen: von der gegebenen
<u>Kommunikationsstruktur</u> her (die beste Predigt erreicht eben doch nur Kirchgänger...) als auch von
der <u>geringen perzeptiven Reichweite</u> von Informationen, die als kirchlich erkennbar sind.
Zur geringen Reichweite der kirchlichen Medien vgl.
die jüngeren Befunde der EKD-STudie (1974, S.75ff):
"Es kann nicht die Rede davon sein, daß die Kirche
über Presse, Fernsehen und Hörfunk in beträchtlichem
Maße andere Personengruppen erreichte, als durch
den sonntäglichen Gemeindegottesdienst" (S.82);
vgl. ferner BAUKLOH 1966; H.WAGNER 1974, Bd.2, S.16ff;
KLAUS 1969, S.117f; SCHMOLKE 1971;

Der moderne Kommunikationsbegriff stellt ferner
auf den <u>Inhalt</u> ausgesendeter Informationen und die
<u>Reaktion des Empfängers</u> ab. Aus der Sicht des Senders ist die Kommunikation jeweils erfolgreich, wenn
der Empfänger so reagiert, wie dies mit der Information beabsichtigt war.

Das _jeweilige Ziel_ gegenüber einem __bestimmten__ __Adressaten__ entscheidet mithin darüber, wie die Kommunikation aussehen muß. Dies ist absolut keine Neuheit, scheint aber bei der Frage, wie die distanzierten Mitglieder, die an Austritt denken, "anzusprechen" wenig beachtet zu werden - soweit dies mindestens aus den öffentlichen Überlegungen hervorgeht.

Konkret: Es macht einen _großen Unterschied_, ob man mit den austrittsgeneigten Mitgliedern tatsächlich "ins Gespräch" kommen möchte (sie "an der Kirche wieder interessieren", ihnen "Trost und Sinnspendung" verheißen, ihnen den "Pfarrer als Hilfespenderder" empfehlen, ihnen die "Aktualität der Schrift" zu demonstrieren, die "Sache Jesu" zu erläutern...) oder ob man ohne diesen Aufwand ganz gezielt die _Austrittsneigung dämpfen_ möchte.

Die letztere Möglichkeit mag als zynische Organisationsstrategie erscheinen, die vor allem Kirchenleute wohl zurückweisen werden; sie wollen sich nicht damit begnügen, nur Mitglieder zu erhalten. Obgleich die volkskirchliche Sozialisation weitenteils nur darauf hinausläuft, vertreten sie den Anspruch, wenigstens ein Minimum an Verkündigung unter das Kirchenvolk zu bringen - eine Haltung, die besonders die katholische Öffentlichkeitsarbeit und speziell die kath. Presse geprägt hat und als "unselige Funktionsverwischung" kritisiert worden ist (vgl. H.WAGNER 1974, Bd.2, S.168).

Es bleibt den Kirchen, die einem Mitgliederschwund vorbeugen möchten, nichts anderes übrig, als sehr genau die Strategien zu betrachten, mit denen sie sich an ihre distanzierten und latent austrittwilligen Mitglieder wendet. (Damit ist natürlich nur eine, wenn auch die wichtigste Austretergruppe erfaßt; die Probleme der Amtskirchen mit der breiter werdenden Basis traditionalistischer Gruppen liegen ziemlich anders).

Ein Beispiel, welch naive Vorstellungen über eine Verbesserung der Kommunikation gegenüber Kirchenfernen herrschen, bot die PASTORALKOMMISSION ÖSTERREICHS (PKÖ). Diese schlug in einer "Eingabe an die Österr.Bischofskonferenz" als vorbeugende Maßnahme gegen das Ansteigen der Austritte u.a. vor, die Pfarrzeitungen sollten allgemein stärker auf die Gruppe der Fernstehenden ausgerichtet werden und sollten - man höre! - dort auch "immer wieder Ursache und Anlaß der Kirchenaustritte kommentieren". Intensiver könnte man die "schlummernden Kirchenmitglieder" nicht auf einen Kirchenaustritt aufmerksam machen.

Es ist dies zugleich ein drastisches Beispiel dafür, daß die soziale Eigenart der gemeinhin als "Gewohnheitschristen" bezeichneten Mitglieder kaum richtig erkannt wird; anders sind solche Vorschläge nicht zu deuten.

Wir wissen, daß bei einer Vielzahl von Menschen die Mitgliedschaft in der Kirche keine Selbstverständlichkeit mehr ist. Die Austritte der letzten Jahre und ihre Publizität haben den Zustand alternativloser Zugehörigkeit zerstört. Dies ist nicht bloß eine Veränderung in den Köpfen der Kirchenmitglieder, sondern auch unabhängig vom einzelnen im System überhaupt (Aufmerksamkeit der Massenmedien, wachsender Bestand an Konfessionslosen etc.)

Das Kontinuum der Kirchenferne hat sich um den formellen Austritt erweitert. Inner- und außerkirchliche Ereignisse, die zuvor auf den Mitgliederstand keine nennenswerten Auswirkungen hatten, haben es nunmehr. Deshalb muß eine Kirche, die Austritte vermeiden möchte, versuchen, solche "Austrittsanlässe" zu vermeiden. Dies wird in den seltensten Fällen möglich sein; sei es, daß es sich um kirchlich nicht beeinflußbare Vorgänge handelt (z.B. Steuerreform) sei es, daß es sich um Ergebnisse innerkirchlicher Entscheidungen handelt, die aus dem Selbstverständnis kirchlicher Gruppen ohne Rücksicht auf Mitgliederverluste ergehen (z.B. Ablehnung der Abtreibung).

Wenn sich Ereignisse als solche nicht vermeiden lassen, dann bleiben - um von ihnen ausgehende Negativ-Effekte zu mildern - nur zwei Möglichkeiten: Man versucht erstens, die Kommunikation über den Fall in eine erwünschte Richtung zu lenken bzw. unerwünschte Wendungen zu verhindern. Hier haben Pressesprecher, Öffentlichkeitsreferenten oder höchste Repräsentanten der Organisation selber die richtigen Worte zu finden.

Diese Korrektur der Kommunikation im nachhinein ist generell wenig effizient. Sie ist es um so weniger, wenn negativ bewertbare Informationen auf einen ohnehin negativ bewerteten Kontext stoßen: Negative Nachrichten über einen im schlechten Licht stehenden Akteur "passen" eben und werden entsprechend bestätigend wahrgenommen. Korrekturversuche vonseiten der Betroffenen werden im schlimmsten Falle noch als "Herausreden" gedeutet.

Die Schwächen dieser reaktiven Öffentlichkeitsarbeit sind bekannt. Deshalb bevorzugt man heute mehr und mehr die aktive präventive Öffentlichkeitsarbeit; sie wird als Imagepflege oder - wie es sich durchgesetzt hat - im umfassenderen Sinne als Public Relations (PR) bezeichnet.

PR-Leute warten nicht auf zu korrigierende Information, sondern versuchen, das Vorstellungsbild (Image) des betreffenden Objektes von vornherein so zu gestalten, daß negative Informationen nicht gleich Aha-Erlebnisse hervorrufen. Dazu werden vorhandene positive Züge des zu "pflegenden" Objektes stärker ausgemalt, negative Züge abgeschwächt - vorausgesetzt, man hat durch eingehende Analysen und Befragungen das betreffende "Tiefenbild" ausgelotet. Dies nur in aller Kürze zum Unterschied zwischen der Öffentlichkeitsarbeit alten Stils und moderner PR.

PR in diesem Sinne, also Selbstlob und Selbstdarstellung in dezent-wirksamer Weise, konnte sich bisher in der Kirche nicht durchsetzen. Die Sache soll anscheinend für sich selber sprechen. Diese Haltung wäre noch zu verstehen, wenn man wirklich auf das Selbstlob verzichten würde... aber nein: die Welt ist voll von Eigenlob der Kirchen - nur mit dem Unterschied, daß es nach heutigen Erkenntnissen der Werbepsychologie plump und ineffektiv ist.

Die Kirchen begnügen sich, wenn überhaupt, mit sehr bescheidenen Maßnahmen, während große Firmen, Verbände und Regierungen Public-Relations-Aktionen in wahrhaft strategischem Ausmaße durchführen. Nur ein Beispiel:
Durch eine Reihe von Ereignissen in Zusammenhang mit der Ölkrise im Winter 1973/74 gerieten die großen Raffineriekonzerne unter starke Kritik. Seither läuft bei mehreren Ölfirmen eine ebenso aufwendige wie geschickte ("Es gibt viel zu tun. Packen wir's an") Kampagne zur Wiederherstellung des damals ramponierten Image.

Es ist schon fast eine Ironie der Entwicklung,
daß ausgerechnet die Institution, von der man sagt,
daß sie den Begriff der Propaganda geprägt hat,
sich seit 2ooo Jahren der Verkündigung widmet und
missioniert, sich im heutigen Geschäft der Selbstdarstellung so hilflos anschickt, ja wenn nicht
sogar ablehnend reagiert. An diesen Reaktionen
besonders zeigt sich, wie sehr die Kirchen auf
das System der volkskirchlichen Sozialisation vertrauen, und wie wenig es überhaupt erwägenswert
erscheint, Ersatz für dessen Versagen oder dessen
Aufweichung zu schaffen.

Obschon man nun auch in der Kirche von "Öffentlichkeitsarbeit", "Public Relations", "Imagepflege" und
ähnlichem spricht, geschieht praktisch nicht sehr
viel. Vielmehr scheint man - wie KALUSCHE (1969,
S.87) anmerkte - wohl immer noch an Schaukasten-
werbung vor der Kirche, Plakatwerbung für Gottes-
dienstbesuche und kirchliche Veranstaltungen und
andere biedere Werbung zu denken. Man neigt in der
Kirche dazu, alte Methoden "als Öffentlichkeitsarbeit aufzupolieren"; darauf weist H. WAGNER (1974,
Bd.2, S.168) wiederum hin. Wohl gibt es in beiden
Kirchen Fachleute für PR, aber sie erscheinen
als einsame Rufer in der Wüste. In der EKD steht
der Name Waldemar WILKEN (vgl. 1967) fast als Synonym für PR; zum Verhältnis Kirche-Propaganda vgl.
GODDIJN/GODDIJN (1963, S.167ff).

Die <u>Kritik an der Kirche ist in hohem Maße stereotyp</u>;
sie drückt sich häufig sogar in festgefügten Rede-
wendungen aus. Wir sind auf diesen Sachverhalt bei
Betrachtung der "Kirchenaustrittsmotive" gestoßen
(vgl. oben 6.4.) ; die andere Seite der Medaille,
daß auch Wohlwollen und eigene Zugehörigkeit zur Kirche sich in stereotype Formeln kleidet ("... aber man
muß doch einen Glauben haben", "an irgend etwas glaubt
jeder", "Religion ist gut für die Kinder") ist uns aus
der Analyse der traditionalen Orientierung bereits geläufig.

Hierher gehören auch: Beobachtungen über die Orientierungsebene der Kirchenkritik; sie setzt meist an der Kirche insgesamt an - nicht an der Pfarrgemeinde oder dem einzelnen Pfarrer; Beobachtungen, daß Austreter in ihrer Distanz zum kirchlichen Leben ein sehr konservatives Kirchenbild im Kopf haben (SOZIALTEAM 1973, S.67); daß Austreter angeben, sie hätten im Laufe ihres Lebens weder besonders positive noch besonders negative persönliche Erfahrungen mit der Kirche gehabt (=61% in einer kleinen Stichprobe von FEIGE 1976, S.342).
Zu früheren Hinweisen auf die Kirchensterotypen vgl.
FREYTAG (1959, S.95f);
GUSTAFSSON (1962, S.158f);
PETER-HABERMANN (1967, S.111f).

Stereotypen im hier gemeinten Sinne sind kollektive, sozial vermittelte und verfestigte, vereinfachende gefühlsbetonte Aussagen zur sprachlichen und deuterischen Bewältigung allgemeiner und spezieller Umweltsituationen. Sie interpretieren die Wirklichkeit schematisch. Das Denken in Stereotypen ist eine allgemeine Form der Weltdeutung und keinesfalls - wie die Kulturkritik dies lange meinte - nur den "Ungebildeten" zu eigen. Stereotypen sind Bestandteil der "Definition der Situation" (MEAD) und beeinflussen insofern das individuelle Handeln. Der sozialpsychologische Begriff des Stereotyps wurde von LIPPMANN (1922; dt. 1964) eingeführt und gehört (mit den üblichen terminologischen Verwirrungen) neben den Begriffen Image, Vorurteil und etwa auch der sozialen Topik zu dem, was man als Lehre von den kollektiven Bildern umreißen könnte. Vgl. zu dem Bereich HOFSTÄTTER (1957); KLEINING (1959); B.SPIEGEL (1961); DREITZEL (1962); MANZ (1968); in Zusammenhang mit der kritischen Deutung von Kirchenaustrittsmotiven als Imagebestandteile vgl. GRATHWOL/THOMA (1972) und SOZIALTEAM (1973).

Sprachlich artikulierten Stereotypen entspricht
eine bestimmte Struktur selektiver Wahrnehmung,
welche die Schemata der Wirklichkeitsdeutung immer
wieder bestätigt und widersprechende Inhalte ausschließt. Das heißt mit anderen Worten: Harte Stereotypen sind gegen Alltagserfahrung und frontale
Belehrungen relativ immun.

Diese Stereotypen, Images etc. sind die Realität
für den Markt- und Werbepsychologen, nicht der Gegenstand in seiner objektiven Beschaffenheit. (Vgl.
hierzu sehr treffend: B.SPIEGEL 1961, S.29ff).
Public Relations besteht darin, daß diese Realität
im erwünschten Sinne gestaltet wird, nicht der Gegenstand an sich. (Damit nichts gesagt über die
Notwendigkeit oder Nichtnotwendigkeit auch sachlicher
Veränderungen).

Es kommt also nicht darauf an, wie die Kirche "in
Wirklichkeit" ist oder was sie tut, sondern wie sie
wahrgenommen wird! Wie wenig diese zentrale Einsicht
in die "Objektivität des Subjektiven" (SCHMIDTCHEN) anscheinend in den Kirchen verbreitet ist, zeigt das
Beispiel der Kirchensteuersenkungen - einer Maßnahme,
die nicht wenig unter dem Eindruck steigender Austritte
zustande gekommen war.

Als alle Welt auf die Kirchensteuer als Austrittsmotiv
wies, kamen prompt entsprechende Ratschläge auf, die
Kirchensteuern zu senken.

Zugrunde liegt bei derartigen Empfehlungen wohl der
schlichte Schluß, wenn viele Leute "wegen der zu hohen
Kirchensteuer" und "wegen der Kirchensteuer" überhaupt
 austreten, dann müßten bei Senkung der Steuern weniger
Leute die Kirchen verlassen. Auf die Kurzschlüssigkeit

einer Handlungslogik, welche mitgeteilte individuelle Handlungsgründe mit den Ursachen einer kollektiven Handlungshäufung gleichsetzt, wurde bereits hingewiesen (vgl. oben 4.2.).

In der Tat kam es in einer Reihe von Gliedkirchen zu einer Senkung des Kirchensteuerhebesatzes - so etwa in den Ev. Landeskirchen Pfalz, Rheinland, Hannover, Westfalen und in den kath. Diözesen Aachen, Essen, Köln, Münster, Speyer, Trier. Bemerkenswert dabei ist, daß ein paar Gliedkirchen die Steuer _im Alleingang gesenkt_ und andere damit in harten Zugzwang gebracht hatten, es ihnen nachzutun (epd. ZA Nr. 114 vom 1o. Sept. 1975).

Bemerkenswert ist ferner, daß nach außen argumentiert wurde, die Hebesätze würden gesenkt werden, um sie zu _vereinheitlichen_. Seltsamerweise senkten einige Kirchen von 1o auf 8%, andere von 1o auf 9%, obgleich sie - wie im Falle der Ev. Kirche im Rheinland und der Ev. Kirche Pfalz - Nachbarn sind und zudem Anteile in ein und demselben Bundesland (hier dem Saarland) besitzen. So wundert es nicht, daß der Steuerzahlerbund meinte, die Diskussion um die Kirchensteuersenkung erinnere langsam an ein "Kasperletheater" (vgl. KNA-West 125-154/74).

Aber die vermeintliche Strategie zur Minderung der Kirchenaustrittsgründe brachte noch Ärgeres: Dummerweise traf nämlich der freiwillige Verzicht auf doch immerhin ein Fünftel bis ein Zehntel des Steueraufkommens _mit der staatlichen Steuerreform zusammen_, welche den Kirchen durch Entlastung kleinerer Einkommen ebenfalls weniger Steuern bescherte. Als wäre dies vorher nicht zu sehen gewesen, wurde, nachdem die Dinge bereits beschlossen waren, lamentiert, man müsse den Beschluß über die Kirchensteuersenkung wieder rückgängig machen und dieses "Eigentor" vermeiden (vgl. KNA-WD Nr. 15o vom 23. Juli 1974).

Was hatten die Kirchen, die glaubten, den Austrittsgrund "Kirchensteuer" entschäft zu haben, nun erreicht?

Erstens: auf Dauer beträchtlich weniger Geld in den Kassen; daraus folgend kam es zu Ankündigungen, man werde die Sozialleistungen der Kirchen einschränken - keine besonders gute Empfehlung für die Nutzenbindungen.

Zweitens: An dem Stereotyp, daß die Kirche reich sei, hat sich nicht viel geändert. "Eine Kirche, die freiwillig auf Geld verzichtet, muß in der Tat genug haben..." Für den einzelnen Kirchensteuerzahler macht die Veränderung des Hebesatzes nun ein oder zwei Prozentpunkte nicht viel aus. Die Tatsache der ärgerlichen Kirchensteuer wird durch solche kleine Gesten nicht beseitigt. Auch das staatliche Finanzwesen kann nach Steuererleichterungen keine Verbesserung der Steuermoral feststellen; Steuer bleibt Steuer (vgl. zum Thema: SCHMÖLDERS 196o).

Drittens: Es wurde - gewiß nicht ohne Grund - vermutet, daß eine Kirche, die unter der Kritik an der Steuer und aufgescheucht durch die Austritte ihre Steuern senkt, nunmehr erst recht unter Druck gerät, ihre Steuer weiter herabzusetzen (vgl. ODIN in FAZ v. 8.1.197o). Dafür gibt es bislang, wo die Kirchen allesamt über den Steuerrückgang klagen, zwar noch keine Anzeichen, aber ausgeschlossen ist dies auf Dauer nicht.

Viertens: Eventuell aus der Steuersenkung zu ziehende positive Meinungseffekte wurden im Hin- und Her zwischen den Kirchen und mit Hinweisen auf Einsparungen in dem Bereich, wo Kirchenferne die Kirche ebenfalls als nützlich sehen, vertan. Die Public-Relations-Weisung "Tu Gutes und rede darüber!" (ZEDTWITZ 1961) stand umsonst. Wozu - so muß man am Ende fragen - wozu also eine Steuererleichterung?

Da es nicht unsere Aufgabe ist, eine Marketing-Konzeption für die Zielgruppe der austrittsgeneigten Mitglieder auszuarbeiten, fassen wir zusammen: Die Kirchen vernachlässigen (anscheinend in einer jener typischen Distanzierungen zur "Welt") sträflich den Bereich der Public-Relations. Sie werden deshalb wenig darauf hoffen können, daß positive Veränderungen von Kirchenfernen entsprechend gewürdigt werden und negative Vorkommnisse als "Ausnahmen" abgetan werden. Die von SCHMIDTCHEN (1972) in den Synoden-Umfragen demonstrierte Gefährdung der kirchlichen Mitgliedschaft durch Konstellationen kognitiver Dissonanz wird unter diesen Umständen wohl noch eine Weile erhalten bleiben.

Entpolitisierung der Kirche?

Die Empfehlungen, mehr Seelsorge zu betreiben, sind nicht bloß als isolierte Maßnahme gegen die Kirchenaustrittssteigerungen zu sehen. In diesem Punkt verbindet sich das Problem der Kirchenflucht mit einer der brisantesten innerkirchlichen Auseinandersetzungen. Dies betrifft vor allem die ev. Seite, ist aber auch katholischerseits akut: Es wird nicht nur eine Verstärkung der Seelsorge und der Spiritualität gefordert - verbunden damit ist der Ruf nach einer Entpolitisierung der Kirche.

So meinte der Vizepräsident der EKD-Kanzlei in Hannover, WILKENS, die Kirche hätte ihr "Konto an Bemühungen um die Ordnung der Welt überzogen" und riet, wieder "mehr Kirche der Seelsorge" zu werden (vgl. Epd Pfalz, Nr. 93 vom 3.12.1975). In ähnlicher Form äußerte sich - um noch eine Stimme von vielen zu hören - der Hamburger Bischof WÖLBER (vgl. epd ZA Nr. 214 vom 5.11.1975).Ganz entschieden fördern die Traditionalisten beider Konfessionen eine "unpolitische" Spiritualität.

Und jüngst hat der sozialdemokratische Bundeskanzler und Protestant Helmut SCHMIDT in einem vielbeachteten Interview (vgl. LUTH.MONATSHEFTE Juni 1976) den ähnlichen Standpunkt vertreten.

Auf der anderen Seite stehen die Vertreter einer gesellschaftlich engagierten Kirche, welche ausdrücklich die bestehenden Strukturen als veränderbar und veränderungsbedürftig betrachten, um nur etwa den Berliner Theologen GOLLWITZER (vgl. z.B. 1974) zu nennen. Oder wie es der stellvertr. Ratsvorsitzende der EKD und Kirchenpräsident der EKHN, HILD, ausdrückte: "Eine unparteiische Kirche kann es nicht geben" (vgl. epd Region West Nr. 52 vom 6.5.1976).

Die wahre Auseinandersetzung findet natürlich nicht in magerer Grundsätzlichkeit statt. Stets geht es um sehr __konkrete Kontroversen__ - von den Ostverträgen bis zur Rassenpolitik in Südafrika, von der Abtreibung bis zur Ehescheidung, von der Konfessionsschule bis zu Wahlempfehlungen: Widerspricht die Kirche meiner Politik, so schimpfe ich dies Einmischung in die Politik, billigt und fördert sie meine eigenen Ziele, dann ist daran nichts auszusetzen.... Wegen dieser Zweckmoral sind Umfrageergebnisse, die __nur__ nach der Einmischung in die Politik fragen, nur bedingt gültig.

Daß Kirche mit Politik nichts zu tun habe, ist außerdem eine stereotype Wendung, die nichtssagende Zustimmung provoziert.

"Entpolitisierung" ist aber zugleich politische Semantik. Konservative Kreise - nicht nur in der Kirche - führen den Begriff als Streitwaffe. Sie folgen dabei dem bekannten Schema, daß die Akzeptierung des Status

quo nicht als politisch betrachtet wird, sondern
nur die Veränderung. Erst seitdem sich innerhalb
der Kirchen ein progressiver Flügel entfaltet hat
und so stark wurde, daß er den Kirchenkurs aus der
gewohnten Richtung bringen konnte, tat es not, zur
Entpolitisierung zu rufen. Ganz parallel läuft die
Diskussion beispielsweise ja auch um die Schulen
und ihre Lernziele (vgl. dazu sehr treffend
CUBE 1974).

Die geforderte "Entpolitisierung" meint in Wirklichkeit also konservative Gegenreformation. Das heißt
aber - da es nun einmal eine hinreichend starke
progressive Partei in der Kirche selber gibt - nichts
anderes, als weitere Politisierung (in des Wortes
neutraler Bedeutung).

Der Dauerkonflikt ist hier für die nächsten Jahre
vorprogrammiert - nicht zuletzt auch durch die Verjüngung der kirchlichen Führungsgruppen.

Dabei scheint der Kirchenaustritt oder zumindest die
Drohung mit ihm mehr und mehr zu einem Mittel des
Protests gegen die jeweils mißliebige Kirchenpolitik
zu werden - nunmehr auch aufseiten konservativer Mitglieder. Dies zeigt sich sehr deutlich am sogenannten
"Berliner Kirchenstreit" (vgl. ALBERTZ u.a. 1975 -
aus "progressiver" Sicht).

Diese bislang ernsteste Auseinandersetzung zwischen
den Vertretern der beiden entgegengesetzten Kirchenkonzepte innerhalb der EKD führte Anfang 1974 dazu,
daß von konservativen Gruppierungen der "kirchliche

Notstand" verkündet wurde. Als in dieser emotional
aufgeladenen Lage (vgl. Beitrag der SPRINGER-Presse)
dann im November zwei kirchliche Mitarbeiter in Zusammenhang mit dem Terror-Mord an Kammergerichtsprä-
sident von DRENKMANN verdächtigt wurden, stiegen in
West-Berlin die Kirchenaustritte weit über das übliche am Jahresende zu erwartende Hoch. An einem Tag
erklärten allein über 6oo Personen ihren Austritt
(vgl.dpa vom 27.11.1974; BILD/Berlin vom 26.11.1974).
Im Dezember 1974 wurden über 9ooo Austritte gezählt;
d.h. in diesem einen Monat kam ein Drittel der Jahres-
austritte zusammen.

Offenbar handelt es sich um Protest-Austritte konservativer, der "Bekenntnisbewegung" zuzurechnender Mitglieder. Ob diese Austreter auf Dauer der Kirche fernbleiben oder nach ihrem Protest nicht doch wieder eintreten, müßte näher untersucht werden. Zu vermuten ist
es immerhin. In jedem Falle festigt sich in der Öffentlichkeit der Eindruck, daß die Zugehörigkeit zur Kirche keine selbstverständliche Angelegenheit mehr ist.

Wie dramatisch sich in der nächsten Zeit der Streit zwischen den Kirchenparteien zuspitzen kann, ist schwer
zu sagen. Im Augenblick sieht es in der EKD so aus,
als hätten sich die Fronten etwas gelockert.

Rettung durch Resakralisierung?

Nach Ansicht der katholischen Traditionalisten rührt
die Kirchenkrise der letzten Jahre - unter anderem auch
die Austritte - aus den Reformaktivitäten, welche seit
dem II. Vatikanischen Konzil von den Amtskirchen entfaltet worden seien. Erst wenn der unsinnige Reformismus unterbunden und die nicht zu verhindernden Neuerungen rückgängig gemacht seien, könne die Kirche wieder

genesen. Auf der protestantischen Seite finden sich
die gleichen Bestrebungen. Wir beschäftigen uns hier
mit den kath. Traditionalisten, weil hier die Dinge
durch das Konzil deutlicher liegen.

In der Sache ist der von den Traditionalisten behauptete Zusammenhang zwischen den Kirchenaustrittszunahmen und den Reformen bereits widerlegt. Dennoch
müssen wir die traditionalistischen Sanierungsvor-
schläge und die von ihnen ausgehenden Wirkungen untersuchen. Dies ist deswegen auch interessant, weil
die Traditionalisten mit ihrem Gespür für traditionale Bindungen die hier vorgebrachten Thesen bestätigen.
Es wird sich allerdings zeigen, daß trotz der theoretischen Nähe die Folgerungen für die Praxis auseinan-
derlaufen.

Traditionalisten argumentieren zweigleisig:
Erstens bestreiten sie, daß eine hinreichende theolo-
gische Legitimierung für die zu beobachtenden Änderungen gegeben sei bzw. sie führen Schriftzitate ins
Feld, wonach "kein Jota" verändert werden darf. Dies
ist die theologische Argumentation, die der Soziologe
nicht überprüfen kann.

Dem Soziologen zugänglich ist aber die zweite Argumentationslinie, welcher eine funktionale Betrachtensweise zugrundeliegt. Ein Beispiel für diese Argumentation gibt uns die Schrift des kath. Soziologen SIEBEL
(1971), welcher sich der Traditionalistenbewegung um
Bischof LEFEBRE zuordnet (vgl. SIEBEL 1975).

Angesichts der konziliären Neuerungen spricht SIEBEL
(1971, S.96ff) von einem Abbau der expressiven Mitglied-
schaftsgebote (z.B. Ohrenbeichte, Fastengebot, Bußgebet)
und einer Reduktion der expressiven Kultbestandteile

(z.B. Symbole, Repräsentation, Geheimnischarakter des Kultes). Insgesamt stellt er einen Rückgang der Sakralität des Kultes fest. In der Tat scheinen die angeführten und auch sonst noch heranziehbaren kirchlichen Äußerungen zu belegen, daß eine solche Entsakralisierung des Kultes die Absicht der Reformer war bzw. ist.

Die dagegen vorgebrachten Einwände besagen im Kern: Die Kirche habe durch ihre Abweichungen von den Normen bzw. ihre Aufweichung ihre eigene Zerstörung in die Wege geleitet. Indem die Riten von vermeintlichen Äußerlichkeiten oder unverständlich gewordenem Symbolballast befreit worden seien, seien sie insgesamt relativiert und veralltäglicht worden. Ihre Feierlichkeit und Selbstverständlichkeit sei verschwunden.

Bei näherem Hinsehen sind hier wieder drei Argumente zu unterscheiden. Wir interpretieren und analysieren:

(1) Es bestehe ein Bedürfnis nach sakral-festlichem Kult. Indem die Kirche den Kult aber entsakralisiere, reformiere sie an den Bedürfnissen des Kirchvolkes vorbei.

In der Tat scheint es ein solches Bedürfnis nach sakral-ritueller Überhöhung zu geben, auch bei Kirchenfernen, wie der starke Besuch von Weihnachtsmessen u.a. andeutet. Die Frage ist nur, wie ausgeprägt diese Nachfrage bei der Masse des Kirchvolkes ist und ob die stattgefundenen Änderungen des Kultes von diesen so tragisch genommen werden, daß sie deswegen sich von der Kirche abwenden - also etwa den Gottesdienst meiden oder gar austreten. Wir können dies nicht annehmen, da die Befunde der empirischen Kirchensoziologie dem widersprechen. Die Stabilität bzw. Labilität kirchlicher Teilnahme ist ein in erster Linie und hohem Maße sozial vermittelter, d.h. von sozialen Bezugsgruppen übernommene Verhaltensgewohnheit.

(2) Indem die Kult-Normen gelockert würden und es dem einzelnen weithin überlassen werde, wie er seine sakramentalen Pflichten erfülle, käme eine zwar zunächst begrenzte Freiheit zustande, diese werde aber mit der Zeit zu einer Belastung für den einzelnen, weil sich <u>Verhaltensunsicherheit</u> einschleiche, <u>wenn feste verinnerlichte Normen fehlten</u>. Der individuelle Ermessensspielraum führe mit der Zeit dazu, daß die Norm überhaupt an Geltungskraft verliere.

Dahinter steckt eine bestimmte Annahme über die Persistenz sozialer Normen generell. Sie wird ziemlich gut umschrieben durch das Sprichwort, daß bei Gabe des kleinen Fingers alsbald nach der ganzen Hand gegriffen werde. Deshalb sei auch den kleinsten Anfängen zu widerstehen.

Konkret: Wenn die ursprüngliche Pflicht zum <u>Sonntagsmeßbesuch</u> auch <u>samstags</u> erfüllt werden könne, so verliere das Gottesdienstgebot überhaupt an Geltung. Deshalb dürfe auch in diesem Punkt nichts geändert werden (vgl. SIEBEL 1971, S.97).

Übersehen wird hierbei - und dies erscheint symptomatisch - die <u>Frage der Sanktionierbarkeit schon längst vorhandener Normabweichungen</u>. Es kann nämlich durchaus sinnvoll sein, einen leichten Geltungsverlust einer Norm durch Lockerung dieser Norm aufzufangen. Damit wird erreicht, daß die eigene Sanktionsgewalt nicht durch ständigen Sanktionszwang verschlissen wird. Außerdem: Die gelockerte Norm bleibt immerhin noch grundsätzlich in Kraft, während sonst durch überscharfe Ansprüche auch die Grundsätzlichkeit darunter litte, also die Norm überhaupt abgelehnt würde.

Und schließlich: Eine großzügige Lockerung der
Norm ist eine bekannte Selbstrettungsstrategie
wankender Autoritäten. Sie können so auf Sanktionen verzichten, die sie eigentlich gar nicht mehr
verhängen können und damit den Anschein von Sanktionsgewalt aufrechterhalten.

Von da her gesehen könnte der Soziologe eine Anpassung des Soll an das nicht mehr zu leugnende
Ist eher empfehlen als ablehnen. Es spielt hier
aber noch eine dritte Überlegung mit - und <u>da
treffen sich unsere Thesen über die Empfindlichkeit
der traditionalen Bindung mit den Befürchtungen der
Traditionalisten.</u> Im <u>Endeffekt</u> freilich wird die
<u>Argumentation wieder auseinanderlaufen</u>, weil wir -
anders als die direkt im Handeln engagierten Traditionsgruppen - in soziologisch-neutraler Position
deren Handeln selber wieder unter dem Gesichtspunkt
der bedrohten Traditionalität betrachten. Dies soll
gleich deutlicher werden.

(3) <u>Sakralisierung</u> und <u>Ritualisierung</u> sind die extremsten Formen der Traditionalisierung einer bestehenden Ordnung. Sie erscheint dann nicht nur als
selbstverständlich, sondern auch als heilig, gottgewollt, ewig und immerdar unveränderlich, in sich
selber ruhend, Höheres repräsentierend.... Wenn solche Ordnungen ausdrücklich "entsakralisiert" werden,
so ist dies in der Tat eine Art Zerstörung. Allein
die Tatsache, daß sie als reformierbar herausgestellt
werden und zum Experimentieren aufgerufen wird, ist
bereits eine Störung. Ebenso verhält es sich, wenn
das Unterscheiden in "wesentlich" und "unwesentlich"
beginnt. Gerade die Unveränderlichkeit im Detail

demonstriert stets auf Neue, daß die gesamte Ordnung unveränderlich ist. Ist erst einmal aufgekommen, die Sakralordnung mit bestimmten Zweckerwägungen zu verändern, dann wird der feste Damm der Traditionalität von innen her ausgehöhlt. Man kann Organisationen, die ihre Mitglieder durch traditionale Bindungen vereinen, nicht beliebig verändern. "Man reformiert keine Kirche", wie die Traditionalisten als Losung ausgegeben haben (vgl. dazu sehr deutlich: GERSTNER u.a. 1970, S.7ff).

Aber besteht denn eigentlich noch diese Sakralität, welche die Hüter der Tradition gegen die Reformer verteidigen wollen? Sakralität ist keine objektive Eigenschaft. Sie ist nur indirekt beschreibbar im Bewußtsein der Kirchenmitglieder: Der Kult ist so sakral, wie das Kirchvolk dies empfindet, d.h. es kommt darauf an, ob Personen überhaupt in dieser Kategorie die Kirche beurteilen, und es kommt auf den Grad an.

Die Antwort liegt auf der Hand: Daß so viele Kirchenmitglieder in der BRD die Neuerungen in den Kirchen hinnehmen oder gar begrüßen, spricht wohl nicht dafür, daß die bestehende Kultordnung für unabänderlich und heilig gehalten wird.

Für die ohnehin schon Kirchenfernen, die sich um den Kult kaum noch kümmern, dürften solche Veränderungen weithin irrelevant sein. Man bewertet Reformen der als total veraltet betrachteten Kirche grundsätzlich als positiv, sieht aber darin keine Ursache, wieder in die Kirchbank zurückzukehren. Dem theologischen Reformismus - so schrieb Rüdiger ALTMANN (1970) - gehören die

Sympathien der öffentlichen Meinung, "allerdings nur nach Maßgabe des bekannten Volksliedes: 'Jetzt gang i ans Brünnele, trink aber net'". Diese Haltung ist auch empirisch belegt:

Die Synoden-Umfrage (S.248) hatte danach gefragt, welche Formen der Messfeier die Laien möchten. Freilich waren die Fragen nicht als harte und freie Alternativen gestellt. Gefragt war, ob man <u>abgesehen von den gewohnten Formen</u> (womit die bereits geänderte Messe gemeint war!) u.a. auch die Lateinische Messe möchte: <u>Rund die Hälfte</u> der Katholiken über 16 Jahre mochte nicht, 35% mochten, 16% waren unentschieden. Sympathie bzw. Ablehnung gegenüber der alten Form korrelieren deutlich mit der Häufigkeit des Kirchbesuchs. Die regelmäßigen Kirchgänger mochten zur Hälfte die alten Formen <u>nicht</u> gänzlich zugunsten der neuen aufgeben (aber immerhin 40% wollten es!); von den Nichtkirchgängern lehnten <u>zwei Drittel die Lateinische Messe</u> ab, nur 9% zeigte Sympathie (Reste zu 100% jeweils Unentschiedene).

Aus dem ev. Konfessionsraum gibt es ähnliche Befunde, die eine gegenüber Gottesdienst und dem Pfarrer <u>recht säkulare Einstellung</u> ausweisen. Daran führt kein Weg vorbei! So sagten 62% der VELKD-Protestanten, der Pfarrer könne im Gottesdient statt des üblichen schwarzen Talars ruhig einen ganz normalen Anzug tragen; sogar über ein Drittel der regelmäßigen Gottesdienstbesucher zeigte diese - an traditionalistischen Maßstäben gemessen - ziemlich laxe Haltung. Ganz ablehnen mochten den normalen Anzug lediglich 4% der Befragten, 26% meinten, das passe nicht so richtig (vgl. SCHMIDTCHEN 1973 a, S.231).

Daß das <u>Heiratsverbot</u> für kath. Priester beim Kirchvolk auf allgemeines Unverständnis stößt, ist ebenfalls längst bekannt (vgl. etwa HARENBERG (Hrsg) 1968, S.39f ; SCHMIDTCHEN 1972, S.128ff). Die kultisch-sakerdotale Rolle des Pfarrers ist im Bewußtsein der Gläubigen also gar nicht so unantastbar. Das Charisma ist bereits stark "veralltäglicht".

Dennoch werden die Traditionalisten darauf beharren, den alten, wahren Zustand wieder herzustellen. Ihre Bindung daran ist mehr als traditional - ist <u>traditionalistisch</u>. Der vormals erlebte Zustand ist so fest mit ihrer Persönlichkeitsstruktur verbunden, daß sie die Ab-

weichungen ohne Identitätsverlust nicht hinnehmen
können. Um die Erhaltung der Volkskirche bzw. um
ein Reduzieren der Austritte geht es dabei nicht mehr.
Im Gegenteil: Traditionalisten rufen dazu auf, die "vom
Modernismus verseuchte Kirche" per Austritt zu verlassen (vgl. SIEBEL 1975).

Seit 1970 etwa hat sich der <u>Widerstand der Traditio-
nalisten</u> versteift, seit 1974 etwa ist eine gewisse
Sammlungsbewegung auszumachen. Einen Überblick über
die verschiedensten kath. Gruppierungen gibt LEBENDIGE
SEELSORGE 25(1974) Heft 2/3; zur Selbstdarstellung vgl.
auch GERSTNER u.a. 1970.

Auf <u>harte Konfrontation</u> mit der Amtskirche geht die
Entwicklung, seit sich die Presse im Laufe des Jahres 1976 des Falles LEFEBRE angenommen hat und ihn als
interessante Rebellion gegen Rom verfolgt. LEFEBRE
und seine Anhänger wehren sich vor allem dagegen, daß
seit Frühjahr 1976 der alte Meßritus verboten sein
soll und nur noch nach der neuen Ordnung zelebriert
werden darf.

Der <u>traditionalistische Protest</u> ist offensichtlich ge-
lungen. Damit ist aber - soziologisch neutral betrachtet - <u>genau das in noch weitaus höherem Maße eingetreten, was die Traditionalisten den Reformern selber vor-
werfen</u>: Daß sie die Selbstverständlichkeit der bestehenden Ordnung erschüttern.

Das <u>Kirchvolk</u> hat, wie gesagt, die Neuerungen mehr oder
weniger passiv hingenommen; eine wie auch immer be-
schaffene <u>Legitimität für diese Veränderungen</u> gab und
gibt es wohl (auch wenn sie in der <u>Apathie</u> der Mitglieder begründet ist). Jetzt aber diese Reste traditionaler Bindungen zu erschüttern, ist alles andere, als eine
Resakralisierung.

Das Ziel der Resakralisierung ist soziologisch-funktional einwandfrei zu begründen, wenn wir die Stabilität der Mitgliederbindung als Bezugspunkt nehmen. Rettung durch Resakralisierung ja, - aber nur <u>wenn dies sich in sakraler Stille vollziehen könnte</u>. Die Traditionalisten aber wollen bekehren, wollen den großen Rest mindestens darauf aufmerksam machen, daß die Unversehrtheit der Kirche in Gefahr ist. Um eine Öffentlichkeit für ihre Kritik an Papst und Kirche gewinnen zu können, müssen sie Lärm schlagen, müssen sie die <u>Legitimität der matten Volkskirche in Frage stellen</u>. Wie alle, die sich im wahren und einzigen Glauben befinden, stellen sie die <u>Wertrationalität über die Zweckrationalität</u> (vgl. HOFFER (1965) über den "true believer").

Solche <u>Auseinandersetzungen auf wertrationaler Basis</u> waren zu erwarten in einer Organisation, welche hochgradig auf traditionalen Bindungen beruht und in einem seltsamen Reformeifer dies zu vergessen schien. Je stärker dabei die Retter der Tradition werden, desto größer die Legitimitätseinbuße für die etablierte Kirche, ihre Aktivitäten und ihre Repräsentanten.

Daß der offene Streit der Kirchenleute um die wahre Kirche die Bindungen der Kirchenfernen nicht unbeeinträchtigt lassen wird, liegt auf der Hand. Schwerer wiegt die Tatsache, daß nunmehr auch "mitten in der Kirche" traditionale Bindungen strapaziert werden. Immerhin rufen die Traditionalisten zum Austritt bzw. zur Verweigerung der Kirchensteuer auf! Und so ausgeschlossen ist eine Zuspitzung zu breiter Polarisierung oder zum Schisma nicht mehr.

Holl (1972) trug einige Prognosen für den Stellenwert religiöser Phänomene vor. Er veranschlagte die destruktiven Auswirkungen moderner Bibelkritik, generellen und diffusen Zweifels, moderner Rationalität, der Entmythologisierung u.a. auf die Zukunft des Kultes und damit zusammenhängend auch die Zukunft der organisierten Großkirchen für verhältnismäßig gering (vgl. S.60ff). Die dafür ins Feld geführten Indizien begründen diese Prognose hinreichend.

Nicht beachtet wurde freilich, daß der stattfindende Prozeß der Entsakralisierung irgendwann einmal Toleranzschwellen aufseiten traditionalistischer Mitglieder überschreiten kann und die Entwicklung indirekt eine Dynamik gewinnt, die bei Betrachtung des in der Tat eher trägen Trends der Entmythologisierung nicht festgestellt werden konnte.

Die Entwicklung entbehrt nicht einer gewissen Ironie. Die katholische Geschlossenheit gerät nun erst ernsthaft in Gefahr, da sich hochengagierte Traditionsbewahrer sammeln, die im wahrsten Sinne des Wortes päpstlicher als der Papst sind. Noch vorhandene Selbstverständlichkeiten müssen - um verteidigt zu werden - formuliert, interpretiert und begründet werden: "Tradition wird zum bewußten, prinzipiell festgehaltenen und theoretisch verteidigten Wert gerade dann, wenn ihre Existenz bedroht ist. Man hat daher vom "Übergang des stummen Traditionalismus zum ausdrücklichen Programmsatz" gesprochen (MONZEL 1950, S.41). Eine aus sich selber gerechtfertigte Institution wird mehr und mehr in eine mehr und mehr angreifbare Programmatik gezwungen - das ist von wissenssoziologischer Warte der sich abspielende Prozeß des Traditionsabbruchs. In der Praxis wird man der nun erst richtig in den Pluralismus der Werte entlassenen Kirche schlicht und einfach die Frage stellen: "Was will die Kirche eigentlich?" - und es sieht nicht danach aus, als könnte eine in sich kontroverse Kirche darauf eine "allumfassende" Antwort geben.

∗

9. Ergebnis: Eine soziologische Rekonstruktion der Austrittswelle

Die leitende Frage dieser Analyse hieß: Was hat sich in dieser Gesellschaft verändert, so daß daraus ein Ansteigen der Kirchenaustritte in beobachtetem Maße stattfinden konnte?; wie kann man sich jene Veränderungen vorstellen, die es seit Ende der 6oer Jahre gegeben hat. Eine soziologische Rekonstruktion der Austrittswelle, das war das Ziel.

Rekonstruktion meinte hierbei: Die Ereignisse so wiederzugeben, daß die soziale Wirklichkeit dabei noch sichtbar bleibt. Soziologisch hieß dieser Versuch, insofern er auf allgemeinere soziale Regelmäßigkeiten abstellte. Sie erst erlauben es von der Erklärung eines Vorganges zu reden. Sie machen es möglich, daß wir eine Vielzahl sehr unterschiedlicher Ereignisse in einem Zusammenhang sehen und beobachtete Veränderungen vor den Hintergrund anderer Veränderungen mehr als nur zufällig erscheinen.
In wenigen Sätzen zusammengefaßt könnte das Ergebnis lauten:

Seit Ende der 6oer Jahre ist mehr geschehen, als daß einige - gemessen an der Masse des Kirchvolkes: wenige - Kirchenmitglieder ihrem Unmut über unpopuläre Maßnahmen per Austritt Luft gemacht haben. Vielmehr hat in den Strukturen, die eine äußerst wichtige Komponente kirchlicher Bindung bewirkten, eine Art Bruch stattgefunden.

Damit freilich ist nur eingetreten, was längst zu erwarten war: Das Kontinuum der Kirchenferne hat seinen "natürlichen Nullpunkt" erhalten - den formellen Austritt aus der Kirche als echte Handlungsmöglichkeit.

Kirchenferne mit "natürlichem Nullpunkt"

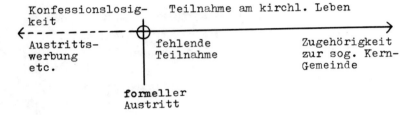

Der festgestellte Bruch fand statt in dem kirchlich so wichtigen Bereich der traditionalen Bindungen. Von daher ist ohne dramatische Veränderungen der Randbedingungen keine Rückkehr zu vormaliger Stabilität zu erwarten. Der Traditionsabbruch hat seine eigene Dynamik.

Die Kirchenaustritte vor Gründung der BRD, insbesondere in der Weimarer Zeit, waren Ausdruck einer Bewegung im Sinne von sozialer Aktion. Die Austrittszunahmen der letzten zehn Jahre als eine "Kirchenaustrittsbewegung" deuten zu wollen, dies wäre - wie wir gezeigt haben - eine grobe Fehleinschätzung.

Es gibt keine ideologische Basis für einen dezidiert antikirchlichen Kurs. Der "Atheismus in den siebziger Jahren" (NENNIG 1970) ist unkämpferisch, neigt zur unpolitischen individualistischen Indifferenz, ist - wie KLOHR (1966. S.22) feststellte - "auf einer relativ niedrigen theoretischen Stufe". Zur Bewegung wird der Atheismus offenbar erst in Symbiose mit primär politischen Ideen.

Die politischen Parteien, von denen starke Impulse kommen könnten, sind offenbar nicht geneigt, sich mit den Kirchen anzulegen und sich auf diesem Wege aus der so begehrten bürgerlichen Mitte vertreiben zu lassen. Gravierende Änderungen von "oben" sind deshalb kaum zu erwarten. Schon gar nicht ist damit zu rechnen, daß an dem Eckpfeiler der kirchlichen Entfaltung in dieser Gesellschaft gerührt wird: Das Verfahren des staatlichen Kirchensteuereinzuges abzuschaffen kann sich niemand mehr leisten.

Denn ein anderes Einzugsverfahren als das bestehende würde den Kirchen beträchtlich geringere Einnahmen (und dazu beträchtlich höhere Verwaltungskosten) bescheren. Erhebliche Geldmengen blieben also bei den privaten Haushalten, während sie jetzt in Form von Steuern für mehr oder weniger öffentliche Leistungen abgeführt werden. Wollte man die Kirchen bei ihrem jetzigen Besitzstand und ihren jetzigen Verpflichtungen als freie Träger belassen, müßte der Staat finanziell in die Bresche springen. Und da genau ist der Punkt, an dem selbst eine erstrebte Trennung von Kirche und Staat schlichtweg zu teuer würde.

Die verzeichnete Abkehr von der Kirche ist politisch gestaltlos. Von daher haben die Volkskirchen wenig zu befürchten. Aber der Damm der Traditionalität hat Risse erhalten; aus relativ oberflächigen Ebenen kollektiver, massenmedial vermittelter Stimmungen können sich Austrittswellen entwickeln.

Die politische Gestaltlosigkeit der Kirchenferne
ist in einem weiteren Punkte gefährlich für die
Kirchen: Es gibt keinen Gegner, auf den hin man
religiöse Erweckung und politische Abwehr mobilisieren könnte. Bei anhaltender Apathie der Mitgliedermassen und einer ihr entsprechenden Routine in
der Verwaltung der Volkskirchen wird der Trend der
Entkirchlichung mit aller Wahrscheinlichkeit anhalten. Der Austritt von Mitgliedern wird dabei nur
eine Konsequenz sein, wie sie auch in anderen Organisationen üblich ist. Wenn man will - nur ein
Schritt im Prozeß der Säkularisierung.

Die Beschreibung kirchlicher Vorgänge bedient sich
gerne biblisch-bildhafter Vergleiche. In seiner
Analyse der früheren Kirchenaustritte benutzte Herbert REICH (1951, S.382) ein Bild, wonach der Nationalsozialismus "in vielen Fällen nur der Windhauch
war, der welke Blätter vom Baum schüttelte". Man
könnte diese Analogie aufgreifen und weiter sagen:
Es gibt aber auch Zeiten, da fallen die Blätter zuhauf von selber, obwohl sich kein Lüftchen regt...
Dieser späte Herbst der Volkskirchen hat längst nicht
begonnen - aber die Blätter sind bunt geworden.

*

10. Literaturverzeichnis

Die Angabe der einzelnen statistischen Quellen ist etwas schwierig, sofern es sich um unveröffentlichte, für den kircheninternen Gebrauch gedachte und deshalb bibliographisch nicht näher bezeichnete Quellen in Form von hektographierten Blättern, Tabellen, Fotokopien aus Anlagen und dgl. handelt. In diesen Fällen wurde im Text nur auf die Herkunft der Daten verwiesen. Beispiel: "Quelle: Ev.K. im Rheinland" besagt, daß die Angaben aus der Kirchenleitung der Ev. Kirche im Rheinland stammen.

Zum Beleg von Tagesereignissen und dazu gehörender sachlicher Einzelheiten wurde meist auf das Nachrichtenmagazin DER SPIEGEL zurückgegriffen, weil dessen Dokumentationsweise dazu am besten geeignet ist. Eine Übereinstimmung in der Bewertung der Ereignisse ist damit nicht notwendig verbunden.

Hier im Literaturverzeichnis finden sich nur Beiträge, auf die zur Analyse Bezug genommen wurde und die im laufenden Text nur verkürzt zitiert wurden. In der Arbeit angeführte Beiträge aus den Massenmedien sind - sofern es sich um objektsprachliche Aussagen handelt - hier nicht noch einmal aufgelistet.

ABELSON, Elliot A. u.a. (Hrsg.): Theories of Cognitive Consistency: A Sourcebook. Chicago: 1968.

ADOLPH, Walter: Die katholische Kirche im Deutschland Adolf Hitlers. Berlin: 1974.

ADORNO, Th. u.a.: The authoritarian Personality. New York: 1950.

AKERMAN, Johan: Das Problem der sozialökonomischen Synthese. Lund: 1938

ALBERT, Hans: Artikel "Prognose". In: Wörterbuch der Soziologie, Bd.3, Frankfurt: 1972. (Fischer Taschenbuch).

ALBERTZ u.a.: "Pfarrer, die dem Terror dienen"? Bischof Scharf und der Berliner Kirchenstreit 1974. Eine Dokumentation. Reinbek bei Hamburg: 1975.

ALBRECHT, Hartmut: Innovationsprozesse in der Landwirtschaft. Saarbrücken: 1969.

ALBRECHT, Horst: Kirche im Fernsehen. Massenkommunikationsforschung am Beispiel der Sendereihe "Das Wort zum Sonntag". Hamburg: 1974.

ALGERMISSEN, K.: Artikel "Kirchenaustritt". In: Lexikon für Theologie und Kirche, Bd. 5, hrsg. von M.Buchberger, Freiburg: 1933.

ALTMANN, Rüdiger: Abschied von den Kirchen. In: Der Spiegel Nr. 28/1970.

AMERY, Carl: Die Kapitulation oder Deutscher Katholizismus heute. Reinbek b. Hamburg: 1963.

AMTSBLATT der Evangelischen Kirche in Deutschland. Hrsg. von der Kanzlei der Ev. Kirche in Deutschland in Hannover.

ARBEITEN ZUR GESCHICHTE DES KIRCHENKAMPFES. Hrsg. im Auftrage der "Kommission der Ev. Kirche in Deutschland für die Geschichte des Kirchenkampfes". Göttingen: 1958 ff.

ASMUSSEN, Hans: Die Macht in der Kirche. In: Christ und Welt vom 27.10.1955, S. 6.

AUFERMANN, Jörg u.a.: Pressekonzentration in der BRD: Untersuchungsprobleme, Ursachen und Erscheinungsformen. In: AUFERMANN u.a. (Hrsg.): Gesellschaftliche Kommunikation und Information, Bd. 1, Frankfurt: 1973.

BAACKE, Dieter: Beat - die sprachlose Opposition. München: 1968.

BAHR, Hans-Eckehard: Verkündigung als Information. Zur öffentlichen Kommunikation in der demokratischen Gesellschaft, Hamburg: 1968.

BAHRDT, Hans Paul: Industriebürokratie. Stuttgart: 1958.

BAIER, Horst (Hrsg.): Studenten in Opposition. Beiträge zur Soziologie der deutschen Hochschule. Bielefeld: 1968.

BANTLE, Franz Xaver: Paul Tillich und der katholische Religionsunterricht. In: Lebendige Seelsorge 25(1974) Heft 5, S. 243-251.

BARNETT, H.G.: Innovation: The Basis of Cultural Change. New York etc.: 1953.

BARTH, Alfred: Gewohnheit, Tugend und gelebter Glaube. In: STACHEL,G. ZENNER, A. (Hrsg.): Einübung des Glaubens. Festschrift für Clemens Tilmann. Würzburg: 1965.

BASTIAN, Hans Dieter: Theologie der Frage. München: 1969.

BAUDLER, Georg: Der Religionsunterricht an der deutschen Schule. Eine erste Bilanz. München: 1971.

BAUKLOH, Friedhelm: Für und wider das Bistumsblatt. Das Dilemma der katholischen Kirchenpresse. In: GREINACHER/RISSE (Hrsg.): Bilanz des deutschen Katholizismus, Mainz: 1966, S.219 ff.

BECKER, Howard S.: Notes on the Concept of Commitment. In: Am. Journal of Sociology 66(1960) S.32-40.

BEISHEIM, Johannes: "Vorübergehend abgemeldet". In: SCHNEIDER, Norbert (Hrsg.): Religionsunterricht. Konflikte und Konzepte. Beiträge zu einer neuen Praxis. Hamburg und München: 1971.

BERELSON, Bernard /JANOWITZ, Morris (Hrsg.): Reader in Public Opinion and Communication. New York: 2. Aufl. 1966.

BERELSON, Bernard/STEINER, Gary A.: Menschliches Verhalten. Grundlegende Ergebnisse empirischer Forschung. 2 Bde., Weinheim: 1972.

BERGER, Peter L.: Soziologische Betrachtungen über die Zukunft der Religion. Zum gegenwärtigen Stand der Säkularisierungsdebatte. In: SCHATZ,O.(Hrsg.): Hat die Religion Zukunft? Köln etc.: 1971.

BERGER,P.L./LUCKMANN, Thomas: Die gesellschaftliche Konstruktion der Wirklichkeit. Eine Theorie der Wissenssoziologie. Frankfurt: 3.Aufl. 1972.

BERGMANN, Uwe/DUTSCHKE, Rudi u.a. (Hrsg.): Rebellion der Studenten. Reinbek b. Hamburg: 1968.

BERICHT VON DER KIRCHE. Hrsg. v. P.G.Eberlein. Lorch/Württ. Heft 4/1970: Eine neue Kirchenaustrittsbewegung.

BERTH, Rolf: Marktforschung zwischen Zahl und Psyche. Stuttgart: 1959.

BETZ, Otto (Hrsg.): Gemeinde von morgen. München: 1969.

BISCHOFF, Ulrich: Grundlagen einer Theorie des Tendenzverhaltens. In: Kölner Zeitschrift für Soziologie und Sozialpsychologie 8(1956) S.92-112.

BLANKENBURG, Erhard: Kirchliche Bindung und Wahlverhalten. Olten und Freiburg: 1967.

BLÜCHER, Viggo Graf: Die Unruhe in der Jugend und das Generationsverhältnis. In: Deutsche Jugend (München) 17(1969) S.107-123.

BLUMER, Herbert: Soziale Probleme als kollektives Verhalten. In: HEINZ/SCHÖBER (Hrsg.): Theorien kollektiven Verhaltens. Bd.2, Darmstadt und Neuwied: 1973.

BOLTE, Karl Martin u.a.: Soziale Schichtung. Köln und Opladen: 2.Aufl. 1968.

BONO, Edward de: Das spielerische Denken. Bern und München: 1970.

BÖCKLE, Franz/HOLENSTEIN, Carl (Hrsg.): Die Enzyklika in der Diskussion. Eine orientierende Dokumentation zu "Humanae vitae". Köln etc.: 1968.

BOGENSBERGER, Hugo: Zum Kirchenaustritt in Österreich. Hrsg. vom Institut für kirchliche Sozialforschung (IKS) Wien: 1969.

BOHRMANN, Günther/BOHRMANN-HEISCHKEIL, Sigrid: Theorie und Praxis kirchlicher Organisation. Opladen: 1971.

BOOS-NÜNNING, Ursula: Soziale Schicht und Religiosität. In: SPIEGEL, Y. (Hrsg.): Kirche und Klassenbindung. Frankfurt: 1974.

BRAMERDORFER, Rudolf/GEBETSBERGER, Johann: Erfahrungen mit dem Wohnviertelapostolat. In: Kirche in der Stadt, Bd.2. Hrsg. vom österr. Seelsorgeinstitut. Wien etc.:1968.

BRAUN, Rudolf: Sozialer und kultureller Wandel in einem ländlichen Industriegebiet im 19. und 2o. Jahrhundert. Zürich und Stuttgart: 1965.

BREZINKA, Wolfgang: Erziehung und Kulturrevolution. Die Pädagogik der Neuen Linken. München und Basel: 1974.

BRIM,O.G./ WHEELER,St.: Erwachsenen-Sozialisation. Stuttgart: 1974.

BRÜCKNER, Peter: Zur Sozialpsychologie des Kapitalismus. Sozialpsychologie der antiautoritären Bewegung. Frankfurt: 1972.

BÜHLER, Karl-Werner: Die Kirchen und die Massenmedien. Hamburg: 1968.

BÜHLER, Karl-Werner: Warum melden die Leute sich ab? Motive und Deutungen der sog. Austrittswelle. In: Lutherische Monatshefte 9(1970) S.161-163.

BUKOW, Wolf- Dietrich: Das Elend der sozialistischen Opposition in der Kirche. Celler Konferenz - Theologie als Gesellschaftstheorie? München:1969.

ders.: Religiöse Sozialisation in der Familie. Heidelberger WiSo Diss. 1974.

BUNDESMINISTERIUM DES INNEREN (Hrsg.) Die Studentenunruhen. Bonn: 1969.

BURGER, Annemarie: Religionszugehörigkeit und soziales Verhalten. Göttingen: 1964.

CAMPENHAUSEN, Axel von: Staatskirchenrecht. München: 1973.

CARRIER, Hervé: Sozialpsychologie der Zugehörigkeit zur Kirche. In: MENGES/GREINACHER (Hrsg.): Die Zugehörigkeit zur Kirche. Mainz: 1964.

CASETTI, Guido: Die Kategorie des sozialen Wandels im Lichte der Konflikttheorie, des dialektischen Hyperempirismus, der Feldtheorie. Freiburg/Schweiz: 1970.

CHILD, Irvin L.: Socialisation . In: Handbook ob Social Psychology, Bd.2, hrsg. von G.LINDZEY, Cambridge, Mass.: 1954, S.655-692.

CHOWN, Sheila M.: Rigidity - A Flexible Concept. In: Psychological Bulletin vol. 56(1959) Nr.3, S.195-223.

CLUB VOLTAIRE. Jahrbuch für kritische Aufklärung. Bd.1-4(1970). hrsg. von G.Szczesny, Reinbek b. Hamburg.

COX, Harvey: Stadt ohne Gott? Stuttgart und Berlin: 1967.

CUBE, Felix von: Schule zwischen Gott und Marx. Konfessionelle Lernziele in einer pluralistischen Gesellschaft. In: Beilage zur Wochenzeitung "Das Parlament" 25/74.

DAHM, Karl-Wilhelm: Beruf: Pfarrer. Empirische Aspekte. München: 1971.

DAHM, K.W./ LUHMANN,N./ STOODT,D.: Religion-System und Sozialisation. Darmstadt/Neuwied: 1972.

DAHRENDORF, Ralf: Pfade aus Utopia. München: 1968.

ders.: Artikel "Sozialer Wandel". In: Wörterbuch der Soziologie. Hrsg. von Bernsdorf,W., Frankfurt: 1972.

DDR-HANDBUCH, hrsg. vom Bundesministerium für innerdeutsche Beziehungen, Köln: 1975.

DEPPE, Frank: Das Bewußtsein der Arbeiter. Köln: 1971.

DESCHNER, Karlheinz: Abermals krähte der Hahn. Eine kritische Kirchengeschichte von den Anfängen bis zu Pius XII. Stuttgart: 1962.

ders. (Hrsg.): Warum ich aus der Kirche ausgetreten bin. Mit einem Anhang "So tritt man aus der Kirche aus". München: 1970.

ders.: Kirche des Unheils. Argumente um Konsequenzen zu ziehen. München: 1974.

DEUTSCHES JUGENDINSTITUT München (Hrsg.) Bibliographie Studentenunruhen. München: 1968.

DEUTSCHE JUNGDEMOKRATEN (Landesverband NRW) Hrsg.: Trennung von Kirche und Staat. Dokumentation. info 8'73 der DJD nrw. November 1973.

DHOOGHE, Jos.: Organisational Problems regarding different types of membership in the church. In: Social Compass 8(1968), S.93-99

DICHTER, Ernest: Strategie im Reich der Wünsche. München: 1974

DIRKS, Walter: Ein "anderer" Katholizismus Minderheiten im deutschen Corpus catholicorum. In: GREINACHER/RISSE (Hrsg.) Bilanz des deutschen Katholizismus. Gütersloh:1966.

DIRKS,Walter/STAMMLER,Eberhard (Hrsg.): Warum bleibe ich in der Kirche? München: 1971.

Der DISSIDENT. Zentralorgan für die Interessen aller Dissidenten. Frankfurt a.M., 1.Jg. (1907) ff.

DOBBELAERE,K.: Une typologie de l'intégration à l'Eglise. In: Social Compass 15(1968) S.117-141.

DÖRGER, Hans-Joachim: Religion als Thema in:SPIEGEL, ZEIT und STERN. Hamburg: 1973.

DREITZEL, Hans Peter: Selbstbild und Gesellschaftsbild. In: Archiv europ.sociol. 3(1962), S.181-228.

ders.: Die gesellschaftlichen Leiden und das Leiden an der Gesellschaft. Stuttgart: 1972.

DREVER, J./FRÖHLICH,W.D.: Wörterbuch zur Psychologie. München: 6.Aufl. 1972.

DRÖGE, Franz u.a.: Wirkungen der Massenkommunikation. Frankfurt: 2.Aufl. 1972.

DRYGALSKI, Reinhart von: Die Einwirkungen der Kirchen auf den Religionsunterricht an öffentlichen Schulen. Göttingen: 1965.

DURKHEIM, Emile: Der Selbstmord. Neuwied und Berlin: 1973.

EISENDRATH, Ernst: Soziale Distanz. In: BECKERATH,E.v. (Hrsg.): Handwörterbuch der Sozialwissenschaften Bd.9,Stuttgart etc.: 1956, S.387-389.

EKD-Denkschrift zur Lage der Vertriebenen. Die Lage der Vertriebenen und das Verhältnis des deutschen Volkes zu seinem östlichen Nachbarn. (v. 1. Oktober 1965, veröffentlicht am 15. Oktober 1965). Abgedruckt in: HENKYS, R. (Hrsg.): Deutschland und die östlichen Nachbarn. Berlin: 1966.

EKD-Sondererhebung. Ergebnisse der Sondererhebungen über die Kirchenaustritte (EKD-internes Informationspapier; 12 hektograph. Seiten).

EKD-Untersuchung, siehe HILD (Hrsg.): 1974.

ELHARDT, Siegfrid: Tiefenpsychologie. Stuttgart: 1971.

ELLWEIN, Thomas: Klerikalismus in der deutschen Politik. München: 1955.

EMGE, C.A : Zur Philosopie der Tradition. In: Geistige Gestalten und Probleme. Festschrift für Eduard Spranger. Leipzig: 1942.

EMNID 1969. Junge Intelligenzschicht 1968/69. Politische Meinungen, Einstellungen und Verhaltensbereitschaften. I: Textbericht. Bielefeld: Juni 1969.

ENGELHARDT, Hans: Die Kirchensteuer in der Bundesrepublik Deutschland. Bad Homburg etc.: 1968.

ders.: Der Austritt aus der Kirche. Frankfurt: 1972.

ENGELMANN,Bernt/WALLRAFF,Günter: "Ihr da oben - wir da unten". Köln: 1973.

ENGELMANN, Hans: Kircheneintritte und Austritte in den Jahren 1950 - 1956. In: KJB 1958, S.412-422.

ENGELMEYER, Otto (Hrsg.): Die Autoritätsdiskussion in der Pädagogik. Quellentexte, Kommentare, Analysen. Neuburgweier: 1973.

epd = Evangelischer Pressedienst (Zentralredaktion Frankfurt/M.)

epd-Dokumentation 50/72, Teil 4: Gesichtspunkte für eine seelsorgerische Handreichung zur Begleitung Ausgetretener.

epd-Dokumentation 44/74. Kirchenaustritte in der Bundesrepublik: Zahlen, Analysen, Entscheidungen.

ERLINGHAGEN, Karl: Katholisches Bildungsdefizit in Deutschland. Freiburg: 1965.

ERMEL, Horst D.: Die Kirchenaustrittsbewegung im Deutschen Reich 1906-1914. Kölner Phil.Diss. 1971.

ESSER, Wolfgang: Religionsunterricht. Positionsanalyse - Grundlegung - Grundrißentwurf. Düsseldorf: 1973.

ders. (Hrsg.): Religionsunterricht und Konfessionalität. München: 1975.

ETZIONI, Amitai: A. Comperative Analysis of Complex Organizations. On Power, Involvement, and Their Correlates. New York: 1961.

ders.: Soziologie der Organisationen. München: 1967.

ders.: The Active Society. London: 1968.

ders.(Hrsg.) A Sociological Reader on Complex Organizations. London etc. 2.Ed. 1970.

ders.: Elemente einer Makrosoziologie. In: ZAPF, W. (Hrsg.): Theorien des sozialen Wandels. Köln und Berlin: 3.Auf. 1971.

EV.LUTH.DEKANAT MÜNCHEN (Hrsg.). Evangelische Gemeinde in der Großstadtregion (1. Teil Dez.1973; danach jahrweise Fortschreibungsberichte.

FABER, Karl-Georg: Theorie der Geschichtswissenschaft. München: 1971.

FEIGE, Andreas: Kirchenaustritte. Eine soziologische Untersuchung von Ursachen und Bedingungen am Beispiel der Evangelischen Kirche von Berlin - Brandenburg. Gelnhausen/Berlin: 1976.

FEND, Helmut: Sozialisierung und Erziehung. Weinheim etc.: 1969.

FISCHER, Erwin: Trennung von Staat und Kirche. München: 1964.

FISCHER-BARNICOL, Hans: Konfessionen - Konventionen. In: Diakonia. Intern. Zeitschrift für praktische Theologie 2(1967) Heft 6.

FRAAS, Hans-Jürgen: Religiöse Erziehung und Sozialisation im Kindesalter. Göttingen: 1973.

FREYTAG, Justus: Die Kirchengemeinde in soziologischer Sicht. Hamburg: 1959.

ders.: Aufgaben und Methoden der empirischen Erforschung von Kirchengemeinden. In: GOLDSCHMIDT u.a. (Hrsg.): Soziologie der Kirchengemeinde. Stuttgart: 1960.

FRIESENHAHN, Ernst/ SCHEUNER, Ulrich: Handbuch des Staatskirchenrechts der Bundesrepublik Deutschland. 1. Bd., Berlin: 1974.

FÜRSTENBERG, Friedrich: Artikel "Religionssoziologie". In: Die Religion in Geschichte und Gegenwart. 3. Aufl. 1961.

ders.(Hrsg.): Religionssoziologie. Neuwied und Berlin: 2. Aufl. 1970.

GABELE, Paul: Zur Theorie des bundesdeutschen Bewußtseins. Bd.1: Ändern ohne zu verändern. Starnberg: 1973.

GAHLMANN, Alfred: Zahlen zur Austrittsbewegung aus dem Religionsunterricht. In: Religionsunterricht an höheren Schulen (Düsseldorf) 14(1971), S.90-93.

GEHLEN, Arnold: Urmensch und Spätkultur. Frankfurt und Bonn: 1956.

ders.: Probleme einer soziologischen Handlungslehre. In: BRINKMANN, C. (Hrsg.): Soziologie und Leben, Tübingen: 1952.

DIE GEISTESFREIHEIT. Monatszeitschrift der Arbeitsgemeinschaft freigeistiger Verbände (Mannheim, vorm. Hannover).

GEPPERT, Hans J.: Wir Gotteskinder. Die Jesus-People-Bewegung. Gütersloh und Würzburg: 1972.

GERSTNER, Elisabeth u.a.: Die katholische Traditionalistenbewegung. Eine Selbstdarstellung. Köln etc.: 1970.

GIESE, Friedrich: Deutsches Kirchensteuerrecht. Stuttgart: 1910.

GIRNDT, Helmut: Das soziale Handeln als Grundkategorie erfahrungswissenschaftlicher Soziologie. Tübingen: 1962.

GLASER, H./SILENIUS,A.(Hrsg.): Protest der Jugend. Analysen - Meinungen - Retrospektive - Diskussion. Frankfurt: 1968.

GLASER,H./STAHL,K.H. (Hrsg.): Opposition in der Bundesrepublik. Ein Tagungsbericht. Freiburg:1968.

GLOY, Horst (Hrsg.): Evangelischer Religionsunterricht in einer säkularisierten Gesellschaft. Göttingen: 1969.

GODDIJN,W./GODDIJN, H.P.M.: Kirche als Institution. Einführung in die Religionssoziologie. Mainz: 1963.

GODDIJN,H./GODDIJN,W.: Sichtbare Kirche, Ökomene und Pastoral. Einführung in die Religionssoziologie. Wien etc.: 1967.

GÖRRES,A.: Pathologie des katholischen Christentums. In: Handbuch der Pastoraltheologie, Bd. 2, Teil 1. Freiburg: 1966.

GOLDSCHMIDT u.a. (Hrsg.): Soziologie der Kirchengemeinde. Stuttgart: 1960.

GOLDSCHMIDT, D./MATTHES, J. (Hrsg.):Probleme der Religionssoziologie (Sonderheft 6 der Kölner Zeitschrift für Soziologie und Sozialpsychologie). Köln und Opladen: 1962.

GOLLWITZER, Helmut: Die kapitalistische Revolution. München: 1974.

GOLOMB, Egon: Ergebnisse und Ansätze pfarrsoziologischer Bemühungen im katholischen Raum. In: GOLDSCHMIDT/MATTHES (Hrsg.): Probleme der Religionssoziologie. Köln und Opladen: 1962.

GRATHWOL, ./THOMA,B.: Analyse der Kirchenaustritte in Mannheim. (unveröffentlichter Untersuchungsbericht 1972).

GREIFFENHAGEN, Martin (Hrsg.): Der neue Konservatismus der siebziger Jahre. Reinbek b. Hamburg: 1974.

GREINACHER, Norbert: Die Entwicklung der Kirchenaustritte und Kirchenübertritte und ihre Ursachen. In: KHB, Bd.25, Köln: 1962, S.441-452.

ders.: Die Kirche in der städtischen Gesellschaft. Mainz: 1966.

ders./RISSE, H.T. (Hrsg.): Bilanz des deutschen Katholizismus. Mainz: 1966.

GRIMM, Susanne: Die Bildungsabstinenz der Arbeiter. München: 1966.

GRIMSHAW, Allen D.: Drei Ansichten über Gewalt in den Städten: Störung von Ruhe und Ordnung, Rassenrevolte, Klassenkampf. In: HEINZ/SCHÖBER (Hrsg.): Theorien kollektiven Verhaltens. 2 Bde. Darmstadt und Neuwied: 1973.

GRONER, Franz: Trends in der katholischen Kirche im Bundesgebiet Deutschland nach dem Konzil. In: Herder Korrespondenz 28(1974), Heft 5.

GROSCH, Heinz: Religionspädagogik am Scheideweg. Der Religionsunterricht zwischen Humanwissenschaften und Theologie. Gütersloh: 1974.

GROSSER, Alfred: Geschichte Deutschlands seit 1945. München: 1974.

GRUBBE, Peter: Der Bruch mit der Kirche. In: STERN Nr. 4/1970.

GUSTAFSSON, Berndt: Staatskirche und Entkirchlichung in Schweden. In: GOLDSCHMIDT/MATTHES (Hrsg.): Probleme der Religionssoziologie. Köln und Opladen:1962.

HABERMAS, Jürgen: Theorie und Praxis. Neuwied und Berlin: 1963.

ders.: Die Scheinrevolution und ihre Kinder. Sechs Thesen über Taktik, Ziele und Situationsanalysen der oppositionellen Jugend. In: BAIER, H. (Hrsg.): Studenten in Opposition. Bielefeld: 1968.

ders.: Zur Logik der Sozialwissenschaften. Frankfurt: 2.Aufl. 1971.

HAHN, Alois: Religion und der Verlust der Sinngebung. Identitätsprobleme in der modernen Gesellschaft. Frankfurt und New York: 1974.

HALBAS, Hubertus: Jugend und Kirche. Eine Diagnose. Düsseldorf: 1965.

ders. Der Religionsunterricht. Didaktische und psychologische Konturen. Düsseldorf: 1965 (zit. 1965a).

ders.: Fundamentalkatechetik. Sprache und Erfahrung im Religionsunterricht. Düsseldorf: 1968.

ders.: Aufklärung und Widerstand. Beiträge zur Reform des Religionsunterrichts und der Kirche. Stuttgart und Düsseldorf: 1971.

HARDER, Theodor: Dynamische Modelle in der empirischen Sozialforschung. Stuttgart: 1973.

HARENBERG, Werner (Hrsg.): Was glauben die Deutschen? Die Emnid Umfrage. Ergebnisse, Kommentare. München und Mainz: 1968.

HASSELMANN, Karl-Bernd: Politische Gemeinde. Hamburg: 1969.

HAUG H.J./MAESSEN,H. (Hrsg.): Was wollen die Schüler? Frankfurt: 1969.

dies. (Hrsg.): Kriegsdienstverweigerer: Gegen die Militarisierung der Gesellschaft. Frankfurt: 1971.

HAVERS, Norbert: Der Religionsunterricht - Analyse eines unbeliebten Fachs. Eine empirische Untersuchung. München: 1972.

HAZARD, Paul: Die Herrschaft der Vernunft. Das europäische Denken im 18. Jahrhundert. Hamburg: 1949.

HECKHAUSEN,Heinz: Eine Rahmentheorie zur Motivation in zehn Thesen. In: Zeitschrift für exp. u. angew. Psychologie 1o(1963), S.604-626.

HECKHAUSEN, Heinz: Leistungsmotivation. In: THOMAE,H. (Hrsg.): Handbuch der Psychologie Bd.2, Motivation, 1965.

HEEK, F. van: Katholizismus und Fruchtbarkeitsstruktur in den Niederlanden. In: MATTHES (Hrsg.) 1965.

HEHLMANN, W.: Wörterbuch der Psychologie. Stuttgart: 11.Aufl. 1974.

HEINE, Hartwig: Tabuverletzung als Mittel politischer Veränderung. In: Deutsche Jugend (München) 17(1969) S.25-34.

HEINEMANN, Herbert: Artikel "Kirchenaustritte". In: Lexikon für Theologie und Kirche. Bd.6, Freiburg: 1961.

HEINEMANN, Horst u.a.(Hrsg.): Lernziele und Religionsunterricht. Köln: 1970.

HEINZ, W.R./SCHÖBER, P.(Hrsg.): Theorien kollektiven Verhaltens. Beiträge zur Analyse sozialer Protestaktionen und Bewegungen. 2 Bde. Darmstadt und Neuwied: 1973.

HELLPACH, Willy: Sozialpsychologie. In: ZIEGENFUß (Hrsg.): Handbuch der Soziologie. Stuttgart:1955.

HELMREICH, Ernst Christian: Religionsunterricht in Deutschland. Von den Klosterschulen bis heute. Hamburg und Düsseldorf: 1966.

HERRMANN, Horst: Ein unmoralisches Verhältnis. Bemerkungen eines Betroffenen zur Lage von Staat und Kirche in der Bundesrepublik Deutscheland. Düsseldorf: 1974.

ders.: Die sieben Todsünden der Kirche. München: 1976.

HERZENSTIEL, Werner: Die gewöhnende Erziehung im deutschen Sprichwort. Saarbrücker Phil.Diss. 1968.

HILD, Helmut (Hrsg.): Wie stabil ist die Kirche? Bestand und Erneuerung. Ergebnisse einer Umfrage. Gelnhausen und Berlin: 1974.
Materialband zum Untersuchungsbericht a.a.O.

HILDEBRAND, Georg: Der Religionsunterricht an den öffentlichen Schulen im bisherigen und neuen Recht. Berlin: 1922.

HIRSCHMANN, Johannes: Wandlungen der für das katholische Verbandswesen bedeutsamen kirchlichen Strukturen und Ziele. In: KRAUSS,H./OSTERMANN (Hrsg.): Verbandskatholizismus? Kevelaer: 1968.

HITPASS, Josef: Einstellungen der Industriearbeiterschaft zu höherer Bildung. Ratingen: 1965.

ders.: Radikale Minderheit - Schweigende Mehrheit. Zur Verhaltensgestalt der studentischen Jugend. Osnabrück: 1974.

HOCHHUTH, Rolf: Der Stellvertreter. Schauspiel. Reinbek b. Hamburg: 1963.

HOCHHUTH's Stellvertreter. Der Streit um Hochhuth's "Stellvertreter". Theater in unserer Zeit Bd. 5. Stuttgart und Basel: 1963.

HOCHSCHULLEHRERBEFRAGUNG 1974 (= eine INFRATEST-Befragung i.A. des Bundesministeriums für Bildung und Wissenschaft; erste Ergebnisse abgedruckt im SPIEGEL Nr. 1-2/1975.)

HÖFFNER, Joseph: Industrielle Revolution und religiöse Krise. Köln und Opladen: 1961.

HOFER, W.: Der Nationalsozialismus. Dokumente 1933-1945. Frankfurt: 1957.

HOFFER, Eric: Der Fanatiker. Eine Pathologie des Parteigängers. Reinbek b. Hamburg: 1965.

HOFFMANN, Johannes: Praktizierende Katholiken zwischen Kirche und Gesellschaft. Düsseldorf: 1973.

HOFFMANN, Lutz: Das Ende der Selbstverständlichkeit. Motive der Gemeindezugehörigkeit. In: ENKRICH, M./Exeler, A.(Hrsg.): Kirche-Kader-Konsumenten. Mainz: 1971.

HOFSTÄTTER, Peter R.: Die Psychologie der öffentlichen Meinung. Wien: 1949.

HOLL, Adolf: Prognosen über den sozialen Stellenwert religiöser Phänomene. In: WÖSSNER (Hrsg.): Religion im Umbruch. Stuttgart: 1972.

ders./FISCHER, Gerhard H.: Kirche auf Distanz. Eine religionspsychologische Untersuchung über die Einstellungen österreichischer Soldaten zu Kirche und Religion. Wien, Stuttgart: 1968.

HOMANS, George C.: Was ist Sozialwissenschaft? Köln und Opladen: 1969.

HORKHEIMER, Max: Kritische Theorie. 2 Bde. Frankfurt: 1968.

HUBER, Wolfgang: Kirche und Öffentlichkeit. Stuttgart: 1973.

HUMANAE VITAE: Enzyklika "Humanae Vitae" über die rechte Ordnung der Weitergabe menschlichen Lebens. Lateinisch-deutsch. Trier: 1968.

HUMMELL, Hans Jürgen: Probleme der Mehrebenenanalyse. Stuttgart: 1972.

HUNGER, Heinz: Evangelische Jugend und evangelische Kirche. Eine empirische Studie. Gütersloh: 1960.

HUTTEN, Kurt: Sekten und sonstige Sondergemeinschaften. In: KJB 76(1949), S.357-414.

Der IFAK-Dienst. Mitteilungen des Institutes für Absatzforschung, Wiesbaden. 1960ff.

INFAS-Report, April 1968: Student und Öffentlichkeit. Ein Bericht über die studentische Opposition im Spiegel der öffentlichen Meinung. Bad Godesberg: 1968.

INFAS-Report, August 1968: Berliner Studenten - Politisches Engagement und hochschulpolitische Bindungen. Bad-Godesberg: 1968.

INFORMATIONEN FREIBURG (= Informationen Erzbistum Freiburg, Freiburg).

ITALIAANDER, Rolf (Hrsg.) Argumente kritischer Christen: Warum wir nicht aus der Kirche austreten. Würzburg und Erlangen: 1971.

JACOB, Günter: Die Zukunft der Kirchen in der Welt des Jahres 1985. In: Die Zeichen der Zeit 21(1967),(Berlin-Ost), S.441-459.

JACOBI, Erwin: Die Zwangsbeitreibung der Kirchensteuern in der deutschen Demokratischen Republik. In: GRUNDMANN, Siegfried (Hrsg.): Für Kirche und Recht. Festschrift für Johannes Heckel. Köln: 1959.

JACOBS, Jane: Tod und Leben großer amerikanischer Städte. Gütersloh: 1963.

JACOBSEN, H.A./DOLLINGER,H.(Hrsg.): Die deutschen Studenten. München: 1968).

JAEGGI, Urs: Macht und Herrschaft in der Bundesrepublik. Frankfurt: 1969.

JAHRBUCH DER ÖFFENTLICHEN MEINUNG. Hrsg. v. E. NOELLE-NEUMANN u. E.P.NEUMANN. Allensbach.

JAIDE, Walter u.Mitarbeiter: Jugend und Demokratie. Politische Einstellungen der westdeutschen Jugend. München: 1970.

JENTSCH, Werner: Der Einfluß Tillichs auf die Religionspädagogik der Gegenwart. In: Der Ev. Erzieher 22(1970) S.345-364.

JEZIOROWSKI, Jürgen: Reklame für den Kirchenaustritt. Stellungnahme zum "STERN"-Artikel "Der Bruch mit der Kirche". In: Lutherische Monatshefte 9(1970) S.106ff.

JUSTMANN, H.Jacob: Die deutschgläubige Bewegung der Gegenwart (Neuheidentum). In: KHB 21(1939), S.380-396.

KÄTSCH, Siegfried: Teilstrukturen sozialer Differenzierung und Nivellierung in einer westdeutschen Mittelstadt. Köln und Opladen: 1965.

KAHL, Joachim: Das Elend des Christentums oder Plädoyer für eine Humanität ohne Gott. Reinbek b. Hamburg: 1968.

KAHSEBÖHMER, Hermann-Josef: Grundtypen kirchlicher Situation. In: SELG, Ottfried (Hrsg.): Seelsorge heute. Augsburg - Steppach: 1971, S. 19-72.

KAISER, Rolf-Ulrich (Hrsg.): Protestfibel. Formen einer neuen Kultur. München etc.: 1968.

KALTEFLEITER, Werner (= Eine Serie von Wähleranalysen im SPIEGEL) Teil I: DER SPIEGEL 7/1976; Teil II: 12/1976; Teil III: 16/1976; Teil IV: 2o+21/76; Teil V: 27/1976.

KALTENBRUNNER, Gerd K.: Die neue Rechte - politisch heimatlos. In: Deutsche Zeitung/Christ und Welt Nr. 26/1974.

KALUSCHE, Bruno: Kirche wohin? Ein religions-demoskopischer Beitrag zur Situationsanalyse der Institution Kirche. Bergen-Enkheim: 1969.

KATH. HEIMATMISSION: Münchener Statistik. Hrsg. von der Kath. Heimatmission, 8 München 22 (Erscheint jahrweise).

KATZ, E./LAZARSFELD, P.F.: Persönlicher Einfluß und Meinungsbildung. München: 1962 (Am. Original: New York:1955).

ders./LEVIN, M.L./HAMILTON, H.: Geschichte und Stand der Diffusionsforschung. In: BADURA/GLOY (Hrsg.): Soziologie der Kommunikation. Stuttgart: 1972.

KAUFMANN, Franz-Xaver: Zur Bestimmung und Messung von Kirchlichkeit in der Bundesrepublik Deutschland. In: MATTHES, J. (Hrsg.): Einführung in die Religionssoziologie Bd.2, Reinbek b. Hamburg: 1969.

ders.: Theologie in soziologischer Sicht. Freiburg etc. 1973.

ders.: Sicherheit als soziologisches und sozialpolitisches Problem. Untersuchungen zu einer Wertidee hochdifferenzierter Gesellschaften. Stuttgart: 2.Aufl. 1973 (zit.1973a).

KEHRER, Günter: Das religiöse Bewußtsein des Industriearbeiters. Eine empirische Studie. München: 1967.

ders.: Kirchenaustritte in Deutschland. In: IDOC-International (International Documentation on the Contemporery Church), deutsche Ausgabe. New York: 1970.

ders.: Schrumpfende Kirche? Kindertaufe statistisch gesehen. In: Evangelische Kommentare. 7(1974), S.361f.

KEIM, Wolfgang: Schule und Religion. Hamburg: 1967.

KEITER, Friedrich: Grundformen gesellschaftlich-kultureller Lebensvorgänge. In: Handbuch der Soziologie, Hrsg. v. Werner ZIEGENFUß, Stuttgart: 1956.

KELLERER, Hans: Statistik im modernen Wirtschafts- und Sozialleben. Reinbek b. Hamburg: 1960.

KERN, Horst/SCHUMANN, Michael (Hrsg.): Industriearbeit und Arbeiterbewußtsein. 2 Bde. Frankfurt: 1970.

KHB: siehe Kirchliches Handbuch für das katholische Deutschland.

KIEFER, Klaus: Die Diffusion von Neuerungen. Tübingen: 1967.

KIRCHLICHES HANDBUCH FÜR DAS KATHOLISCHE DEUTSCHLAND (wechselnde Herausgeber) 1908ff, Freiburg i.B.

KIRCHLICHES JAHRBUCH FÜR DIE EVANGELISCHE KIRCHE IN DEUTSCHLAND 1884ff. Gütersloh.

KIRN, Paul: Einführung in die Geschichtswissenschaft. Berlin: 1968.

KITTEL, Helmuth: Evangelische Religionspädagogik. Berlin: 1970.

KJB: siehe Kirchliches Jahrbuch.

KLAGES, Helmut: Der Nachbarschaftsgedanke und die nachbarliche Wirklichkeit in der Großstadt. Köln u. Opladen: 2.Aufl.1968.

ders.: Die unruhige Gesellschaft. München: 1975.

KLAPPER, Joseph T.: The Effects of Mass Communication. Glencoe: 1960.

ders.: Massenkommunikation - Einstellungskonstanz und Einstellungsänderung. In: AUFERMANN u.a. (Hrsg.): Gesellschaftliche Kommunikation und Information, Bd.1, Frankfurt: 1973.

KLAUS, Bernhard: Massenkommunikation im Dienst der Kirche. Berlin: 1969.

KLEINING, G.: Zum gegenwärtigen Stand der Imageforschung. In: Psychologie und Praxis 3(1959) S.199ff.

KLOHR, Olof (Hrsg.): Religion und Atheismus heute. Ergebnisse und Aufgaben Marxistischer Religionssoziologie. Berlin-Ost: 1966.

KNA (= Katholische Nachrichten-Agentur GmbH, Bonn).

KOCH, Hans-Gerhard: Staat und Kirche in der DDR. Stuttgart: 1975.

KÖHLER, Oskar: Tradition. In: Staatslexikon. Hrsg. von der Görres-Gesellschaft, Bd.7, Sp. 1o2o-o1o28 (1962).

KÖSTER, Reinhard: Die Kirchentreuen. Stuttgart: 1959.

KRENZER, Ferdinand: Die Kirche und die Fernstehenden. Limburg: 1966.

KREUTZ, Henrik: Einfluß von Massenmedien, persönlicher Kontakt und formelle Organisation. In: RONNEBERGER, Franz (Hrsg.): Sozialisation durch Massenkommunikation. Stuttgart: 1971.

KROPFF, H.F.J.: Motivforschung. Methoden und Grenzen. Essen: 196o.

KRUG, Luitgard/HELM, Charlotte: Die Wohnbevölkerung in Berlin-West am 27. Mai 197o nach der Religionszugehörigkeit. In: BERLINER STATISTIK 1974, Nr. 9, S.230-235.

KRUIJT, J.P./GODDIJN,W.: Versäulung und Entsäulung als sozialer Prozeß. In: MATTHES,J. (Hrsg.): Soziologie und Gesellschaft in den Niederlanden. Neuwied und Berlin: 1965.

KUNZ,G.: Artikel "Motivforschung". In: Wörterbuch der Soziologie. Hrsg. von W.Bernsdorf. Frankfurt: 1972 (Fischer Taschenbuchausgabe).

KUPHAL, Armin: "Leistung" und soziale Werte. Eine Studie zum Leistungsbegriff (unveröffl. soziolog. Diplomarbeit, Soziologisches Institut der Universität des Saarlandes, 1973).

KURUCZ, Jenö: siehe NEULOH/KURUCZ 1967.

LAZARSFELD, Paul u.a.: Wahlen und Wähler. Neuwied und Berlin: 1969.

LE BRAS, Gabriel: Etudes de sociologie religieuse. 2 Halbbände. Paris 1955/56.

LEISCHING, Peter: Kirche und Staat in den Rechtsordnungen Europas. Freiburg: 1973.

LENNE, Helge: Jugend zwischen Tradition und Demokratie. Berlin: 1967.

LENSKI, Gerhard: Religion und Realität. Köln: 1967.

LEO, Walter: Keiner fragt mehr nach den Christen. In: DIE ZEIT. Nr. 25/1972, S.49.

LEPENIES, Wolf: Student und Öffentlichkeit, Kommunikationsprobleme einer Minderheit. In: BAIER,H. (Hrsg.): Studenten in Opposition. Bielefeld: 1968.

LERNER, Daniel: The Passing of Traditional Society. New York: 1958.

LEWIN, Kurt: Der Übergang von der aristotelischen zur galileischen Denkweise in Biologie und Psychologie. In: Erkenntnis 1(1931), S.421-466.

ders.: Feldtheorie in den Sozialwissenschaften. Bern und Stuttgart: 1963.

LEXIKON ZUR SOZIOLOGIE: Hersg. v. Werner Fuchs u.a.m. Köln und Opladen: 1973.

LINDESMITH,A.R./STRAUSS,A.: Zur Kritik der "Kultur- und Persönlichkeitsstruktur"-Forschung. In: TOPITSCH,E. (Hrsg.): Logik der Sozialwissenschaften. Köln und Berlin: 1971.

LINDNER, Herbert: Kirchenaustritte - Das Ende der Volkskirche? In: Evangelische Gemeinde in der Großstadtregion, 2. Teil 1972, hrsg- vom Ev.- Luth. Dekanat München.

LIPPERT, Peter: Die "Ferstehenden". In: Dokumentation. Institut der Orden 1972. (Internes Manuskript zum Gebrauch der Kursteilnehmer).

LIPPMANN, Walter: Die öffentliche Meinung. München: 1964.

LIPSET, Seymour Martin: Political Man. London etc.: 1960.

LISTL, Josef: Die katholischen Organisationen und Verbände als gesellschaftliche Gründungen des 19. Jahrhunderts. In: KRAUSS,H./OSTERMANN,H.: Verbandskatholizismus? Kevelaer: 1968.

LOCCUMER PROTOKOLLE 10/1970. Die Finanzierung kirchlicher Aufgaben. Tagung vom 27. - 30. April 1970.

LOCH, Werner: Die Verleugnung des Kindes in der Evangelischen Pädagogik. Essen: 1964.

LOHSE: Jens Martin: Kirche ohne Kontakte? Berlin: 1967.

LOREY, Elmar Maria: Mechanismen religiöser Information. München und Mainz 1970.

LUCKMANN, Thomas: Das Problem der Religion in der modernen Gesellschaft. Freiburg: 1963.

LÜBBE, Hermann: Der Streit um Worte. Sprache und Politik. Bochum: 1967.

LUHMANN, Niklas: Funktionen und Folgen formaler Organisation. Berlin: 1964.

LUHMANN, Niklas: Zweckbegriff und Systemrationalität.Über die Funktion von Zwecken in sozialen Systemen. Tübingen: 1968.

ders.: Vertrauen. Ein Mechanismus der Reduzierung sozialer Komplexität. Stuttgart: 1968 (zit. 1968a).

ders.: Soziologische Aufklärung. Aufsätze zur Theorie sozialer Systeme, Band 1. Opladen: 1970.

ders.: Funktion und Kausalität. In: Soziologische Aufklärung. Band 1 (zit. 1972).

MacIVER, R.M.: Social Causation. Boston etc.: 1942.

McLUHAN, Marshall: Die magischen Kanäle - "Understanding Media". Düsseldorf: 1968.

MAGER,F./SPINNARKE,U.: Was wollen die Studenten? Frankfurt und Hamburg: 1967.

MAHRENHOLZ, Ernst G.: Die Kirchen in der Gesellschaft der Bundesrepublik. Hannover: 2.Aufl. 1972.

MANZ, Wolfgang: Das Stereotyp. Meisenheim a.Gl.: 1968.

MARCUSE, Herbert: Der eindimensionale Mensch. Neuwied und Berlin: 1967.

ders.: Versuch über die Befreiung. Neuwied und Berlin: 1969.

MARRE, Heiner: Mitgliedschaft in der kath. Kirche. Kirchenaustritt - Kirchensteuer. In: Loccumer Protokolle 1970 Nr. 10.

MARSCH, Wolf-Dieter: Institution im Übergang. Göttingen: 1970.

MARTENS, Klaus: Wie reich ist die Kirche? Der Versuch einer Bestandsaufnahme in Deutschland. München: 1969.

MASSING, Otwin: Die Kirchen und ihr "image". In: BAHR,H.E. (Hrsg.): Die sog. Politisierung der Kirche. Hamburg: 1968.

MATERIALBERICHT der EKHN (Ev.Kirche in Hessen und Nassau).

MATTHES, Joachim: Die Emigration der Kirche aus der Gesellschaft. Hamburg: 1964.

ders. (Hrsg.): Religion und Gesellschaft. Reinbek b.Hamburg: 1967.

ders. (Hrsg.): Kirche und Gesellschaft. Reinbek b.Hamburg: 1969.

ders. (Hrsg.): Erneuerung der Kirche. Stabilität als Chance. Folgerungen aus einer Umfrage. Gelnhausen und Berlin:1975.

MAYNTZ, Renate: Soziologie der Organisation. Reinbek b.Hamburg: 1967.

MEADOWS, Dennis u.a.: Die Grenzen des Wachstums. Reinbek b.Hamburg: 1973.

MEINHOLD, Peter: Der Katholizismus in Schleswig-Holstein in den letzten hundert Jahren. Preetz/Holst.: 1954.

MENGES, Walter/GREINACHER, Norbert (Hrsg.): Die Zugehörigkeit zur Kirche. Mainz: 1964.

MENGES, Walter: Zugehörigkeit zur Kirche und Identifikation mit der Kirche. In: MENGES/GREINACHER (Hrsg.): 1964.

MENNE, Ferdinand W.(Hrsg.): Neue Sensibilität - Alternative Lebensmöglichkeiten. Darmstadt und Neuwied: 1974.

MICHELS, Robert: Zur Soziologie des Parteiwesens in der modernen Demokratie. Stuttgart: 1970.

MINELLI, Ludwig A.: Staat und Kirche in der Schweiz. In: RATH (Hrsg.): Trennung von Staat und Kirche. Reinbek b. Hamburg: 1974.

MÖHLE, Volker/RABE, Christian: Kriegsdienstverweigerer in der BRD. Opladen: 1972.

MÖHRING, Helmut/ZILLES, Hans: Umstrittene Kirchensteuer. Mannheim: 1970.

MOERING, Ernst: Kirche und Männer. Eine grundsätzliche Untersuchung über die Unkirchlichkeit der Männer und die Mittel zu ihrer Überwindung. Göttingen: 1917

MONZEL, Nikolaus: Die Überlieferung. Bonn: 1950.

MOORE, Wilbert E.: Strukturwandel der Gesellschaft. München: 1967.

MOTSCHMANN, Jens/Matthies, Helmut (Hrsg.): Rotbuch Kirche. Stuttg.: 4.Aufl. 1976.

MÜLLER, Norbert: Planungsproblematik unter dem Aspekt der Reflexivität sozialer Prozesse. Hektograph. Referat beim 17.Dt.Soziologentag in Kassel.

MÜLLER, Peter: Zur Konzeption der Sozialen Gruppe in der Massenkommunikations-Forschung. Phil.Diss. Münster:1967.

MÜLLER, Peter: Gehorsam ist bequemer. Kirche als Erziehungsfaktor. Stuttgart: 1971.

MYNAREK, Hubertus: Herren und Knechte der Kirche.Köln: 1973.

NAGEL, Ernest: Probleme der Begriffs- und Theoriebildung in den Sozialwissenschaften. In: ALBERT, Hans (Hrsg.): Theorie und Realität. Tübingen: 2. Aufl. 1972.

NEIDHARDT, Friedhelm: Die junge Generation. Opladen, 3.Aufl. 1970.

NELL-BREUNING, Oswald von: Kirchensteuer und Kirchenmitgliedschaft. In: Stimmen der Zeit 94(1969).

NELLESSEN-SCHUMACHER, Traute: Sozialstruktur und Ausbildung der deutschen Katholiken. Weinheim etc.: 1969.

NENNIG, Günther: Der Fall Gott. Atheismus in den siebziger Jahren. In: Christ und Welt. Deutsche Zeitung vom 2.1.1970, S.9.

NEULOH, Otto / KURUCZ, Jenö: Vom Kirchdorf zur Industriegemeinde. Untersuchungen über den Einfluß der Industrialisierung auf die Wertordnung der Arbeitnehmer. Köln und Berlin: 1967.

NEUNDÖRFER, Hannjürg: Arbeit, Arbeiter und Kirche. Erfahrungen In: Diakonia/Der Seelsorger (Mainz und Wien) 2(1971) S.297-303.

NEUNDÖRFER, Ludwig: Einige Grunddaten zur Struktur der Katholischen Kirche in Deutschland. In: Soziale Welt 5(1954), S.197-209.

NEWMAN, Joseph W.: Motivforschung und Absatzlenkung. Frankfurt: 1957.

NOELLE-NEUMANN, Elisabeth: Werden wir alle Proletarier? Ungewöhnliche Wandlungen im Bewußtsein der Bevölkerung. In: DIE ZEIT Nr. 25/1975; und (Fortsetzung) Nr. 26/1975.

NUYKEN,W.:Kirchensteuer in der Diskussion. In: Lutherische Monatshefte 8(1969), Heft 4.

ODIN, K.A.:Die Kirchenaustrittsbewegung gibt der Kirche ein Rätsel auf. In: Frankfurter Allgem. Zeitung vom 13.12.69.

ders.In: Frankfurter Allg. Zeitung vom 8.1.1970.

OERTER,R.: Moderne Entwicklungspsychologie. 1969.

OETTINGEN,A.v.: Die empirische Erforschung der protestantischen Kirchlichkeit. In: Fürstenberg,F. (Hrsg.): Religionssoziologie, Neuwied und Berlin: 2. Aufl. 1970 (zit.: 1868).

OFFE, Claus: Leistungsprinzip und industrielle Arbeit. Frankfurt: 1970.

ONNA, Ben van / STANKOWSKI, Martin (Hrsg.): Kritischer Katholizismus. Frankfurt: 1969.

OPP, Karl-Dieter: Verhaltenstheoretische Soziologie. Reinbek b. Hamburg: 1972.

OPP, Karl-Dieter: Methodologie der Sozialwissenschaften. Reinbek b.Hamburg:1973.

ders./ HUMMELL, Hans J.: Kritik der Soziologie. Frankfurt: 1973.

dies.: Soziales Verhalten und soziales System. Frankfurt: 1973 (zit.: 1973a).

OTT, Sieghart: Christliche Aspekte unserer Rechtsordnung. Berlin und Neuwied: 1968.

PACKARD, Vance: Die geheimen Verführer. Frankfurt und Berlin: 1967.

PARSONS, Talcott: Die Motivierung des wirtschaftlichen Handelns. In: ders.: Beiträge zur soziologischen Theorie. Hrsg. von D.RÜSCHEMEYER. Neuwied und Berlin: 1964.

PASTORALKOMMISSION ÖSTERREICHS (PKÖ): Eingabe der PKÖ an die Österreichische Bischofskonferenz. zur Frage der Kirchenaustritte. Hektograph. Manuskript, Mai 1974.

PETER-HABERMANN, Inge: Kirchgänger-Image und Kirchgangsfrequenz. Meisenheim a.Gl.: 1967.

PFEIL, Elisabeth: Nachbarkreis und Verkehrskreis in der Großstadt. In: IPSEN,G. (Hrsg.): Daseinsformen der Großstadt. Tübingen: 1957, Kap. 4.

dies./GANZERT,Jeanette: Die Bedeutung der Verwandten für die großstädtische Familie. In: Zeitschrift für Soziologie 2(1973), S 366-383.

PFENDER, Gottfried-Martin: Kirchenaustritt und Kirchenaustrittsbewegung in Preußen. Jur. Diss. Breslau: 1930.

PFISTER, Oskar: Das Christentum und die Angst: Zürich: 1944.

PFLAUM, Renate: Die Bindung der Bevölkerung an die Institution der Kirche. In: WURZBACHER, Gerhard: Das Dorf im Spannungsfeld industrieller Entwicklung. Suttgart: 1954.

PICHT, Georg: Die deutsche Bildungskatastrophe. Olten und Freiburg i.B.: 1964.

PIECHOWSKI, Paul: Proletarischer Glaube. Berlin: 1927.

ders.: Arbeiterschaft, Religion und Kirche. In: Verhandlungen des 37. Evangelisch-sozialen Kongresses. Göttingen:1930.

PIEPER, Josef: Über den Begriff der Tradition. Köln und Opladen: 1958.

PIERCE, John R.: Kommunikation. In: JUNGK,R./MUNDT,H.J. (Hrsg.): Modelle für eine neue Welt. München: 1968.

PLANCK, Ulrich: Landjugend im sozialen Wandel. München: 1970.

POPITZ, Heinrich: Über die Präventivwirkung des Nichtwissens. Tübingen: 1968.

POPPER, Karl R.: Logik der Forschung. Tübingen: 3.Aufl. 1969.

RAAB, Heribert (Hrsg.): Kirche und Staat. München: 1966.

RAMMENZWEIG, Guy W.: Der Stellenwert von "Traditionen" im Religionsunterricht. In: Theologia Practica 6(1971) S.325-337.

RATH, Peter (Hrsg.): Trennung von Staat und Kirche? Dokumente und Argumente. Reinbek b. Hamburg: 1974.

REICH, Charles: Die Welt wird jung. The Greening of America. Der gewaltlose Aufstand der neuen Generation. Reinbek b.Hamburg: 1973.

REICH, Herbert: Die Aus- und Übertrittsbewegung 1881-1949. In: KJB 78(1951) S.363-385.

REIGROTZKI, Erich: Soziale Verpflichtungen in der Bundesrepublik. Tübingen: 1956.

REISER, Helmut: Identität und religiöse Einstellung. Grundlagen zu einem schülerorientierten Religionsunterricht. Hamburg: 1972.

RENDTORFF, Trutz: Die soziale Struktur der Gemeinde. Hamburg: 1958.

REUBAND, Karl Heinz: Differentielle Assoziation und soziale Schichtung. Diss.Phil. Hamburg 1974.

REUMANN, Kurt: Schwierigkeiten beim Bekenntnis zur Union. In: Frankfurter Allg. Zeitung vom 27.1.1973, S.7f.

REUTER, Ernst: Schriften und Reden, Bd. 1, Berlin: 1972.

RGBL (= Reichsgesetzblatt)

RIESMANN, David u.a.: Die einsame Masse. Hamburg: 1958.

ROBINSON, W.S.: Ecological Correlations and the Behavior of Individuals. In: American Sociological Review 15(1950), S.351-357.

ROGERS, Everett M.: Diffusion of Innovations. New York: 1962.

ROHDE, Dieter: Kirchlichkeit in Zahlen. In: Lutherische Monatshefte 10(1971) S.167ff.

ders.: Äußerungen des kirchlichen Lebens in den Gliedkirchen der EKD im Zeitraum 1963 bis 1971. In: KJB 1972.

ROSS, Werner: Das Unbehagen in der christlichen Literatur. In: Hochland 56(1963/64) S.1o5ff.

ROSTOW, Walt W.: The Stages of Ecconomic Growth. Cambridge: 1960.

SARTORY, Thomas und Gertrude: Strukturkrise einer Kirche. Vor und nach der Enzyklika "Humanae vitae". München: 1969.

SCHEFF, Thomas J.: Toward Sociological Model of Consensus. In: American Sociological Review 32(1967) S.32-46.

SCHEFFLER, Gerhard: Staat und Kirche, Frankfurt: 1973.

SCHELER, Max: Vom Umsturz der Werte. Leipzig: 1919.

SCHELLER, Ulrike: Kirchenaustritte und ihre Begründung. Ergebnisse von Interviews in einer niedersächsischen Mittelstadt. Studien aus der Vikarsausbildung Heft 5, hrsg. von der pastoralsoziologischen Arbeitsstelle der Ev.-Luth. Landeskirche Hannovers (1975).

SCHELLHOSS, Hartmut: Apathie und Legitimität. München: 1967.

SCHELSKY, Helmut: Ist Dauerreflexion institutionalisierbar? In: MATTHES (Hrsg.): Religion und Gesellschaft. Reinbek b. Hamburg: 1967.

ders.: Die Arbeit tun die anderen. Klassenkampf und Priesterherrschaft der Intellektuellen. Opladen: 1975.

SCHEUCH, Erwin K.: Die Sichtbarkeit politischer Einstellungen im alltäglichen Verhalten. In: ders./WILDENMANN (Hrsg.): Zur Soziologie der Wahl. (Sonderheft 9 der Kölner Zeitschrift für Soziologie und Sozialpsychologie). Köln und Opladen: 1965.

SCHILLING, Hans: Grundlagen der Religionspädagogik. Zum Verhältnis von Theologie und Erziehungswissenschaft. Düsseldorf: 197o.

SCHIPPKE, Ulrich: Warum treten sie nicht aus der Kirche aus? In: STERN 13/1967 v. 26.3.1967; S.66ff.

SCHMIDT, Arthur Benno: Der Austritt aus der Kirche, Leipzig: 1893.

SCHMIDT, Lothar: Schlagfertige Definitionen. Ausgewählt von Lothar Schmidt, Reinbek b. Hamburg: 1974.

SCHMIDTCHEN, Gerhard: Die gesellschaftsbildende Kraft der Massenmedien. In: Offene Welt (Opladen) 75(1962), S.66-83.

ders.: Die befragte Nation. Frankfurt: 1965.

ders.: Zwischen Kirche und Gesellschaft. Forschungsbericht über die Umfrage zur Gemeinsamen Synode der Bistümer in der Bundesrepublik Deutschland. Freiburg etc.:1972.

SCHMIDTCHEN, Gerhard: Protestanten und Katholiken. Soziologische Analyse konfessioneller Struktur. Bern und München: 1973.

ders.: Gottesdienst in einer rationalen Welt. Religionssoziologische Untersuchungen im Bereich der VELKD. Stuttgart: 1973. (zit.: 1973a)

ders.: Religiöse Legitimation im politischen Verhalten. In: RAUSCHER,A. (Hrsg.): Kirche - Politik - Parteien. Köln: 1974.

SCHMOECKEL, Reinhard: Der Religionsunterricht. Die rechtliche Regelung nach Grundgesetz und Landesgesetzgebung. Berlin und Neuwied: 1964.

SCHMÖLDERS, Günter: Das Irrationale in der öffentlichen Finanzwirtschaft. Probleme der Finanzpsychologie. Hamburg: 1960.

SCHMOLKE, Michael: Die schlechte Presse. Katholiken und Publizistik zwischen "Katholik" und "Publik" 1921-1968. Münster: 1971.

SCHNEIDER, Annerose: Expressive Verkehrskreise. Eine empirische Untersuchung zu freundschaftlichen und verwandtschaftlichen Beziehungen. WiSo Diss. Köln: 1969.

SCHNEIDER, Norbert (Hrsg.): Religionsunterricht, Konflikte und Konzepte. Hamburg und München: 1971.

SCHOECK, Helmut: Artikel "Tradition". In: ders.: Kleines soziologisches Wörterbuch. Freiburg: 1969.

SCHRENCK-NOTZING, Caspar von: Linke und Massenmedien. In: Zeitschrift für Politik 22(1975), S.59-71.

SCHREUDER, Osmund: Kirche im Vorort. Freiburg etc.: 1962.

SCHWEGMANN, Friedrich G.: Der Bedeutungswandel als juristisches Argument in der staatskirchenrechtlichen Literatur nach 1949. Jur.Diss. Münster: 1974.

SEEBER, David A.(Hrsg.): Katholikentag im Widerspruch. Ein Bericht über den 82. Katholikentag in Essen. Freiburg i.B.: 1968.

SIEBEL, Wigand: Freiheit und Herrschaftsstruktur in der Kirche. Berlin: 1971.

ders.: Aufruf zum Widerstand. Offener Brief an Kardinal HÖFFNER in Köln. Dudweiler: Selbstverlag "Ecclesia militans" 1975.

SIEGRIST, Johannes: Das Consensus-Modell. Stuttgart: 1970.

SILBERMANN, A./ KRÜGER, U.M.: Soziologie der Massenkommunikation. Stuttgart etc.: 1973.

SINGER, Gerwulf: Sozio-Kulturelle Determinanten religiöser
    Orientierungen. In: WÖSSNER (Hrsg.). Religion im Umbruch.
    Stuttgart: 1972.

SKINNER, Burrhus: Wissenschaft und menschliches Verhalten.
    München: 1973.

SMELSER, Neil J.: Theorie des kollektiven Verhaltens. Köln: 1972.

SONTHEIMER, Kurt: Hochgejubelte Studenten? Warum Journalisten
    Politik anders auffassen müssen als Politiker. In: Die ZEIT
    Nr. 45/1968, S.21;

SOZIALTEAM: Kirchenaustritt und seine Begründung. (Vorläufiger
    unveröff. Forschungsbericht einer Untersuchung im Auftrage
    des Gesamtverbandes der Kath. Kirchengemeinden in Frankfurt
    und des Bischöflichen Ordinariates Limburg) Dez. 1973.

Der SPIEGEL Nr. 16/1974 (Titel) "Die Ängste der Deutschen".
    SPIEGEL-Umfrage nach den Ursachen des SPD-Stimmenverlustes".
    Durchgeführt vom IfD ALLENSBACH.

Der SPIEGEL Nr. 51/1975: Kirche: Adventszeit - Austrittszeit.

SPIEGEL, Bernt: Die Struktur der Meinungsverteilung im sozialen
    Feld: Bern und Stuttgart: 1961.

SPIEGEL, Yorick: Kirche als bürokratische Organisation. München:
    1969.

ders.: Gesellschaftliche Bedürfnisse und theologische Normen.
    Versuch einer Theorie der Amtshandlungen. In: Theologia
    Practica 6(1971) S.212-231.

STACHEL, Günter u.a.: Curriculum und Religionsunterricht.
    Köln etc.: 1951.

STALLMANN, M.: Christentum und Schule. Stuttgart: 1958.

STAMMLER, Eberhard: Protestanten ohne Kirche. Stuttgart: 1960.

STATISTISCHE BEILAGE (= Statistische Beilage zum Amtsblatt der
    der Evangel. Kirche in Deutschland).

STATIST. JB: (= Statistisches Jahrbuch für die Bundesrepublik
    Deutschland. Statistisches Bundesamt Wiesbaden).

STEININGER, Viktor: Kirchenbeitragsprobleme. In: Der Seelsorger
    (Wien) 39 (1969) Heft 5, S.321ff.

STERN-Untersuchung (1967) (Repräsentative Zufallsstichprobe,
    durchgeführt von INFRATEST). Siehe auch STERN 26/1967;
    Vgl. auch FISCHER-BARNICOL 1967.

STOODT, Dieter: Religiöse Sozialisation und emanzipiertes Ich.
    In: DAHM u.a.: Religion - System und Sozialisation. Darm-
    stadt und Neuwied: 1972.

STORCH, Karin: Erziehung zum Ungehorsam als Aufgabe einer demokratischen Schule. In: GLASER,H./SILENIUS,A. (Hrsg.): Protest der Jugend. Frankfurt: 1968.

STRATMANN, Hartmut: Kein anderes Evangelium. Geist und Geschichte der neuen Bekenntnisbewegung. Hamburg: 1970.

STROHM, Theodor: Forschungshypothesen zur Kirchenaustrittstendenz. In: Theologia practica 9(1974) Heft 1.

SWOBODA, Heinrich: Großstadtsselsorge. Regensburg: 2.Aufl. 1911.

SYNODENBESCHLUSS RU. Der Religionsunterricht in der Schule. Ein Beschluß der Gemeinsamen Synode der Bistümer in der BRD. Veröffentlicht in der Heftreihe SYNODENBESCHLÜSSE Nr. 4.

SYNODEN-Umfrage: siehe SCHMIDTCHEN 1972.

SZCZESNY, Gerhard: Die Zukunft des Unglaubens. München:1958.

TENBRUCK, Friedrich H.: Die Kirchengemeinde in der entkirchlichten Gesellschaft. Ergebnisse und Deutung der "Reutlingen-Studie". In: GOLDSCHMIDT u.a. (Hrsg.): Soziologie der Kirchengemeinde. Stuttgart: 1960.

ders.: Über den gesellschaftlichen Wandel. In: KADELBACH,G. (Hrsg.): Wissenschaft und Gesellschaft. Frankfurt: 1967.

TERSTENJAK, Anton: Psychosoziologie der Zugehörigkeit zur Kirche. In: Internationales Jahrbuch für Religionssoziologie 4(1968).

THEOLOGIESTUDENTEN 1969. Dokumente einer revolutionären Generation. Erschienen im Ev. Verlagswerk Stuttgart 1969.

THOMAE, Hans: Der Mensch in der Entscheidung. München: 1960.

ders.: Die Bedeutungen des Motivationsbegriffes. In: ders. (Hrsg.): Handbuch der Psychologie Bd.2,Göttingen: 1965.

ders. (Hrsg.): Die Motivation des menschlichen Handelns. Köln und Berlin: 7.Aufl. 1971.

THOMAS, W.I.: Person und Sozialverhalten. Neuwied und Berlin: 1965.

THUNG, Mady A.: Soziologische Erwägungen zum Begriff "Funktion der Kirche". In: MATTHES, J. (Hrsg.): Soziologie und Gesellschaft in den Niederlanden. Neuwied: 1965.

TILANUS, C.P.G.: Empirische Dimensionen der Religiosität. Augsburg-Steppach: 1972.

TILING, Peter von: Die Mitwirkung der Kirchen im staatlichen Bereich Jur.Diss.Göttingen: 1968.

TÖNNIES, Ferdinand: Die Sitte. Frankfurt: 1909.

TRIANDIS, Harry C.: Einstellungen und Einstellungsänderungen. Weinheim und Basel: 1975.

TUMIN, Melvin M.: Schichtung und Mobilität. München: 1968.

TURNER, Ralph H.: Kollektives Verhalten und Konflikt: Neue theoretische Bezugsrahmen. In: HEINZ/SCHÖBER (Hrsg.):1973; (zit: 1964).

ders.: Die Wahrnehmung von Protest durch die Öffentlichkeit. In: HEINZ/SCHÖBER (Hrsg.) 1973, Bd.1, S.167ff. (zit.: 1969).

VALL, Marinus van de: Das Problem der Partizipation in freiwilligen Organisationen. In: MATTHES,J.(Hrsg.): Soziologie und Gesellschaft in den Niederlanden. Neuwied: 1965.

VANBERG, Victor: Die zwei Soziologien. Individualismus und Kollektivismus in der Sozialtheorie. Tübingen: 1975.

VASKOVICS, Laszlo A.: Religiöse Praxis im Spannungsfeld familiärer Ereignisse. Ergebnisse einer religionssoziologischen Untersuchung. In: Der Seelsorger (Wien) 35(1965).

ders.: Einfluß der Familie auf die religiöse Praxis der Kinder. Dargestellt auf Grund religionssoziologischer Untersuchungen. In: Lebendige Seelsorge 17(1966), S.54-59.

ders.: Religionssoziologische Aspekte der Sozialisation wertorientierter Verhaltensformen. In: Internationales Jahrbuch für Religionssoziologie Bd. 3. Köln und Opladen:1967.

ders.: Familie und religiöse Sozialisation. Wien:1970.

ders.: Religion und Familie - Soziologische Problemstellung und Hypothesen. In: WÖSSNER,J. (Hrsg.): Religion im Umbruch. Stuttgart:1972.

VIERZIG, Siegfried: Ideologiekritik und Religionsunterricht. Köln etc.: 1975.

VORGÄNGE. Zeitschrift für Gesellschaftspolitik (Weinheim).Hrsg. in Verbindung mit der Human. Union.

WAGNER, Hans: Das Ende der katholischen Presse. Stein a.Rh.: 1974. 2 Bde.

WALD, Renate: Industriearbeiter privat. Stuttgart: 1966.

WALES, Richard u.a.: Massage Exaggeration by the Receiver. In: Journalism Quarterly, vol. 40(1963).

WALKER, Charles: Handbuch für Planung und Durchführung von direkten, gewaltlosen Aktionen. Offenbach: 1963.

WEBER, Hermann: Die Religionsgemeinschaften als Körperschaften des öffentlichen Rechts im System des Grundgesetzes. Berlin: 1966

WEBER, H./QUARITSCH, H.: (Hrsg.): Staat und Kirchen in der Bundesrepublik. Bad Homburg etc.: 1967.

WEBER, Max: Die protestantische Ethik. Hrsg. v. J. Winckelmann. 2 Bde. Bd. 1:München u. Hamburg: 2.Aufl. 1969; Bd. 2 a.a.O. 2. Aufl. 1972. (Zuerst: Gesammmelte Aufsätze zur Religionssoziologie. Tübingen: 1920.

ders.: Wirtschaft und Gesellschaft. Studienausgabe in zwei Halbbänden. Hrsg. v. J. Winckelmann. Köln u. Berlin: 1964.

ders.: Gesammelte Aufsätze zur Wissenschaftslehre. Hrsg. v. J. Winckelmann. Tübingen: 1968.

WEBER, Werner: Die staatskirchenrechtliche Entwicklung des nationalsozialistischen Regimes in zeitgenössischer Betrachtung. In: Rechtsprobleme in Staat und Kirche. Festschrift für Rudolf SMEND, Göttingen: 1952.

WEBER, Werner: Spannungen und Kräfte im westdeutschen Verfassungsystem. Stuttgart: 1958.

WEBER,W./STREISSLER,E.: Nutzen. In: Handwörterbuch der Sozialwissenschaften Bd.8, hrsg. v. E.v.BECKERATH u.a. Tübingen und Göttingen: 1964.

WEGENAST, Klaus (Hrsg.): Curriculumtheorie und Religionsunterricht. Gütersloh: 1972.

WIESE, Leopold von: Beziehungssoziologie. In: Handwörterbuch der Soziologie. Hrsg.v. A.v.VIERKANDT. Stuttgart: 1959.

WILKEN, Waldemar: Unser Geld und die Kirche. München: 2.Aufl.1964.

ders.: Brücken zur Kirche. Public Relations der Kirche. Berlin und Hamburg: 1947.

WILSON, James Q.: The Rewards of the Amateur. In: ETZIONI,A.(Hrsg.): A. Sociological Reader on Complex Organizations. London etc.: 1970.

WINKLER: H.J.(Hrsg.): Das Establishment antwortet der APO. Eine Dokumentation. Opladen: 1968.

WISWEDE, Günter: Das Motivvakuum. Zur Psychologie des Überfragtseins. In: Zeitschrift für Markt und Meinungsforschung. 5(1961/62).

ders.: Motivation und Verbraucherverhalten. Grundlagen der Motivforschung. München und Basel: 1965.

WÖLBER, Hans-Otto: Religion ohne Entscheidung. Göttingen, 2.Aufl. 1960.

ders.: Auszehrung der Volkskirche. In: Ev. Kommentare 7(1971).

ders.: Das allmähliche Ende der Volkskirche. Vermutungen anläßlich einer Umfrage. In: Ev. Kommentare 7 (1974), S. 397ff.

WÖSSNER, Jakobus: Kirche - Familie - Sozialisation.
In: WURZBACHER,G. (Hrsg.): Die Familie als Sozialisationsfaktor. Stuttgart: 1968.

ders.(Hrsg.): Religion im Umbruch. Stuttgart: 1972.

WYATT, Frederick: Motive der Rebellion. In: Psyche 22(1968).

ZETTERBERG, Hans L.: Theorie, Forschung und Praxis in der Soziologie. In: Handbuch der empirischen Sozialforschung. Hrsg. von René KÖNIG, Stuttgart: 1967.

ZEDTWITZ-ARNIM, Georg-Volkmar Graf: Tu Gutes und rede darüber. Public Relations für die Wirtschaft. Berlin etc.: 1961.

WILDENMANN,R./KAASE, M.: Die unruhige Generation. Mannheim: Lehrstuhl für Polit. Wissenschaft 1968.

ZEITMAGAZIN (= Beilage zur Wochenzeitschrift DIE ZEIT, Hamburg)

ZEUGNER, Franz: Das Problem der Gewöhnung in der Erziehung.
In: Göttinger Studien zur Pädagogik, Heft 12; Langensalza: 1929.

ZIEGER , Paul: Die Entwicklung der konfessionellen Mischehe seit 1900. In: KJB 1953, S.436ff.

ZIPFEL, Friedrich: Kirchenkampf in Deutschland 1933-1945.
Berlin: 1965.

ZOLL, Ralf / Hennig,Eike: Massenmedien und Meinungsbildung. Angebot, Reichweite, Nutzung und Inhalt der Medien in der BRD. München: 1970.

ZUHLEHNER, Paul Michael: Religion ohne Kirche. Das religiöse Verhalten von Industriearbeitern. Wien etc.: 1969.

ders.: Säkularisierung von Gesellschaft, Person und Religion. Religion und Kirche in Österreich. Freiburg etc.: 1973.

ders.: Religion nach Wahl. Grundlegung einer Auswahlchristenpastoral. Freiburg etc.: 1974.

ders.: Religiös-kirchliche Daten in Österreich. In: Herder Korrespondenz 28(1974) Soziographische Beilage Nr. 29 (zit.: 1974a).

*

Fachbücher und Arbeitsmaterial zum Thema aus dem Burckhardthaus-Laetare Verlag

Wie stabil ist die Kirche?

Bestand und Erneuerung. Ergebnisse einer Umfrage.
Herausgegeben von Helmut Hild

400 Seiten. 2. Auflage 1975

Wie stabil ist die Kirche?

Materialband.

440 Seiten, 1974

Erneuerung der Kirche — Stabilität als Chance?

Folgerungen aus einer Umfrage.
Herausgegeben von Joachim Matthes

304 Seiten, 1975

Kirchenaustritte

Eine soziologische Untersuchung von Ursachen und Bedingungen. Von Andreas Feige

420 Seiten, 2. Auflage 1977

Gemeindeleitung in der Volkskirche

Der Kirchenvorstand — eine Chance zur Mitverantwortung von Laien? Von Uwe Winter

184 Seiten, 1977

Thema Volkskirche

Ein Arbeitsbuch für die Gemeinde.
Herausgegeben von der Kirchenkanzlei der EKD,
Bearbeitung: Rüdiger Schloz

280 Seiten, 1978

meine, deine, unsere Kirche

Arbeitstransparente zum Thema ,,Kirche''.
Von Gerhard Jost und Manfred Liebrecht

24 Folien und 52 Seiten Arbeitsheft, 1978